ACCESO GRATIS *a la Lectura en la Nube*

Para visualizar el libro electrónico en la nube de lectura envíe junto a su nombre y apellidos una fotografía del código de barras situado en la contraportada del libro y otra del ticket de compra a la dirección:

ebooktirant@tirant.com

En un máximo de 72 horas laborables le enviaremos el código de acceso con sus instrucciones.

LA CONTRIBUCIÓN DE LAS COMUNIDADES AUTÓNOMAS EN LA FORMACIÓN DE LA VOLUNTAD DE LA UE

CASTILLA-LA MANCHA EN LA INTEGRACIÓN

LA CONTRIBUCIÓN DE LAS COMUNIDADES AUTÓNOMAS EN LA FORMACIÓN DE LA VOLUNTAD DE LA UE

CASTILLA-LA MANCHA EN LA INTEGRACIÓN

Directores

JOSÉ LUIS GARCÍA GUERRERO
Catedrático de Derecho Constitucional (UCLM)

MARÍA LUZ MARTÍNEZ ALARCÓN
Catedrática de Derecho Constitucional (UCLM)

Esta obra colectiva es el resultado del trabajo de investigación realizado por el equipo "Constitución e integraciones económicas" liderado por los profesores José Luis García Guerrero y María Luz Martínez Alarcón. Su realización y publicación ha sido posible gracias a la cofinanciación obtenida en el marco del Proyecto de Investigación con referencia SBPLY/19/180225/000006 y título *Solidaridad y participación de los entes territoriales periféricos en las integraciones económicas supranacionales* (*aplicación de resultados a Castilla-La Mancha,* procedente de la Junta de Comunidades de Castilla-La Mancha y de la Unión Europea a través del Fondo Europeo de Desarrollo Regional (FEDER).

tirant lo blanch
Valencia, 2024

En caso de erratas y actualizaciones, la Editorial Tirant lo Blanch publicará la pertinente corrección en la página web www.tirant.com.

La presente obra ha sido sometida a la revisión de pares ciegos según el protocolo de publicación de la editorial a efectos de ofrecer el rigor y calidad correspondiente tanto en su contenido como en su forma, aplicándose los criterios específicos aprobados por la Comisión Nacional E 016 (BOE num. 286, de 26 de noviembre de 2016).

EDITA: TIRANT LO BLANCH
C/ Artes Gráficas, 14 - 46010 - Valencia
TELFS.: 96/361 00 48 - 50
FAX: 96/369 41 51
Email: tlb@tirant.com
www.tirant.com
Librería virtual: www.tirant.es
DEPÓSITO LEGAL: V-3194-2024
ISBN: 978-84-1071-029-0

Si tiene alguna queja o sugerencia, envíenos un mail a: *atencioncliente@tirant.com*. En caso de no ser atendida su sugerencia, por favor, lea en *www.tirant.net/index.php/empresa/politicas-de-empresa* nuestro procedimiento de quejas.

Responsabilidad Social Corporativa: http://www.tirant.net/Docs/RSCTirant.pdf

Relación de autores

DIRECTORES

JOSÉ LUIS GARCÍA GUERRERO
Catedrático de Derecho Constitucional
Universidad de Castilla-La Mancha

MARÍA LUZ MARTÍNEZ ALARCÓN
Catedrática de Derecho Constitucional
Universidad de Castilla-La Mancha

AUTORES

MARÍA LUZ MARTÍNEZ ALARCÓN
Catedrática de Derecho Constitucional
Universidad de Castilla-La Mancha

MARÍA BARAHONA MIGUELÁÑEZ
Letrada de las Cortes
de Castilla-La Mancha

NAIARA ARRIOLA ECHANIZ
Profesora Contratada-Doctora
Universidad Pontificia Comillas

MAGDALENA GONZÁLEZ JIMÉNEZ
Profesora Contratada-Doctora
Universidad de Castilla-La Mancha

TOMÁS BASTARRECHE BENGOA
Profesor Contratado-Doctor
Universidad Autónoma de Madrid

YOLANDA LÓPEZ NIETO
Profesora Universitaria
en Formación (FPU)
Universidad de Castilla-La Mancha

JUAN MANUEL GOIG MARTÍNEZ
Catedrático de Derecho Constitucional
Universidad Nacional
de Educación a Distancia

FRANCISCO GABRIEL VILLALBA CLEMENTE
Profesor Ayudante Doctor
Universidad de Alicante

JESÚS LÓPEZ
DE LERMA GALÁN
Profesor Titular
de Universidad
Universidad Rey Juan Carlos

JUAN FRANCISCO
BARROSO MÁRQUEZ
Profesor Ayudante
de Derecho Constitucional
Universidad de Extremadura

MARÍA MERCEDES
SERRANO PÉREZ
Profesora Contratada-Doctora
Universidad de Castilla-La Mancha

MIGUEL ÁNGEL
SEVILLA DURO
Profesor Universitario
en Formación (FPU)
Universidad de Castilla-La Mancha

Índice

SEGUNDA PARTE

LA PARTICIPACIÓN ASCENDENTE EXTERNA DE LAS COMUNIDADES AUTÓNOMAS EN LA UNIÓN EUROPEA

CUARTA PARTE

PROPUESTAS DE REFORMA

Index

PART ONE

INTRODUCTION TO THE BOTTOM-UP PARTICIPATION OF REGIONS AND AUTONOMOUS COMMUNITIES IN THE EUROPEAN UNION

CASTILLA-LA MANCHA IN INTEGRATION

PART TWO

THE EXTERNAL BOTTOM-UP PARTICIPATION OF THE AUTONOMOUS COMMUNITIES IN THE EUROPEAN UNION

PART THREE

THE INTERNAL CBOTTOM-UP PARTICIPATION OF THE AUTONOMOUS COMMUNITIES IN THE EUROPEAN UNION

Presentación

Este libro colectivo es el resultado del trabajo de investigación realizado por el equipo "Constitución e integraciones económicas" liderado por los profesores José Luis García Guerrero y María Luz Martínez Alarcón. Su realización y publicación ha sido posible gracias a la cofinanciación obtenida en el marco del Proyecto de Investigación con referencia SBPLY/19/180225/000006 y título *Solidaridad y participación de los entes territoriales periféricos en las integraciones económicas supranacionales (aplicación de resultados a Castilla-La Mancha,* procedente de la Junta de Comunidades de Castilla-La Mancha y de la Unión Europea a través del Fondo Europeo de Desarrollo Regional (FEDER).

Es ya tradicional, en España, referirnos a una participación ascendente y otra descendente de las regiones y de las Comunidades Autónomas en la Unión Europea. La primera hace referencia a la participación en los procesos decisorios y de producción del Derecho que se producen en el seno de la integración y es el objeto de análisis de esta obra colectiva. La segunda hace referencia a la participación en la ejecución del Derecho de la Unión. Tanto una como la otra han sido objeto de atención en multitud de ocasiones y, sin embargo, no se trata de un tema agotado.

El punto de partida de esta obra consiste en la defensa de la participación ascendente de las regiones en general y de las Comunidades Autónomas en particular y se hace sobre la base de varios argumentos de distinta naturaleza: jurídico-constitucionales, de legitimidad de la norma europea aprobada y de eficacia en el cumplimiento del Derecho de la Unión. A partir de ahí, se introduce un capítulo con una visión panorámica general de la intervención de las Comunidades Autónomas en el nivel europeo de gobernanza para, a continuación, estudiar distintos mecanismos de participación ascendente externa e interna de la Comunidades Autónomas en la Unión. El libro termina con un capítulo en el que uno de los miembros del equipo de investigación recoge una serie de propuestas de reforma normativa para la mejora de la participación ascendente de las Comunidades Autónomas en la Unión Europea.

En todos los capítulos de esta publicación, el análisis se singulariza por la atención que se ha pretendido prestar a la regulación jurídica y práctica de la participación ascendente de la Comunidad Autónoma de Castilla-La Mancha en la Unión Europea con la finalidad de identificar sus fortalezas y debilidades y, en su caso, realizar propuestas que puedan contribuir a fortalecer su intervención en las distintas fases de producción del Derecho de la Unión. Se trata de una cuestión poco estudiada con la salvedad de algún trabajo aislado, perteneciente además a un autor miembro de este equipo de investigación. Nos estamos refiriendo a la monografía de Miguel Ángel Sevilla Duro, *La participación ascendente de las comunidades autónomas en la Unión Europea. Un análisis desde Castilla-La Mancha*, que ha visto la luz recientemente (2023) de la mano de la editorial Tirant lo Blanch. Además, podríamos mencionar el texto de María Dolores Utrilla Fernández-Bermejo, *Los parlamentos regionales y el control de subsidiariedad* (Toledo, 2018), porque también se ocupa de la participación ascendente de Castilla-La Mancha en la integración, si bien únicamente desde el punto de vista del principio de subsidiariedad.

Todos los autores intentan reflexionar sobre la participación ascendente de Castilla-La Mancha en la integración. Sin embargo, esto no ha resultado sencillo debido a las dificultades de acceso a información sobre la materia. No obstante, debemos dejar aquí reflejado nuestro agradecimiento a la Dirección General de Asuntos Europeos, personalizada en la persona de su Directora General, Dña. Virginia Marco Cárcel, por su predisposición a prestar el apoyo allí donde lo hemos precisado. La colaboración de la institución que dirige ha resultado clave para elaboración de muchos de los capítulos de esta obra.

José Luis García Guerrero y María Luz Martínez Alarcón
Albacete, a 9 de junio de 2024

PRIMERA PARTE

INTRODUCCIÓN A LA PARTICIPACIÓN ASCENDENTE DE REGIONES Y COMUNIDADES AUTÓNOMAS EN LA UNIÓN EUROPEA

Castilla-La Mancha en la integración

CAPÍTULO PRIMERO: Unas reflexiones a modo de introducción sobre la participación ascendente de las regiones y de las Comunidades Autónomas en la Unión Europea

MARÍA LUZ MARTÍNEZ ALARCÓN
Catedrática de Derecho Constitucional
Universidad de Castilla-La Mancha

Es ya tradicional, en España, referirnos a una participación ascendente y otra descendente de las Comunidades Autónomas en la Unión Europea. La primera hace referencia a la participación en los procesos decisorios y de producción del Derecho que se producen en el seno de la integración y es el objeto de análisis de esta obra colectiva. La segunda hace referencia a la participación en la ejecución del Derecho de la Unión.

Como sabemos, la participación ascendente de las Comunidades Autónomas se puede articular de diversas formas. Al respecto, la doctrina distingue entre las vertientes interna o indirecta y externa o directa de la participación ascendente de las Comunidades Autónomas en la Unión Europea. En el marco de la participación interna, que se produce en sede estatal a través de una intervención de las Comunidades Autónomas en distintos órganos, estas se encuentran involucradas solo de una forma colateral o indirecta en el proceso decisorio que da lugar a la aprobación de la norma europea. En la participación externa, la que tiene lugar en sede europea, representantes de las Comunidades Autónomas se insertan directamente en el engranaje institucional en el que se negocia, debate y aprueba la norma (en Bruselas). Esta participación puede ser, a su vez, propia o impropia. Será propia cuando la voluntad de una Comunidad Autónoma sea expresada por ella misma. Será impropia cuando una o varias Comunidades Autónomas transmiten la voluntad autonómica en nombre de otras.

Es evidente el salto cualitativo que media entre una y otra forma de participación, interna o externa, si bien, con respecto a esta última sigue siendo preciso que la participación se produzca, en buena medida, con la mediación del poder central y que, además, este último siga teniendo la última palabra. Por ello probablemente el profesor Barroso Márquez[1] ha preferido, en esta obra, utilizar otro tipo de categorías para referirse a este asunto distinguiendo entre una participación mediata o inmediata rechazando la categorización tradicional puesto que, en su opinión, puede inducir a confusión al no resultar del todo coherente con el modo en el que realmente se produce la participación autonómica en la formación de la voluntad de la Unión en sede europea.

Se han expresado diferentes razones -en contra y a favor- de la participación de las regiones en los procesos de formación de la voluntad de la Unión Europea. Las razones en contra tienen que ver con los efectos adversos que puede producir la participación regional ascendente como consecuencia de la complejidad que introduce en el proceso de formación de la voluntad de la Unión. Por otro lado, se ha indicado que, si las regiones opusieran muchas y fuertes discrepancias en relación con la postura que el Estado finalmente decide trasladar y defender en la inte-

---

1 Véase, al respecto, el trabajo publicado en esta misma obra de Juan Fco. Barroso Márquez, que lleva por título “La participación de las Comunidades Autónomas a través de sus gobiernos. (II) Las Comisiones bilaterales de cooperación Estado-Comunidad Autónoma”.

gración, la posición negociadora de este último podría resultar debilitada frente al resto de Estados miembros de la Unión[2]. Estos riesgos, sin embargo, pueden ser conjurados con una articulación de la participación ascendente de las regiones en la Unión sobre la base de los principios de coordinación y de lealtad institucional (basilares en las relaciones entre el poder central y el poder regional)[3]. Por otro lado, nos encontramos ante argumentos que no se sustentan en razones jurídicas y frente a los que cabe oponer más y mejores motivos para defender la participación ascendente de las regiones en los procesos de formación de la voluntad de la Unión Europea: razones jurídico-constitucionales, de legitimidad de la norma europea aprobada y de eficacia en el cumplimiento del Derecho de la Unión.

La razón que ha sido explicitada en más ocasiones y que sustenta con más fuerza la defensa de una participación ascendente de las regiones en la Unión presenta una naturaleza jurídico-constitucional, esto es, explica dicha participación por la concreta organización territorial del poder del Estado del que

---

2 Determinados autores sostuvieron en su momento que la mayor participación de los *Länder* en la política europea provocaba un debilitamiento de la posición de Alemania en las negociaciones debido a las dificultades propias de la búsqueda del consenso. Así, SUSCYCKA-JASCH, M. y JASCH, H.C., "The participation of the German Länder in Formulating EU-policy", *German Law Journal*, vol. 10, núm. 9, 2009, pp. 1252-1253.

3 Para el caso español se ha señalado que la participación ascendente de las Comunidades Autónomas en la Unión, cuando se produce sobre la base del consenso y de forma coordinada, no perjudica los intereses estatales, sino que los complementa (siempre que se respete la unidad de la posición española en el exterior, ya que un Estado no puede verse debilitado por la actuación de sus regiones, que han reivindicar sus intereses en conciliación con el interés general); SEVILLA DURO, Miguel Ángel, *La participación ascendente de las Comunidades Autónomas en la Unión Europea. Un análisis desde Castilla-La Mancha,* Tirant lo Blanch, Valencia, 2023, p. 213.

aquellas forman parte. Los Estados territorialmente complejos se caracterizan por una distribución competencial entre la institución central y las instituciones subestatales (o al menos determinadas instituciones subestatales) de tal forma que estas últimas, cualquiera que sea la denominación que reciban, disfrutan de autonomía política para el desarrollo de políticas propias dentro de los ámbitos competenciales que les corresponden, ámbitos competenciales que se han visto y se ven afectados, primero, como consecuencia de los procesos de transferencia de competencias a la integración y, posteriormente, como consecuencia de la adopción de políticas y de la producción del Derecho que tiene lugar en sede europea para desarrollar las competencias estatales transferidas. De esta afectación europea de la autonomía política de las regiones, esto es, de su capacidad para desarrollar e implementar políticas en el marco de sus propias competencias, resulta el deber de garantizar su participación ascendente en la integración, que debería producirse tanto en los procesos iniciales de transferencia de competencias a la integración como en los procesos decisorios de la Unión que afecten a sus ámbitos competenciales. Como se ha señalado, "La participación de las regiones en la Unión Europea es una exigencia constitucional derivada del reconocimiento de la propia autonomía política"[4] y, por consiguiente, no se trata "de una concesión graciosa del Estado, sino de una exigencia constitucional"[5]. Por lo tanto, la participación ascendente de las regiones debe concebirse, para el caso en el que el Derecho de la Unión afecte a sus ámbitos competenciales, como un deber

---

4 PÉREZ TREMS, Pablo, "El modelo español de participación de las Comunidades Autónomas en los asuntos europeos", *Informe de las Comunidades Autónomas,* 1994, p. 603.

5 MARTÍN Y PÉREZ DE NANCLARES, José, "La participación de las Comunidades Autónomas en la Unión Europea: a vueltas con una cuestión recurrente a la espera de una adecuada regulación (constitucional)", *Informe Comunidades Autónomas,* núm. 2017, p. 50.

constitucional del concreto Estado miembro al que pertenezcan. De ahí la necesidad de identificar las competencias que ha terminado asumiendo la Unión para, en tales casos, introducir elementos de corrección como el relativo a la participación ascendente para los casos en los que la transferencia haya afectado al ámbito competencial propio de las regiones.

Las Comunidades Autónomas españolas, puesto que son entidades territoriales con autonomía política (disfrutan, de hecho, de una gran autonomía[6]), deben participar en la formación de la voluntad de la Unión. Su específica naturaleza impone garantizar su participación allá donde la discusión en sede europea de un asunto afecte a la competencia autonómica originaria, pues solo a través de dicha participación se puede preservar el modelo de reparto de competencias que ha establecido la Constitución[7]. Es más, el Consejo de Estado sostuvo en su momento que "el nivel de competencias de las comunidades autónomas sobre la materia objeto de la iniciativa europea debería modular el grado de participación de estas"[8]. Y el Tribunal Constitucional ha vinculado, con claridad meridiana, participación autonómica exterior y competencia autonómica. En el fundamento jurídico número

---

6 SEVILLA DURO, Miguel Ángel, *La participación ascendente de las Comunidades Autónomas en la Unión Europea. Un análisis desde Castilla-La Mancha,* ob. cit., p. 49-50, subraya la gran autonomía que han alcanzado las Comunidades Autónomas en España tras analizar los datos del Índice de Autoridad Regional, que evalúa los niveles de autonomía y gobierno de los entes territoriales de casi un centenar de Estados democráticos. Tras los *Länder,* los entes territoriales periféricos con más autonomía en la Unión son las Comunidades Autónomas españolas.

7 En este sentido se afirmó en su momento que la intervención de las regiones en la Unión contribuye de forma esencial a la preservación y vigencia de los textos constitucionales de sus diferentes Estados miembros; RUBIO LLORENTE, Francisco, *La forma del poder,* vol. II, CEPC, Madrid 2012, pp. 785-786.

8 *Informe sobre modificaciones de la Constitución española* (febrero, 2006), p. 157.

118 de su sentencia 31/2010, de 28 de junio, entendió que la noción de "interés" quedaba subsumida en la de "competencia"[9] y, en su sentencia 228/2016, de 22 de diciembre[10], declaró la nulidad de determinados preceptos legales que permitían la acción exterior de la Generalitat más allá de las competencias reconocidas constitucionalmente en dicho ámbito a las Comunidades Autónomas. De ahí la importancia de conocer cuál es la distribución territorial de las competencias Estado-Comunidades Autónomas a nivel constitucional.

Por otra parte, es evidente que, en los Estados complejos, el poder regional se encuentra más próximo a la población de esos territorios que el poder central, lo que permite presumir que los contactos entre el poder regional y las personas que habitan el territorio en el que aquel ejerce sus funciones es más estrecho que el contacto que pueden tener las mismas personas con el poder central. De ello se extrae que el poder regional está en mejor disposición de conocer los problemas y necesidades de sus respectivos territorios y su población. Por

---

9 BOE núm. 72, de 17 de julio de 2010. Por todos es probablemente conocido que se trata de la sentencia que resolvió el recurso de inconstitucionalidad interpuesto por noventa y nueve Diputados del Grupo Parlamentario Popular del Congreso en relación con diversos preceptos de la Ley Orgánica 6/2006, de 19 de julio, de reforma del Estatuto de Autonomía de Cataluña. El FJ 118 de la STC 31/2021 estableció que la noción utilizada de "intereses" no era inapropiada y que, además, resultaba absolutamente irreprochable en términos constitucionales, como revelaba la simple lectura del artículo 137 CE. Además, este tribunal vinculó las nociones de intereses o competencias de las Comunidades Autónomas al enmarcar aquellos en las competencias.

10 BOE núm. 23, de 27 de enero de 2017. Esta sentencia resolvió un recurso de inconstitucionalidad interpuesto por el Presidente del Gobierno contra diversos preceptos de la Ley del Parlamento de Cataluña 16/2014, de 4 de diciembre, de acción exterior y de relaciones con la Unión Europea.

lo tanto, la intervención del poder regional en los procesos decisorios de la Unión Europea permitirá garantizar una mejor traslación de los problemas e intereses de esos territorios a la integración que la que pudiera llevar a cabo el poder central y, de hecho, los poderes regionales han actuado como actores fundamentales en lo que tiene que ver con la inclusión de la agenda regional en Europa. Y parece evidente que la toma en consideración de los intereses regionales en los procesos decisorios europeos repercute positivamente en el grado de legitimidad de cualquier decisión o norma europea y favorece su aceptación ciudadana, lo cual, a su vez, fortalece, sin duda, el proceso de integración europea.

Finalmente, asegurar una participación ascendente de las regiones convenientemente articulada en sede europea puede repercutir favorablemente en el cumplimiento del Derecho de la Unión.

Como sabemos, los problemas de falta de cumplimiento o cumplimiento deficiente del Derecho de la Unión en los Estados miembros representan un defecto estructural del funcionamiento de integración. Esta falta de cumplimiento puede deberse a distintas causas: puede resultar de una falta de capacidad para cumplir o para cumplir adecuadamente el Derecho europeo, fundamentalmente como consecuencia de una escasez de recursos o de su mala utilización, o puede resultar de una falta de voluntad de respetar los compromisos adquiridos en el nivel supranacional (o de ambas cosas). La reacción de la Unión cuando el incumplimiento deriva de una falta de voluntad puede adoptar diversas formas -vía del convencimiento o vía sancionadora- pero lo cierto es que, en ambos casos, se estaría actuando *a posteriori*, esto es, una vez producido el incumplimiento[11].

---

11 Esta autora ya abordó, con ocasión del análisis de la política de protección internacional de la Unión, este defecto estructural de su funcionamiento. En concreto, se analizaron cuatro formas de respuesta frente a una falta de implementación o implementación deficiente

Naturalmente, no es posible imaginar una situación de ausencia completa de incumplimientos o de cumplimientos deficientes del Derecho de la Unión Europea por parte de los Estados miembros a los que habrá que responder, de una forma u otra, necesariamente *a posteriori*. Pero, al mismo tiempo, parece indiscutible el impacto positivo en la eficacia del Derecho de la Unión que produce apostar por la prevención, diseñando o empleando mecanismos o vías de actuación con dicha finalidad. Al respecto, garantizar una participación adecuada de los entes subestatales en el proceso de formación de la voluntad de la Unión, que son los encargados de implementar y ejecutar en buena medida el Derecho europeo, puede actuar como incentivo para cumplir dicho Derecho en el seno de los Estados miembros. Parece previsible que el cumplimiento del Derecho de la Unión mejore si se han tomado en consideración las posiciones de los poderes que tienen a su cargo la ejecución de las políticas comunitarias (como sabemos, mayoritariamente las Comunidades Autónomas en el caso español). Asimismo, la participación ascendente de las regiones en el proceso de producción del Derecho de la Unión, a las que corresponde su ejecución, les permite conocer los debates generados con ocasión de la aprobación de la norma

---

del Derecho europeo: el convencimiento, el apoyo, la sustitución o la obligación. Cuando el incumplimiento se debe a una falta de voluntad de cumplir se puede utilizar, para luchar contra el mismo, la vía del convencimiento o la de la obligación. El convencimiento consiste en incitar, mover con razones a alguien a cambiar de comportamiento sobre una determinada cuestión. La obligación implica el recurso a procedimientos coercitivos que sirven para forzar el cumplimiento del Derecho por parte de sus destinatarios. La utilización de estos procedimientos puede traer consigo consecuencias sancionadoras (pensemos, por ejemplo, en el procedimiento de infracción, pero también en la posibilidad de recortar la recepción de fondos europeos). Con más detalle, MARTÍNEZ ALARCÓN, María Luz, *La política europea de protección internacional. El Sistema Europeo Común de Asilo*, Thomson Reuters Aranzadi, Navarra 2018, p. 71 y ss.

europea, su evolución durante el proceso decisorio y su resultado final y, de esta forma, anticiparse a los problemas y planificar con tiempo su implementación (facilita la implementación del Derecho de la Unión). Lo cual, por cierto, no solo interesa a la Unión y a las Comunidades Autónomas, sino también al Estado, pues recordemos que este es responsable del cumplimiento del Derecho europeo con independencia de qué Administración -central o regional- hubiera resultado competente de su ejecución y hubiera incurrido en incumplimiento.

Estas razones, en pro de la participación ascendente de las regiones en la Unión Europea, han terminado imponiéndose, produciéndose una clara evolución que ha conducido, en primer lugar, al reconocimiento de dicha participación, inicialmente no reconocida, y más adelante, a su consolidación y refuerzo.

En efecto, la inicial "ceguera federal" (*Landesblindheit*[12]) de la Unión Europea, que se prolongó durante bastante tiempo[13]

---

[12] La expresión *Landesblindheit* o ceguera federal, extendida en Alemania en los años setenta y ochenta del siglo pasado, procede del jurista alemán Hans Peter IPSEN. El autor utilizó en 1966 el término para aludir a la ausencia de regulación de la integración en este asunto; IPSEN, Hans Peter, "Als Bundesstaat in der Gemeinschaft", en VON CAENMERER, Ernst, SCHOCHAUER, Hans-Jürgen y STEINDORFF, Ernst (eds.), *Problem des Europäischen Rechts-Festschrift für Walter Hallstein,* Vittorio Klostermann, Frankfurt, a.M. 1966, p. 248 y ss. especialmente p. 256.

[13] Las Comunidades Europeas obviaron a las regiones como actores esenciales del proceso de integración durante sus primeros veinticinco años, pero, como consecuencia del proceso de regionalización producido en los años setenta del siglo XX y de la presión ejercida por las regiones, particularmente debido a su interés por participar en los fondos europeos y, posteriormente, en la política de cohesión europea (que aparece como política común en el Acta Única Europea), la Unión fue poco a poco asumiendo la necesidad de reconocer su participación en su seno. En particular, en el seno de la integración, el Parlamento Europeo defendió con determinación la participación de

y que no tomaba en consideración el hecho regional, lo que contrastaba con el papel central que las regiones asumían en la ejecución de las políticas comunitarias, ha sido superada. El Derecho comunitario, que no preveía originalmente nada sobre la participación de los entes territoriales subestatales o regiones en el seno de la integración, ha experimentado modificaciones significativas al respecto que se concretan hoy en el Tratado de Lisboa. Aunque este Tratado no respondió completamente a las expectativas que los trabajos de la Convención generaron entre las regiones, su contenido reconoce el hecho regional, previendo instrumentos de participación de las regiones en el proceso de conformación de la voluntad de la Unión. En concreto, el artículo 4, apartado segundo, del Tratado de la Unión Europea establece que la Unión respetará la autonomía local y regional de los Estados miembros y, a partir de este reconocimiento del hecho regional, se consagran dos mecanismos que permiten la participación ascendente de las regiones en la integración: el principio de subsidiariedad (artículo 5, apartado tercero, del Tratado de la Unión Europea, desarrollado en el Protocolo correspondiente anejo al Tratado)[14] y el Comité de las Regiones (artículo 300 del Tratado de Funcionamiento de la Unión Europea)[15].

En todo caso, hay que tener en cuenta que el artículo 4.2 TUE prevé una obligación para la Unión Europea de respetar

---

los poderes subestatales en los procesos decisorios de la integración. Sobre dicha evolución en sede europea, SEVILLA DURO, Miguel Ángel, *La participación ascendente de las Comunidades Autónomas en la Unión Europea: un análisis desde Castilla-La Mancha,* ob. cit., pp. 25-31.

14 En esta misma obra puede consultarse el trabajo de VILLALBA CLEMENTE, Francisco Gabriel, “La participación de las Comunidades Autónomas en la Unión Europea a través de sus Asambleas legislativas. (II) El control de subsidiariedad”.

15 En esta misma obra puede consultarse el trabajo de LÓPEZ NIETO, Yolanda, “La participación de las Comunidades Autónomas a través del Comité de las Regiones”.

la identidad nacional de cada Estado miembro y, con ello, sus estructuras fundamentales y políticas constitucionales. Probablemente por ello, las decisiones de la Unión que pretendieran prever una participación mucho más decisiva de las regiones en los procesos de la integración tendrían difícil anclaje en el Tratado de la Unión Europea, puesto que podrían ser presentadas como una interferencia en la identidad constitucional de los Estados miembros complejos. Un paso en este sentido requeriría una reforma de los Tratados, en absoluto sencilla. Mientras no se produzca, el diseño concreto de la participación de los entes subestatales periféricos debe continuar dependiendo de la decisión de los correspondientes Estados miembros complejos. Es decir, los Estados continúan, en virtud del principio de autonomía institucional[16], teniendo la llave de la participación ascendente de sus territorios (regiones, Comunidades Autónomas...) en la Unión. Son ellos, básicamente, los que determinan los supuestos, términos, formas y condiciones de la participación regional en los procesos de toma de decisiones y de adopción del Derecho primario y derivado europeo o, dicho de otro modo, los que deciden y articulan la participación ascendente de sus territorios -regiones, Comunidades Autónomas...- en la Unión de conformidad con su propio ordenamiento jurídico. Y ello tanto cuando se trata de la participación ascendente interna como cuando se trata de la participación ascendente externa; como se ha señalado, "la concreta participación de los entes territoriales regionales en

---

16 Lo mismo cabe afirmar con respecto a la participación de las regiones en la ejecución del Derecho de la Unión. Sobre el principio de autonomía institucional y procedimental en la ejecución del Derecho de la Unión ARZOZ SANTISTEBAN, Xavier, "La autonomía institucional y procedimental de los Estados miembros en la Unión Europea: mito y realidad", *Revista de Administración Pública*, núm. 191, 2013, pp. 159-197.

la Unión pasa en lo fundamental por la articulación que cada Estado miembro haga en el plano nacional" de este asunto[17].

Los Estados miembros compuestos han configurado la participación ascendente de sus territorios en la Unión Europea de forma diversa, pero, en todos ellos, se ha recorrido un camino en la línea del reconocimiento, consolidación y refuerzo de la participación de sus territorios en la conformación de la voluntad de la Unión. Por lo que hace al caso español, en el que originalmente el poder central fue el único interlocutor con la Unión Europea, con independencia de la naturaleza de la competencia de la que se tratara, se observa una evolución jurídica significativa de la participación ascendente de las Comunidades Autónomas en el exterior, especialmente cuando se trata de la Unión Europea, aunque el sistema, en su conjunto, todavía es susceptible de perfección.

La Constitución no desarrolla, como convendría, el tema de la pertenencia de España a la Unión Europea ni tampoco, por consiguiente, el papel de las Comunidades Autónomas en el nivel europeo (salvo lo que establece su artículo 93, pensado para posibilitar la entrada de España en las Comunidades, la única referencia de la Constitución a la Unión Europea la encontramos en el artículo 135). Sobre el tema que nos ocupa, hace ya algún tiempo se señalaba que no existe, en la Constitución, una adecuada regulación constitucional de la defensa de los intereses autonómicos en la Unión Europea[18] y, de hecho, instituciones como el Consejo de Estado[19] y, de forma unánime, los

---

17 PÉREZ DE NANCLARES, José, "La participación de las Comunidades Autónomas en la Unión Europea: a vueltas con una cuestión recurrente a la espera de una adecuada regulación (constitucional)", ob. cit., p. 47.

18 PÉREZ TREMS, Pablo y otros, *La participación europea y la acción exterior de las Comunidades Autónomas*, Marcial Pons, 1998.

19 En su dictamen relativo al Tratado por el que se establece la Constitución europea de 21 de octubre de 2004 se refirió a la conve-

análisis doctrinales sobre una posible reforma de nuestro texto constitucional, han defendido la inclusión en el mismo de la cuestión europea, que se concretaría con la regulación de determinados aspectos básicos derivados de la pertenencia de España a la Unión Europea y que habrían de incluir, entre otras cosas, la referencia a la participación de las Comunidades Autónomas en la integración (y, más allá, en temas internacionales). La densidad normativa de dicha concreción varía en función del autor o autora de referencia: unos se contentan con la previsión del principio de participación ascendente y descendente de las Comunidades Autónomas en la Unión y de una reserva de ley, para la mayoría orgánica, de desarrollo de la materia (entre los últimos, Sevilla Duro[20] y el propio Consejo de Estado en su momento[21]), por entender que así se evita el inconveniente de petrificar

---

niencia, en el caso de una futura reforma de la Constitución, de "europeizar" en alguna medida la Constitución española. Poco más tarde, en su informe sobre modificaciones de la Constitución española (febrero, 2006), se ocupaba de la recepción en la Constitución del proceso de construcción europea.

20 SEVILLA DURO, Miguel Ángel, *La participación ascendente de las Comunidades Autónomas en la Unión Europea: un análisis desde Castilla-La Mancha,* ob. cit., pp. 155-204, describe cuáles han sido las propuestas de reforma constitucional formuladas por la doctrina española en este punto (nos remitimos a esta obra para conseguir un aporte bibliográfico completo y actualizado sobre la materia). Igualmente, en SEVILLA DURO, Miguel Ángel, "La participación ascendente de las comunidades autónomas en la Unión Europea: Propuestas de *constitutione ferenda*", en DURBÁN MARTÍN, Ignacio (dir.), *Constitución y Estado autonómico. Cartografía del debate sobre la reforma territorial,* Tirant Lo Blanch, Valencia, 2022 (en prensa).

21 En el *Informe sobre modificaciones de la Constitución española* (febrero, 2006) propone la inclusión de un precepto con el siguiente tenor literal: "1. Las Comunidades Autónomas participan en la fase de formación de la voluntad del Estado ante las instituciones de la Unión Europea y en la ejecución de su Derecho en materias de relevancia autonómica, con arreglo a las leyes. 2. El Gobierno deberá informar

la materia facilitando su adaptación al contexto histórico, y otros defienden la incorporación a la Constitución de una mínima regulación básica sobre el asunto (así Martín y Pérez de Nanclares, quien afirma que la ausencia de dicha regulación básica provoca una situación jurídica insatisfactoria "con sensación de permanente interinidad"[22]). En cualquier caso, la falta de regulación constitucional no ha impedido, ni el desarrollo normativo y jurisprudencial de la cuestión, ni la propia participación ascendente de las Comunidades Autónomas en la Unión.

---

al Senado sobre los procesos de adaptación de la normativa o los actos de los órganos de la Unión Europea con trascendencia para las Comunidades Autónomas". Hay que tener en cuenta que el Consejo de Estado se mostraba entonces especialmente favorable a que dicha participación autonómica se articulara de forma interna y, en particular, a través del Senado.

22 MARTÍN Y PÉREZ DE NANCLARES, José, "La participación de las Comunidades Autónomas en la Unión Europeo: a vueltas con la cuestión recurrente a la espera de una adecuada regulación constitucional", *Informe Comunidades Autónomas,* 2017, p. 42. El autor propone incluir en la Constitución un precepto con la siguiente redacción: "1. Las CCAA participarán en la formación de la voluntad del Estado en asuntos europeos cuando se vean afectadas sus competencias (exclusivas) o sus intereses singulares, así como en la ejecución y aplicación del Derecho de la UE en los términos previstos en sus respectivos Estatutos de Autonomía. 2. Representantes de los gobiernos de las Comunidades Autónomas podrán formar parte de las delegaciones españolas de la UE. 3. Los Parlamentos de las Comunidades Autónomas participarán en el mecanismo del control de la aplicación de los principios de subsidiariedad y proporcionalidad cuando en el ejercicio de competencias no exclusivas de la Unión se vean afectadas competencias legislativas de las CC.AA. 4. Las CC.AA. podrán solicitar al Gobierno el ejercicio de acciones judiciales ante el TJUE, pudiendo el Gobierno rechazar la solicitud cuando así lo aconsejen razones (imperiosas) debidamente justificadas. 5. La forma y condiciones de la participación prevista en los apartados anteriores se fijarán en un Convenio de colaboración entre el Gobierno y las Comunidades Autónomas, que deberá ser refrendado por las Cortes Generales".

En lo que hace a la práctica de la participación ascendente de las Comunidades Autónomas en la Unión, se quiere dejar indicado que, aun disponiendo hoy todas las Comunidades Autónomas de mecanismos muy similares para articular su participación ascendente en la Unión, en la práctica, su grado de involucramiento en Europa es distinta (en unos casos más que en otros). Por supuesto, el interés por participar en los asuntos europeos varía en función de las materias que son objeto de atención en la Unión (por ejemplo, es evidente el interés de Castilla-La Mancha por intervenir, en particular, en lo que tiene que ver con la política de cohesión europea o con la política agraria común). Pero, además, la participación ascendente de las Comunidades Autónomas en la Unión difiere atendiendo, principalmente, a dos factores. Por un lado, a su capacidad para articular dicha participación, pues es evidente que se precisa cierto "músculo" (recursos materiales, económicos y personales convenientemente preparados) para hacer que la maquinaria de la participación funcione correctamente (y en este punto Castilla-La Mancha no sale muy bien parada[23]), por otro, a su voluntad de autogobierno, que históricamente ha sido mayor -aunque la diferencia cada vez es menor- en las Comunidades Autónomas con tradición nacionalista.

En lo que hace al desarrollo normativo y jurisprudencial de esta materia, hay que señalar que su falta de previsión constitucional ha sido compensada con una regulación del asunto en el bloque de la constitucionalidad con ocasión de las últimas reformas estatutarias (los últimos procesos de reforma estatutaria fueron aprovechados por determinadas Comunidades Autóno-

---

[23] SEVILLA DURO, Miguel Ángel, *La participación ascendente de las Comunidades Autónomas en la Unión Europea: un análisis desde Castilla-La Mancha,* ob. cit., p. 76, afirma que el potencial de participación de CLM, con poco más de 2 millones de habitantes, es menor que el de Cataluña, con más de 7.5 millones y mayor que el de Ceuta y Melilla con menos de 90.000.

mas para introducir en los denominados Estatutos de segunda generación disposiciones sobre su participación ascendente en la política comunitaria) y a través de la aprobación de leyes estatales y acuerdos de distinta naturaleza que han incorporado concesiones en beneficio de las Comunidades Autónomas en el ámbito exterior, en general, y en el ámbito europeo, en particular (debemos hacer referencia, en especial, a la Ley 8/1994, de 19 de mayo, por la que se desarrolla la Comisión Mixta para la Unión Europea; a la Ley 2/1997, de 13 de marzo, por la que se regula la Conferencia para Asuntos Relacionados con las Comunidades Autónomas; a los Acuerdos del año 2004; a la Ley 2/2014, de 25 de marzo, de la Acción y del Servicio Exterior del Estado[24], o; a la Ley 25/2014, de 27 de noviembre, de Tratados y otros Acuerdos Internacionales[25]). Y, por supuesto, no debemos

---

[24] BOE núm. 74, de 26 de marzo de 2014.

[25] BOE núm. 288, de 28 de noviembre de 2014. Ambas leyes -Acción y Servicio Exterior del Estado y Tratados y otros Acuerdos Internacionales- atribuyen a las Comunidades Autónomas ciertas facultades de acción exterior. La Ley de Tratados y otros acuerdos internacionales prevé que, aunque la celebración de tratados internacionales (*ius tractatum*) corresponde con carácter exclusivo al Estado, las Comunidades Autónomas pueden celebrar acuerdos internacionales no normativos y acuerdos internacionales administrativos (estos últimos acuerdos de concreción o ejecución de un tratado). Pero, además, incluso en el ámbito el *ius tractatum* que corresponde al Estado desempeñan algún papel; en concreto, pueden proponer la apertura de negociaciones para la celebración de tratados sobre materias respecto de las que acrediten un interés justificado (artículo 49); tienen derecho a ser informadas de la negociación de tratados internacionales que afecten a sus competencias (artículo 50), o; tienen derecho a solicitar al Gobierno formar parte de la delegación española que negocie un tratado internacional que afecte a sus competencias (participación, pues, en la negociación del tratado) (artículo 51). La norma también recoge disposiciones específicas aplicables al régimen foral vasco (disposición adicional sexta) y al régimen específico de la Comunidad Foral de Navarra (disposición adicional séptima).

olvidar el desarrollo de este tema al hilo de determinadas resoluciones determinantes en la materia del Tribunal Constitucional.

Como sabemos, el Estado español comenzó reconociendo facultades de participación ascendente de las Comunidades Autónomas en la Unión en su modalidad de participación interna, esto es, la participación autonómica se producía en el seno de determinados órganos del Estado. La constitución de la Conferencia para Asuntos Relacionados con las Comunidades Europeas, que comenzó a reunirse a partir del año 1989, resultó fundamental al respecto por lo que supuso de impulso desde el punto de vista del incremento de la conciencia autonómica de participación en el nivel europeo. Sin embargo, distintas pulsiones, de orden interno y externo, pronto pusieron de manifiesto que esta modalidad de participación no satisfacía las pretensiones de las Comunidades Autónomas o, al menos, de algunas de ellas, las que expresaban una mayor voluntad de autogobierno. Entre las pulsiones de naturaleza interna resulta de capital importancia la concreta composición de las Cortes Generales en cada legislatura. Hay que tener en cuenta, en primer lugar, que los partidos políticos abordan esta cuestión con mayor o menor predisposición en función de su programa y de su mayor o menor tradición federalista. Y, en segundo lugar, que los grupos parlamentarios nacionalistas con representación en las Cortes siempre han presionado en pro de una participación externa de las Comunidades Autónomas en la Unión (su incidencia ha sido mayor o menor en función de la necesidad del Ejecutivo central de contar con su apoyo para realizar su programa político)[26]. Entre las pulsiones de naturaleza externa

---

26 Sobre la importancia de estas pulsiones externas, que permitirían distinguir distintas etapas en lo relativo al peso de la participación ascendente de las Comunidades Autónomas en la Unión Europea véase, en este trabajo, GOIG MARTÍNEZ, Juan Manuel, "La participación de las Comunidades Autónomas desde las oficinas autonómicas en Bruselas". Por poner un ejemplo, la Consejería para

habría que mencionar la profundización en el proceso de integración europea, con la adquisición de más y más importantes competencias por parte de la Unión -con un hito de especial relevancia con ocasión de la aprobación del Tratado de Maastricht- y una afectación cada vez más intensa de la distribución de competencias entre el poder central y los poderes regionales en los Estados miembros que evidencia la necesidad de dar voz a todos ellos. Los progresos por parte de otros Estados miembros también han actuado como elemento de impulso de los avances que posteriormente se producirían en España.

Así pues, el siguiente paso fue reconocer la posibilidad de participación ascendente autonómica externa. Resultó fundamental, para ello, la aprobación de los Acuerdos de 9 de diciembre de 2004, de la Conferencia para Asuntos Relacionados con las Comunidades Europeas, sobre la Consejería para Asuntos Autonómicos en la Representación Permanente de España ante la Unión Europea y sobre la participación de las Comunidades Autónomas en los grupos de trabajo del Consejo de la Unión Europea; y sobre el sistema de representación autonómica en las formaciones del Consejo de la Unión Europea (ambos acuerdos fueron rubricados por cada una de las Comunidades Autónomas y por las Ciudades de Ceuta y Melilla)[27].

Asuntos Autonómicos se creó en el año 1996 en virtud del pacto de gobernabilidad entre el Partido Popular y el partido nacionalista catalán Convergencia y Unión. Aunque lo cierto es que el Acuerdo de la CARCE de 9 de diciembre de 2004 modificó de forma sustancial la procedencia de sus integrantes. Véase, al respecto, en esta misma obra, GONZÁLEZ JIMÉNEZ, Magdalena, "La participación de las Comunidades Autónomas a través de sus gobiernos. (II) La Consejería de Asuntos Autonómicos en la REPER".

27 BOE, núm. 64, de 16 de marzo de 2005. Véase, al respecto, en esta obra, la contribución de ARRIOLA ECHANIZ, Naiara, "La participación autonómica en los grupos de trabajo y en las formaciones del Consejo de la Unión Europea. Especial referencia a la Comunidad

Poco después, los Estatutos de nueva generación se ocuparon explícitamente de la participación ascendente de las Comunidades Autónomas en los procesos de conformación de la voluntad de la Unión. Todos ellos incluyen hoy previsiones sobre la acción exterior de la Comunidad Autónoma correspondiente y, además, previsiones específicas sobre las relaciones de la Comunidad con la Unión Europea y, con respecto a esta última, lo hacen enumerando y regulando con bastante detalle el asunto, contemplando tanto mecanismos de participación interna como externa. La sentencia del Tribunal Constitucional 31/2010, de 28 de junio[28], que resolvió el recurso de inconstitucionalidad

---

Autónoma de Castilla-La Mancha". Con carácter previo, en 1995, se dio a conocer el informe de la Ponencia de la Comisión General de Comunidades Autónomas sobre el papel y funciones de los entes territoriales en el futuro de la Unión, que subrayaba la necesidad de incluir, "cuando se considere procedente", a "representantes de las Comunidades Autónomas o de expertos en la delegación española (que acudiese) a debatir ante los organismos comunitarios sobre temas que indican en competencias autonómicas"; sobre el asunto SEVILLA DURO, Miguel Ángel, *La participación ascendente de las Comunidades Autónomas en la Unión Europea: un análisis desde Castilla-La Mancha,* ob. cit., p. 98. La plasmación jurídica de esta pretensión comenzó con los Acuerdos de 2004 que se mencionan en texto principal.

28 BOE núm. 72, de 17 de julio de 2010. Desde la STC 165/1994, de 26 de mayo, que seguía la línea iniciada por la STC 37/1981, de 16 de noviembre, reiterada en otras posteriores como la STC 137/1989, de 20 de julio, es evidente que el título competencial de la Constitución que reserva al Estado las relaciones internacionales (artículo 149.1.3 CE), no excluye que las Comunidades Autónomas puedan realizar determinadas actividades para llevar a cabo correctamente las funciones que tengan atribuidas, "no ya sólo fuera de su territorio, sino incluso fuera de los límites territoriales de España" (STC 165/1994, FJ 3). A partir de esa sentencia, en posteriores resoluciones, el Tribunal ha ido concretando cómo ha de articularse dicha intervención exterior de las Comunidades Autónomas en general, y en la Unión Europea en particular. De especial relevancia son la STC 31/2010, de 28 de junio, que resolvió el recurso de inconstitucionalidad inter-

interpuesto por noventa y nueve Diputados del Grupo Parlamentario Popular del Congreso contra diversos preceptos de la Ley Orgánica 6/2006, de 19 de julio, de reforma del Estatuto de Autonomía de Cataluña, no observó tacha de inconstitucionalidad en los preceptos impugnados que hacían referencia a las Relaciones de la Generalitat con la Unión Europea y a la acción exterior de la Generalitat. En esta sentencia encontramos una firme defensa del Alto Tribunal de la participación de las Comunidades Autónomas en el ámbito exterior y en la Unión Europea, salvaguardadas determinadas líneas, como la relativa a que debe ser el Estado el que determine los concretos supuestos, términos, formas y condiciones de dicha participación (FFJJ 111, 115, 120 o 121) o que corresponde al Estado la celebración de tratados internacionales, aunque las Comunidades Autónomas puedan ejercer ciertas facultades limitadas en este ámbito como las relativas a instar su celebración o recibir información (FJ 119). Además, en la misma sentencia, como ya se ha indicado, se vincularon estrechamente los términos competencia e interés, de tal forma que, para el Tribunal, no hay tara de inconstitucionalidad mientras que la participación a la que se refiere la norma autonómica se prevea para ámbitos competenciales de la misma Comunidad Autónoma (FJ 118).

---

puesto contra varios preceptos del Estatuto de Autonomía de Cataluña reformados por la Ley Orgánica 6/2006, de 19 de julio; la STC 118/2011, de 5 de julio, FJ 10, citada a su vez por la 138/2011, de 14 de septiembre, FJ 4; la STC 46/2015, de 5 de marzo, que, en su FJ 4, resume la doctrina sobre las actividades de las Comunidades Autónomas con proyección en el exterior y el alcance de la competencia estatal del art. 149.1.3 CE; STC 85/2016, de 28 de abril, FJ 3 (que se remite a la apenas mencionada), o; la STC 228/2016, de 22 de diciembre de 2016, que resuelve un recurso de inconstitucionalidad interpuesto por el Presidente del Gobierno en relación con diversos preceptos de la Ley del Parlamento de Cataluña 16/2014, de 4 de diciembre, de acción exterior y de relaciones con la Unión Europea.

Por su parte, el Estatuto de Autonomía de Castilla-La Mancha no fue modificado aprovechando aquella ola de reformas estatutarias y no prevé nada sobre competencias de esta Comunidad Autónoma en materia de acción exterior en general ni con respecto a la Unión Europea en particular (la única previsión relacionada con este aspecto está recogida en su artículo 34 cuando reconoce que la Comunidad Autónoma ejecutará, dentro de su ámbito territorial, los tratados internacionales, en lo que afecten a las materias propias de su competencia. Esto es, una única previsión referida a su participación descendente, no a su participación ascendente).

Sin embargo, hay que hacer mención a una importante propuesta de Proposición de Ley de Reforma del Estatuto de Autonomía presentada en el año 2006 durante la sexta Legislatura, que se discutió en el Parlamento castellano-manchego y que incluso llegó a discutirse en el propio Congreso de los Diputados, pero que fue retirada en el año 2010 a cuenta del problema del agua[29]. Más recientemente, en el año 2020, se produjo un nue-

---

29 La Ley Orgánica 9/1982, de 10 de agosto, de Estatuto de Autonomía de Castilla-La Mancha, se ha reformado en cuatro ocasiones. La primera por LO 6/1991, de 13 de marzo, de modificación del artículo 10.3 del Estatuto de Autonomía de Castilla-La Mancha. La segunda por LO 7/1994, de 24 de marzo, de reforma del Estatuto de Autonomía de Castilla-La Mancha. La tercera por LO 3/1997, de 3 de julio, de reforma del Estatuto de Autonomía de Castilla-La Mancha. Y la cuarta por LO 2/2014, de 21 de mayo, de reforma del Estatuto de Autonomía de Castilla-La Mancha. Estas reformas no han estado relacionadas con el tema que nos ocupa. Por lo que a nosotros interesa, se presentó una propuesta de Proposición de Ley de Reforma [integral] del Estatuto de Autonomía de Castilla-La Mancha al calor del momento de la tercera ola de reformas estatutarias producida en España. Todos los documentos sobre su discusión en las Cortes castellano-manchegas y en el Congreso de los Diputados se encuentran disponibles en: https://www.cortesclm.es/index.php/reforma-estatuto. Su retirada se produjo por la *Resolución presentada por 26*

vo y muy tímido intento de impulsar la sustitución del actual Estatuto de Autonomía de Castilla-La Mancha por uno nuevo, pero se anunció el abandono de la idea ese mismo año debido a la necesidad, según se justificó en prensa, se centrar todos los esfuerzos en la lucha contra y en la gestión de la pandemia[30].

Diputadas y Diputados del Grupo Parlamentario Socialista por la que se acuerda la retirada de la Propuesta de Reforma del Estatuto de Autonomía de Castilla-La Mancha [expediente 07/REA-00002. BOCCLM núm. 182 (26-04-2010)]. Esta resolución señalaba: "Las Cortes de Castilla-La Mancha ante la constatación de que el Grupo Parlamentario Popular no ha apoyado en la Comisión Constitucional el texto de la Propuesta de Reforma del Estatuto de Autonomía de Castilla-La Mancha, quebrando con ello la unanimidad lograda en esta Cámara y haciendo imposible obtener ante el Pleno del Congreso la mayoría absoluta necesaria para su aprobación, ACUERDAN solicitar de las Cortes Generales la retirada de la Propuesta de Reforma del Estatuto de Autonomía de Castilla-La Mancha, que actualmente se encuentra en tramitación". El debate y votación de dicha Resolución, que salió adelante con los votos favorables de los diputados del Grupo Parlamentario Socialista, se recoge en el DS Pleno núm. 58 (26-04-2010).

30 En marzo de 2020 se celebró una reunión entre el gobierno de Castilla-La Mancha y los tres grupos políticos con representación en las Cortes regionales -PSOE, PP y Cs- para sacar adelante una reforma del Estatuto de Autonomía de Castilla-La Mancha. Sin embargo, la prensa informó en su momento de que el acuerdo al que se había llegado era más ambicioso pues no se trataba de reformar la norma ya existente sino de aprobar un nuevo Estatuto de Autonomía de Castilla-La Mancha que sustituyera al anterior. La idea era presentar un texto en la Asamblea de Castilla-La Mancha en verano para aprobarlo antes de finalizar el año 2020 y enviarlo al Congreso de los Diputados aprovechando la experiencia en la elaboración de los Estatutos de los últimos años y la jurisprudencia existente al respecto. Sin embargo, en noviembre de 2020, la portavoz del Gobierno de Castilla-La Mancha anunció que se aplazaba la reforma del Estatuto en dicho momento debido a que el gobierno regional se encontraba atendiendo asuntos prioritarios (coronavirus, crisis económica y social). De cualquier modo, en el anuncio inicial se apuntaron algunas cuestiones que deberían ser incluidas en el nuevo Estatuto: aproba-

La Proposición de Ley de Reforma del Estatuto de Autonomía de Castilla-La Mancha del año 2006, en la línea de los Estatutos de nueva generación, incluía un Título III sobre "Relaciones con el Estado y con otras Comunidades Autónomas" (artículos 55 a 61, ambos inclusive) y un Título IV sobre "Relaciones con la Unión Europea y acción exterior" (artículos 62 a 70 ambos inclusive). En el marco de este Título IV, su artículo 62 se refería a la participación ascendente y descendente de la Comunidad en la Unión Europea. Sobre la participación ascendente establecía, en sus apartados 1 y 2, respectivamente, primero, que la Comunidad Autónoma, como región de Europa, debía participar (se recogía en términos preceptivos) en los asuntos relacionados con la Unión Europea que afectaran a competencias e intereses de Castilla-La Mancha en los términos establecidos en el Estatuto, en la Constitución y en el resto de la legislación estatal y comunitaria; y, segundo, que la Comunidad Autónoma tenía que participar en la formación de la voluntad del Estado ante la Unión y en las instituciones y organismos comunitarios. Su apartado 5 recogía un derecho de la Comunidad a estar informada de los proyectos, iniciativas normativas y procedimientos judiciales tramitados en la Unión Europea por las autoridades estatales que pudieran afectar a los intereses de Castilla-La Mancha, pudiendo dirigir al Gobierno del Estado o a las Cortes Generales, según procediera, sus observaciones y propuestas sobre los mismos. Por lo que hace al control del principio de subsidiariedad, su artículo 64 establecía que las Cortes

---

ción de Decretos-Leyes, ampliación de las competencias de la Comunidad -se habló, por ejemplo, de asumir competencias de gestión de las cuencas hidrográficas que pasan por la región-, eliminación de aforamientos, no establecer un número fijo de diputados aunque se previera un número máximo y mínimo, la inclusión de determinados aspectos sobre la financiación autonómica o la regulación en el Estatuto de las relaciones con el Estado, con otras Comunidades Autónomas y, por lo que a nosotros interesa, con las instituciones europeas.

de Castilla-La Mancha debían ser consultadas previamente a la emisión del dictamen de las Cortes Generales sobre propuestas legislativas de la Unión en el procedimiento de control del principio de subsidiariedad y proporcionalidad cuando estuvieran afectadas competencias de la Comunidad Autónoma. El precepto establecía igualmente que las Cortes de Castilla-La Mancha debían establecer el procedimiento formal sobre la decisión de activar la alerta de vulneración del principio de subsidiariedad y el proceso de comunicación de esta decisión a las Cortes Generales. Se trataba, como vemos, de una regulación básica sobre la materia, coherente con la naturaleza del Estatuto como norma institucional básica de la Comunidad que, con respecto a la participación ascendente, reconocía que la Comunidad Autónoma debía participar de forma externa en la Unión; el derecho de la Comunidad a recibir información europea atinente a sus intereses (requisito ineludible para llevar a cabo una participación acertada), y; que, más allá de la facultad concreta de participación en el control del respeto del principio de subsidiariedad por parte de las propuestas legislativas europeas, no se pronunciaba sobre mecanismos concretos de participación ascendente.

En todo caso, la falta de previsión sobre el asunto en el Estatuto de Autonomía de Castilla-La Mancha no ha impedido su participación ascendente en la Unión para lo que ha resultado preciso reconfigurar su arquitectura institucional en aras de permitir dicha participación[31]. Con todo, resulta preciso acompasar el Estatuto de Autonomía castellanomanchego a los nuevos tiempos, también en lo que tiene que ver con la presencia de la región en la Unión. Además, la falta de previsión de determinadas cuestiones en el Estatuto de Autonomía de cualquier Comunidad Autónoma las coloca en un plano secundario y, en

---

31 SEVILLA DURO, Miguel Ángel, *La participación ascendente de las Comunidades Autónomas en la Unión Europea: un análisis desde Castilla-La Mancha,* ob. cit., p. 43.

consecuencia, dejan de ser percibidas como asuntos importantes para la región. Y es evidente la importancia que tienen las decisiones que se toman en el nivel europeo para una región como Castilla-La Mancha y sus ciudadanos y la relevancia, por tanto, que adquiere por ello su participación ascendente en la integración (recordemos que Castilla-La Mancha es considerada "región en transición" en el nuevo periodo de programación de la política de cohesión europea[32]; o el hecho de que la Unión sea el mercado natural de Castilla-La Mancha, tanto en lo relativo a sus importaciones como a sus exportaciones[33]). Mientras llega dicha reforma y teniendo en cuenta la situación actual, la participación ascendente de la Comunidad Autónoma de Castilla-La Mancha en la integración continúa siendo mejorable, tal y como se demuestra en determinados capítulos de esta obra. Eso sí, resulta evidente que esta Comunidad habrá de emplear mucho más esfuerzo e ingenio para participar en un grado comparable al que lo hacen otras Comunidades Autónomas con un potencial económico y recursos muy superiores.

Bibliografía.

ARZOZ SANTISTEBAN, Xavier, "La autonomía institucional y procedimental de los Estados miembros en la Unión Europea: mito y realidad", *Revista de Administración Pública,* núm. 191, 2013.

---

32 Véase, al respecto, MARTÍNEZ ALARCÓN, María Luz, "Solidaridad y política de cohesión en la Unidad económica y monetaria supraestatal Unión Europea", en GARCÍA GUERRERO, José Luis y MARTÍNEZ ALARCÓN, María Luz (dirs.), *La solidaridad. Estudio constitucional comparado,* Tirant lo Blanch, Valencia, 2022.

33 Apuntando estas dos notas como elementos que convierten la participación ascendente de Castilla-La Mancha en una necesidad real SEVILLA DURO, Miguel Ángel, *La participación ascendente de las Comunidades Autónomas en la Unión Europea: un análisis desde Castilla-La Mancha,* ob. cit., p. 76.

IPSEN, Hans Peter, "Als Bundesstaat in der Gemeinschaft", en VON CAENMERER, Ernst, SCHOCHAUER, Hans-Jürgen y STEINDORFF, Ernst (eds.), *Problem des Europäischen Rechts-Festschrift für Walter Hallstein*, Vittorio Klostermann, Frankfurt, a.M. 1966.

MARTÍNEZ ALARCÓN, María Luz, *La política europea de protección internacional. El Sistema Europeo Común de Asilo*, Thomson Reuters Aranzadi, Navarra 2018.

– "Solidaridad y política de cohesión en la Unidad económica y monetaria supraestatal Unión Europea", en GARCÍA GUERRERO, José Luis y MARTÍNEZ ALARCÓN, María Luz (dirs.), *La solidaridad. Estudio constitucional comparado*, Tirant lo Blanch, Valencia, 2022.

MARTÍN Y PÉREZ DE NANCLARES, José, "La participación de las Comunidades Autónomas en la Unión Europea: a vueltas con una cuestión recurrente a la espera de una adecuada regulación (constitucional)", *Informe Comunidades Autónomas*, núm. 2017.

PÉREZ TREMS, Pablo y otros, *La participación europea y la acción exterior de las Comunidades Autónomas*, Marcial Pons, Madrid, 1998.

PÉREZ TREMS, Pablo, "El modelo español de participación de las Comunidades Autónomas en los asuntos europeos", *Informe de las Comunidades Autónomas*, 1994.

RUBIO LLORENTE, Francisco, *La forma del poder*, vol. II, CEPC, Madrid 2012.

SEVILLA DURO, Miguel Ángel, *La participación ascendente de las Comunidades Autónomas en la Unión Europea. Un análisis desde Castilla-La Mancha*, Tirant lo Blanch, Valencia, 2023.

– "La participación ascendente de las comunidades autónomas en la Unión Europea: Propuestas de *constitutione ferenda*", en DURBÁN MARTÍN, Ignacio (dir.), *Constitución y Estado autonómico. Cartografía del debate sobre la reforma territorial*, Tirant Lo Blanch, Valencia, 2022.

SUSCYCKA-JASCH, M. y JASCH, H.C., The participation of the German Länder in Formulating EU-policy", *German Law Journal*, vol. 10, núm. 9, 2009.

CAPÍTULO SEGUNDO: *La intervención de las Comunidades Autónomas en la Unión Europea: una aproximación a la participación de Castilla-La Mancha en asuntos europeos*

MARÍA BARAHONA MIGUELÁÑEZ
Letrada de las Cortes de Castilla-La Mancha

Sumario: **I. INTRODUCCIÓN. EL OBJETO DE ESTUDIO. II. EVOLUCIÓN HISTÓRICA. III. MANIFESTACIONES DE LA INTERVENCIÓN DE LAS COMUNIDADES AUTÓNOMAS EN LOS ASUNTOS EUROPEOS: 1. Intervención de los ejecutivos autonómicos. 2. Intervención de las Asambleas Legislativas de las Comunidades Autónomas. IV. LA PARTICIPACIÓN DE CASTILLA-LA MANCHA EN EL NIVEL EUROPEO DE GOBERNANZA. V. LA CALRE. VI. REFLEXIÓN FINAL. Bibliografía.**

I. INTRODUCCIÓN. EL OBJETO DE ESTUDIO.

El presente capítulo pretende ofrecer una visión panorámica de la intervención de las Comunidades Autónomas en el nivel europeo de gobernanza. Tras hacer un breve repaso por la evolución histórica de la intervención de las Comunidades Autónomas en los asuntos europeos, el análisis se centra en las aportaciones del Tratado de Lisboa, pues este ha supuesto un importante avance en la expansión del hecho regional en la Unión Europea.

Para ello, se va a partir de los dos planos de intervención que la doctrina ha venido distinguiendo tradicionalmente y que se mantienen en la actualidad; esto es, de la distinción entre una fase ascendente, de participación en la formación del proceso decisorio y normativo europeo, y una fase descendente, de participación en la ejecución del Derecho europeo[1]. Tomando dicha diferenciación como referencia analizaremos, en primer lugar, la intervención ascendente y descendente de los ejecutivos regionales en la Unión para pasar, en segundo lugar, a abordar el análisis de la intervención de los Parlamentos autonómicos en asuntos europeos, que se expresa, en la fase ascendente de formación del Derecho derivado europeo, a través de un control de las iniciativas de regulación europea por la vía del sistema de alerta temprana o control *ex ante* y, en la fase descendente, a través de la aprobación de leyes de competencia autonómica (cuando la adaptación del Derecho europeo así lo exija).

En otro apartado, dada su creciente importancia, se hará un breve análisis de las fórmulas de relación entre las diferentes Asambleas regionales europeas con competencias legislativas pertenecientes a la Unión Europea: la CALRE. Este tipo de proyectos colaborativos conectan con la construcción de Europa en asociación que viene propugnando la Comisión. Recordemos que, como consecuencia del proceso de expansión del hecho regional, se ha extendido, entre la doctrina, el concepto de *gobernanza multinivel*. Siguiendo a ARES CASTRO-CONDE, se trata de un término que proviene de la teoría política y de la Administra-

[1] GONZÁLEZ-VARAS IBÁÑEZ, Santiago, "La participación de las Comunidades Autónomas en la Unión Europea", *Revista de Estudios de la Administración Local y Autonómica*, núm. 294-295, 2004, p. 106.

ción de la Unión Europea[2] y que acuñó el Comité de las Regiones en el año 2009[3]. Se encuentra en íntima conexión con el objetivo de la Comisión Europea de "*construir Europa en asociación*", aplicando un proceso de toma de decisiones europeo que sea inclusivo[4]. Ello implica la acción coordinada de la Unión Europea,

---

2 ARES CASTRO-CONDE, Cristina, *La participación de las regiones en el sistema político de la Unión Europea*, Tirant lo Blanch, Valencia, 2010, p. 26, menciona a Hooghe y Marks como defensores de esta gobernanza multinivel, entendiendo que dicha fórmula de integración ha aumentado el poder de las regiones. Y citan el esfuerzo de la Comisión no solo en el manejo de la expresión "nueva gobernanza", lo que otorgó mayor protagonismo a los entes regionales al moverse en la arena europea, sino que existen aplicaciones prácticas de ese nuevo rol. Así se han referido al principio de paternariado que se ha aplicado a la política de cohesión, de gran interés para los entes regionales y que ha permitido otorgarles un estatus equivalente al de los Gobiernos centrales de los Estados, no solo en la gestión y control del gasto, sino en la propia fase de priorización de las inversiones en su territorio, en fases tempranas de la política de cohesión, e incluso en la propia negociación de los programas operativos. En contraposición, los defensores de posturas intergubernamentalistas consideran que la integración europea no ha modificado las relaciones internas entre autoridades centrales y regionales, siendo los primeros los que siguen centrando la atención de las relaciones con la Unión.

3 *Libro Blanco del Comité de las Regiones sobre la Gobernanza Multinivel* (2009/C 211/01). DOUE 4.9.2009, C211/01.

4 *Libro Blanco sobre la Gobernanza Europea* COM (2001) 428 final (DOCE C 287/1, de 12 de octubre de 2001). En 2001, en su Libro Blanco sobre la Gobernanza Europea, la Comisión Europea definió cinco principios básicos de una buena gobernanza: apertura, participación, responsabilidad, eficacia y coherencia. La Comisión Europea proponía un método comunitario renovado, como método para el futuro, indicando que resultaba preciso *"garantizar que la Comisión proponga y ejecute las políticas, el Consejo y el Parlamento Europeo adopten las decisiones, y los agentes nacionales y regionales participen en el proceso político de la UE"*. Pues bien, la gobernanza multinivel garantiza la aplicación de estos principios y los completa. La aplicación de la gobernanza multinivel se basa en el respeto del principio de

los Estados miembros y las autoridades locales y regionales en el diseño y aplicación de las políticas en la Unión Europea.

Finalmente, se analizará la intervención de Castilla-La Mancha en los asuntos europeos desde las perspectivas mencionadas.

II. EVOLUCIÓN HISTÓRICA

Actualmente, no se puede entender la intervención de las Comunidades Autónomas en el ámbito de la Unión Europea sin partir de la situación existente en el momento en el que España ingresa en las entonces Comunidades Europeas, en 1985. Esta incorporación tuvo lugar en virtud de lo dispuesto en el artículo 93 de la Constitución española de 1978 que dispone: "*Mediante ley orgánica se podrá autorizar la celebración de tratados por los que se atribuya a una organización o institucional internacional el ejercicio de competencias derivadas de la Constitución. Corresponde a las Cortes Generales o al Gobierno, según los casos, la garantía del cumplimiento de estos tratados, y de las resoluciones emanadas de los organismos internacionales o supranacionales titulares de la cesión*".

---

subsidiariedad, que evita que las decisiones se concentren en un solo nivel de poder, garantizando que las políticas sean concebidas y aplicadas en el nivel más apropiado. El respeto del principio de subsidiariedad y la gobernanza multinivel resultan indisociables: el primero se refiere a las competencias de los distintos niveles de poder y la segunda se concentra en su interacción. La subsidiariedad, la proporcionalidad, la proximidad, la asociación, la participación, la solidaridad y la lealtad mutua son principios que inspiran y guían la acción comunitaria. Condicionan el modelo europeo de protección de los derechos fundamentales, entre los cuales figuran la autonomía regional y local así como el respeto de la diversidad. La promoción y la defensa de este modelo suponen la responsabilidad compartida entre todos los niveles de poder.

La Constitución diseña un sistema de reparto competencial en el que la competencia en materia de relaciones internacionales la ostenta el Estado en virtud del artículo 149.1.3[5], y, en un primer momento, cualquier cuestión europea se vinculaba al ámbito de las relaciones internacionales. Además, no se puede desconocer que el artículo 97 del mismo texto atribuye al Gobierno de la Nación la dirección de la política interior y exterior.

En este contexto, en el ámbito interno, existía un aparente vacío normativo en lo que respecta a la participación de las regiones en una entidad supranacional de esas características que no respondía al modelo ordinario de organización internacional. Pero, además, inicialmente, los tratados constitutivos europeos tampoco regulaban nada sobre el papel de las regiones en el entramado institucional comunitario y ello permitió que, al principio, el proyecto europeo fuera conducido de forma estrictamente estatal[6], aunque los responsables comunitarios pronto fueron conscientes de la importancia de mantener interlocución con los entes regionales y locales por su cercanía al ciudadano.

Por ello, en un primer momento, el Estado eclipsó a las regiones en la relación con las instituciones europeas. En efecto, las regiones quedaron relegadas a un segundo plano manteniendo únicamente interlocución con el Estado en materia

---

5 Otras Constituciones sí han hecho un reconocimiento expreso de la intervención de las entidades regionales en el propio texto constitucional. Así, como apunta GONZÁLEZ PASCUAL, Maribel, *Las Comunidades Autónomas en la Unión Europea. Condicionantes, evolución y perspectivas de futuro*, Institut d'Estudis Autonòmics, Catalunya, 2013, p. 25, la participación de las regiones en la Unión Europea se ha reconocido en la Ley Fundamental de Bonn (artículo 23), en la Constitución italiana (artículo 117), en la Constitución belga (artículo 167) y en la Constitución austríaca (artículo 23).

6 ZELAIA GARAGARZA, Maite, "Algunas claves del encaje del modelo autonómico en el escenario de la Unión Europea", *Iura Vaconiae*, núm. 16, 2019, p. 550.

europea. Además, el máximo intérprete de la Constitución española, en una primera posición, coadyuvó a consolidar la tesis de que el Estado era el único interlocutor con el nivel europeo de gobernanza, con independencia de la materia que quedara afectada. Pronto el Tribunal Constitucional se apartó de esta tesis porque *"cuando España actúa en el ámbito de la UE, lo está haciendo en una estructura jurídica que es muy distinta a la tradicional de las relaciones internacionales"7.*

Actualmente, la situación es distinta y lo primero que debe resaltarse es que los contornos de esta competencia estatal en materia de relaciones exteriores han sido matizados, tanto por las actuales previsiones de muchos Estatutos de Autonomía, que sí contemplan una cierta actividad exterior de sus Comunidades Autónomas, como por la propia jurisprudencia del Tribunal Constitucional[8], que ha venido a respaldar el hecho regional en el ámbito de la Unión Europea.

Esta nueva línea jurisprudencial se establece en la lejana sentencia del Tribunal de Constitucional 252/1988, de 20 de diciembre, la cual, resolviendo un conflicto positivo de competencias, consagra el principio general de no alteración interna de la distribución de competencias, reconociendo la capacidad y competencia de las Comunidades Autónomas para participar directamente en la Unión Europea en aquellas materias cuya competencia le corresponda constitucionalmente. Su FJ 2 dispone:

"*Son, en consecuencia, las reglas internas de delimitación competencial las que en todo caso han de fundamentar la respuesta a los conflictos de competencia planteados entre el Estado y las Comunida-*

---

7 DE LA FUENTE CABERO, Inmaculada, "La participación de las Comunidades Autónomas en la Unión Europea", *Revista Jurídica de Castilla y León,* núm. 7, 2005, p. 88.

8 ESPEJO CAMPOS, Alicia, "La trasposición del Derecho de la Unión Europea por las Comunidades Autónomas", *Anales de la Facultad de Derecho,* núm. 29, 2012, p.142.

des Autónomas, las cuales, por esta misma razón, tampoco podrán considerar ampliado su propio ámbito competencial en virtud de una conexión internacional. Las normas estatutarias que, como la recogida en el art. 27.3 del Estatuto de Autonomía de Cataluña, prevén que la Comunidad Autónoma adoptará las medidas necesarias para la ejecución de los Tratados internacionales en lo que afecten a materias atribuidas a su competencia, no son, como resulta evidente, normas atributivas de una competencia nueva, distinta de las que en virtud de otros preceptos ya ostenta la Generalidad".

También la sentencia del Tribunal Constitucional 153/1989, de 5 de octubre, en su FJ 8, consolidó esta interpretación en virtud de la cual la mera dimensión exterior no es causa justificativa suficiente para atraer la competencia al Estado y, a partir de ahí, las Comunidades Autónomas empiezan a moverse en la arena europea.

Por tanto, las regiones también podrían participar a nivel europeo en el desarrollo de normativa y políticas sobre materias de su competencia. Ese es el germen para que las Comunidades Autónomas comenzaran a expandir sus actuaciones en el ámbito europeo, no solo a nivel interno, fortaleciéndose su papel en la interlocución con el Estado, sino también mediante la apertura de canales inmediatos o directos de participación. Uno de los más importantes, por su fuerte carácter simbólico, fue la implementación de oficinas propias de representación regional en el corazón de Europa, en Bruselas, que comienzan a proliferar a principios de los años noventa. El origen de las representaciones regionales en Bruselas responde a la legitimidad que les brindó el Tribunal Constitucional en la sentencia 165/1994, de 26 de mayo, en relación con la oficina que estableció el País Vasco. En esta sentencia, el Tribunal reconoce la pertinencia y legitimidad de que las regiones estuviesen representadas directamente en Europa en el marco de las actividades de la Unión Europea que fueran de su competencia, siempre que dichas relaciones no perjudicaran al Estado central. Esta sentencia marca un definitivo punto de inflexión en el papel activo de las Comunidades Autónomas en los asuntos europeos[9]. Sería objeto de regulación más tarde por la Ley 6/1997, de 14 de abril, de Organización y Funcionamiento de la Administración General del Estado[10]. Posteriormente, se aprobó la Ley 2/2014, de 25 de marzo, de la Acción y del Servicio Exterior del Estado[11].

Pero no solo las regiones españolas se estaban reafirmando en el plano interno frente al Estado y abriéndose al exterior. De manera paralela a este proceso interno de intensificación de la participación de las Comunidades Autónomas en los asuntos europeos, también la propia Unión Europea iba reconociendo más peso a las regiones de Europa, alcanzando su punto álgido con la creación del Comité de las Regiones en el Tratado de Maastricht de 1992, órgano consultivo de la Unión en el que se hacen valer los intereses regionales y locales (artículo 13.4 del actual Tratado de la Unión Europea).

Cabe puntualizar que, hasta aquí, toda esta proyección de las Comunidades Autónomas en el nivel europeo de gobernanza se refiere a los ejecutivos autonómicos. Pero, como ha destacado UTRILLA FERNÁNDEZ- BERMEJO[12], el artículo 5.3 del Tratado de la Unión Europea ha supuesto una auténtica revolución para los Parlamentos regionales en lo que al control del Derecho derivado de la Unión se refiere.

---

9 RIDAU MARTÍN, Joan, "La acción exterior de las regiones en los Estados compuestos y federales: el caso europeo y español en particular", *Revista IUS Doctrina*, vol. 10, núm. 2, 2017, p. 17. El autor llega a calificar la aportación de la sentencia como "*el leading case en la materia*".

10 BOE núm. 90, de 15 de abril de 1997.

11 BOE núm. 74, de 26 de marzo de 2014.

12 UTRILLA FERNÁNDEZ-BERMEJO, Dolores, *Parlamentos Regionales y control de la subsidiariedad*, Iustel, 2018, p. 15, indica que el artículo 5.3 del Tratado de la Unión Europea extiende el ámbito de aplicación del principio de subsidiariedad mencionando, por primera vez tras el Tratado de Lisboa, los niveles regional y local.

En efecto, hasta el Tratado de Lisboa de 2009, los Parlamentos regionales no influían directamente en la formación del Derecho derivado europeo (se limitaban a aprobar las leyes necesarias para adaptar el ordenamiento interno al Derecho europeo, según la distribución constitucional interna de competencias, y a organizarse con otras Asambleas regionales europeas con potestad legislativa para intentar intervenir en el nivel europeo). No tenían, pues, participación institucional en el nivel europeo de gobernanza pues, si bien ya existía el reconocimiento del principio de subsidiariedad, su control no se había hecho extensivo a los Parlamentos regionales con potestad legislativa.

A partir del Tratado de Lisboa, por tanto, no solo se ha fortalecido el propio Comité de las Regiones, reconociéndole legitimación para interponer recurso de anulación ante el Tribunal de Justicia de la Unión Europea para salvaguardar sus prerrogativas (artículo 263, párrafo tercero, del Tratado de Funcionamiento de la Unión Europea), sino que, *ex* artículo 5, apartado tercero, del Tratado de la Unión Europea, se ha incluido a los Parlamentos regionales en el control *ex ante* de la regulación europea para comprobar, en el marco de las competencias compartidas de la Unión, que, efectivamente, se respeta dicho principio de subsidiariedad.

Una primera conclusión que se puede extraer en relación con esta evolución histórica de la intervención de las Comunidades Autónomas es que este proceso progresivo de fortalecimiento de las regiones en el ámbito europeo, tanto internamente, como en el propio seno de la Unión, ha sido uno de los factores clave en el desarrollo de la propia democracia europea, junto con el reconocimiento de la ciudanía europea y la potenciación del Parlamento Europeo como legislador. Entendemos que estos tres factores han contribuido a democratizar más el nivel europeo de gobernanza. Y ello porque han permitido acercar la Unión Europea a los ciudadanos. Dejando a un lado el Parlamento Europeo, cuyo fortalecimiento ha sido progresivo, se puede afirmar, con respecto a los otros dos momentos históricos (reconocimiento de la ciudadanía de la Unión y creación del Comité de las Regiones), que el Tratado de Maastricht de 1992 representa un hito histórico en el proceso de construcción europea en lo que a la integración política y no meramente económica se refiere. El siguiente paso capital que ha terminado de consolidar el hecho regional en el nivel europeo de gobernanza ha sido el Tratado de Lisboa, pues ha supuesto la definitiva visibilización de las Asambleas legislativas de las Comunidades Autónomas.

III. MANIFESTACIONES DE LA INTERVENCIÓN DE LAS COMUNIDADES AUTÓNOMAS EN LOS ASUNTOS EUROPEOS

La participación autonómica en los asuntos europeos se puede clasificar por fases, distinguiendo la llamada *fase ascendente*, esto es, participación en el proceso decisorio de la Unión y de las actuaciones de la Unión Europea y que se proyecta, bien dentro del propio Estado, pero también *ad extra*, pues las Comunidades Autónomas cada vez son más activas en el nivel europeo de gobernanza.

La segunda fase, la llamada *fase descendente*, comprende la fase de aplicación y ejecución del Derecho europeo dentro de la Comunidad Autónoma mediante, por ejemplo, la trasposición de normativa europea si entra dentro de su ámbito competencial, o la aplicación de una actuación europea en el ámbito regional.

En relación con la fase descendente, en el caso de Castilla-La Mancha, se debe atender a lo dispuesto en el artículo 34 del Estatuto de Autonomía, que establece: "*La Comunidad Autónoma, ejecutará, dentro de su ámbito territorial, los tratados internacionales, en lo que afecten a las materias propias de su competencia*", todo ello, partiendo del sistema de distribución constitucional de competencias de los artículos 148 y 149 de la Constitución española de 1978. Por tanto, no cabe duda de que las Comunidades Autónomas pueden y deben desarrollar legislativa y reglamentariamente el Derecho europeo. Este principio de no alteración competencial ha sido reconocido por el Tribunal Constitucional, por ejemplo, en su sentencia 79/1992, de 28 de mayo, recaída en conflictos positivos de competencia acumulados, planteados por el Gobierno Vasco, la Generalidad de Cataluña contra una Resolución y diversas Órdenes del Ministerio de Agricultura, Pesca y Alimentación y del Gobierno de la Nación contra una Orden del Departamento de Agricultura y Pesca del Gobierno Vasco. Las Comunidades Autónomas entendían que se invadía la competencia autonómica en materia de agricultura, lo cual no tenía cabida en la estatal de ordenación general de la economía. La Generalidad de Cataluña fue muy clara a la hora de plantear que, con esa regulación del Ministerio, se privaba "*a las Comunidades Autónomas de toda participación en un aspecto meramente ejecutivo de unas normas comunitarias de directa aplicación, vulnerando la distribución constitucional de competencias. Estas competencias no pueden ser alteradas en favor del Estado con ocasión de la adhesión de España a las Comunidades Europeas, ni en virtud del art. 149.1 3., ni en virtud del art. 93 C.E*". El Tribunal Constitucional acumuló los conflictos positivos de competencia porque los entendió referidos a cuestiones que guardaban entre sí una estrecha conexión. Al respecto argumentó que "*todos ellos se han planteado en relación con disposiciones normativas que instrumentan o articulan la concesión de ciertas ayudas económicas a los agricultores y ganaderos, con fondos procedentes del Fondo Europeo de Orientación y Garantía Agrícola (FEOGA), Sección Garantía, de la Comunidad Europea (…). En todos estos conflictos se discute la competencia del Estado o de las Comunidades Autónomas litigantes bien para adoptar las disposiciones de instrumentación de las ayudas en desarrollo o aplicación del derecho comunitario europeo, bien, sobre todo, para realizar las operaciones de gestión y pago de las mismas en consideración de las solicitudes presentadas por sus eventuales beneficiarios*".

Sintéticamente, se puede afirmar que la intervención autonómica en esta fase descendente puede consistir en la aprobación de normas para ejecutar en su territorio normativa europea, pero también se puede aplicar el Derecho europeo con actuaciones administrativas regionales. De la no ejecución, o de la inadecuada ejecución del Derecho europeo, responde el Estado español, que después lo repercutirá[13] contra la Comunidad Autónoma incumplidora[14].

---

13 Como apunta MARTÍN DELGADO, Isaac, "La repercusión de la responsabilidad por incumplimiento del Derecho de la Unión Europea en el contexto del Estado autonómico", *Revista de Administración Pública*, núm. 199, 2016, pp. 62 y 63, es la Disposición Adicional segunda de la Ley Orgánica 2/2012, de 27 de abril, de Estabilidad Presupuestaria y Sostenibilidad Financiera (BOE núm. 103, de 30 de abril de 2012), la que reconoce, en su artículo 8, la responsabilidad de las Administraciones Públicas que provoquen o contribuyan a producir el incumplimiento de los compromisos adquiridos por España de acuerdo con la normativa europea y, en consecuencia, les impone el deber de asumir, en la parte que les sea imputable, las responsabilidades que se hubieran derivado de tal incumplimiento. En desarrollo de la habilitación normativa prevista en la misma, se ha dictado el Real Decreto 515/2013, de 5 de julio, por el que se regulan los criterios y el procedimiento para determinar y repercutir las responsabilidades por incumplimiento del Derecho de la Unión Europea (BOE núm. 161, de 6 de julio de 2013). Por tanto, nuestro ordenamiento jurídico contempla, tanto el presupuesto legal habilitante, como el procedimiento necesario para declarar la responsabilidad por el incumplimiento del Derecho de la Unión y repercutir las sanciones económicas derivadas del mismo en todos los sectores materiales de competencia de la Unión Europea.

14 COBREROS MENDAZONA, Edorta, "La exigibilidad del requisito de la violación suficientemente caracterizada al aplicar en nuestro ordenamiento el principio de la responsabilidad patrimonial de los estados por el incumplimiento del Derecho de la Unión Europea", *Revista de Administración Pública*, núm. 196, 2015, p. 58, concluye que el incumplimiento del Derecho de la Unión puede derivar en responsabilidad patrimonial sin que, respecto del incumplimiento

En definitiva, resulta incontestable el progresivo incremento de la importancia de las regiones en el nivel europeo, ya no solo en lo que se refiere a la toma de decisiones, sino también en su ejecución, y ello en todos los espacios del entramado europeo y nacional[15].

La intervención de las Comunidades Autónomas en los asuntos europeos también cabe ser clasificada, en función de que la iniciativa la asuman los ejecutivos regionales, o bien las Asambleas legislativas de las Comunidades Autónomas. Esta es la diferenciación principal que seguimos en este trabajo.

Hasta hace muy poco tiempo, los ejecutivos regionales, no las Asambleas Legislativas, han sido los absolutos protagonistas de la expresión del hecho regional a nivel europeo. Y ello en línea con el fenómeno apuntado, entre otros, por COVADONGA FERRER[16], de *desparlamentarización*. Esta autora destaca

---

imputable a una Administración, incluida la autonómica, deba exigirse el requisito de la violación suficientemente caracterizada, por ser esta una exigencia que no se requiere en el sistema interno de daños imputables a las Administraciones públicas.

15 ANWEN, Elias, "Whatever Happened to the Europe Regions? Revisiting the Regional Dimension of European Politics", *Regional and Federal Studies*, vol. 18, núm. 5, 2008, pp. 485 y 488. Este autor también menciona la importancia de las regiones en las políticas europeas, apuntando el incremento de la importancia del papel de las Regiones en Europa. La gobernanza multinivel derivada de esta consolidación de los entes regionales y locales en las políticas europeas es, pues, una realidad afirmada por la doctrina más autorizada.

16 FERRER MARTÍN DE VIDALES, Covadonga, "La Comisión Mixta para la Unión Europea. Sus nuevas competencias tras el Tratado de Lisboa y la influencia de los factores constitucionales del Estado español en su eficacia", *Revista de Derecho Comunitario Europeo*, núm. 45, 2013, pp. 631 a 634. Véase también FERRER MARTÍN DE VIDALES, Covadonga, "La participación indirecta como solución al impacto de la integración europea sobre los parlamentos nacionales. Análisis de los modelos danés, británico y español", Conferencia interna-

cómo la entrada de España en la Unión Europea transformó el papel de las Cortes Generales. La cesión de competencias a la Unión y la consiguiente pérdida de capacidad regulatoria para el Estado afectó a la centralidad del Parlamento. El protagonismo fue asumido por los ejecutivos de los Estados miembros, que se encontraban presentes en el Consejo, órgano decisorio en el nivel europeo. Además, otros factores afectaron igualmente a la centralidad parlamentaria; así, el tecnicismo de la regulación derivada europea, que debe ser incorporada e implementada en el ordenamiento interno, especialmente en el caso de las Directivas, se tradujo en una transposición de dicho Derecho de manera casi automática y con poca discusión en el Parlamento (apenas se introducían enmiendas, etc.). Así, los poderes ejecutivos se fueron consolidando como nuevos poderes legislativos, de manera que lo que tenían vetado internamente, lo asumían en el nivel europeo a través de la acción conjunta en el Consejo de la Unión.

El propio Parlamento Europeo fue consciente de dicha crisis de democracia y, en consecuencia, se implantó un mecanismo de comunicación interparlamentaria entre el Parlamento Europeo y las Comisiones de los Parlamentos nacionales es-

---

cional sobre el papel de los parlamentos nacionales y regionales en los asuntos europeos y en el control de la legislación de la Unión Europea, Fundación Manuel Giménez Abad de Estudios Parlamentarios y del Estado Autonómico, Madrid, 2010, pp. 1 a 55. En el mismo sentido, GÓMEZ CORONA, Esperanza, "La desparlamentarización del sistema político español", *Revista de Derecho Político,* núm. 111, 2021, pp. 111, 112 y 134. Esta autora destaca, además de apuntar otros factores, que el propio funcionamiento interno de las Cámaras también contribuye a fortalecer al ejecutivo y a los partidos políticos, pues la realidad actual muestra que la vida política interna de los Parlamentos gira en torno a los Grupos Parlamentarios. Apunta con preocupación que la degradación democrática está llevando a situaciones en las que no se cumplen las reglas constitucionales como consecuencia del peso que se ha dado al Ejecutivo.

pecializadas en asuntos europeos (COSAC). En la actualidad, tras el Tratado de Lisboa, no solo los Parlamentos nacionales tienen reconocimiento expreso en el artículo 12 del Tratado de la Unión Europea, mencionando su función para contribuir al buen funcionamiento de la Unión, sino que estas relaciones interparlamentarias se regulan en el Protocolo nº 1 anejo a los Tratados, sobre el cometido de los Parlamentos nacionales en la Unión Europea. También se recogen en los artículos 150 a 152 del Reglamento de Régimen Interno del Parlamento Europeo, en el que se hace un reconocimiento expreso de la COSAC.

También la Comisión, ya desde 2006, venía estableciendo diálogos informales con los Parlamentos nacionales, transmitiéndoles sus propuestas y documentos de consulta para que se manifestaran.

Con el Tratado de Lisboa la situación ha cambiado y, además de lo dispuesto en el mencionado artículo 12 del Tratado de la Unión Europea, el artículo 5 apartado tercero establece un mandato de fiscalización, disponiendo que "*los Parlamentos nacionales velarán por el respeto del principio de subsidiariedad, con arreglo al procedimiento previsto en el mencionado protocolo*". Este Protocolo es el nº 2, anejo a los Tratados, sobre la aplicación de los principios de subsidiariedad y proporcionalidad.

Pues bien, este fenómeno de desparlamentarización progresiva resulta extrapolable, en otra dimensión, al nivel regional español. Y es que, más allá de la aprobación de leyes cuando se exige norma de tal rango, y la reciente intervención en el Sistema de Alerta Temprana por parte de los Parlamentos autonómicos, casi todo el protagonismo de la intervención autonómica en los asuntos europeos la asumen los ejecutivos regionales.

1. Intervención de los ejecutivos autonómicos

Partiendo de los antecedentes anteriores procede, a continuación, exponer los espacios de intervención de los ejecutivos autonómicos.

1.- En primer lugar, dentro de la fase ascendente interna, el instrumento más importante que posibilita a los ejecutivos regionales debatir sobre los asuntos europeos con el Estado es la Conferencia para Asuntos Relacionados con la Unión Europea, más conocida como CARUE, que permite mantener interlocución directa entre los ejecutivos regionales y el Estado para coordinarse y colaborar[17]. Se regula en la Ley 2/1997, de 13 de marzo, por la que se regula la Conferencia para Asuntos Relacionados con las Comunidades Europeas, que se define en el artículo 1 como "*un órgano de cooperación entre el Estado y las Comunidades Autónomas para articular adecuadamente la concurrencia de éstas en las cuestiones propias de su participación en los asuntos comunitarios europeos*".

Cabe destacar que el Estado desarrolla básicamente una labor de información, pero, si la cuestión recae en el ámbito competencial autonómico y existe una posición en común entre las Comunidades Autónomas, el Estado la tomará en consideración. En materias de competencias compartidas, si hay posición común entre el Estado y las Comunidades Autónomas, el Estado partirá de ese acuerdo a la hora de fijar la posición negociadora de España. Esta Conferencia se ha impulsado mucho desde el año 2004 de manera que, a partir de un Acuerdo de 9 de diciembre de 2004, las regiones españolas pasaron a participar en cuatro formaciones del Consejo de Ministros de

[17] DE LA FUENTE CABERO, Inmaculada, "La participación de las Comunidades Autónomas en la Unión Europea", ob. cit., p. 102. La autora hace un minucioso estudio de esta conferencia, si bien se refiere a ella como CARCE, según la denominación de entonces. En esta obra colectiva puede consultarse la contribución de SERRANO PÉREZ, María Mercedes, "La participación de las Comunidades Autónomas a través de sus gobiernos. (I) Instrumentos estatales de cooperación multilateral: La Conferencia de Presidentes, las Conferencias Sectoriales y la Conferencia de Asuntos Relacionados con la Unión Europea (CARUE)".

la Unión, también llamado Consejo de la Unión o simplemente Consejo. Esta participación se materializa mediante la incorporación de un representante autonómico a la delegación española, de forma rotatoria, que tendrá rango de consejero y que asumirá una posición común en nombre de todas las Comunidades Autónomas[18]. Las formaciones del Consejo en las que pueden llegar a participar las Comunidades Autónomas, vía integración en la delegación española, son:

A) Empleo, política social, sanidad y consumidores.

B) Agricultura y pesca.

C) Medio Ambiente.

D) Educación, juventud y cultura.

En 2009 se añadieron dos formaciones más: competitividad-consumo y juego.

Esta vía de intervención, en la fase ascendente, participando en la formación de decisiones, resulta compatible con otras intervenciones bilaterales Estado-Comunidades Autónomas, para cuestiones que les afecten individualmente. Destaca DE LA FUENTE CABERO las conferencias bilaterales que se han creado con País Vasco, Cataluña y Canarias[19]. Esta autora puntualiza

---

18 CASTELLÁ ANDREU, Josep Mª., "Las Comunidades Autónomas en Bruselas: la dimensión externa de la participación autonómica en la Unión Europea", *Revista de Estudios Autonómicos y Federales*, núm. 6, 2008, p. 59. Sobre este asunto se puede consultar la contribución que se incluye en esta obra de ARRIOLA ECHANIZ, Naiara, "La participación autonómica en los grupos de trabajo y en las formaciones del Consejo de la Unión Europea. Especial referencia a la Comunidad Autónomas de Castilla-La Mancha".

19 DE LA FUENTE CABERO, Inmaculada., "La participación de las Comunidades Autónomas en la Unión Europea", ob. cit., p. 102. Para un análisis más detallado de las conferencias bilaterales véase, en esta misma obra, BARROSO MÁRQUEZ, Juan Francisco,

que, en el caso de Canarias, existe plena justificación política y jurídica para ello. Jurídica, porque en el propio nivel europeo tiene la consideración de región ultraperiférica, con singularidades y necesidades específicas. Desde el punto de vista político, porque concurren características propias por la insularidad.

2.- En segundo lugar, también existe una estrecha vinculación con la Representación Permanente de España ante la Unión Europea (REPER). En este apartado cabe apuntar que, en el seno de la REPER, existe una Consejería para Asuntos Autonómicos[20], creada mediante Real Decreto 2105/1996, de 20 de septiembre, por el que se crea la Consejería para Asuntos Autonómicos en la Representación Permanente de España ante la Unión Europea[21], de tal forma que existe un consejero que se encarga de la coordinación de la relación con las Comunidades Autónomas y las oficinas regionales en Europa. Se trata de una estructura en virtud de la cual se incluye a un representante autonómico, que se ampliaría a dos en el año 2004. Los consejeros autonómicos han de ser funcionarios y se integran, junto al resto de consejeros de la REPER, en los grupos de trabajo de la delegación española, con el objetivo de coordinar la información en relación con los asuntos europeos que puedan afectar a las Comunidades Autónomas. No es, por tanto, una figura autonómica, si bien está planteada para la coordinación entre la REPER y las Comunidades Autónomas[22].

"La participación de las Comunidades Autónomas a través de sus gobiernos. (II) Las Comisiones Bilaterales de cooperación Estado-Comunidad Autónoma".

20 Ibídem, p. 117. Sobre esta cuestión, con más detalle, la contribución que se incluye en esta obra de GONZÁLEZ JIMÉNEZ, Magdalena, "La participación de las Comunidades Autónomas a través de sus gobiernos. (II) La Consejería de Asuntos Autonómicos en la REPER".

21 BOE núm. 229, de 21 de septiembre de 1996.

22 ROIG MOLÉS, Eduard, *Las Comunidades Autónomas y la posición española en los asuntos europeos*, Tirant lo Blanch, Valencia, 2002, pp. 198 a 203.

3.- Una tercera vía de influencia de los ejecutivos regionales es la participación en la llamada Comitología[23]. La comitología se aplica si una norma jurídica ha otorgado a la Comisión competencias de ejecución. La Comisión estará asistida por un comité a la hora de definir las medidas contenidas en el correspondiente acto de ejecución. Su regulación se contiene en el Reglamento (UE) 182/2011 del Parlamento Europeo y del Consejo, de 16 de febrero de 2011, por el que se establecen las normas y los principios generales relativos a las modalidades de control por parte de los Estados miembros del ejercicio de las competencias de ejecución por la Comisión[24]. Pues bien, la participación regional en los comités de trabajo de la Comisión Europea, como ejecutivo comunitario, supone que expertos nacionales (también procedentes de la Administración de las Comunidades Autónomas) se integren en esos comités de trabajo, sectorializados por materias. En este punto también se ha producido un incremento progresivo del protagonismo autonómico[25].

---

23 DE LA FUENTE CABERO, Inmaculada, "La participación de las Comunidades Autónomas en la Unión Europea", ob. cit., p. 119. Sobre este asunto véase, igualmente en esta obra colectiva, BASTARRECHE BENGOA, Tomás, "La participación de las Comunidades Autónomas en la Comisión Europea".

24 DOUE L 55/13, de 28 de febrero de 2011.

25 GONZÁLEZ PASCUAL, Maribel, *Las Comunidades Autónomas en la Unión Europea. Condicionantes, evolución y perspectivas de futuro*, ob. cit., pp. 56, 57, 61 y 62. Esta autora analiza de forma exhaustiva el recorrido temporal por la participación autonómica en la Comitología, diferenciando diferentes etapas. El primer acuerdo sobre la participación autonómica en los comités de la Comisión se alcanzó en noviembre de 1997, tras el pacto de investidura y gobernabilidad entre el Partido Popular y Convergència i Unió. Este acuerdo abrió a las Comunidades Autónomas 55 comités. Esta participación en los comités empezó a desarrollarse de una manera bastante informal, impulsada por el representante autonómico en cada caso al margen de las conferencias sectoriales. Los comités que fueron abiertos a la participación autonómica eran mayoritariamente consultivos o

La participación autonómica, a la luz de la regulación actual, tiene una duración de cuatro años y puede revestir dos modalidades: pueden solicitar su participación como responsables autonómicos, lo que conlleva una acción más intensa de participación en los grupos de trabajo, o simplemente como representantes sectoriales, que implica una participación de menor alcance, limitándose a la recepción de información y de las novedades sobre una determinada materia. En la actualidad, las Comunidades Autónomas españolas participan en más de un centenar de comités.

4.- Una cuarta vía de participación de los ejecutivos regionales en el ámbito de la Unión Europea es la intervención directa en el Comité de las Regiones[26]. Esta es, quizá, la vía política más importante de intervención directa en el propio seno del nivel

---

de gestión. Tras esa primera experiencia, el reparto fue decidido entre las Comunidades Autónomas, de común acuerdo, y remitido por la Junta de Castilla y León al gobierno español para el periodo 2003-2006. En el periodo 2007-2011, mediante un tercer acuerdo, se abrieron 91 comités a la participación autonómica. Conforme al acuerdo, esta participación se podría revisar si se producía cualquier tipo de creación o supresión de los comités, aunque no fijaba qué criterios se seguirían. En noviembre de 2012 se cerró el cuarto acuerdo entre el Ministerio de Hacienda y Administraciones Públicas y las Comunidades Autónomas relativo a la participación de estas últimas en los comités de la Comisión. El número de comités bajó a 72, frente a los 91 del anterior acuerdo, aunque las áreas son las mismas. Según la autora, este acuerdo de 2012 seguía sin responder completamente a las exigencias constitucionales que emanan del principio de autonomía política. Cabe añadir que, en un cuarto periodo, que comprende el periodo 2013-2017, el número de comités abiertos a la participación autonómica era de 116. En un quinto periodo, que abarca 2018-2021, el número de comités asignados a las Comunidades Autónomas fue de 96.

26 Sobre el Comité de las Regiones puede consultarse, también en esta obra, la contribución de LÓPEZ NIETO, Yolanda, "La participación de las Comunidades Autónomas a través del Comité de las Regiones".

europeo de gobernanza. El Comité de las Regiones, que supuso un hito histórico en la consolidación del hecho regional en el nivel europeo de gobernanza, emite dictámenes que, en muchos casos, son de emisión preceptiva para la Comisión, el Consejo y el Parlamento Europeo, dada su afectación a intereses regionales y locales. Estas materias son: educación, formación profesional y juventud, también en el ámbito de cultura, salud pública, redes transeuropeas de transportes, telecomunicaciones y energía, así como en el importantísimo ámbito de la cohesión económica y social. En relación con este último, no debemos desconocer que Europa es muy diversa, pues existen muchas diferencias entre territorios y, como característica muy singular de la Unión, que le diferencia de otras organizaciones internaciones, cabe destacar el elemento de la solidaridad, reflejado como valor fundamental en el artículo 2 del Tratado de la Unión Europea, que se expresa, en relación con la cohesión económica, social y territorial, en el artículo 3.3 del Tratado de la Unión Europea[27].

---

[27] En relación con este elemento de solidaridad destacaremos, por su importancia en el presupuesto de la Unión, junto con la PAC, la política europea de cohesión, que es la política europea que tiende a mitigar las diferencias entre territorios, dentro de la cual se integran los fondos estructurales, FEDER, FSE+ y FEADER, que tan importantes son para Castilla-La Mancha, clasificada como región en transición, dentro de la clasificación europea de regiones (regiones cuyo PIB per cápita es inferior al 75% del PIB medio europeo). Con respecto a la política de cohesión, se debe estar a los reglamentos que se aprueben en cada periodo plurianual, así como a los programas operativos que se aprueben dentro de dichos periodos. También, a colación de la gestión de fondos estructurales en los que las Comunidades intervienen de forma muy activa al ser autoridad nacional de gestión, resulta importante puntualizar que estos fondos estructurales no son los mismos que los fondos que, repercutiendo también en los territorios de los Estados y de sus regiones, se obtienen también de la Unión, pero provienen de programas europeos de gestión directa por la Comisión, como LIFE, ERASMUS+, etc.

El Comité de las Regiones, al que DE LA FUENTE CABERO califica como mecanismo directo de participación de las regiones en la construcción europea[28], cuenta en la actualidad con trescientos veintinueve miembros, tras la salida de Reino Unido. Se exige, para ser miembro, ostentar mandato electoral, ya sea regional o local, o bien tener responsabilidad política ante una asamblea elegida democráticamente.

En la actualidad, España cuenta en el Comité de las Regiones con veintiún miembros, diecisiete por parte de las Comunidades Autónomas y cuatro por parte de las Entidades Locales, correspondiendo a las Comunidades Autónomas proponer los miembros que formarán la delegación autonómica y, a la Federación Española de Municipios y Provincias (FEMP) los representantes de las Entidades Locales. En este momento, la representación local está compuesta por los alcaldes de Vigo, Zaragoza, Jaén y Estepona. Este sistema, que se adoptó mediante una Moción aprobada por el Senado el 20 de octubre de 1993, de nuevo, refleja la hegemonía de los ejecutivos, pues los representantes autonómicos son representantes de los gobiernos regionales. El Comité celebra seis plenos al año, en los que fija su política general y aprueba sus dictámenes.

5.- Como quinta vía de intervención de los ejecutivos[29] cabe mencionar, retomando un poco la idea de la expansión en Bruselas que tuvo lugar en los 90, la implementación de oficinas regionales en Bruselas. Estas constituyen otro de los máximos exponentes de la consolidación de las Comunidades Autónomas en la Unión, operando bajo la dependencia de los Ejecutivos regionales[30].

---

[28] DE LA FUENTE CABERO, Inmaculada, "La participación de las Comunidades Autónomas en la Unión Europea", ob. cit., p.109.

[29] Ibídem, p. 116.

[30] En el contexto de la crisis económica iniciada en 2008, la representación de las Comunidades Autónomas en Bruselas se vio mermada.

Actualmente, la Ley 2/2014, de 25 de marzo, de la Acción y del Servicio Exterior del Estado reconoce esta posibilidad en su artículo 5.2. En efecto, las Comunidades Autónomas pueden implementar sus oficinas exteriores, con la obligación de mantener informado al Ministerio de Asuntos Exteriores y de Cooperación de las propuestas sobre viajes, visitas, intercambios y actuaciones con proyección exterior, para que este departamento pueda informar y, en su caso, emitir recomendaciones motivadas sobre la adecuación de la propuesta de actuación a las directrices, fines y objetivos de la política exterior fijada por el Gobierno y los instrumentos de planificación establecidos por esta ley, sin que puedan celebrar tratados internacionales, ni en general perjudicar la acción exterior del Gobierno de la Nación. Se debe actuar, en definitiva, con lealtad institucional, informando, conforme al artículo 12, de la apertura de oficinas de promoción exterior. Esta sería otra vía de intervención externa inmediata de las Comunidades Autónomas[31].

6.- Una sexta vía de intervención de los entes regionales -pero también locales- en la arena europea son los Centros Europe Direct[32]. Se trata de una red de centros europeos que ha

---

Por un lado, el Estado consideró que las mismas debían integrar su representación dentro de la REPER. Castilla-La Mancha directamente cerró su oficina a principios de 2012 hasta que, en septiembre de 2015, con el cambio de signo político, se volvió a abrir la oficina de Castilla-La Mancha en Bruselas, aunque esta vez dentro de la propia sede de la REPER, con el fin de ahorrar costes y compartir gastos con el Estado en la parte proporcional.

31 En esta misma obra, de una forma más detallada sobre las oficinas autonómicas en Bruselas, puede consultarse GOIG MARTÍNEZ, Juan Manuel, "La participación de las Comunidades Autónomas desde las oficinas autonómicas en Bruselas".

32 Existen centros Europe Direct (EDIC) por toda la geografía española, como puntos de contacto locales. Mediante la formalización de un convenio con la Comisión Europea, van a proporcionar información y a responder en persona a preguntas sobre cuestiones

implementado la Comisión Europea como fórmula para acercar la Unión a los ciudadanos.

7.- Otra vía de participación en el nivel europeo, de creciente importancia, es la intervención directa de las Administraciones regionales en las redes europeas, como entidades que operan a nivel europeo, con diferentes esquemas jurídicos, que comparten información sobre políticas europeas, o que aúnan esfuerzos para la adopción de normativa. Cada vez es más habitual la configuración de redes de entidades para obtener financiación mediante la participación en las convocatorias, en el marco de programas de gestión directa por parte de la Comisión, presentando proyectos en el nivel europeo de gobernanza.

Finalmente, también con respecto a los ejecutivos regionales, cabe mencionar la importante función que se lleva a cabo en relación con los controles de adecuación al Derecho de la Unión de las ayudas públicas que se conceden por las Comunidades Autónomas[33].

---

europeas, teniendo en cuenta el contexto local. Cuentan con personal cualificado que mantiene el contacto con los ciudadanos, obligándose a la organización de diferentes tipos de eventos (ferias, etc.) que sirven a los responsables políticos europeos para captar de forma directa las necesidades y preocupaciones de los ciudadanos (véase https://spain.representation.ec.europa.eu/).

33 MANGAS MARTÍN, Araceli y LIÑÁN NOGUERAS, Diego, "La participación de las Comunidades Autónomas en la UE", *Instituciones y Derecho de la Unión*, novena edición, Tecnos, Madrid, 2016, p. 522, mencionan un Acuerdo en materia de ayudas públicas, firmado por la Administración del Estado y las Comunidades Autónomas el 29 de noviembre de 1990 (BOE núm.216, de 8 de septiembre de 1992) en el seno de la CARUE. En virtud del mismo, se articula un mecanismo rápido y eficaz de comunicación entre la Secretaría de Estado de Política Exterior y para la Unión Europea con las Comunidades Autónomas, tanto para comunicar los proyectos de ayudas públicas autonómicas, como las contestaciones de las Comunidades Autónomas a los requerimientos de la Comisión.

Por otro lado, sobre la acción del Tribunal de Justicia de la Unión Europea, ostentan una legitimación ordinaria, no privilegiada; es decir, solo sobre cuestiones que les afecten directamente, sin perjuicio de la legitimación reconocida en el Tratado de Lisboa al Comité de las Regiones. Por tanto, ostentarían legitimación activa si acreditan, como cualquier persona jurídica, un interés directo e individual, tanto en el recurso de anulación[34], como en el recurso por omisión[35]. No obstante, algunas Comunidades Autónomas siguen reivindicando su legitimación privilegiada, esto es, aquella que funciona sin necesidad de acreditar ese interés individual y directo.

Además, internamente, dentro del Estado español, existe una labor de colaboración en los procedimientos de infracción del Derecho de la Unión que, en su caso, se pudieran abrir contra la Comunidad Autónoma[36], pero de los que responde

---

34 MARTÍNEZ NAVARRO, Martín, "El recurso de anulación. Cuestiones relativas a la admisibilidad", en SIGNES DE MESA, Juan Ignacio Juan Ignacio (coord.), *Derecho Procesal Europeo,* primera edición, Iustel, Madrid, 2019, p. 205, aclara que las entidades infra-estatales de los Estados miembros, esto es, entidades regionales y locales, no son beneficiarias del estatuto de recurrentes privilegiados del artículo 263 del Tratado de Funcionamiento de la Unión Europea, párrafo segundo, reservado a las autoridades centrales. Por ello, en la actualidad, solo podrían interponer el recurso de anulación, como recurrentes no privilegiados, bajo las condiciones del artículo 263 párrafo cuarto del Tratado de Funcionamiento de la Unión Europea.

35 URRACA CAVIEDES, Carlos, "El recurso por omisión", en SIGNES DE MESA, Juan Ignacio (coord.), *Derecho Procesal Europeo,* primera edición, Iustel, Madrid, 2019, p. 305.

36 Existen dos acuerdos. Uno firmado en 1990 (BOE núm. 216, de 8 de septiembre de 1992), y el segundo en 1997 (BOE núm. 79, de 2 de abril de 1998). El primero tiene por objeto regular la cooperación entre el Estado español y las Comunidades Autónomas en relación con actuaciones de las Comunidades que pudieran ser objeto de control por la Comisión. Se trata, por tanto, de articular

el Estado ante la Unión Europea, sin perjuicio de la repercusión posterior, así como cuando se plantean cuestiones prejudiciales ante el Tribunal de Justicia de la Unión Europea en el marco de procedimientos judiciales ante órganos judiciales españoles, si una de las partes del procedimiento principal es una Administración autonómica.

2. *Intervención de las Asambleas Legislativas de las Comunidades Autónomas*

Una vez analizados los asuntos europeos desde la perspectiva de los ejecutivos, cabe ahora centrar la mirada en el papel de las Asambleas Legislativas de las Comunidades Autónomas, así como de otras regiones europeas con potestades legislativas.

Para abordar este apartado es preciso partir de la diferenciación entre fase ascendente, de formación del Derecho de la Unión, y fase descendente. Hasta la aprobación del Tratado de

---

la participación autonómica en el llamado procedimiento precontencioso y, en su caso, en el posterior contencioso ante el Tribunal de Luxemburgo, si finalmente España resulta demandada. Por su parte, el segundo acuerdo tiene por objeto regular cómo el Estado va a asumir el interés de una Comunidad Autónoma en impugnar una norma de la Unión, o interponer un recurso por inacción, o, en general, cómo se va a desarrollar la colaboración en toda clase de procedimientos judiciales. Sobre la fase precontenciosa cabe destacar que, con la finalidad de mejorar la comunicación y solucionar los problemas entre los servicios de la Comisión y las autoridades de los Estados miembros con respecto a la aplicación del Derecho de la Unión, en abril de 2008, la Comisión puso en marcha un proyecto, denominado "Pilot EU". Se trata de un método de trabajo para gestionar denuncias que se sitúa como paso previo al procedimiento de infracción. Sin embargo, la praxis ha demostrado que dicho procedimiento no ha pasado de ser una especie de debate bilateral entre la Comisión y el Estado miembro, carente de estatuto jurídico.

Lisboa, la intervención de los Parlamentos regionales se limitaba a la fase descendente, aprobando, en su caso, dentro de la distribución constitucional de competencias, aquellas leyes que fueran precisas para incorporar el Derecho de la Unión en el ordenamiento interno, si se exigía norma con rango de ley y nos encontrábamos con una competencia regional.

Tras la aprobación del Tratado de Lisboa[37], como consecuencia de la extensión del control del principio de subsidiariedad a los Parlamentos regionales, estos también van a participar en el control *ex ante* del Derecho de la Unión, es decir, en la fase ascendente.

La dicción literal del artículo 5.3 del Tratado de la Unión Europea establece:

"*En virtud del principio de subsidiariedad, en los ámbitos que no sean de su competencia exclusiva, la Unión intervendrá sólo en el caso de que, y en la medida en que, los objetivos de la acción pretendida no puedan ser alcanzados de manera suficiente por los Estados miembros, ni a nivel central ni a nivel regional o local, sino que puedan alcanzarse mejor, debido a los efectos de la acción pretendida, a escala de la Unión.*

---

[37] FERRER MARTÍN DE VIDALES, Covadonga, "Los Parlamentos Nacionales en la Unión Europea tras el Tratado de Lisboa", *Jean Monnet/Robert Schuman Paper Series*, vol. 8, núm. 16, 2008, p. 16, recoge una exposición detallada de las previsiones del Tratado de Lisboa respecto de los Parlamentos. Destaca que los Parlamentos nacionales serán informados de los proyectos de actos legislativos de la Unión y velarán por el cumplimiento del principio de subsidiariedad mediante el sistema de alerta temprana. Además, participarán en los procedimientos de revisión de los Tratados y en los mecanismos de evaluación de las políticas de la Unión en el espacio de libertad, seguridad y justicia y en el control político de Europol y de las actividades de Eurojust. Finalmente, deben ser informados de las solicitudes de adhesión a la Unión.

Las instituciones de la Unión aplicarán el principio de subsidiariedad de conformidad con el Protocolo sobre la aplicación de los principios de subsidiariedad y proporcionalidad. Los Parlamentos nacionales velarán por el respeto al principio de subsidiariedad con arreglo al procedimiento establecido en el mencionado Protocolo".

Este reconocimiento queda matizado, no obstante, por el propio diseño que en el nivel de cada Estado se haga del Sistema de Alerta Temprana o control *ex ante* de la regulación europea. Por tanto, al depender de cada Estado el cómo implementar la intervención de los Parlamentos regionales en el Sistema de Alerta Temprana, finalmente, tampoco resulta ser, claramente, un canal directo de interlocución.

Se hace preciso remitirse al diseño español para comprobar la auténtica limitación que experimentan las Asambleas Legislativas de las Comunidades Autónomas, conforme a las previsiones contenidas en la Ley 8/1994, de 19 de mayo, por la que se desarrolla la Comisión Mixta para la Unión Europea, modificada para su adaptación al Tratado de Lisboa por las leyes 24/2009, de 22 de diciembre y 37 y 38 /2010, de 20 de diciembre. Y es que, en su artículo 3.j), se dispone la competencia de esta Comisión para elevar dictamen motivado en nombre de las Cortes Generales.

"j*) Emitir en nombre de las Cortes Generales, con arreglo a lo dispuesto en la normativa europea aplicable, dictamen motivado sobre la vulneración del principio de subsidiariedad, en los términos que se recogen en el Capítulo II de esta Ley*".

El procedimiento, que se regula en el artículo 5, reconoce con carácter general la competencia de la Comisión Mixta para la aprobación del dictamen motivado, aunque los Plenos del Congreso y del Senado pueden avocar el debate y votación del dictamen elaborado por la Comisión Mixta. Una vez aprobados, bien por la Comisión Mixta, o bien por los Plenos de las Cámaras, serán remitidos por los Presidentes del Congreso y del Senado a los Presidentes del Parlamento Europeo, del Consejo y de la Comisión Europea, en el plazo máximo de ocho semanas desde que el proyecto de acto legislativo europeo entró a las Cámaras, siendo también remitido al Gobierno para su conocimiento.

Por su parte, es el artículo 6 el que regula la intervención de las Asambleas Legislativas de las Comunidades Autónomas en el procedimiento ante la Comisión Mixta para la Unión Europea:

"Artículo 6

1. El Congreso de los Diputados y el Senado, tan pronto reciban una iniciativa legislativa de la Unión Europea, la remitirán a los Parlamentos de las Comunidades Autónomas, sin prejuzgar la existencia de competencias autonómicas afectadas, a efectos de su conocimiento y de que, en su caso, puedan remitir a las Cortes Generales un dictamen motivado sobre la aplicación del principio de subsidiariedad por la referida iniciativa, todo ello de conformidad con lo dispuesto en la normativa europea aplicable en la materia.

2. El dictamen motivado que, en su caso, pueda aprobar el Parlamento de una Comunidad Autónoma, para que pueda ser tenido en consideración deberá haber sido recibido en el Congreso de los Diputados o en el Senado en el plazo de cuatro semanas desde la remisión de la iniciativa legislativa europea por las Cortes Generales.

3. Si la Comisión Mixta aprobase un dictamen motivado sobre la vulneración del principio de subsidiariedad por un proyecto de acto legislativo de la Unión Europea, incorporará la relación de los dictámenes remitidos por los Parlamentos de las Comunidades Autónomas y las referencias necesarias para su consulta".

Por tanto, según nuestro criterio, cabe concluir que el diseño español del Sistema de Alerta Temprana que permite a las Asambleas Legislativas el control del principio de subsidiariedad queda muy desdibujado[38]. Son varios los factores que influyen en que ese papel sea, aparentemente, muy limitado:

---

[38] Particularmente escéptica en cuanto a su efectividad se muestra GONZÁLEZ PASCUAL, Maribel, *Las Comunidades Autónomas en la Unión*

1.- En primer lugar, el escaso plazo que se otorga para examinar iniciativas de marcado carácter técnico, pues el plazo de ocho semanas que regula el artículo 5 se reduce a cuatro semanas para que las Comunidades Autónomas examinen dichas iniciativas, sin que paralelamente exista un ejercicio de depuración previa de las iniciativas, en cuanto a que solo tengan entrada las que afectan a las competencias propias.

2.- En segundo lugar, el apartado tercero del artículo 6 se redacta en forma condicional; es decir, que solo si la Comisión Mixta aprueba un dictamen motivado, incorporará la relación de dictámenes que hayan sido remitidos por las Asambleas Legislativas de las Comunidades Autónomas.

3.- En tercer lugar, y esto es compartido con el control que puedan hacer las Cortes Generales, el pronunciamiento que se vaya a hacer sobre los proyectos de actos legislativos se realiza en una fase embrionaria, y no sobre el texto final, de manera que, ni impide que sea mantenido, ni impide que sea objeto de modificaciones ulteriores. En última instancia, habría que estar, en su caso, al control *ex post* ante el Tribunal de Justicia de la Unión Europea, para lo cual las Asambleas Legislativas no ostentan legitimación.

Una última cuestión, que entendemos que constituye un déficit democrático, pues precisamente los Parlamentos representan a los ciudadanos, es que no solo no existe la obligación de elevar

---

Europea. Condicionantes, evolución y perspectivas de futuro, ob. cit., pp. 98 a 103, donde expone los múltiples factores que influyen en la escasa utilidad del sistema, como son los propios límites del sistema de alerta temprana, la necesidad de colaboración con los Parlamentos nacionales, así como la propia regulación de cada Parlamento para articular dicho control, sin que, según su opinión, quede resuelto el déficit democrático que arrastra la Unión Europea. A pesar de todo, señala que se ha defendido que puede contribuir a la colaboración interparlamentaria, a un mayor control de los ejecutivos autonómicos, así como a un acercamiento de la política europea a los ciudadanos.

dictamen a las instituciones europeas en todo caso, sino que, además, en el seno de esa Comisión, en virtud del artículo 10 de la citada ley, únicamente se contempla, en su caso, que los miembros de los ejecutivos autonómicos puedan solicitar comparecer ante dicha Comisión Mixta para informar del impacto que tiene la normativa de las instituciones de la Unión sobre materias en las que ostentan algún tipo de competencia. Se puede comprobar, por tanto, cómo se omite la intervención de delegaciones parlamentarias de las Asambleas Legislativas autonómicas, regulándose, únicamente, la intervención de los ejecutivos autonómicos.

La comunicación de las Cortes Generales con los Parlamentos autonómicos resulta, así, bastante pobre. Bajo nuestro punto de vista, ello representa un importante déficit democrático, pues el sistema no se puede hacer descansar solo en la comunicación electrónica de las iniciativas legislativas europeas. Y es que, en definitiva, el sistema vigente permite invisibilizar la labor de las Asambleas, cuyo dictamen, en el caso de que lo emitan, puede ser desconocido por las Cortes Generales[39].

Ese fenómeno de desparlamentarización que era denunciado por la doctrina en relación con las Cortes Generales, se reproduce a nivel autonómico, pero en este caso provocado por el propio legislador estatal.

En este contexto, en línea con la construcción de Europa en asociación que se propugna desde el nivel europeo de gobernanza, han sido las propias Asambleas Legislativas regionales europeas, desde 1997, las que se han organizado bajo el paraguas de la Conferencia de Asambleas Legislativas Regionales Europeas (CALRE), tal y como después se expondrá.

---

39 En la actualidad, desde la Universidad de Santiago de Compostela se está realizando un estudio empírico sobre los factores que influyen en la escasa participación de las Asambleas Legislativas de las Comunidades Autónomas en el sistema de alerta temprana, mediante la cumplimentación de una encuesta por Parlamento regional.

IV. LA PARTICIPACIÓN DE CASTILLA-LA MANCHA EN EL NIVEL EUROPEO DE GOBERNANZA

Fijando la mirada en Castilla-La Mancha, y siguiendo el esquema de las diferentes vías de intervención que se han mencionado en el apartado anterior, cabe diferenciar, nuevamente, la intervención del Ejecutivo regional y la del Legislativo.

En primer lugar, desde el punto de vista del Ejecutivo, el grueso de las competencias en materia de asuntos europeos las asume la Dirección General de Asuntos Europeos, bajo la dirección de la Vicepresidencia segunda, cuyas competencias se recogen en el artículo 13 del Decreto 102/2023, de 25 de julio, por el que se establece la estructura orgánica y se fijan las competencias de los órganos integrados en la Presidencia de la Junta de Comunidades de Castilla-La Mancha[40].

Además de la participación en la CARUE (similar a la del resto de Comunidades Autónomas), por lo que se refiere a la relación con la Representación Permanente de España ante la Unión Europea (REPER), cabe destacar una estrecha vinculación, dado que, desde 2015, la oficina de Castilla-La Mancha en Bruselas se encuentra en la propia sede de la REPER, en virtud de un Convenio con el Estado. Esta Oficina de Castilla-La Mancha en la Unión Europea está regulada en el artículo 9.2 del Decreto 102/2023, de 25 de julio, por el que se establece la estructura orgánica y se fijan las competencias de los órganos integrados en la Presidencia de la Junta de Comunidades de Castilla-

40 DOCM núm. 144, de 28 de julio de 2023. No obstante, cabe destacar que los fondos estructurales se gestionan directamente desde las Consejerías concernidas: Consejería de Hacienda, Administraciones Públicas y Transformación Digital en el caso del FEDER, Consejería de Economía, Empresas y Empleo en el caso del FSE +, así como la Consejería de Agricultura, Ganadería y Desarrollo Rural en el caso del FEADER.

La Mancha[41], siendo dependiente funcional y orgánicamente de la Vicepresidencia segunda de la Junta de Comunidades.

En relación con la Comitología, en base a los datos publicados por la Dirección General de Asuntos Europeos en la web institucional[42], Castilla-La Mancha está presente en más de sesenta de estos comités para el periodo 2021-2025. Además de la figura de representante sectorializado, a efectos de obtención de información, también cabe destacar la intervención de la Comunidad Autónoma como responsable de algunos de estos Comités. Cabe citar, por su importancia para los intereses regionales, el de producción ecológica y el de aplicación de la Directiva por la que se establece un marco comunitario de actuaciones en el ámbito de la política de aguas, en relación con el medio ambiente.

Por lo que se refiere a la intervención directa en el Comité de las Regiones, el representante de Castilla-La Mancha dentro del Comité es el presidente de la Junta de Comunidades de Castilla-La Mancha, Excmo. Sr. D. Emiliano García Page.

---

41 El artículo 9.2 del Decreto 102/2023, de 25 de julio, por el que se establece la estructura orgánica y se fijan las competencias de los órganos integrados en la Presidencia de la Junta de Comunidades de Castilla-La Mancha (DOCM núm. 144, de 28 de julio de 2023) dispone: "*De la Vicepresidencia Segunda depende la Oficina de Castilla-La Mancha ante la Unión Europea, cuyas funciones principales son la actuación como órgano de relación con la Representación Permanente de España ante la Unión Europea, el seguimiento del proceso de toma de decisiones en las instituciones y órganos consultivos de la Unión Europea y la asistencia al Gobierno regional en su interlocución con las mismas y con el resto de regiones y entes locales de otros Estados miembros con los que Castilla-La Mancha establezca relaciones de colaboración o partenariado en defensa de intereses comunes, así como con cualesquiera redes y foros relevantes para Castilla-La Mancha en el ámbito de la Unión Europea*".

42 https://europa.castillalamancha.es/castilla-la-mancha-region-de-europa/participacion-de-castilla-la-mancha-en-la-ue

En los casos en que se active la suplencia, la miembro suplente ante el Comité de las Regiones es la Directora General de Asuntos Europeos. Partiendo de que el Comité de las Regiones organiza el trabajo en comisiones, divididas por materias, cabe mencionar que Castilla-La Mancha, en la actualidad, se ha integrado en la Comisión de Política Social, Educación, Empleo, Innovación y Cultura (SEDEC), así como en la Comisión de Medio Ambiente, Cambio Climático y Energía (ENVE).

Por otro lado, en cuanto a la descentralización de la política europea mediante la celebración de convenios con la Comisión Europea para la implementación de los Centros Europe Direct, en el territorio de Castilla-La Mancha existen tres. Uno de ellos dependiente de la Junta de Comunidades de Castilla-La Mancha, con sede en Toledo, dentro de la Dirección General de Asuntos Europeos. En virtud de dicho convenio, la Administración regional se compromete a la realización de actividades de divulgación de las políticas europeas que son subvencionadas por la Comisión. Los otros dos centros dependen de los Ayuntamientos de Ciudad Real y Albacete.

Castilla-La Mancha también participa en redes europeas, como la Red Iniciativa Regional para la Cultura y la Creatividad (RICC) y en la red NECSTour, relativa al turismo, políticas sociales y medioambientales.

Una vez analizados los asuntos europeos desde la perspectiva del Ejecutivo regional, ahora se pondrá el foco de atención en el papel de las Cortes de Castilla-La Mancha. Aunque la Cámara regional no ha sido especialmente activa en este control[43], lo

---

[43] UTRILLA FERNÁNDEZ -BERMEJO, Dolores, ob. cit., pp. 180 a 182, menciona el caso de Castilla-La Mancha como Parlamento que no ha utilizado el SAT con mayores pretensiones que el puro control del principio de subsidiariedad. Analizando todos los dictámenes emitidos hasta la fecha de finalización del estudio, que abarca desde 2010 hasta 2016, los 22 dictámenes emitidos fueron de adecuación y

cierto es que, tal y como está diseñado actualmente el sistema, se desincentiva la acción de los Parlamentos regionales.

La participación de las Cortes de Castilla-La Mancha en el Sistema de Alerta Temprana, a diferencia de otros Parlamentos que han recogido esta intervención en los correspondientes Reglamentos de las Cámaras, se ha regulado en una Resolución de la Presidencia. Se trata de la Resolución de carácter general de la Presidencia de las Cortes de Castilla-La Mancha, de 22 de julio de 2010, por la que se dictan normas para el control del principio de subsidiariedad en los proyectos de actos legislativos de la Unión Europea. Esta es la fuente parlamentaria que regula el procedimiento a seguir, una vez ingresa una iniciativa legislativa europea en las Cortes de Castilla-La Mancha[44]. Como antecedente inmediato, cabe citar otra Resolución General de la Presidencia, de 7 de octubre de 2009, por la que se aprobaron unas normas meramente provisionales[45]. Ante la entrada en vigor del Tratado de Lisboa, se aprobó la resolución que viene a ser la regulación vigente, la cual, en base al artículo 35.7 del Reglamento de la Cámara, dispone, en primer lugar, que las propuestas legislativas de la Unión Euro-

---

se concentraron hasta mayo de 2011, coincidiendo con el inicio de la octava legislatura que dio lugar a un cambio de signo político en las Cortes de Castilla-La Mancha. Entonces se interrumpió la emisión periódica de dictámenes. Ello ejemplifica, según la autora, la falta de utilización estratégica del SAT.

44 Resolución de carácter general de la Presidencia de las Cortes de Castilla-La Mancha, por la que se dictan normas para el control del principio de subsidiariedad en las propuestas legislativas de la Unión Europea, expediente 07/OTN-00009 (Boletín Oficial de las Cortes de Castilla-La Mancha núm. 207, de 22 de julio de 2010). Desde mi punto de vista, la intervención de las Cortes de Castilla-La Mancha en el SAT merecería elevar la misma al Reglamento de la Cámara, como norma con rango de ley aprobada por el Pleno.

45 Expediente 07/OTN-00008 (Boletín Oficial de las Cortes de Castilla-La Mancha núm. 149, de 7 de octubre de 2009.

pea que tengan entrada en las Cortes de Castilla-La Mancha, a los efectos del control del principio de subsidiariedad, tendrán la consideración de asuntos urgentes, lo cual afecta a los periodos de tramitación parlamentaria, al quedar habilitado, en su caso, el periodo extraordinario de sesiones.

Además de los tiempos, en segundo lugar, la Resolución también se refiere a la tramitación procedimental, de manera que, recibida una iniciativa legislativa europea procedente de la Comisión Mixta Congreso-Senado para la Unión Europea, a continuación, por conducto del Presidente de las Cortes de Castilla-La Mancha, la misma será remitida a los Grupos Parlamentarios y a la Comisión parlamentaria de Asuntos Europeos, hoy Comisión parlamentaria de Asuntos Generales. Igualmente, se dará traslado al Director General de Relaciones con las Cortes (en este caso a los efectos informativos del Consejo de Gobierno). En cada sesión semanal de la Mesa de las Cortes de Castilla-La Mancha, el Letrado Mayor da cuenta de dicho traslado.

Para el caso en que se hicieran propuestas de dictamen, la Resolución contempla que lo deben emitir en un plazo de catorce días naturales, exponiendo las razones por las que se considera que el acto proyectado de la Unión es contrario al principio de subsidiariedad. Dicha propuesta será remitida a la Mesa de las Cortes de Castilla-La Mancha, que la calificará, y, en su caso, la admitirá a trámite. Por el contrario, la no presentación de propuestas de dictamen implica, sin más, la finalización del procedimiento.

Si se presentara propuesta por los Grupos Parlamentarios, se daría traslado a la Comisión de Asuntos Generales, que podrá solicitar la comparecencia de expertos o, en su caso, la emisión de informes, elaborando posteriormente un dictamen. Si en ese dictamen de la Comisión parlamentaria se apreciase vulneración del principio de subsidiariedad, la Mesa de las Cortes de Castilla-La Mancha lo remitirá a las Cortes Generales. Si, por el contrario, el dictamen fuese de adecuación, se dará traslado a la Mesa para que decida, en su caso, el traslado a las Cortes Generales.

En cualquier caso, se debe respetar el plazo máximo de cuatro semanas desde la entrada en las Cortes de Castilla-La Mancha.

V. LA CALRE

Como sosteníamos anteriormente, en línea con la construcción de Europa en asociación que se propugna desde el nivel europeo de gobernanza, han sido las propias Asambleas Legislativas regionales europeas, desde 1997, las que se han organizado bajo el paraguas de la Conferencia de Asambleas Legislativas Regionales Europeas (CALRE).

Se trata de un instrumento específico, de carácter parlamentario, que sirve para poner en valor las funciones de las Asambleas Legislativas Regionales en relación con los asuntos europeos, creando una red a nivel técnico y político sobre el seguimiento del principio de subsidiariedad[46] que reúne a

---

46 ARES CASTRO-CONDE, Cristina, "El sistema de alerta temprana para el control del principio de subsidiariedad en la Unión Europea y los Parlamentos autonómicos: diagnosis y prognosis", *Revista de Estudios Políticos,* núm. 136, 2007, pp. 235 y 239, analizaba en este artículo las primeras reacciones del Comité de las Regiones, de la CALRE, de las Cortes Generales y de los Parlamentos Autonómicos, ante la entrada en vigor de la inclusión del control del principio de subsidiariedad por parte de los Parlamentos autonómicos. Además de realizar una completa recopilación de todas las intervenciones de expertos ante las Cortes Generales de cara al diseño del sistema español de alerta temprana, menciona expresamente cómo la CALRE pronto advirtió la oportunidad que se abría a los Parlamentos regionales en el territorio de la Unión para estrechar una mayor colaboración interparlamentaria. La autora ya anticipaba que el sistema presentaba limitaciones y que, más allá de las dudas sobre su eficacia, podía coadyuvar a acercar la política europea a los ciudadanos. El tiempo ha demostrado que esas sospechas iniciales sobre la posible ineficacia del sistema se han hecho realidad, pues los Parlamentos

setenta y dos presidentes de Parlamentos regionales de toda Europa. Bajo nuestro punto de vista, este tipo de iniciativas aportan valor añadido y base democrática a la propia democracia europea, sirviendo para compartir buenas prácticas y favoreciendo un mayor acercamiento a los ciudadanos. Todos los Parlamentos representados en la CALRE presentan dos características comunes: pertenecen a la Unión Europea y ostentan competencias legislativas.

Con ello se viene a compatibilizar la democracia europea, concentrada en el Parlamento Europeo[47], con la llamada democracia de proximidad. Y todo ello en consonancia con la democracia de proximidad[48] y participativa[49] derivada del mandato del artículo 10, apartado tercero, del Tratado de la Unión Europea, que impone adoptar las decisiones de la forma más próxima al ciudadano.

---

regionales, más allá de expresar opiniones informales, no tienen capacidad en tan escaso periodo de tiempo para realizar un examen y, en su caso, elevar dictamen motivado. No obstante, sí que ha servido para poner en valor la acción de los Parlamentos autonómicos como instituciones que representan los intereses de los ciudadanos de una forma más cercana, materializando la democracia de proximidad y haciéndola compatible con el nivel europeo de gobernanza.

47 BARAHONA MIGUELÁÑEZ, María, "La democracia representativa en el nivel europeo de gobernanza", *Revista Gabilex,* núm. 33, 2023, p 35. Se concluye que el Parlamento Europeo es la institución de la Unión que ha experimentado más cambios en sentido ascendente, pues si bien comenzó siendo una institución modesta, sin apenas relevancia en el juego institucional europeo, se configura hoy en día como una auténtica institución colegisladora.

48 FROSINA, Laura, "Regiones y Unión Europea tras el Tratado de Lisboa. El Comité de las Regiones, los Parlamentos regionales y el desafío de la multilevel governance", *Revista de Derecho Comunitario Europeo,* núm. 22, 2014, pp. 176 y 209.

49 BARAHONA MIGUELÁÑEZ, María, "La democracia representativa en el nivel europeo de gobernanza", ob. cit., p. 47.

En la pasada legislatura, bajo la primera presidencia del Excmo. Sr. D. Pablo Bellido Acevedo, las Cortes de Castilla-La Mancha han jugado un papel relevante en el impulso de buenas prácticas dentro de la CALRE. En este sentido, las Cortes de Castilla-La Mancha han centrado los esfuerzos en facilitar la participación presencial de las personas con discapacidad, habiendo recibido un premio *Star of Europe* en el seno de la CALRE[50], por la contribución a la participación de las personas con discapacidad, con iniciativas como la organización del primer Foro de Discapacidad y Accesibilidad en Parlamentos, la adaptación del Salón de plenos con plataformas que hacen accesible y participativo un edificio histórico, o más relacionado con lo que doctrinalmente se entiende por participación ciudadana, la adaptación de la legislación, en lectura fácil, para facilitar la participación de personas con discapacidad, con dificultades idiomáticas, etc.

VI. REFLEXIÓN FINAL

Más allá de quién asuma la iniciativa para la intervención en los asuntos europeos que afecten a las regiones, resulta incontrovertida la expansión del hecho regional en el nivel europeo de gobernanza, de manera que hoy se puede afirmar que se ha producido un reconocimiento de la existencia de una gobernanza multinivel y que las regiones europeas contribuyen al desarrollo de la propia democracia europea, sumando valor democrático. Y es que, al estar más cerca de los ciudadanos, se impulsa la democracia europea por la vía de la potenciación de la democracia de proximidad.

---

[50] https://www.europapress.es/castilla-lamancha/noticia-cortes-lm-recibe-premios-star-of-europe-encuentro-calre-foro-discapacidad-20221119185942.html

La consolidación del hecho regional en los asuntos europeos presenta una dimensión interna y otra externa. La potenciación de ese fenómeno regional en el seno de las instituciones de la Unión Europea, como dimensión externa del hecho regional, genera, a su vez, mayor diálogo multinivel y, por ende, mayor democratización en el nivel europeo de gobernanza, lo cual puede ser decisivo para corregir el déficit democrático europeo. Pero también se ha avanzado internamente en la conquista del espacio autonómico dentro del propio Estado.

Nuestra posición es favorable a una mayor colaboración institucional multinivel. Los proyectos colaborativos conectan con la construcción de Europa en asociación que se viene propugnando desde las instancias europeas, mediante la mención a la participación en estructuras colaborativas, tanto dentro del Comité de las Regiones, como a nivel de parlamentarismo regional europeo, mediante el creciente papel de la CALRE. Pero también es necesario el reforzamiento en el ámbito interno del Estado.

Ello implica la acción coordinada de la Unión Europea, los Estados miembros y las autoridades locales y regionales en el diseño y aplicación de las políticas en la Unión Europea.

Consideramos que, si se ha intensificado la preocupación por acercar la política europea a los ciudadanos, mediante las consultas públicas o los diálogos ciudadanos, con mayor razón se deberían abrir canales directos de comunicación con las instituciones que representan a los ciudadanos en el nivel más próximo a los mismos; esto es, los Parlamentos autonómicos. Por ello, cabe concluir que, más allá de las competencias asumidas formalmente, el diálogo, como mecanismo informal de intercambio de impresiones y de dirección política, se debería extender, incluso, a las competencias exclusivas de la Unión (no solo a las competencias compartidas como ocurre con el sistema de alerta temprana) y también en el nivel interno, mejorando la comunicación Cortes Generales-Parlamentos autonómicos, que en la actualidad resulta inexistente.

Con ello, además, estaremos contribuyendo al cumplimiento de los Objetivos de Desarrollo Sostenible de Naciones Unidas y, en concreto, a la necesidad de tejer alianzas y de consolidar instituciones sólidas. Pero, sobre todo, se dotaría al sistema de una base democrática más sólida.

Bibliografía

ANWEN, Elias, "Whatever Happened to the Europe Regions? Revisiting the Regional Dimension of European Politics", *Regional and Federal Studies*, vol. 18, núm. 5, 2008.

ARES CASTRO-CONDE, Cristina, *La participación de las regiones en el sistema político de la Unión Europea*, Tirant lo Blanch, Valencia, 2010.

BARAHONA MIGUELÁÑEZ, María, "La democracia representativa en el nivel europeo de gobernanza", *Revista Gabilex*, núm. 33, 2023.

CASTELLÁ ANDREU, Josep Mª., "Las Comunidades Autónomas en Bruselas: la dimensión externa de la participación autonómica en la Unión Europea", *Revista de Estudios Autonómicos y Federales*, núm. 6, 2008, núm. 6, 2008.

COBREROS MENDAZONA, Edorta, "La exigibilidad del requisito de la violación suficientemente caracterizada al aplicar en nuestro ordenamiento el principio de la responsabilidad patrimonial de los Estados por el incumplimiento del Derecho de la Unión Europea", *Revista de Administración Pública*, núm. 196, 2015.

DE LA FUENTE CABERO, Inmaculada, "La participación de las Comunidades Autónomas en la Unión Europea", *Revista Jurídica de Castilla y León*, núm. 7, 2005.

ESPEJO CAMPOS, Alicia, *La trasposición del Derecho de la Unión Europea por las Comunidades Autónomas*, Universidad de La Laguna, 2012.

FERRER MARTÍN DE VIDALES, Covadonga, "Los Parlamentos Nacionales en la Unión Europea tras el Tratado de Lisboa", *Jean Monnet/Robert Schuman Paper Series*, vol. 8, núm. 16, 2008.

FERRER MARTÍN DE VIDALES, Covadonga, "La participación indirecta como solución al impacto de la integración europea sobre los parlamentos nacionales. Análisis de los modelos danés, británico y español", Conferencia internacional sobre el papel de los parlamentos nacionales y regionales en los asuntos europeos y en el control de la legislación de la Unión Europea, Fundación Manuel Giménez Abad de Estudios Parlamentarios y del Estado Autonómico, Madrid, 2010.

FERRER MARTÍN DE VIDALES, Covadonga, "La Comisión Mixta para la Unión Europea. Sus nuevas competencias tras el Tratado de Lisboa y la influencia de los factores constitucionales del Estado español en su eficacia", *Revista de Derecho Comunitario Europeo,* núm. 45, 2013.

FROSINA, Laura, "Regiones y Unión Europea tras el Tratado de Lisboa. El Comité de las Regiones, los Parlamentos regionales y el desafío de la multilevel governance", *Revista de Derecho Comunitario Europeo,* núm. 22, 2014.

GÓMEZ CORONA, Esperanza, "La desparlamentarización del sistema político español", *Revista de Derecho Político,* núm. 111, 2021.

GONZÁLEZ PASCUAL, Maribel, *Las Comunidades Autónomas en la Unión Europea. Condicionantes, evolución y perspectivas de futuro,* Institut d'Estudis Autonòmics, Catalunya, 2013.

GONZÁLEZ-VARAS IBÁÑEZ, Santiago, "La participación de las Comunidades Autónomas en la Unión Europea", *Revista de Estudios de la Administración Local y Autonómica,* núms. 294-295, 2004.

MANGAS MARTÍN, Araceli y LIÑÁN NOGUERAS, Diego, "La participación de las Comunidades Autónomas en la UE", *Instituciones y Derecho de la Unión,* novena edición, Tecnos, Madrid, 2016.

MARTÍN DELGADO, Isaac, "La repercusión de la responsabilidad por incumplimiento del Derecho de la Unión Europea en el contexto del Estado autonómico", *Revista de Administración Pública,* núm. 199, 2016.

MARTÍNEZ NAVARRO, Martín, "El recurso de anulación. Cuestiones relativas a la admisibilidad", en SIGNES DE MESA, José Ignacio, *Derecho Procesal Europeo,* primera edición, Iustel, Madrid, 2019.

RIDAU MARTÍN, Joan, "La acción exterior de las regiones en los Estados compuestos y federales: el caso europeo y español en particular", *Revista IUS Doctrina,* vol.10, núm. 2, 2017.

ROIG MOLÉS, Eduard, *Las Comunidades Autónomas y la posición española en los asuntos europeos,* Tirant lo Blanch, Valencia, 2002.

URRACA CAVIEDES, Carlos, "El recurso por omisión", en SIGNES DE MESA, José Ignacio (coord.), *Derecho Procesal Europeo,* primera edición, Iustel, Madrid, 2019.

UTRILLA FERNÁNDEZ-BERMEJO, Dolores, *Parlamentos Regionales y control de la subsidiariedad,* Iustel, Madrid, 2018.

ZELAIA GARAGARZA, Maite, "Algunas claves del encaje del modelo autonómico en el escenario de la Unión Europea", *Iura Vaconiae,* núm. 16, Universidad del País Vasco, 2019.

SEGUNDA PARTE

LA PARTICIPACIÓN ASCENDENTE EXTERNA DE LAS COMUNIDADES AUTÓNOMAS EN LA UNIÓN EUROPEA

CAPÍTULO TERCERO:
La participación autonómica en los Grupos de Trabajo y en las formaciones del Consejo de la Unión Europea

NAIARA ARRIOLA ECHANIZ
Profesora Contratada Doctora
Universidad Pontificia Comillas-ICADE

Sumario: **I. INTRODUCCIÓN. II. La participación autonómica en las formaciones del Consejo de la Unión Europea. III. LA PARTICIPACIÓN AUTONÓMICA EN LOS GRUPOS DE TRABAJO DEL CONSEJO DE LA UNIÓN EUROPEA. IV. CONCLUSIONES. Bibliografía y otras fuentes documentales.**

I. INTRODUCCIÓN

El ejercicio del derecho de participación de las Comunidades Autónomas en instancias europeas se ha ido articulando en el tiempo gracias a la interpretación favorable mantenida a este respecto por el Tribunal Constitucional. En efecto, aunque el Estado ostenta la competencia exclusiva en materia de relaciones internacionales según el artículo 149.3 de la Constitución española, el Alto Tribunal ha reconocido la capacidad de las Comunidades Autónomas para desplegar su acción en el ámbito internacional con el fin de preservar sus competencias e intereses[1]. No obstante, a la vista de la competencia exclusiva estatal, la capacidad autonómica tiene como límite el ejercicio de un *ius contrahendi*, es decir, actividades que no originen obligaciones frente a poderes públicos extranjeros, no incidan en la política exterior del Estado, y, por tanto, no generen responsabilidades de este frente a Estados extranjeros u organizaciones internacionales o supranacionales. Así, por tanto, la posibilidad de que las Comunidades Autónomas lleven a cabo actividades que tengan una proyección exterior se limita a aquellas que, siendo necesarias, o al menos convenientes para el ejercicio de sus competencias, no impliquen la acción de un sujeto internacional porque estas no lo son[2]. Dentro de este marco, se ha producido una creación progresiva de mecanismos que han permitido canalizar la participación ascendente de las Comunidades Autónomas en el proceso de conformación de aquellas decisiones europeas en las que se encuentran afectados intereses autonómicos[3].

---

1 STC 165/1994, de 26 de mayo de 1994, FFJJ 4 y 5, ECLI:ES:TC:1994:165 (BOE núm. 151, de 25 de junio de 1994). Desde una perspectiva constitucional no se ha consagrado en nuestra Carta Magna el principio de participación autonómica en los asuntos europeos. Podrían establecerse unas reglas mínimas, sustantivas y procedimentales, y garantizar su efectividad con desarrollos posteriores por vías legislativas como ya se ha hecho. Véase, en este sentido, ALBERTÍ, Enoch, "La cláusula europea en la reforma de la Constitución española", en ÁLVAREZ JUNCO, José y RUBIO LLORENTE, Francisco (eds.), *El informe del Consejo de Estado sobre la reforma constitucional. Texto del informe y debates académicos*, CEPC, Madrid, 2006, pp. 473-475; RIPOLL NAVARRO, Rafael, "Fortalecer la Constitución mediante su adaptación a la legislación europea", en MARTÍNEZ CUADRADO, Miguel (dir.), *Reforma constitucional en la Unión Europea y en España*, Marcial Pons, Madrid, 2019, pp. 141-149.

2 STC 165/1994, de 26 de mayo de 1994, FJ 6, ECLI:ES:TC:1994:165 (BOE núm. 151, de 25 de junio de 1994).

3 CARMONA CONTRERAS, Ana María y KÖLLING, Mario, "La participación de las CCAA en la negociación de la política de cohesión.

En el Tratado de Maastricht, con ocasión de la reforma del artículo 146 del TCE, se abrió la posibilidad de la participación regional en el Consejo. A partir de ese momento, para acceder y participar en el Consejo se requería ser representante de un Estado miembro con rango ministerial, sin especificar que dicho rango quedara circunscrito a los miembros del Gobierno de la nación. Sin embargo, esta representación es una posibilidad no una exigencia, pues son las previsiones constitucionales

---

Ambitions beyond capacity?", *Revista de Estudios Políticos*, núm. 161, 2013, pp. 246-247. La participación autonómica que se analiza en el presente trabajo se engarza en un tema de mayor complejidad como es la propia configuración del Estado autonómico en España. Esta última cuestión excede del objeto de análisis y ha sido y es ampliamente analizada por la doctrina. Véase, entre otros: ALEGRE ÁVILA, Juan Manuel, "El Estado territorial y el título VIII de la Constitución: unas pinceladas a contracorriente", en BAÑO LEÓN, José María (coord.), *Memorial para la reforma del Estado. Estudios en homenaje al profesor Santiago Muñoz Machado*, vol. II, CEPC, Madrid, 2016, pp. 1209-1227; ARAGÓN REYES, Manuel, "La reforma del Estado autonómico: mejora y no sustitución del modelo", *Fundamentos: Cuadernos monográficos de teoría del estado, derecho público e historia constitucional*, núm. 10, 2019, pp. 183-213; CASTELLÀ ANDREU, Josep María, *Estado autonómico: pluralismo e integración constitucional*, Marcial Pons, Madrid, 2018; GONZÁLEZ GARCÍA, Julio V., "Hacia un desarrollo federal de la Constitución española", *Revista Sistema*, núms. 251 y 252, 2018, pp. 171-181; MARTÍN-RETORTILLO BAQUER, Lorenzo, "La reforma de la Constitución vista por un senador constituyente", en BAÑO LEÓN, José María, *Memorial para la reforma del Estado. Estudios en homenaje al Profesor Santiago Muñoz Machado*, vol. II, CEPC, Madrid, 2016, pp. 1165-1186; TERUEL LOZANO, Germán y MORENO GONZÁLEZ, Gabriel (coords.), *La Constitución de 1978 como pacto intergeneracional para la convivencia en democracia. Una propuesta de jóvenes constitucionalistas para su actualización*, 2021. Disponible *online* en: <https://pactoconstitucional.files.wordpress.com/2021/12/la-constitucion-de-1978.pdf> (última consulta, 15 de mayo de 2024).

y la regulación nacional las que articularán dicha posibilidad[4]. En España, la participación de las Comunidades Autónomas en materia europea ha ido ampliándose progresivamente a partir de la creación de la Conferencia para Asuntos Relacionados con las Comunidades Europeas (en adelante, CARCE), que celebró su primera sesión en 1989. Este órgano acordó cambiar su denominación en su reunión de 15 de abril de 2010 y, desde ese momento, se conoce como Conferencia de Asuntos Relacionados con la Unión Europea (en adelante, CARUE). La CARUE constituye el foro de negociación y debate de asuntos europeos que no caigan en el ámbito de otra conferencia sectorial. Sin embargo, su efectividad depende de la voluntad del Estado e incluso de la necesidad de suscribir pactos de gobierno[5].

Inicialmente, la participación ascendente autonómica se articuló en el plano interno. Pero, en el año 2004, al CARCE aprobó dos acuerdos regulando la participación externa de las Comunidades Autónomas en el Consejo de la Unión Europea permitiendo su representación directa ante la Unión Europea. La Resolución de 28 de febrero de 2005, de la Secretaría de Estado de Cooperación Territorial[6], ordenó la publicación de

---

4 ERKOREKA GONZÁLEZ, Mikel, LARRAZABAL BASAÑEZ, Santiago, MARTÍNEZ BÁRBARA, Gemma y GABRIEL RUBÍ, José, "La participación de las entidades sub-estatales en el escenario de gobernanza multinivel fiscal y financiera de la Unión Europea. Balance crítico y propuestas de futuro desde la experiencia vasca", en CONSEJO VASCO DEL MOVIMIENTO EUROPEO (ed.), *Europa de las regiones y el futuro federal de Europa. Balance y perspectivas de la gobernanza multinivel de la Unión Europea*, Dykinson, Madrid, 2019, p. 201.

5 GARCÍA GARCÍA, María Jesús, "La integración institucional de las regiones en los procesos decisorios comunitarios", *Revista Jurídica de Castilla y León*, núm. 55, 2021, p. 179.

6 BOE núm. 64, 16 de marzo de 2005. En adelante nos referiremos a los acuerdos en ella recogidos como sigue: Acuerdo de 2004 relativo a la representación permanente y a los grupos de trabajo del Consejo y Acuerdo de 2004 relativo a las formaciones del Consejo.

los Acuerdos de 9 de diciembre de 2004, de la Conferencia para Asuntos Relacionados con las Comunidades Europeas. Un primer Acuerdo sobre la Consejería para Asuntos Autonómicos en la Representación Permanente de España ante la Unión Europea y sobre la participación de las Comunidades Autónomas en los grupos de trabajo del Consejo de la Unión Europea. Y un segundo Acuerdo sobre el sistema de representación autonómica en las formaciones del Consejo de la Unión Europea.

El acceso de las Comunidades Autónomas al Consejo empezó por una vía informal gracias a la participación del Consejero de Agricultura de Castilla y León en el Consejo celebrado el 22 de noviembre de 2004. Este hecho aceleró las negociaciones de 2004[7]. En el periodo discurrido entre los años 2004 y 2011, se acordó otra suerte de reformas que se recogieron en la Resolución de 22 de julio de 2011, de la Secretaría de Estado de Cooperación Territorial, por la que se publican las modificaciones de los Acuerdos de 9 de diciembre de 2004, de la Conferencia para Asuntos Relacionados con la Unión Europea para ampliar la participación autonómica en el Consejo de la Unión Europea, y/o en sus grupos de trabajo, en materia de competitividad-consumo, ordenación del juego y deporte[8].

---

7 GONZÁLEZ PASCUAL, María Isabel, "La coexistencia del proceso autonómico y la integración europea. Perspectivas de las Comunidades Autónomas en la Unión Europea", en TUDELA ARANDA, José y GARRIDO LÓPEZ, Carlos (dirs.), *La organización territorial del Estado, hoy. Actas del XIII Congreso de la Asociación de Constitucionalistas de España*, Tirant lo Blanch, Valencia, 2016, p. 223.

8 BOE núm. 191, de 11 de agosto de 2011. Para una aproximación histórica a estos acuerdos véase: CASTELLÀ ANDREU, Josep María, "Las comunidades autónomas en Bruselas: la dimensión externa de la participación autonómica en la Unión Europea", *REAF*, núm. 6, 2008, pp. 37-91; CALONGE VELÁZQUEZ, Antonio, "¿Modelo de participación de las Comunidades Autónomas en la Unión Europea?", en BALADO RUIZ-GALLEGOS, Manuel (dir.), *La España de las Autonomías. Reflexiones 25 años después*, Bosch, Barcelona, 2005, pp. 829-844; MORATINOS

Más concretamente, la Resolución de 2011 recogió los siguientes Acuerdos, que se expresan a continuación cronológicamente: Acuerdo de 2 de julio de 2009 por el que se modifica el Acuerdo sobre la Consejería de Asuntos Autonómicos en la representación permanente de España ante la Unión Europea y sobre la participación de las Comunidades Autónomas en los grupos del trabajo del Consejo de la Unión Europea; Acuerdo de 2 de julio de 2009 por el que se modifica el Acuerdo sobre el sistema de representación autonómica en las formaciones de la Unión Europea; Acuerdo de 15 de abril de 2010 por el que se modifica el Acuerdo sobre la Consejería de Asuntos Autonómicos en la representación permanente de España ante la Unión Europea y sobre la participación de las Comunidades Autónomas en los grupos del trabajo del Consejo de la Unión Europea; Acuerdo de 7 de febrero de 2011 por el que se modifica el Acuerdo sobre la Consejería de Asuntos Autonómicos en la representación permanente de España ante la Unión Europea y sobre la participación de las Comunidades Autónomas en los grupos del trabajo del Consejo de la Unión Europea, y; Acuerdo de 7 de febrero de 2011 por el que se modifica el Acuerdo sobre el sistema de representación autonómica en las formaciones de la Unión Europea[9].

CUYAUBÉ, Miguel Ángel, "Las Comunidades Autónomas y la Unión Europea", en BALADO RUIZ-GALLEGOS, Manuel (dir.), *La España de las Autonomías. Reflexiones 25 años después*, Bosch, Barcelona, 2005, pp. 101-115. Para una aproximación histórica de carácter general a la participación de las Comunidades Autónomas en la Unión Europea, tanto ascendente como descendente, véase: DÍAZ ABAD, Nuria, "Las Comunidades Autónomas en la UE: problemática actual", en VV.AA., *Autonomías y organización territorial del Estado: presente y perspectivas de futuro*, Ministerio de Justicia, Madrid, 2005, pp. 247-284.

9 En adelante nos referiremos a los Acuerdos en ella recogidos como sigue: Acuerdo de 2009 relativo a la representación permanente y a los grupos de trabajo del Consejo; Acuerdo de 2009 relativo a las formaciones del Consejo; Acuerdo de 2010 relativo a la representación

Por último, la CARUE ha adoptado el Acuerdo de 10 de diciembre de 2018 por el que se modifica el Acuerdo sobre el sistema de representación autonómica en las formaciones del Consejo de la Unión Europea[10]. Esta última modificación trata de dar respuesta a las dudas interpretativas y deficiencias detectadas durante el período de vigencia del sistema de representación autonómica en las formaciones del Consejo. En esa misma fecha también se adoptó una "Guía de buenas prácticas" para la aplicación del citado Acuerdo. Según las fuentes de la delegación de Castilla-La Mancha ante la Unión Europea para la elaboración del presente trabajo de investigación, parece que la modificación está dando resultado y las posiciones comunes de las Comunidades Autónomas se van defendiendo en las reuniones de las diferentes formaciones del Consejo.

El presente capítulo analiza la participación de las Comunidades Autónomas en los grupos de trabajo y en las formaciones del Consejo de la Unión Europea, haciendo una especial referencia a la Comunidad Autónoma de Castilla-La Mancha.

Con más precisión, nuestra investigación pretende valorar críticamente los Acuerdos de 2004 adoptados por la CARCE (y sus reformas posteriores), así como la necesidad de participación subnacional o regional en el Consejo de la Unión Europea y su eficacia atendiendo a su diseño actual. Nuestras conclusiones tratarán de reforzar la eficacia de los canales de

---

permanente y a los grupos de trabajo del Consejo; Acuerdo de 2011 relativo a la representación permanente y a los grupos de trabajo del Consejo, y; Acuerdo de 2011 relativo a las formaciones del Consejo.

10 Fuente: <https://www.mptfp.gob.es/dam/es/portal/politica-territorial/internacional/ue/ccaa-eell-ue/CARUE/2018_12_10_ACUERDO_POR_EL_QUE_SE_MODIFICA_EL_ACUERDO_SOBRE_EL_SISTEMA_DE_REPRESENTACION_AUTONOMICA_EN_LAS_FORMACIONES_DEL_CONSEJO_UE.pdf> (última consulta, 27 de septiembre de 2023). En adelante nos referiremos a esta reforma como el Acuerdo de 2018 relativo a las formaciones del Consejo.

participación *hard* (o normativos) para garantizar la participación de las Comunidades Autónomas en el seno del Consejo de la Unión Europea. Por otro lado, y teniendo en cuenta que el Estatuto de Autonomía de Castilla-La Mancha[11] no se refiere a la participación, colaboración o cualquier otro tipo de relación entre la Unión Europea y dicha Comunidad Autónoma, el presente trabajo de investigación también ofrecerá una propuesta de reforma de dicho Estatuto de inclusión en el mismo de la regulación específica de la participación de esta Comunidad en el Consejo de la Unión Europea. No obstante, esta propuesta se podría hacer extensiva a otras instituciones de la Unión y, también, puede servir de referente para otros Estatutos que no han regulado dicha cuestión, por ejemplo, para el Estatuto de Autonomía de la Comunidad Autónoma del País Vasco[12]. Parece razonable que si Castilla-La Mancha cuenta con una Oficina de su gobierno autonómico y con una Delegación Permanente ante la Unión Europea en Bruselas, su Estatuto regule -con mayor o menor extensión- su competencia y su presencia en sede europea[13].

Somos conscientes de la complejidad del tema, fundamentalmente, debido a dos causas. Primera, la naturaleza jurídica de los Acuerdos de 2004 (y sus sucesivas reformas) es confusa y constituye un reflejo de que los cauces formales a través de los cuales se han ido implementando las facultades participativas de las Comunidades Autónomas nos sitúan, no ante normas jurídicas formalizadas, sino, por el contrario, ante acuerdos de

---

11 Ley Orgánica 9/1982, de 10 de agosto, de Estatuto de Autonomía de Castilla-La Mancha (BOE núm. 195, de 16 de agosto de 1982. Última actualización publicada de 22 de mayo de 2014).

12 Ley Orgánica 3/1979, de 18 de diciembre, de Estatuto de Autonomía para el País Vasco (BOE, núm. 306, de 22 de diciembre de 1979. Última actualización publicada 22/12/1979).

13 Fuente:<https://www.exteriores.gob.es/Embajadas/bruselas/es/Embajada/Paginas/Contacto.aspx> (última consulta, 14 de octubre de 2023).

corte eminentemente político, sin valor preceptivo y adoptados en el seno de la CARUE. Segunda: el objetivo de la participación autonómica en el Consejo de la Unión Europea es impreciso[14]. Este punto de partida dificulta la evaluación del actual sistema de representación autonómica y la eficacia (o no) de la participación autonómica en el Consejo de la Unión Europea. Igualmente, somos conscientes de que, además de los canales tradicionales, más o menos ya consolidados, se observa que se están desarrollando cauces complementarios de naturaleza transnacional y *soft*, que pueden tener influencia a nivel europeo, pero su tratamiento excede nuestro objeto de investigación[15].

De manera general, y a modo introductorio, se recuerda que la participación de las Comunidades Autónomas en el Consejo de la Unión Europea se articula mediante dos vías: la externa y la interna[16].

La participación eficaz interna de las Comunidades Autónomas en dicho órgano exige que estas tengan suficiente acceso a la información y a los debates internos de las formaciones y de los grupos de trabajo del Consejo a efectos de poder determinar su posición. Al respecto, los Acuerdos de 2004 se remiten a los instrumentos de colaboración en cada sector y al procedimiento marco establecido desde 1994 para la participación autonómica en el plano interno. El elemento que los Acuerdos de 2004 tienen en cuenta para determinar sobre qué asuntos

---

14 BELTRÁN GARCÍA, Susana, "Una salida para la representación de las comunidades autónomas en el Consejo de la UE", *Revista CIDOB d'afers internacionals*, núm. 99, 2012, p. 136.

15 Sobre el tema véase: HUGGINS, Christopher, "Subnational Government and Transnational Networking: The Rationalist Logic of Local Level Europeanization", *Journal of Common Market Studies*, núm. 56 (6), 2018, pp. 1263-1282.

16 BELTRÁN GARCÍA, Susana (2012), "Una salida para la representación de las comunidades autónomas en el Consejo de la UE", *Revista CIDOB d'afers internacionals*, núm. 99, pp. 134-135.

se produce esta participación autonómica es la conexión de tales asuntos con las competencias autonómicas. Por consiguiente, la presencia de competencias autonómicas representa el elemento legitimador de la existencia de un interés por parte de las Comunidades Autónomas por participar.

En el seno de las instituciones de la Unión, en el caso que nos ocupa el Consejo de la Unión Europea, las Comunidades Autónomas pueden intervenir en nombre propio (participación externa propia) o asociadas a otras regiones (participación externa impropia). El único Estado miembro que permite a sus ministros regionales dirigir las negociaciones es Bélgica. En España, en la práctica, se produce una participación en el Consejo impropia, puesto que la Comunidad interviniente actuará en representación de todas las Comunidades Autónomas, no expresando su voluntad particular y, además, como parte de la Delegación estatal[17].

II. LA PARTICIPACIÓN AUTONÓMICA EN LAS FORMACIONES DEL CONSEJO DE LA UNIÓN EUROPEA

El Consejo de la Unión Europea es una institución en la que están representados los intereses nacionales y, por ello, encarna el principio de la representación de los Estados miem-

---

17 GARCÍA GARCÍA, María Jesús, "La integración institucional de las regiones...", ob. cit., p. 183; GONZÁLEZ PASCUAL, María Isabel, "La coexistencia del proceso autonómico y la integración europea...", ob. cit., p. 227. Sin embargo, algunas Comunidades Autónomas reclaman el reconocimiento de la potestad autonómica en el Consejo de la Unión (entre otras instituciones europeas). En este sentido, véase: CONSELL DE LA GENERALITAT VALENCIANA, *Acord del Consell sobre la reforma constitucional*, aprobado en la reunión del Consejo de 9 de febrero de 2018.

bros[18]. En virtud de lo dispuesto en el artículo 16, apartado segundo, del Tratado de la Unión Europea, "El Consejo estará compuesto por un representante de cada Estado miembro, de rango ministerial, facultado para comprometer al Gobierno del Estado miembro al que represente y para ejercer el derecho de voto"[19]. El rango ministerial puede serlo a nivel nacional, regional o autonómico, siempre y cuando el Gobierno del Estado faculte al o a la representante en concreto para comprometer su voluntad (caso por caso). Si participaran varios ministros como titulares de una misma formación solo tendrían un turno de palabra y un voto[20].

El Consejo expresa una voluntad propia, distinta de la voluntad de cada uno de los Estados miembros, definiendo el interés común de la Unión. Las decisiones adoptadas por el Consejo se imponen a todos ellos cualquiera que haya sido su voto con respecto a las mismas (a favor, en contra o abstención). Así, por tanto, un Estado podría impugnar un acto del Consejo ante el Tribunal de Justicia de la Unión Europea aun habiendo votado a favor del mismo, porque un voto de un Estado no tiene relevancia autónoma (es un elemento de voluntad colegiada)[21].

El Consejo de la Unión Europea es una única persona jurídica. Su composición no es fija, sino que se reúne en diez formaciones diferentes según el tema a tratar. Dependiendo de la composición concreta del Consejo cada Estado miembro envía al ministro (y su equipo) competente en la materia. La formación denominada *Consejo de Asuntos Generales* desempeña un papel especial de coor-

---

18 LIÑÁN NOGUERAS, Diego J. y MANGAS MARTÍN, Araceli, *Instituciones y Derecho de la Unión Europea,* Tecnos, Madrid, 2020, p. 222.

19 Versión consolidada del Tratado de la Unión Europea (DOUE C 83/13, de 30 de marzo de 2010).

20 LIÑÁN NOGUERAS, Diego J. y MANGAS MARTÍN, Araceli, *Instituciones y Derecho de la Unión...*, ob. cit., p. 222.

21 Ibídem.

dinador. Sin embargo, ningún acto legislativo adoptado por el Consejo menciona la formación en la que se haya gestado el acto porque cualquiera de ellas puede adoptar competencias de otra formación si el asunto tratado lo requiere[22].

Las diez formaciones del Consejo son las siguientes: Agricultura y Pesca; Competitividad; Asuntos Económicos y Financieros; Medio Ambiente; Empleo, Política Social, Sanidad y Consumidores; Educación, Juventud, Cultura y Deporte; Asuntos Exteriores; Asuntos Generales; Justicia y Asuntos de Interior; y Transporte, Telecomunicaciones y Energía[23].

El artículo 236 del Tratado del Funcionamiento de la Unión Europea determina que será el Consejo Europeo, por mayoría cualificada, quien podrá decidir: a) la lista de las formaciones del Consejo, distintas de la de Asuntos Generales y la de Asuntos Exteriores, de conformidad con el apartado 6 del artículo 16 del Tratado de la Unión Europea; y/o b) una decisión relativa a la presidencia de las formaciones del Consejo, con excepción de la de Asuntos Exteriores, de conformidad con el apartado 9 del artículo 16 del Tratado de la Unión Europea[24].

---

[22] Documentos consultados en la web oficial de la UE: "Consejo de la UE. Visión general". Fuente: <https://european-union.europa.eu/institutions-law-budget/institutions-and-bodies/institutions-and-bodies-profiles/council-european-union_es> (última consulta, 26 de septiembre de 2023); "Formaciones del Consejo". Fuente: <https://www.consilium.europa.eu/es/council-eu/configurations/> (última consulta, 26 de septiembre de 2023).

[23] El artículo 2.1 *in fine* remite al Anexo I del Reglamento interno del Consejo relativo a la "Lista de formaciones del Consejo". Decisión del Consejo de 1 de diciembre de 2009 por la que se aprueba su Reglamento interno (2009/937/UE) (DO L 325 de 11.12.2009, p. 35). También se pueden consultar en "Formaciones del Consejo". Fuente: <https://www.consilium.europa.eu/es/council-eu/configurations/> (última consulta, 26 de septiembre de 2023).

[24] Versión consolidada del Tratado de Funcionamiento de la Unión Europea (DOUE C 83/47, de 30 de marzo de 2010).

El punto 2.1 del Acuerdo de 2011 relativo a las formaciones del Consejo determina que la representación autonómica será de aplicación en las siguientes: empleo; política social; sanidad y consumidores; agricultura y pesca; medio ambiente; educación, juventud, cultura y deporte, y; competitividad-consumo. Parece precisa la revisión de este punto 2.1, puesto que la denominación "competitividad-consumo" no encaja con las actuales formaciones del Consejo de la Unión Europea. Las Comunidades Autónomas no participan en formaciones donde se negocian materias de seguridad, transporte y energía aun ostentando competencia. En estos ámbitos, las Comunidades Autónomas participan a través de las conferencias sectoriales[25].

El punto 3.1 del Acuerdo de 2004 relativo a las formaciones del Consejo, que establece el sistema para determinar al representante autonómico en las formaciones del Consejo de la Unión Europea, fue reformado en los años 2009, 2011 y, finalmente, en 2018. En la actualidad, se prevé un régimen de rotación en la participación como se detalla a continuación.

Esta participación se ejerce por un representante autonómico que es miembro de un Consejo de Gobierno autonómico y que se incorpora a la delegación española en las reuniones de las formaciones del Consejo de la Unión Europea para representar a las Comunidades Autónomas.

El sistema de rotación de las Comunidades Autónomas se ha aplicado desde el 1 de enero de 2020 según el cuadro que se recoge en la página siguiente. Concretamente, en el caso de la formación de Pesca, todas las Comunidades Autónomas participan en el sistema de rotación. No obstante, las Comunidades Autónomas sin litoral podrán ceder su participación a la siguiente a la que corresponda de acuerdo con el turno de rotación. Al ser

---

25 GARCÍA GARCÍA, María Jesús, "La integración institucional de las regiones regiones…", ob. cit., p. 84.

las Comunidades Autónomas costeras un número par, al iniciarse cada nuevo ciclo, y con el fin de que se produzca rotación de semestres, el orden de representación se invertirá.

Atendiendo al mismo, desde el segundo semestre de 2020, que la Comunidad Autónoma de Castilla-La Mancha se inició con su participación en la formación de Juego; el primer semestre de 2022 participó en la formación de Sanidad; el primer semestre de 2023 ha participado en la formación de Juventud y su próximo turno de participación en las formaciones del Consejo está previsto para el primer semestre de 2024 en la formación de Medio Ambiente.

ANEXO. CUADRO DE ROTACIONES.

CICLO[1]

AÑO / SEMESTRE / CONSEJO	2020		2021		2022		2023		2024		2025		2026		2027		2028		2029	
	S1	S2	S3	S4	S5	S6	S7	S8	S9	S10	S11	S12	S13	S14	S15	S16	S17	S18	S19	S20
Empleo y Política Social	EUS	ARA	CAT	CLM	GAL	CAN	AND	NAV	AST	EXT	CTB	IB	RIO	MAD	MUR	CYL	VAL	EUS[2]	ARA	CAT
Juego	CAT	CLM	GAL	CAN	AND	NAV	AST	EXT	CTB	IB	RIO	MAD	MUR	CYL	VAL	EUS	ARA	CAT	CLM	GAL
Agricultura	GAL	CAN	AND	NAV	AST	EXT	CTB	IB	RIO	MAD	MUR	CYL	VAL	EUS	ARA	CAT	CLM	GAL	CAN	AND
Deporte	AND	NAV	AST	EXT	CTB	IB	RIO	MAD	MUR	CYL	VAL	EUS	ARA	CAT	CLM	GAL	CAN	AND	NAV	AST
Educación y Cultura	AST	EXT	CTB	IB	RIO	MAD	MUR	CYL	VAL	EUS	ARA	CAT	CLM	GAL	CAN	AND	NAV	AST	EXT	CTB
Consumo	CTB	IB	RIO	MAD	MUR	CYL	VAL	EUS	ARA	CAT	CLM	GAL	CAN	AND	NAV	AST	EXT	CTB	IB	RIO
Medio Ambiente	RIO	MAD	MUR	CYL	VAL	EUS	ARA	CAT	CLM	GAL	CAN	AND	NAV	AST	EXT	CTB	IB	RIO	MAD	MUR
Juventud	MUR	CYL	VAL	EUS	ARA	CAT	CLM	GAL	CAN	AND	NAV	AST	EXT	CTB	IB	RIO	MAD	MUR	CYL	VAL
Sanidad	VAL	EUS	ARA	CAT	CLM	GAL	CAN	AND	NAV	AST	EXT	CTB	IB	RIO	MAD	MUR	CYL	VAL	EUS	ARA
Pesca	EUS	CAT	GAL	AND	AST	CTB	RIO	MUR	VAL	ARA	CLM	CAN	NAV	EXT	IB	MAD	CYL	EUS	CAT	GAL
Propuesta Pesca b)[3]	*EUS*	*CAT*	*GAL*	*AND*	*AST*	*CTB*	*MUR*	*VAL*	*CAN*	*IB*	*CAT*	*EUS*	*AND*	*GAL*	*CTB*	*AST*	*VAL*	*MUR*	*IB*	*CAN*

1 Los acrónimos utilizados son los siguientes: País Vasco (EUS), Cataluña (CAT), Galicia (GAL), Andalucía (AND), Asturias (AST), Cantabria (CTB), La Rioja (RIO), Murcia (MUR), Comunidad Valenciana (VAL), Aragón (ARA), Castilla La Mancha (CLM), Canarias (CAN), Navarra (NAV), Extremadura (EXT), Islas Baleares (IB), Madrid (MAD) y Castilla y León (CYL).

2 El sombreado naranja representa el comienzo de un nuevo ciclo de rotaciones

3 Si asumimos que se producirá una cesión de las CCAA no costeras en la Comunidad Autónoma costera siguiente, el cuadro quedaría según se indica en la "Propuesta Pesca b)", durando el ciclo 10 semestres, e iniciándose entonces un nuevo ciclo en el primer semestre de 2025.

En los párrafos subsiguientes del punto 3 se regula el procedimiento de designación del representante autonómico y se mantienen con la misma redacción desde el Acuerdo de 2004 relativo a las formaciones del Consejo. Tratando de asegurar la estabilidad de este representante, como regla general, cubrirá un semestre de presidencia del Consejo de la Unión Europea, y tiene como objetivo garantizar la sucesión de representantes propuestos por las Comunidades Autónomas.

El representante autonómico asumirá la coordinación del proceso previo que tiene lugar antes de su incorporación a la delegación española y la posterior concertación con la Administración del Estado. Para garantizar el correcto desarrollo de este proceso interno, se designará un responsable técnico que podrá asistir a las reuniones de las instancias preparatorias del Consejo en las que se examine el asunto en el que sea de aplicación la participación autonómica externa.

La determinación de los asuntos en los que se aplicará la participación autonómica externa se desarrolla internamente. El proceso se establece en el punto 4 del Acuerdo de 2004 relativo a las formaciones del Consejo que se mantiene sin modificaciones desde su adopción original. En los apartados de este punto se percibe cómo este conjunto de asuntos es una cuestión abierta que se basa en el interés manifestado por las Comunidades Autónomas, en cada una de las Conferencias Sectoriales concernidas, al inicio de cada presidencia semestral del Consejo de la Unión Europea y a partir del Programa de la presidencia (4.1 Acuerdo de 2004).

En relación con cada formación concreta del Consejo de la Unión Europea, y a la vista de los asuntos incluidos en el orden del día previsto para las reuniones programadas, las Comunidades Autónomas señalarán qué asuntos quedan circunscritos bajo la participación autonómica. La coordinación de estos temas corresponde al representante autonómico designado y tratará estas cuestiones según lo establecido en el punto tercero del Acuerdo de Participación Interna de 1994.

La participación autonómica en los asuntos acordados por las Comunidades Autónomas dentro de la respectiva Conferencia Sectorial y según lo establecido en el Acuerdo de Participación Interna de 1994 tiene que respetar los siguientes requisitos: a) Las Comunidades Autónomas deberán tener a su disposición la documentación completa sobre el asunto; b) Las Comunidades Autónomas deberán ser informadas regularmente de la evolución del asunto y de las negociaciones; c) Las Comunidades Autónomas concernidas por el asunto deberán desarrollar el proceso para fijar una posición común (4.2 Acuerdo de 2004).

Las actuaciones citadas en el párrafo anterior que persiguen garantizar la participación autonómica externa se llevarán a cabo por un órgano especializado designado por la respectiva Conferencia Sectorial y, cuando de común acuerdo se estime que deba ser un grupo de trabajo específico el que asuma tales actuaciones, se procederá a su constitución (4.3 Acuerdo de 2004).

El punto 5 del Acuerdo relativo a las formaciones del Consejo establece cómo se articulan, en la práctica, las intervenciones autonómicas que se soliciten en las formaciones del Consejo. Esta representación es siempre de carácter impropio porque, aunque la Comunidad Autónoma representante defienda sus intereses, estos habrán sido previamente consensuados con el resto de las Comunidades en la vía interna de participación y, por tanto, serán una posición común de todas ellas. Además, esta posición deberá respetar siempre los intereses y la posición del Estado. Estas intervenciones se ejercen por el representante autonómico que es reconocido como miembro de pleno derecho de la delegación española y representa al conjunto de las Comunidades Autónomas (5.1 Acuerdo de 2004). El representante asesorará al jefe de la delegación en todo lo referente a la posición común adoptada por las Comunidades Autónomas en relación con los puntos del orden del día en el que se traten cuestiones que afecten a sus competencias y su posición común debe ser debidamente tenida en cuenta a lo largo de todo el proceso de negociación (5.2 y 5.4 Acuerdo de 2004). En el desarrollo del debate en las instituciones europeas, ya sea en el Consejo, en las formaciones o en los grupos de trabajo, el representante autonómico podrá solicitar el uso de la palabra al jefe de la delegación si se están debatiendo cuestiones que afecten a competencias autonómicas y existe una posición común autonómica que expresar. El jefe de la Delegación debe facilitar su intervención, salvo causa suficientemente motivada (5.3 Acuerdo de 2004)[26]. No obstante lo anterior, de forma coherente con que la competencia última es de carácter estatal, la responsabilidad última de las negociaciones y de su conclusión corresponderá en todo momento al jefe de delegación (5.5 Acuerdo de 2004).

La representación o participación directa o sin inmediación del Estado de las regiones en el Consejo es bastante excepcional. En el actual marco de la Unión Europea, solo Bélgica, Alemania y Austria han dispuesto la posibilidad de que sus regiones representen al conjunto del Estado miembro en el Consejo de Ministros[27].

Alemania podría emplearse como inspiración para una posible reforma constitucional. En este sentido, el artículo 23 de su Ley Fundamental se establece una cláusula de participación de las entidades federales de Alemania en la Unión Europea[28].

---

26 El punto 5.3 regulado en el Acuerdo de 2004 relativo a las formaciones del Consejo y se ha reformado el punto 5.3 por el Acuerdo de 2018 relativo a las formaciones del Consejo.

27 DE BECKER, Alexander, "La representación de Bélgica en el Consejo de la UE y la participación directa de las regiones", *Revista CIBOD d'affers internationals*, núm. 99, 2012, p. 48; GARCÍA GARCÍA, María Jesús, "La integración institucional de las regiones regiones...", ob. cit., p. 170.

28 BARÓN CRESPO defiende este reconocimiento constitucional, así como la reforma del Senado para articular la voluntad política territorial. Véase: BARÓN CRESPO, Enrique, "Contenido europeísta de la Constitución española y proyección posterior hasta el debate actual", en MARTÍNEZ CUADRADO, Miguel (dir.), *Reforma constitucional en la Unión Europea y en España*, Marcial Pons, Madrid, 2019,

Bélgica también podría servir como inspiración para España en relación con dos cuestiones que podrían aplicarse en la participación autonómica en la Unión: una, el voto dividido y, dos, el refuerzo de la fase interna de la participación.

Respecto a la cuestión del voto dividido, tomando como ejemplo a Bélgica y extensible a otros Estados miembros de la UE con descentralización política, la propuesta es la siguiente: en áreas de competencia de las entidades subestatales belgas, los votos de Bélgica en el Consejo se asignan a cada entidad subestatal individual sobre la base de un acuerdo de cooperación nacional interno. Este voto dividido en el Consejo sería computado así dividido, en fracciones. De hecho, en este cómputo final no se tendrían en cuenta solo los votos fraccionados de las entidades subestatales belgas, sino de todas las entidades subestatales de los Estados miembros con descentralización política, más los votos estatales (sin fraccionar) de los Estados miembros unitarios y con esta suma se iría constituyendo el cómputo final de la mayoría en el Consejo[29]. No obstante, ante esta propuesta, quedaría por determinar claramente

---

pp. 93-96. Para una comparación entre España y Alemania en clave europea, véase OTERO IGLESIAS, Miguel (coord.), *Informe Elcano «Relaciones España-Alemania»*, núm. 25, 2018. Como se ha señalado en la nota a pie de página 4, la reforma del Estado autonómico en clave constitucional excede el objeto de investigación, aunque es importante tenerlo presente para contextualizar la situación que nos ocupa en este trabajo. Sobre Alemania, véase también: ARROYO GIL, Antonio, "¿El orden federal alemán como modelo para el futuro del Estado autonómico español?", en RUBIO LLORENTE, Francisco *et al.* (coords.), *La Constitución política de España. Estudios en homenaje a Manuel Aragón Reyes*, Madrid, CEPC, Madrid, 2016, pp. 373-399, concretamente en el punto 13 expone brevemente el reparto de competencias y difuminación de responsabilidades en el ámbito del derecho europeo.

29 GARCÍA GARCÍA, María Jesús, "La integración institucional de las regiones regiones…", ob. cit., p. 170.

cómo gestionar el voto dividido y las mayorías necesarias para la adopción de acuerdos, porque el Consejo ya tiene dificultades para llegar a decisiones por mayoría cualificada.

Además de los problemas que se pudieran generar en el seno del Consejo por la adopción de un "voto dividido", en el actual marco jurídico de la Unión Europea, esta solución no parece factible. La Unión es una entidad supranacional y esta característica impide que las entidades subestatales se conviertan a su vez en miembros con derecho a voto directo dentro de la Unión. Sin embargo, cabría la posibilidad de que cupiese esta propuesta del voto dividido porque el Tratado no contempla un mecanismo de sanción en caso de que un Estado miembro decida distribuir sus votos entre sus regiones sobre la base de un acuerdo interno. En cualquier caso, habría que determinar el mecanismo, porque las entidades subestatales no pueden obtener el derecho de emitir un voto independiente del voto del Estado miembro. Además, a nivel nacional, habría que atender a las limitaciones legales, como ocurre con el artículo 149 de la Constitución española[30].

Respecto del refuerzo de la fase de participación interna, se podría indagar en la posibilidad de fortalecer esta vía interna de participación para garantizar que su voz sea oída en el Consejo de Ministros de la Unión Europea. En este sentido, Bélgica cuenta con una estructura que obliga a la autoridad nacional a llegar a una posición común con todas las entidades subestatales afectadas. En caso de que no se llegue a una posición común, existe un procedimiento específico para asegurar que las entidades concernidas lleguen a una posición común que puede ser defendida en las reuniones del Consejo. Dentro del marco institucional español, para poder defender una posición común en el Consejo de Ministros de la Unión, se

---

30 DE BECKER, Alexander, "La representación de Bélgica en el Consejo de la UE…", ob. cit., pp. 49 y 51.

debe llegar a una posición común en dos niveles. En primer lugar, las diferentes regiones deben llegar a una posición común entre ellas. Una vez se ha acordado esta posición común, existen determinadas normas sobre cómo el gobierno nacional español debe tratar dicha posición común. En este sentido, el correcto funcionamiento de los acuerdos adoptados por la CARUE es crucial para asegurar que se defienden las opiniones de las Comunidades Autónomas[31].

Los Estatutos de Autonomía de nueva generación aprobados a partir de 2006 han abordado de manera detallada las reglas que rigen las relaciones de las Comunidades Autónomas con las instituciones de la Unión Europea. Esto ha supuesto un avance para la regulación autonómica[32]. En el marco de lo que se ha denominado participación interna, se prevé que la formación de la posición que el Estado trasladará a la Unión Europea se fijará atendiendo a las consideraciones realizadas por las Comunidades Autónomas cuando sus competencias o intereses resulten afectados[33]. Con la finalidad de articular su facultad participativa, los Estatutos de Autonomía prevén distintas fórmulas. Algunos establecen que la respectiva Comunidad Autónoma será informada por el Estado en relación con las iniciativas y propuestas generadas desde la Unión Europea

---

31 DE BECKER, Alexander, "La representación de Bélgica en el Consejo de la UE…", ob. cit., p. 53.

32 CARMONA CONTRERAS, Ana María y KÖLLING, Mario, "La participación de las CCAA en la negociación de la política de cohesión. *Ambitions beyond capacity*?", *Revista de Estudios Políticos,* núm. 161, 2013, pp. 245-246.

33 Cataluña (art. 186, apartados 1, 2 y 3 y Disp. Adicional 2.ª); Comunidad Valenciana (art. 61.3.b); Andalucía (art. 231.1); Aragón (art. 93.1); Baleares (art. 110.1); Castilla y León (art. 62.1); Navarra (art. 68.3); Extremadura (art. 70.c).

que versen sobre materias de su interés o competencia[34]. En función de tal premisa, también existen normas estatutarias que prevén la correspondiente facultad de las Comunidades Autónomas de dirigir a la Administración central las observaciones y propuestas que estimen convenientes en relación con las iniciativas y propuestas generadas desde la Unión Europea que versen sobre materias de su interés o competencia[35].

---

34 Como se señalaba en el cuerpo del texto, los Estatutos de Autonomía regulan esta cuestión de manera diversa. Algunos Estatutos guardan silencio en torno a esta cuestión; así, los Estatutos de Valencia, Aragón e Islas Baleares. Otros Estatutos dan un paso más recogiendo que deben ser informados por el Estado en los asuntos relacionados con la Unión Europea que afecten a sus competencias o intereses, como el artículo 61 EA de Castilla y León; en esta línea de participación autonómica más activa, el artículo 233 del Estatuto de Andalucía recoge la posibilidad de que la Junta dirija observaciones y propuestas al Estado y, por último, el artículo 186.4 *in fine* del Estatuto de Autonomía de Cataluña transforma esta posibilidad autonómica en una obligación que se impone al Gobierno de la Generalitat y al Parlamento de Cataluña. Citado en CARMONA CONTRERAS, Ana María y KÖLLING, Mario, "La participación de las CCAA en la negociación de la política de cohesión. *Ambitions beyond...*", ob. cit., p. 248, nota a pie 18.

35 Se nota la sustancial diferencia existente entre la previsión imperativa que contiene el artículo 186.4 *in fine* del Estatuto de Autonomía de Cataluña –"El Gobierno de la Generalitat y el Parlamento de Cataluña deben dirigir al Gobierno del Estado y a las Cortes Generales, según proceda, las observaciones y las propuestas que estimen pertinentes sobre dichas iniciativas y propuestas"- y la formulación en términos meramente posibilistas del artículo 233 del Estatuto Andalucía –"La Junta de Andalucía podrá dirigir al Estado las observaciones y propuestas que estime convenientes"-. Citado en CARMONA CONTRERAS, Ana María y KÖLLING, Mario, "La participación de las CCAA en la negociación de la política de cohesión. *Ambitions beyond...*", ob. cit., p. 248, nota a pie de página 19.

El Estatuto de Autonomía de Castilla-La Mancha[36] no se refiere a la participación, colaboración o cualquier tipo de relación entre dicha Comunidad Autónoma y la Unión Europea. A nivel competencial, en el Decreto 102/2023, de 25 de julio, por el que se establece la estructura orgánica y se fijan las competencias de los órganos integrados en la Presidencia de la Junta de Comunidades de Castilla-La Mancha, en su art. 13 bajo la rúbrica "Dirección General de Asuntos Europeos", en su apartado f), señala como una de sus competencias: "La coordinación de la participación de la Comunidad Autónoma en las formaciones del Consejo de Ministros de la Unión Europea y en los comités que asisten a la Comisión Europea en el ejercicio de sus competencias de ejecución"[37].

IV. LA PARTICIPACIÓN AUTONÓMICA EN LOS GRUPOS DE TRABAJO DEL CONSEJO DE LA UNIÓN EUROPEA

El Consejo es asistido por el Comité de Representantes Permanentes de los Gobiernos de los Estados miembros de la Unión Europea (Coreper) y grupos de trabajo y comités altamente especializados.

---

36 Ley Orgánica 9/1982, de 10 de agosto, de Estatuto de Autonomía de Castilla-La Mancha (BOE, núm. 195, de 16 de agosto de 1982. Última actualización publicada de 22 de mayo 2014). En el momento en que se escriben estas líneas está en proceso una reforma.

37 Decreto 102/2023, de 25 de julio, por el que se establece la estructura orgánica y se fijan las competencias de los órganos integrados en la Presidencia de la Junta de Comunidades de Castilla-La Mancha (DOCC, núm. 144. 28 de julio de 2023). Actualmente, Virginia Marco Cárcel es la titular de la Dirección General de Asuntos Europeos desde 2017. Fuente: <https://transparencia.castillalamancha.es/titular/223517> (última consulta, 27 de septiembre de 2023).

El Consejo de la Unión Europea tiene una composición variable que puede afectar a su trabajo de forma perniciosa. El potencial efecto perjudicial de dicha composición variable del Consejo se pretende paliar con un órgano auxiliar del Consejo, el Comité de Representantes Permanentes (en adelante, Coreper) tal y como prevé el artículo 240.1 del Tratado de Funcionamiento de la Unión Europea. Se trata del principal órgano preparatorio del Consejo de la Unión Europea, es decir, desempeña un papel decisivo en relación con la preparación de las reuniones del Consejo (artículo 16.7 del Tratado de la Unión Europea). Para ello utiliza una infraestructura administrativa que comparte con el Consejo Europeo aglutinando la Secretaría General del Consejo[38].

En realidad, el Coreper se divide en dos agrupaciones entre las que se reparten los temas de trabajo por materias. El Coreper I está integrado por los representantes permanentes adjuntos de cada país. Preside sus reuniones el representante permanente adjunto del país que ejerce la presidencia del Consejo de Asuntos Generales y prepara el trabajo de seis formaciones del Consejo. A saber: Empleo, Política Social, Sanidad y Consumidores; Competitividad (Mercado Interior, Industria e Investigación y Espacio); Transporte, Telecomunicaciones y Energía; Agricultura y Pesca; Medio Ambiente; y, Educación, Juventud, Cultura y Deporte[39]. El Coreper II está compuesto por los Representantes Permanentes de cada uno de los Esta-

---

38 LIÑÁN NOGUERAS, Diego J. y MANGAS MARTÍN, Araceli, *Instituciones y Derecho de la Unión…*, ob. cit., pp. 227-228. El Coreper es un comité formado por el embajador-jefe de la Representación Permanente de cada Estado miembro ante la Unión Europea. Se encarga de preparar las reuniones del Consejo y realizar las tareas que este le confíe, estando facultado para decisiones de procedimiento. Su presidencia sigue la rotación semestral del Consejo.

39 Fuente: <https://www.consilium.europa.eu/es/council-eu/preparatory-bodies/coreper-i/> (última consulta, 10 de octubre de 2023).

dos miembros. Lo preside el Representante Permanente del país que ejerza la presidencia del Consejo de Asuntos Generales y prepara el trabajo de las siguientes cuatro formaciones del Consejo: Asuntos Generales; Asuntos Exteriores; Asuntos Económicos y Financieros; y, Justicia y Asuntos de Interior[40]. Además de estos dos Coreper, existe el Comité especial de Agricultura que actúa específicamente en temas de agricultura y pesca (como si fuese un tercer Coreper). Con esta división se cubren todas las áreas de las políticas de la Unión.

Todos los puntos que vayan a incluirse en el orden del día del Consejo (excepto por lo que atañe a determinados asuntos agrícolas) han de ser examinados antes por el correspondiente Coreper, salvo que el Consejo decida otra cosa (de hecho, el orden del día de las sesiones del Consejo se elabora en función de la situación en la que se hallen los trabajos del Coreper).

El Coreper vela por la coherencia de las políticas y acciones de la Unión y para que se respeten los principios de legalidad, subsidiariedad, proporcionalidad y motivación de los actos; las normas por las que se establecen los poderes de las instituciones, órganos y organismos de la Unión; las disposiciones presupuestarias; las normas de procedimiento, transparencia y calidad de la redacción. Garantiza una presentación adecuada de cada expediente al Consejo y, en su caso, presenta directrices, opciones o sugerencias[41]. A su nivel, trata de alcanzar acuerdos que posteriormente se someten a la aprobación del Consejo. Sin embargo, el Coreper no es un órgano decisorio de la Unión Europea y, en consecuencia, cualquier acuerdo

---

40 Fuente: <https://www.consilium.europa.eu/es/council-eu/preparatory-bodies/coreper-ii/> (última consulta, 10 de octubre de 2023).

41 Fuente: <https://eur-lex.europa.eu/ES/legal-content/glossary/coreper.html> (última consulta, 10 de octubre de 2023).

al que llegue puede ser cuestionado por el Consejo, que es el único que ostenta poder de decisión[42].

Además, artículo 19, apartado 7, del Reglamento interno del Consejo, establece que el Coreper podrá adoptar determinadas decisiones de procedimiento, a condición de que los puntos correspondientes a las mismas se hayan incluido en el orden del día provisional al menos tres días hábiles antes de la reunión (se precisará la unanimidad del Coreper para aplicar excepciones a dicho plazo[43]). En concreto, se trata de las siguientes decisiones: a) la decisión de celebrar una sesión del Consejo en un lugar distinto de Bruselas y Luxemburgo (artículo 1, apartado 3); b) la autorización de presentar ante los Tribunales copia o extracto de documentos del Consejo (artículo 6, apartado 2); c) la decisión de celebrar debates públicos del Consejo y la de no celebrar en público determinadas deliberaciones (artículo 8, apartados 1, 2 y 3); d) la decisión de hacer públicos los resultados de las votaciones y de las declaraciones que consten en el acta del Consejo en los casos previstos en el artículo 9, apartado 2; e) la decisión de aplicar el procedimiento escrito (artículo 12, apartado 1); f) la aprobación y la modificación del acta del Consejo (artículo 13, apartados 2 y 3); g) la decisión de publicar y la de no publicar un texto o un acto en el Diario Oficial (artículo 17, apartados 2, 3 y 4); h) la decisión de consultar a una institución o a un órgano, en el supuesto de que los Tratados no hagan obligatoria la consulta; i) la decisión de fijar y la de prolongar un plazo para la consulta a una institución o a un órgano; j) la decisión de prolongar los

---

[42] Fuente: <https://www.consilium.europa.eu/es/council-eu/preparatory-bodies/coreper-i/> (última consulta, 10 de octubre de 2023).

[43] Véase la declaración i) siguiente: i) Ad artículo 19, apartado 7: "En caso de que un miembro del Consejo estime que un proyecto de decisión de procedimiento presentado al Coreper para su adopción con arreglo al apartado 7 del artículo 19 plantea una cuestión de fondo, se elevará el proyecto de decisión al Consejo".

plazos previstos en el artículo 294, apartado 14, del Tratado de Funcionamiento de la Unión Europea; k) la aprobación del texto de las cartas dirigidas a una institución o a un órgano.

El Coreper se reúne semanalmente, aunque sus integrantes se comunican diariamente. A través de su trabajo, el Coreper identifica las áreas de acuerdo y desacuerdo entre las diferentes posiciones nacionales, tratando de acercar posturas entre estas últimas para clarificar las posiciones de los Ministros en las reuniones del Consejo. Los debates del Coreper se desarrollan gracias a los trabajos preliminares de ciento cincuenta grupos de trabajo y comités. Entre estos podemos distinguir: 1. Comités creados por los Tratados, por decisión intergubernamental o por un acto del Consejo: en la mayoría de los casos son órganos permanentes y su presidente suele ser nombrado o electo. 2. Los comités y grupos de trabajo creados por el Coreper (I y II): se ocupan de asuntos muy concretos y su presidente es el delegado del país que ejerce la presidencia rotatoria semestral del Consejo. Por último, pueden crearse comités *ad hoc* para fines específicos que desaparecen una vez cumplido su cometido[44].

Los debates que se desarrollan en el Coreper permiten calificar los puntos del día del Consejo en dos grupos: serán puntos A del orden del día del Consejo los puntos que, tal como los prepara el Coreper, podrían ser normalmente aprobados por el Consejo sin debate, salvo que algún miembro específicamente lo requiera. Los puntos B requieren un debate al nivel ministerial en el Consejo. El Coreper también puede decidir

---

44 Para revisar el listado de los órganos preparatorios del Consejo, véase: <https://www.consilium.europa.eu/es/council-eu/preparatory-bodies/> (última consulta: 27 de septiembre de 2023). Anualmente, también se publican el listado de los órganos preparatorios del Consejo, la última publicación es de 7 de julio de 2023, véase: Bruselas, 7 de julio de 2023 (OR. en). 11597/23. POLGEN 94.

que el asunto requiera trabajo de expertos y regrese a los grupos de trabajo para que profundicen en el mismo [45].

La víspera de cada reunión los colaboradores más cercanos de los miembros del Coreper se reúnen bajo las siguientes denominaciones: Grupo Mertens para el Coreper I; y Grupo Antici para el Coreper II. Estos grupos revisan el orden del día de los Coreper I y II, respectivamente, y establecen los detalles técnicos y organizativos. Esta etapa preparatoria también permite definir una idea inicial de las posiciones que adoptarán las distintas delegaciones en la reunión del Coreper[46].

En los grupos de trabajo y las distintas formaciones del Consejo se hace efectiva la regulación autonómica como se analiza a continuación. El apartado 2 del punto II del Acuerdo de 2004 relativo a la representación permanente y a los grupos de trabajo en el Consejo ("Participación autonómica en los grupos de trabajo del Consejo de la Unión Europea") regula dicha cuestión. La representación autonómica se hará efectiva, en su fase inicial, mediante dos vías. Una, mediante la incorporación de los consejeros de la Consejería para Asuntos Autonómicos de la Representación Permanente de España ante la Unión Europea (en adelante, REPER), a la delegación española en determinados Grupos de Trabajo. Dos, en las distintas conferencias sectoriales, para los casos así acordados, mediante la incorporación a la delegación española en el Grupo de Trabajo correspondiente a cada asunto del responsable técnico designado por quien vaya a ejercer la representación autonómica directa. En esta segunda vía, dicha incorporación será objeto

---

45 Fuente: <https://www.consilium.europa.eu/es/council-eu/preparatory-bodies/coreper-i/> (última consulta, 10 de octubre de 2023).

46 Fuente: <https://eur-lex.europa.eu/ES/legal-content/glossary/coreper.html> (última consulta, 25 de septiembre de 2023).

de comunicación previa al Ministerio concernido y a la Consejería para Asuntos Autonómicos de la REPER[47].

Los Grupos de Trabajo del Consejo de la Unión Europea en los que se hace efectiva la participación autonómica se recogen en un listado periódicamente elaborado por la Secretaría General del Consejo. El punto 2 de este apartado 2 del punto II del Acuerdo de 2004 define a dichos Grupos como instancias preparatorias de las formaciones del Consejo de la Unión Europea.

La participación autonómica en los Grupos de Trabajo se circunscribirá a los asuntos que afecten a las competencias autonómicas y lleva consigo la asistencia al COREPER, de conformidad con la práctica institucional existente, cuando en el Comité se examinen asuntos que afecten a las competencias autonómicas.

El punto 3 del apartado 2 del punto II del Acuerdo le asigna el siguiente contenido a la participación efectiva de las Comunidades Autónomas. En primer lugar, recibir información sobre el calendario de reuniones de los Grupos de Trabajo: su convocatoria, los respectivos órdenes del día y la documentación de los asuntos que afecten a sus competencias autonómicas. En segundo lugar, asistir a las reuniones del Grupo de Trabajo formando parte de la delegación española, bajo la dirección del Consejero de la REPER que asuma la jefatura de la delegación y, por tanto, la condición de portavoz de la delegación. En tercer y último lugar, intervenir en las reuniones de acuerdo con las reglas establecidas en el Acuerdo donde se establece el sistema de representación autonómica en las formaciones del Consejo de la Unión Europea. Esta representación autonómica es calificada como "directa" en el citado Acuerdo, pero

---

[47] Es el propio punto 1 del apartado 2 del punto II del Acuerdo de 2004 el que se refiere a "participación autonómica directa". Sin embargo, teniendo en cuenta la terminología seguida por el equipo esta participación solo será directa si la Comunidad Autónoma representase únicamente sus propios intereses.

sería más preciso denominarla "participación externa mediata impropia", puesto que la Comunidad interviniente actuará como parte de la Delegación estatal y lo hará en representación de todas las Comunidades Autónomas (no expresando su voluntad particular). La institución responsable de remitir esta información a las Comunidades Autónomas será la Consejería para Asuntos Autonómicos[48].

V. CONCLUSIONES

A continuación, se proponen una serie de medidas para ordenar y facilitar la representación y participación de las Comunidades Autónomas en el Consejo de la Unión Europea. Estas propuestas se fundamentan en la valoración crítica del Acuerdo de 2004 (y sus sucesivas reformas) y de la eficacia y conveniencia de una participación sub-nacional o regional en el Consejo de la Unión Europea; tratando de reforzar, en última instancia, los canales o vías de participación de las Comunidades Autónomas en el Consejo de la Unión Europea. Las conclusiones recomiendan tres vías de reformas: la primera respecto de la participación de las Comunidades autónomas en el Consejo y sus órganos preparatorios como el Coreper, formaciones y grupos de trabajo; la segunda relativa a la participación autonómica interna y una tercera reforma estatutaria

---

[48] En el punto 6 de ese apartado 2 se recoge que: "A partir del informe que la Consejería para Asuntos Autonómicos presente tras la aplicación durante 2005 del presente Acuerdo, la Conferencia para Asuntos Relacionados con las Comunidades Europeas examinará la procedencia de revisar el sistema de participación autonómica en los Grupos de Trabajo del Consejo de la Unión Europea. Para la elaboración del informe, la Consejería recabará el parecer de los responsables a que se refiere el apartado II.1".

para que las Comunidades Autónomas regulen la participación que se lleva a cabo a través de los Acuerdos analizados.

Se recomienda indagar en la posibilidad de que las Comunidades puedan participar en el Coreper e, incluso, en el Consejo ya que las normas europeas no impiden esta participación. Habría que repensar la forma en la que se canaliza la participación de las Comunidades Autónomas en el Consejo de la Unión Europea. En este sentido se han planteado dos opciones en la presente investigación: una, voto dividido y, dos, refuerzo de los canales internos de participación.

Respecto de la primera opción, se percibe que no se ajusta verdaderamente a los principios axiológicos y fundacionales de la Unión, aunque no se prohíba expresamente por el Derecho de la Unión Europea. Sin embargo, a nivel nacional, por ejemplo, en el caso de España, se encuentran impedimentos constitucionales. España debe estar representada por el Gobierno nacional en las reuniones del Consejo, como consecuencia del artículo 149.1, apartado 3 de la Constitución española, que determina que el Estado tiene competencia exclusiva sobre las relaciones internacionales. Por lo tanto, solo el poder central puede representar al Estado en el exterior. En España, un representante de las Comunidades Autónomas puede formar parte de la delegación cuando se traten asuntos de interés regional. Un acuerdo entre el Gobierno nacional y las entidades regionales regula la representación de las Comunidades Autónomas en el Consejo.

Esto nos llevaría a la segunda propuesta, reforzar los canales de participación internos. Esta segunda vía se ajusta más, tanto al sentido de la Unión Europea y su Derecho, como a la propia naturaleza de los Estados nacionales y, concretamente, a la naturaleza de España como nación.

Respecto de la segunda opción, se podrían revisar los Acuerdos de 2004 (y sus sucesivas reformas) para tratar de garantizar el tiempo suficiente a nivel nacional y así promover el debate interno y el alcance de posiciones comunes entre las distintas Comunidades Autónomas. Incluso un refuerzo de la transparencia en los acuerdos adoptados por la CARUE podría clarificar cómo y en qué sentido se defienden las opiniones de las Comunidades Autónomas en el seno del Consejo. En este sentido, la dificultad y la opacidad de los grupos de trabajo y formaciones que conforman el Consejo (más allá de las reuniones de debate público), donde verdaderamente se adoptan los acuerdos, impide que actores que no están presentes en tales reuniones, como pueden ser las Comunidades Autónomas interesadas por una cuestión, tengan capacidad para informarse directamente de una cuestión. Una comunicación interna, en el sentido de europea, no solo con los Estados, sino con las propias entidades regionales, podría facilitar una comunicación nacional e, incluso, supranacional (europea) y regional (pero fuera del contendor nacional) que podría reforzar transversalmente el proyecto europeo.

Además, también se recomienda equilibrar a nivel nacional un proceso para la debida participación de las Comunidades Autónomas con un procedimiento lo suficientemente eficaz que permita el debate previo y la efectiva representación en la toma de las decisiones del Consejo de los diversos intereses autonómicos. Para comenzar con esta reformulación de la normativa nacional, en primer lugar, se recomienda consolidar en un solo texto de carácter oficial las sucesivas reformas que se han producido desde 2004 hasta la actualidad, ya que estas se recogen en resoluciones separadas que dificultan su análisis, comprensión y, sobre todo, aplicación. Además, la figura de los textos consolidados es una forma habitual de proceder en nuestro ordenamiento jurídico y, por tanto, para reforzar la seguridad jurídica se recomienda la redacción de un texto unitario con los acuerdos referidos.

Más allá de esta primera revisión formal, desde el punto de vista material, se recomienda la actualización del punto I.3 del Acuerdo de 2004 relativo a la representación permanente y a los grupos de trabajo del Consejo ya que la denominación de la Conferencia para Asuntos Relacionados con las Comunidades Europeas fue modificada a Conferencia para Asuntos Relacionados con la Unión Europea por acuerdo de 15 de abril de 2010. También se recomienda la revisión del punto 2.1 del Acuerdo de 2011 relativo a las formaciones del Consejo porque la denominación "competitividad-consumo" no encaja con las formaciones del Consejo de la Unión Europea. Dada la complejidad y la multitud de grupos y formaciones que participan en el Consejo, se requiere un esfuerzo por parte del legislador para que la nomenclatura y la denominación de estas se adapte a aquellas que existen y que están vigentes en cada momento.

El Estatuto de Autonomía de Castilla-La Mancha no se refiere a la participación, colaboración o cualquier tipo de relación entre dicha Comunidad Autónoma y la Unión Europea. El presente trabajo de investigación concluye con una propuesta de reforma de dicho Estatuto para la regulación específica de la participación de esta Comunidad Autónoma en las instituciones europeas, concretamente, en el Consejo de la Unión Europea, que es la que constituye el objeto de este análisis. A nivel competencial, en el Decreto 102/2023, de 25 de julio, por el que se establece la estructura orgánica y se fijan las competencias de los órganos integrados en la Presidencia de la Junta de Comunidades de Castilla-La Mancha, en su artículo 13, bajo la rúbrica "Dirección General de Asuntos Europeos", en su apartado f), señala como una de sus competencias: "La coordinación de la participación de la Comunidad Autónoma en las formaciones del Consejo de Ministros de la Unión Europea y en los comités que asisten a la Comisión Europea en el ejercicio de sus competencias de ejecución". La reforma estatutaria en marcha podría inspirarse en esta competencia e incluirla a nivel estatutario. Se podría tomar como ejemplo alguno de los Estatutos de Autonomía que ya han regulado esta cuestión: como son aquellos que recogen que la Comunidad debe ser informada por el Estado en los asuntos relacionados con la Unión Europea que afecten a sus competencias o intereses, como el artículo 61 del Estatuto de Autonomía de Castilla y León; en esta línea de participación autonómica más activa, el artículo 233 del Estatuto de Andalucía recoge la posibilidad de que la Junta dirija observaciones y propuestas al Estado y, por último, el artículo 186.4 *in fine* del Estatuto de Autonomía de Cataluña transforma esta posibilidad autonómica en una obligación que se impone al Gobierno de la Generalitat y al Parlamento de Cataluña.

En definitiva, el presente trabajo de investigación propone que, el refuerzo de la participación de las Comunidades Autónomas en el Consejo de la Unión Europea, dada la complejidad del tema analizado en la presente investigación, requiere no solo una reforma del Derecho o *hard law* en alguna de las vías propuestas *supra*, sino que también habría que insuflar una acción política proclive al refuerzo de la comunicación con las CCAA y a su presencia en el Consejo, lo que se engarzaría con el *soft law* a nivel europeo, nacional y regional. Este es el sentido de la última parte de la reflexión planteada en estas conclusiones. El proyecto europeo debe atenderse más allá de los intereses partidistas, nacionales y/o regionales y defenderse desde esa perspectiva. Esta propuesta puede resultar utópica si se observa la radicalización de las posiciones políticas en Europa y la desafección de la ciudadanía con la política nacional y, más aún, con la europea. Ante situaciones de este tipo el Derecho en sentido estricto poco o nada puede hacer; se requieren de actuaciones transversales que acerquen la ciudadanía a Unión y que también las regiones se sientan como parte del proyecto europeo. La Unión debe proponer el principio de subsidiariedad en un sentido amplio, involucrando y reforzando los roles de entidades diversas que enriquecen el proyecto europeo y lo acercan a la ciudadanía y la miríada de sensibilidades diversas (nacionales y regionales) que conforman el proyecto de la Unión Europea.

Bibliografía.

AGUDO ZAMORA, Miguel, *Reforma constitucional y Estado autonómico,* Tecnos, Madrid, 2019.

ALEGRE ÁVILA, Juan Manuel, "El Estado territorial y el título VIII de la Constitución: unas pinceladas a contracorriente", en BAÑO LEÓN, José María (coord.), *Memorial para la reforma del Estado. Estudios en homenaje al profesor Santiago Muñoz Machado,* vol. II, CEPC, Madrid, 2016.

ALBERTÍ, Enoch, "La cláusula europea en la reforma de la Constitución española" en ÁLVAREZ JUNCO, José y RUBIO LLORENTE, Francisco (eds.), *El informe del Consejo de Estado sobre la reforma constitucional. Texto del informe y debates académicos,* CEPC, Madrid, 2006.

ARAGÓN REYES, Manuel, "La reforma del Estado autonómico: mejora y no sustitución del modelo", *Fundamentos: Cuadernos monográficos de teoría del estado, derecho público e historia constitucional,* núm. 10, 2019.

ARROYO GIL, Antonio, "¿El orden federal alemán como modelo para el futuro del Estado autonómico español?", en RUBIO LLORENTE, Francisco *et al.* (coords.), *La Constitución política de España. Estudios en homenaje a Manuel Aragón Reyes,* CEPC, Madrid, 2016.

BARÓN CRESPO, Enrique, "Contenido europeísta de la Constitución española y proyección posterior hasta el debate actual", en MARTÍNEZ CUADRADO, Miguel (dir.), *Reforma constitucional en la Unión Europea y en España,* Marcial Pons, Madrid, 2019.

BELTRÁN GARCÍA, Susana, "Una salida para la representación de las comunidades autónomas en el Consejo de la UE", *Revista CIDOB d'afers internacionals,* núm. 99, 2012.

CALONGE VELÁZQUEZ, Antonio, "¿Modelo de participación de las Comunidades Autónomas en la Unión Europea?", en BALADO RUIZ-GALLEGOS, Manuel (dir.), *La España de las Autonomías. Reflexiones 25 años después,* Bosch, Barcelona, 2005.

CARMONA CONTRERAS, Ana María y KÖLLING, Mario, "La participación de las CCAA en la negociación de la política de cohesión. *Ambitions beyond capacity*?", *Revista de Estudios Políticos,* núm. 161, 2013.

CASTELLÀ ANDREU, Josep María, "Las comunidades autónomas en Bruselas: la dimensión externa de la participación autonómica en la Unión Europea", *Revista d'estudis autonòmics i federals,* núm. 6, 2008.

CASTELLÀ ANDREU, Josep María, *Estado autonómico: pluralismo e integración constitucional,* Marcial Pons, Madrid, 2018.

CONSELL DE LA GENERALITAT VALENCIANA, *Acord del Consell sobre la reforma constitucional*, aprobado en la reunión del Consejo de 9 de febrero de 2018.

DE BECKER, Alexander, "La representación de Bélgica en el Consejo de la UE y la participación directa de las regiones", *Revista CIBOD d'affers internationals*, núm. 99, 2012.

DÍAZ ABAD, Nuria, "Las comunidades autónomas en la UE: problemática actual", en VV.AA., *Autonomías y organización territorial del Estado: presente y perspectivas de futuro*, Ministerio de Justicia, Madrid, 2005.

ERKOREKA GONZÁLEZ, Mikel, LARRAZABAL BASAÑEZ, Santiago, MARTÍNEZ BÁRBARA, Gemma y GABRIEL RUBÍ, José, "La participación de las entidades sub-estatales en el escenario de gobernanza multinivel fiscal y financiera de la Unión Europea. Balance crítico y propuestas de futuro desde la experiencia vasca", en CONSEJO VASCO DEL MOVIMIENTO EUROPEO (ed.), *Europa de las regiones y el futuro federal de Europa. Balance y perspectivas de la gobernanza multinivel de la Unión Europea*, Dykinson, Madrid, 2019.

GARCÍA GARCÍA, María Jesús, "La integración institucional de las regiones en los procesos decisorios comunitarios", *Revista Jurídica de Castilla y León*, núm. 55, 2021.

GONZÁLEZ GARCÍA, Julio V., "Hacia un desarrollo federal de la Constitución española", *Revista Sistema*, núms. 251 y 252, 2018.

GONZÁLEZ PASCUAL, María Isabel, "La coexistencia del proceso autonómico y la integración europea. Perspectivas de las Comunidades Autónomas en la Unión Europea, en TUDELA ARANDA, José y GARRIDO LÓPEZ, Carlos (dirs.), *La organización territorial del Estado, hoy. Actas del XIII Congreso de la Asociación de Constitucionalistas de España*, Tirant lo Blanch, Valencia, 2016.

HUGGINS, Christopher, "Subnational Government and Transnational Networking: The Rationalist Logic of Local Level Europeanization", *Journal of Common Market Studies*, núm. 56 (6), 2018.

LIÑÁN NOGUERAS, Diego, J. y MANGAS MARTÍN, Araceli, *Instituciones y Derecho de la Unión Europea*, Tecnos, Madrid, 2020.

MARTÍN-RETORTILLO BAQUER, Lorenzo, "La reforma de la Constitución vista por un senador constituyente", en BAÑO LEÓN, José María, *Memorial para la reforma del Estado. Estudios en homenaje al Profesor Santiago Muñoz Machado*, vol. II, CEPC, Madrid, 2016.

MORATINOS CUYAUBÉ, Miguel Ángel, "Las Comunidades Autónomas y la Unión Europea", en BALADO RUIZ-GALLEGOS, Manuel (dir.), *La España de las Autonomías. Reflexiones 25 años después,* Bosch, Barcelona, 2005.

OTERO IGLESIAS, Miguel (coord.), *Informe Elcano «Relaciones España-Alemania»*, núm. 25, 2018.

RIPOLL NAVARRO, Rafael, "Fortalecer la Constitución mediante su adaptación a la legislación europea", en MARTÍNEZ CUADRADO, Miguel (dir.), *Reforma constitucional en la Unión Europea y en España,* Marcial Pons, Madrid, 2019.

SEVILLA DURO, Miguel Ángel, "La participación ascendente de *Länder* y comunidades autónomas en la Unión Europea", *Revista Jurídica de la Universidad Autónoma de Madrid,* núm. 44, 2021.

TERUEL LOZANO, Germán y MORENO GONZÁLEZ, Gabriel (coords.), *La Constitución de 1978 como pacto intergeneracional para la convivencia en democracia Una propuesta de jóvenes constitucionalistas para su actualización,* 2021. Disponible *online* en: https://pactoconstitucional.files.wordpress.com/2021/12/la-constitucion-de-1978.pdf.

CAPÍTULO CUARTO:
La participación de las Comunidades Autónomas a través de sus gobiernos. (II) La Consejería de Asuntos Autonómicos en la REPER

MAGDALENA GONZÁLEZ JIMÉNEZ
Profesora Contratada Doctora de Derecho Constitucional
Universidad de Castilla-La Mancha

I. CONSIDERACIONES PRELIMINARES SOBRE LA REPRESENTACIÓN PERMANENTE DE ESPAÑA ANTE LA UNIÓN EUROPEA (REPER)

La Representación Permanente de España ante la Unión Europea (REPER) es una Embajada del Gobierno español en la capital europea de Bruselas. Una Embajada diferente a las demás, reflejo de la Administración española. La integran funcionarios de todos los Ministerios, expertos en los temas de su competencia, que trabajan coordinadamente bajo las instrucciones de los Embajadores y Ministerios en Madrid[1].

Su misión es promover y defender los intereses de los españoles y de todos los europeos en su conjunto en el proceso de toma de decisiones, defender la posición española e influir en las decisiones con el objetivo de construir una Europa más justa y equilibrada para todos los ciudadanos de la Unión.

Sus integrantes, como funcionarios de un Estado Miembro, tienen una doble función. De un lado, forman parte del Consejo de la Unión Europea y, de otro, defienden los intereses de España ante todas las instituciones de la Unión. Realizan su misión principalmente en dos niveles.

El primer nivel lo integran los Consejeros. Los Consejeros de la REPER (funcionarios españoles de los diferentes ministerios) se reúnen con sus homólogos de los otros 27 Estados Miembros en los denominados *Grupos de Trabajo.* Allí se expresan y defienden las posiciones de España y también se negocian.

---

[1] Sobre las Representaciones Permanentes de los Estados ante la Unión, ver HAYESRENSHAW, F., LEQUESNE. C. y MAYOR LÓPEZ, P., "The Permanent Representations of the Member States to the European Communities", *Journal of Common Market Studies,* vol. 28, núm. 2, 1989, pp. 119-137. Y sobre la REPER, https://es-ue.org/quienes-somos/, de donde hemos extraído esta introducción general.

Además, preparan las reuniones del siguiente nivel. Hay más de 150 grupos de trabajo.

El segundo nivel lo integran los Embajadores. Los Embajadores Representantes Permanentes se reúnen al menos una vez a la semana en los denominados Comités de Representantes Permanentes (COREPER). Los Embajadores preparan las reuniones de los Ministros, se ayudan del trabajo ya realizado por los Consejeros y negocian posiciones para llevar el máximo de temas ya debatidos a los Consejos de Ministros. Hay dos Comités de Representantes Permanentes.

Los Embajadores y *los Consejeros asisten a los Ministros* en la preparación y el desarrollo de los Consejos de Ministros de la Unión Europea.

La Representación Permanente se relaciona con todos los actores involucrados en el proceso de toma de decisiones buscando siempre el equilibrio entre el interés de España y el interés común europeo con la idea permanente de ser constructivos y sumar al proyecto común.

Informa a diario a los ministerios sobre temas de su competencia en las diferentes instituciones, Comisión Europea, Parlamento, Comité de las Regiones, etc. Y está en contacto continuo con todos los interlocutores relacionados con la Unión Europea: Comunidades Autónomas, Diputados y Senadores, Eurodiputados, Entidades Locales, representantes de empresas, sindicatos, asociaciones, ONG's y periodistas.

II. MARCO NORMATIVO REGULADOR DE LA CONSEJERÍA PARA ASUNTOS AUTONÓMICOS

El marco normativo que regula el funcionamiento y las actividades de la Consejería de Asuntos Autonómicos en la Representación Permanente de España ante la Unión Europea (REPER) es el siguiente:

- Ley 2/1997, de 13 de marzo, por la que se regula la Conferencia para Asuntos Relacionados con las Comunidades Europeas (CARCE)[2].
- Ley 2/2014, de 25 de marzo, de la Acción y del Servicio Exterior del Estado[3].
- Ley 40/2015, de 1 de octubre, de Régimen Jurídico del Sector Público[4], en particular su Título III, "Relaciones interadministrativas".
- Real Decreto 260/1986, de 17 de enero, por el que se crea la Representación Permanente de España ante las Comunidades Europeas[5].
- Real Decreto 2105/1996, de 20 de septiembre, por el que se crea la Consejería de Asuntos Autonómicos en la REPER[6].
- Acuerdo de la CARCE, de 30 de noviembre de 1994, sobre la participación interna de las Comunidades Autónomas en los asuntos comunitarios europeos a través de las Conferencias Sectoriales[7].
- Acuerdo de la CARCE, de 9 de diciembre de 2004, sobre la Consejería para Asuntos Autonómicos en la REPER y sobre la participación de las Comunidades Autónomas en los grupos de trabajo del Consejo de la Unión Europea[8].

---

2 BOE núm. 64, de 15 de marzo de 1997.

3 BOE núm. 74, de 26 de marzo de 2014.

4 BOE núm. 236, de 2 de octubre de 2015.

5 BOE núm. 38, de 13 de febrero de 1986.

6 BOE núm. 229, de 21 de septiembre de 1996.

7 BOE núm. 69, de 22 marzo de 1995.

8 BOE núm. 64, de 16 de marzo de 2005.

- Acuerdo de la CARCE, de 9 de diciembre de 2004, sobre el sistema de representación autonómica en las formaciones del Consejo de la Unión Europea[9].
- Acuerdos de la Conferencia para Asuntos Relacionados con la Unión Europea (CARUE) de 2 de julio de 2009, 15 de abril de 2010 y 7 de febrero de 2011, por los que se modifican los acuerdos mencionados en los dos puntos anteriores[10].
- Acuerdo de la CARUE, de 10 de diciembre de 2018, por el que se modifica el Acuerdo sobre el sistema de representación autonómica en las formaciones del Consejo de la Unión Europea[11].
- "Guía de buenas prácticas" para la aplicación del Acuerdo sobre el sistema de representación autonómica en las formaciones del Consejo de la Unión Europea, adoptada por Acuerdo de la CARUE de 10 de diciembre de 2018[12].
- Reglamento interno de la CARUE, aprobado en su reunión de 5 de junio de 2017[13].
- Acuerdo administrativo entre el Reino de España y el Consejo de la Unión Europea con el fin de permitir el

---

9 BOE núm. 64, de 16 de marzo de 2005.

10 BOE núm. 192, de 11 agosto de 2011.

11 https://mpt.gob.es/dam/es/portal/politica-territorial/internacional/ue/ccaa-eell-ue/CARUE/2018_12_10_ACUERDO_POR_EL_QUE_SE_MODIFICA_EL_ACUERDO_SOBRE_EL_SISTEMA_DE_REPRESENTACION_AUTONOMICA_EN_LAS_FORMACIONES_DEL_CONSEJO_UE.pdf

12 https://mpt.gob.es/dam/es/portal/politica-territorial/internacional/ue/ccaa-eell-ue/CARUE/2018_12_10_ACUERDO_POR_EL_QUE_SE_APRUEBA_LA_GUIA_DE_BUENAS_PRACTICAS.pdf#page=1

13 BOE núm. 189, de 8 de agosto de 1997. https://mpt.gob.es/dam/es/portal/politica-territorial/internacional/ue/ccaa-eell-ue/CARUE/Reglamento_CARUE.pdf

uso oficial en el Consejo de las lenguas distintas del castellano que tienen estatuto de lenguas oficiales según la Constitución española[14].

- Acuerdo administrativo entre la Comisión Europea y el Reino de España para permitir el uso oficial en la Unión Europea, además del español o castellano, de las otras lenguas que en España disfrutan de un estatuto reconocido por la Constitución española de 1978[15].
- Acuerdo administrativo entre el Reino de España y el Comité de las Regiones para permitir el uso oficial en el CDR de las lenguas distintas del español/castellano que tienen estatuto reconocido por la Constitución Española[16].
- Acuerdo administrativo entre el Comité Económico y Social Europeo y el Reino de España para permitir el uso oficial en el CESE de las lenguas distintas del español o castellano cuyo estatuto está reconocido en España por la Constitución Española de 1978[17].
- Acuerdo administrativo entre el Reino de España y el Tribunal de Justicia para permitir el uso oficial, en el marco de las comunicaciones entre el Tribunal de Justicia y los ciudadanos y residentes en España, además del español o castellano, de las otras lenguas que gozan de un estatuto reconocido de conformidad con la Constitución española de 1978[18].

---

14 DOUE núm. 40, de 17 de febrero de 2006.

15 DOUE núm. 73, de 25 de marzo de 2006.

16 https://barcelona.spain.representation.ec.europa.eu/system/files/2021-07/Comitè de les Regions.pdf

17 https://barcelona.spain.representation.ec.europa.eu/document/download/e8615d42-771b-451e-a2d8-00bfb8d571aa_es

18 https://barcelona.spain.representation.ec.europa.eu/document/download/33cdad95-1e0d-4f7e-abbd-6e281b1b9dc4_ca

- Acuerdo administrativo entre el Reino de España y el Defensor del Pueblo Europeo con el fin de que, en el marco de las comunicaciones entre el Defensor del Pueblo Europeo y los ciudadanos españoles o residentes en España, pueda hacerse uso oficial de las lenguas que, además del español o castellano, tienen estatuto de lenguas oficiales de acuerdo con lo establecido por la Constitución española de 1978[19].

III. COMPOSICIÓN

La Consejería para Asuntos Autonómicos se crea en 1996 en virtud del pacto de gobernabilidad entre el Partido Popular y el partido nacionalista catalán Convergencia y Unión. Más concretamente, del Acuerdo de la Conferencia para Asuntos relacionados con las Comunidades Europeas (CARCE), de 22 de julio de 1996, plasmado en el Real Decreto 2105/1996, de 20 de septiembre: "con competencia única para relacionarse con las Oficinas de las Comunidades Autónomas en Bruselas y para canalizar la información hacia las Comunidades Autónomas, y con independencia de la información que corresponda realizar a las Conferencias Sectoriales, según lo dispuesto en el Acuerdo la Conferencia de 30 de noviembre de 1994". Y sin que esa competencia afecte "a las relaciones que ordinariamente mantengan las Comunidades Autónomas con el resto de los Consejeros de la Representación Permanente" (artículo único).

La figura parecía inspirarse en el modelo alemán del *Beobachter der Länder (Länderbeobachter)*, pero con no pocas diferencias. Comenzando con su sistema de elección, que en Alemania corresponde a los *Länder* de común acuerdo, que también se encargan de su financiación, mientras que en España tanto el nombramiento como esta última recaían en el Gobierno

19 https://www.ombudsman.europa.eu/es/document/es/3816

central. Y continuando con sus funciones, pues si en Alemania se encarga, si no de vigilar al Estado, sí de recordarle los intereses autonómicos así como de la elaboración de informes y dictámenes para los *Länder*, en España su principal finalidad, como acabamos de transcribir, era la transmisión de información a las Comunidades Autónomas, al definir la figura por su "competencia única para relacionarse con las Oficinas de las Comunidades Autónomas en Bruselas y para canalizar la información hacia las Comunidades Autónomas"[20]. La Consejería de Asuntos Autonómicos nació, pues, como una oficina dentro de la REPER, cuyos miembros, nombrados y sufragados por el Estado, eran, por tanto, representantes del Estado con la tarea de informar a las Comunidades Autónomas directamente, o mediante delegaciones u oficinas autonómicas en Bruselas.

Aunque la doctrina valoró positivamente el desempeño del primer Consejero, por su especial implicación personal, pronto surgieron voces en favor de la designación por las propias Comunidades Autónomas, para asegurar su plena confianza[21].

Con buen criterio, y bajo el impulso del gobierno socialista, el Acuerdo de la CARCE de 9 de diciembre de 2004 remodela esta Consejería, asumiendo la petición autonómica de que sus integrantes fuesen funcionarios propuestos por las Comunidades Autónomas. De esta manera, estos consejeros, insertados en el órgano estatal más importante de representación y gestión ante la Unión Europea de los intereses estatales en su conjunto, con-

---

20 RUIZ ROBLEDO, Agustín, "Un análisis de las regiones españolas más activas en las políticas mundiales", en *Conferencia Internacional: Las relaciones internacionales de las regiones: actores sub-nacionales, paradiplomacia y gobernanza multinivel*, organizada por: Fundación Manuel Giménez Abad, Zaragoza, 2006, disponible en https://www.gencat.cat/drep/pdfIEA/IEA000046843/IEA000046843.pdf, p. 12.

21 *Ibídem*, p. 13.

tarían con la plena confianza de las Comunidades Autónomas en su labor de apoyo a la participación efectiva de las mismas.

En la actualidad, pues, esta Consejería está integrada por dos consejeros, nombrados por la CARUE (Conferencia para Asuntos Relacionados con la Unión Europea) a propuesta previamente consensuada de las Comunidades Autónomas. Mediante un sistema rotatorio, también consensuado por las Comunidades Autónomas, que garantice la sucesión de consejeros propuestos por diferentes Comunidades Autónomas (I.2 y 6).

Los nombramientos de los consejeros tendrán una vigencia temporal limitada a tres años. Podrán ser objeto de prórroga, por períodos anuales, previa conformidad de la CARUE (I.5).

La aplicación de este Acuerdo de 2004 se tradujo en una remodelación positiva de la Consejería, facilitando la participación autonómica en el Consejo en sus inicios, sobre todo, teniendo en cuenta las disparidades organizativas y técnicas entre las distintas Comunidades Autónomas, que encontraron en esta Consejería un punto de apoyo, indispensable en algunos casos.

La labor técnica de los consejeros autonómicos ha sido de gran importancia, guiando a las Comunidades Autónomas en su faceta de partícipes de la delegación estatal ante el Consejo. Sin embargo, pese a los aspectos favorables, su inserción en el sistema de participación de representación autonómica en el Consejo no ha sido fácil, pues la integración de los consejeros autonómicos en la REPER no deja de ser igual a la del resto de consejeros sectoriales, por cuanto su actuación está bajo el mando del Embajador Representante Permanente y el Embajador Representante Permanente Adjunto. No obstante, esta figura se recoge actualmente en la relación de puestos de trabajo del

Ministerio de Política Territorial, mientras que el resto de consejeros sectoriales dependen de otros de Ministerios estatales[22].

IV. FUNCIONES

Los cometidos específicos de los consejeros de Asuntos Autonómicos se definen en los acuerdos de la CARUE. Sin perjuicio de aquellos otros que dicha Conferencia les pueda atribuir expresamente, son los que se relacionan a continuación.

- *En relación con las Comunidades Autónomas*:

- Transmisión, con la máxima celeridad posible y preferentemente por vía telemática, de la información y documentación generada en relación con las actividades y propuestas normativas de las instituciones europeas que puedan afectar a las competencias o los intereses de las Comunidades Autónomas.
- Organización de reuniones informativas entre representantes autonómicos y los consejeros sectoriales que prestan servicios en la REPER.
- Seguimiento de la participación autonómica en los asuntos europeos dentro de las Conferencias Sectoriales y contribución al desarrollo de dicha participación proporcionando información sobre las claves de la negociación en tales asuntos.
- Seguimiento y detección de puntos críticos en las negociaciones de los diferentes asuntos, procediendo a la pertinente documentación de aquellos.

---

22 ELVIRA AYUSO, Lorena, "La participación directa de las Comunidades Autónomas en el Consejo de la Unión Europea. Atención especial a Cataluña", *Quaderns de Treball*, núm. 50/noviembre 2008, pp. 17-18.

- Seguimiento informativo de los procedimientos de infracción abiertos por la Comisión Europea, de las observaciones a las ayudas públicas notificadas y de los asuntos planteados ante el Tribunal de Justicia de la Unión Europea (TJUE), que afecten a las competencias o intereses de las Comunidades Autónomas.
- Apoyo, en su caso, a la coordinación entre las Oficinas de las Comunidades Autónomas (CCAA) en Bruselas, contribuyendo a los mecanismos de cooperación que puedan establecerse para mejorarla.
- A solicitud de las mismas, apoyo específico a las Oficinas de las CCAA en la preparación de visitas y entrevistas de autoridades autonómicas con responsables comunitarios y en la realización de otras gestiones ante las instituciones europeas.
- Seguimiento de los trabajos de Comité de las Regiones (CDR).

-En relación con el Ministerio de Política Territorial

- Información sobre las iniciativas de las instituciones europeas que puedan afectar a las competencias de las Comunidades Autónomas.
- Información sobre las actividades más relevantes de las instituciones europeas que se relacionen o incidan en la actividad política y administrativa de las CCAA.
- Tramitación de las propuestas de nombramientos y sustituciones de los miembros españoles del Comité de las Regiones.
- Información sobre la actividad del Comité de las Regiones.
- Información sobre la actividad más relevante de las Oficinas de las CCAA en Bruselas.
- Información sobre la actividad derivada del proceso de descentralización en otros Estados miembros de la Unión Europea (UE).

Desarrollaremos a continuación, más ampliamente, algunas de estas funciones, siguiendo el último *Informe-Memoria 2022, sobre la actividad de la Consejería de Asuntos Autonómicos en la Representación Permanente de España ante la Unión Europea y la participación de las Comunidades Autónomas en el Consejo de Ministros de la Unión Europea*[23].

1. Participación en los grupos de trabajo

Los grupos de trabajo son cuerpos técnico-administrativos de carácter mixto, formados por miembros de la representación permanente de los Estados miembros y por expertos enviados desde las respectivas administraciones nacionales, con la tarea de examinar detalladamente las propuestas legislativas, discutir su contenido y las posibles modificaciones y exponer la posición de cada delegación hasta decantar un acuerdo que permita, en los niveles superiores de decisión del Consejo, su adopción. Aunque con excepciones, los grupos de trabajo actúan siempre a instancia del COREPER, que una vez que realiza una primera aproximación a la propuesta elaborada por la Comisión, es el órgano encargado de asignar a un grupo de trabajo determinado o a varios las tareas de preparación y discusión.

La coordinación y relación entre las dos formaciones del COREPER y los grupos de trabajo la realizan los denominados como *Grupos Antici* y *Mertens*, dos cuerpos de funcionarios pertenecientes a las Representaciones Permanentes. Los Antici y Mertens llevan a cabo una labor similar a la que realizan los Jefes de las Representaciones Permanentes y sus Adjuntos en la preparación de los Consejos de Ministros: coordinan el trabajo de los grupos y preparan las reuniones del propio COREPER, asisten a las mis-

[23] Disponible en https://mpt.gob.es/dam/es/portal/politica-territorial/internacional/ue/ccaa-eell-ue/consejo_ministros/informe_consejo_ministros_ue/INFORME2022.pdf

mas y también a las del Consejo. Además, conocen en cada momento el estado de cada propuesta legislativa, analizan los informes provenientes de los grupos de trabajo y, con posterioridad, los filtran a las dos formaciones del COREPER para su análisis.

Una vez el COREPER asigna a los grupos de trabajo el estudio de una propuesta, comienza en los mismos una tarea legislativa de carácter multilateral similar a lo que la doctrina internacionalista denomina como fase de pre-negociación, donde los representantes de los Estados miembros, la Comisión y la Secretaría General, tratan de llegar a acuerdos básicos. Las sesiones de los grupos de trabajo comienzan con una primera opinión general de las delegaciones. Con posterioridad, se discute artículo por artículo y se proponen las enmiendas correspondientes. La negociación continuará hasta que se alcance el consenso en torno a la propuesta o hasta que, en opinión de la Presidencia de turno, se tenga la percepción de que el alcance de un acuerdo corresponde a los niveles superiores del Consejo, bien el COREPER o bien los propios Ministros.

Cuando un grupo de trabajo termina el examen de la propuesta, la Presidencia de turno y la Secretaría General realizan un informe en el que se destacan los aspectos de la propuesta inicial sobre los que se ha llegado a un acuerdo. Estos son los denominados puntos I del informe. Los puntos II son los aspectos sobre los que no hay acuerdo, y que se someterán a discusión dentro del COREPER[24].

Los Acuerdos de la CARUE prevén que la participación de las Comunidades Autónomas en las reuniones de los grupos de trabajo de las formaciones del Consejo abiertas a participación

---

24 DE MIGUEL BÁRCENA, José, "El Consejo", en BENEYTO PÉREZ, José María (dir.), MAILLO GONZÁLEZ ORÚS, Jerónimo, BECERRIL ATIENZA, Belén (coords.), *Tratado de Derecho y Políticas de la Unión Europea, Tomo III, Sistema institucional y procedimientos decisorios*, Thomson Reuters Aranzadi, Navarra, 2011, 1ª edición, pp. 129-130.

directa de las Comunidades Autónomas se materialice a través de los consejeros de Asuntos Autonómicos o bien de responsables técnicos designados por la Comunidad Autónoma coordinadora[25]. Dado el número de reuniones, en la práctica se ha optado por utilizar básicamente la segunda opción, de forma que, al principio del semestre, todas las Comunidades coordinadoras designan uno o varios técnicos que se incorporan a la delegación española en cada grupo de trabajo. No obstante, los consejeros de Asuntos Autonómicos asisten a algunas reuniones, con carácter general, a las que tienen lugar en las primeras semanas de los meses de enero y julio, coincidentes con el inicio de cada periodo de coordinación semestral. Acompañan así a los técnicos designados por las diferentes Comunidades Autónomas que asumen la representación semestral a la primera o primeras reuniones de cada grupo de trabajo, para facilitarles la integración en la delegación española y explicarles el protocolo de funcionamiento de las reuniones. Circunstancialmente, su presencia puede repetirse a lo largo del semestre si surge algún problema para los técnicos o se producen cambios de designación en los mismos. Puntualmente, los consejeros para Asuntos Autonómicos, si sus conocimientos técnicos lo

---

[25] II.1 "La participación de las comunidades autónomas en los Grupos de Trabajo del Consejo de la Unión Europea se hará efectiva, en su fase inicial, mediante las dos vías siguientes. A través de los consejeros de la Consejería para Asuntos Autonómicos de la Representación Permanente de España ante la Unión Europea (REPER), mediante su incorporación a la delegación española en determinados Grupos de Trabajo. En aquellos asuntos en que se haya acordado, en la correspondiente Conferencia Sectorial, la representación autonómica directa en las formaciones del Consejo de la Unión Europea, mediante la incorporación a la delegación española en el Grupo de Trabajo correspondiente a cada asunto del responsable técnico designado por quien vaya a ejercer la representación autonómica directa. Dicha incorporación será objeto de comunicación previa al Ministerio concernido y a la Consejería para Asuntos Autonómicos de la REPER".

permiten, sustituyen a los consejeros sectoriales cuando estos tienen problemas de agenda que les impiden su asistencia. En estos casos, ejercen como jefes de delegación[26].

En 2022, los consejeros de Asuntos Autonómicos han asistido a 33 reuniones de grupos de trabajo:

Fecha	Grupo de trabajo[27]
18/01	Salud
18/01	Consumo
18/01	Medio Ambiente
19/01	Juventud
02/02	Juventud
07/02	Medio Ambiente
08/02	Educación
28/03	Pesca
11/04	Pesca
28/04	Audiovisual y Media
02/05	Asuntos Culturales
19/05	Consumo
01/07	Salud

26 En el caso de reuniones celebradas por videoconferencia, cuando no es posible poner a disposición de la Comunidad Autónoma coordinadora una conexión específica, los técnicos encargados se unen a los consejeros sectoriales para seguir la reunión desde una sala habilitada al efecto en la REPER. Los consejeros de Asuntos Autonómicos facilitan la organización de estas reuniones y se aseguran de que la celebración telemática de las mismas no constituya una limitación a la participación autonómica. En 2022 se han celebrado 30 videoconferencias en la REPER, en las que han compartido sala los técnicos autonómicos y los consejeros sectoriales, fundamentalmente en el ámbito de Política Social, Medio Ambiente, Sanidad y Consumo (*Informe-Memoria 2022*, p. 20).

27 Anexo VII del *Informe-Memoria* 2022, p. 60.

01/07	Medio Ambiente
01/07	Asuntos Culturales
01/07	Juventud
04/07	Medio Ambiente
04/07	Educación
04/07	Asuntos Sociales
07/07	Bosques
07/07	Pesca
08/07	Deporte
13/07	Consumo
09/09	Deporte
20/09	Cuestiones Agrarias Horizontales (Indicaciones geográficas y Denominaciones de origen)
21/09	Cuestiones Financieras Agrarias (AGRIFIN)
29/09	Audiovisual y Media
29/09	Audiovisual y Media
06/10	Educación
10/10	Deporte
24/10	Deporte
27/10	Pesca
01/12	Fitosanitarios

2. *Aportaciones a los textos de posición común*

Para contribuir a la posición de la delegación española ante el Consejo, durante 2022, las Comunidades Autónomas han acordado 18 textos de posición común[28]. Y la Consejería de

[28] Concretamente, lo han hecho sobre asuntos incluidos en la agenda de todas las reuniones del Consejo de Ministros de Medio Ambiente y de Educación, Juventud, Cultura y Deporte (EJCD). Y en la formación EPSCO (Empleo, Política Social, Sanidad y Consumidores),

Asuntos Autonómicos ha contribuido a la redacción del texto de las posiciones comunes cuando se le ha consultado en el procedimiento de su elaboración, generalmente con propuestas dirigidas a mejorar y clarificar los temas objeto de las mismas y, adicionalmente, en el caso de intervención, adecuando su extensión al tiempo disponible para la delegación española.

Los documentos de posición común de las Comunidades Autónomas tienen una extensión y contenido variable. En algunos casos se redactan con el objetivo único de recoger la intervención oral, durante la reunión ministerial, del titular de la consejería de la Comunidad Autónoma coordinadora y, por lo tanto, el texto de la posición común coincide con el de la intervención en el Consejo. En otros casos, en particular en Medio Ambiente, la posición común incluye también un análisis y una valoración sobre los diferentes puntos del orden del día de la sesión del Consejo, siendo por lo tanto más extenso. En el caso de producirse una intervención, esta se adapta para no sobrepasar el límite temporal establecido[29].

3. Transmisión de información y documentación

Esta documentación, remitida a las Comunidades Autónomas encargadas de las tareas de coordinación, proviene fundamentalmente de la Secretaría General del Consejo y sirve para

---

sobre asuntos incluidos en el orden del día de todos los Consejos de Ministros de Empleo y Política Social y Sanidad. No se han acordado, sin embargo, en el ámbito de Consumo, ni en ninguno de los temas abordados en los Consejos de Ministros de Agricultura y Pesca. Las cuatro posiciones comunes en materia de Medio Ambiente se acordaron en reuniones celebradas por videoconferencia, sobre textos que se habían circulado y comentado previamente por correo electrónico. En los casos restantes, se establecieron procedimientos escritos, electrónicos, para todo el proceso (*Informe-Memoria 2022*, pp. 21-22).

[29] *Ibídem*, p. 22.

poder seguir de forma eficaz los debates que se desarrollan en los grupos de trabajo y en las reuniones del Consejo. También se pone a disposición de las Comunidades Autónomas documentación proveniente de otras instituciones europeas y, en algunos casos, de la propia Administración General del Estado. La mayoría de estos documentos se refieren a asuntos de interés para aquellas, sin necesidad de que se relacionen estrictamente con los temas del Consejo abiertos a participación directa.

De igual modo, la Consejería atiende numerosas solicitudes -telefónicas o escritas- la mayoría de las delegaciones de las Comunidades Autónomas en Bruselas, en demanda de diversa información, usualmente mediante envíos por vía electrónica del material requerido.

4. Organización de reuniones informativas

La mayoría son reuniones informativas de los consejeros sectoriales que prestan servicios en la REPER con personal de las delegaciones de las Comunidades Autónomas en Bruselas, para informarles de los programas de las presidencias rotatorias del Consejo, así como, previamente o a posteriori, de los puntos críticos y de los resultados de las reuniones de los Consejos de ministros en sus diferentes formaciones.

A lo largo del año 2022, la Consejería de Asuntos Autonómicos ha organizado 75 reuniones informativas, ya sea con el conjunto de las oficinas de las 17 CC.AA. en Bruselas, con alguna de ellas de forma bilateral, o con miembros de los distintos Gobiernos o Administraciones regionales desplazados a Bruselas[30].

---

30 Aunque su formato ha sido mayoritariamente el de videoconferencia (72%), se van retomando las reuniones presenciales una vez superada la pandemia. Adicionalmente, se indica que las obras en dicho año en la REPER han dificultado mucho la presencialidad, por lo que algunos de los encuentros se han celebrado en la sede

A título de ejemplo, en el último trimestre fueron las siguientes:

Fecha	Objeto de la reunión[31]
6 de octubre	Información sobre estado de situación de la negociación de los programas operativos de fondos estructurales y perspectivas futuras de la política de cohesión
14 de octubre	Información ex ante Consejo de Ministros de Agricultura y Pesca
14 de octubre	Información ex post Consejo de Competitividad
19 de octubre	Información sobre la ejecución del Plan Nacional de Recuperación y Resiliencia y REPowerEU
25 de octubre	Información ex post Consejo Europeo
2 de noviembre	Información ex post Consejo de Ministros de Energía
9 de noviembre	Información ex post Consejo de Ministros de Asuntos Generales
9 de noviembre	Información ex post Consejo de Ministros de Medio Ambiente
14 de noviembre	Información sobre asuntos de selección de personal y función pública en la UE
17 de noviembre	Información ex ante Consejo de Ministros de Agricultura y Pesca
25 de noviembre	Información sobre expedientes de Cooperación al Desarrollo en la UE, en particular, el correspondiente a la iniciativa Global Gateway
1 de diciembre	Información ex post Consejo de Ministros de Competitividad - Consumo
5 de diciembre	Actualización de la información relativa a la aprobación de los programas operativos de fondos estructurales y perspectivas futuras de la política de cohesión
5 de diciembre	Traspaso coordinación semestral asuntos de Juventud
6 de diciembre	Información ex post Consejo de Ministros de ECJD

de algunas oficinas de las Comunidades Autónomas en Bruselas. En cuanto a su número, es ligeramente superior a las de 2021, si bien el incremento experimentado es muy inferior al observado en relación con ejercicios anteriores. Se mantiene una tendencia que pone de manifiesto el importante flujo de información que se comparte con las Comunidades Autónomas (*Informe-Memoria* 2022, p. 23).

31 Parte de la tabla que se incluye en el Anexo IX del *Informe-Mem*oria 2022 (pp. 63-64).

7 de diciembre	Información ex post Consejo de Ministros de Transporte
7 de diciembre	Seminario de difusión de la plataforma de colaboración de CCAA para la participación en el Consejo de la UE
9 de diciembre	Información ex ante Consejo de Ministros de Agricultura y Pesca
12 de diciembre	Traspaso coordinación semestral asuntos de Deporte
12 de diciembre	Traspaso coordinación semestral asuntos de Sanidad
12 de diciembre	Información ex post Consejo de Ministros de Sanidad
13 de diciembre	Traspaso coordinación semestral asuntos de Cultura
13 de diciembre	Traspaso coordinación semestral asuntos de Medio Ambiente
14 de diciembre	Traspaso coordinación semestral asuntos de Agricultura
15 de diciembre	Traspaso coordinación semestral asuntos de Educación
15 de diciembre	Traspaso coordinación semestral asuntos de Pesca
15 de diciembre	Información ex post Consejo de Ministros de EPSCO
16 de diciembre	Información ex post Consejo de Ministros de Competitividad – Mercado interior e Industria
19 de diciembre	Información ex post Consejo Europeo
20 de diciembre	Traspaso coordinación semestral asuntos Empleo y Política Social
21 de diciembre	Traspaso coordinación semestral asuntos Consumo

5. Asistencia a otras reuniones organizadas por la CORE

Además de las anteriores, organizadas desde la propia REPER, los consejeros de Asuntos Autonómicos asisten a otras reuniones convocadas en el ámbito de la Coordinación de Oficinas Regionales Españolas en Bruselas (CORE)[32]. En 2022 han sido 15.

---

[32] Todas las Comunidades Autónomas tienen una delegación en Bruselas. Estas oficinas tienen establecida una cooperación técnica informal, entre ellas, que denominan la CORE (acrónimo de "Coordinación de Oficinas Regionales Españolas"). Se estructura en un grupo general, cuya coordinación se organiza de acuerdo con una rotación semestral, y un número variable de grupos técnicos, once en la actualidad, que coordinan las oficinas que se ofrecen volun-

Fecha	Objeto de la reunión[33]
19 de enero	Traspaso de la coordinación de la CORE general (delegados y directores de las oficinas de las CCAA en Bruselas): primer semestre
5 de mayo	SOST-CDTI: Ecosistemas de Innovación. Balance de las primeras convocatorias, oportunidades y sinergias con otros instrumentos.
13 de mayo	Información a cargo de la eurodiputada D.ª Isabel García Muñoz sobre el estado de situación de los expedientes tramitados en la Comisión TRAN (Transportes y Turismo) en el Parlamento Europeo.
20 de mayo	Programas Europa Creativa y CERV. Presentación a cargo del coordinador y el equipo técnico del Punto Europeo designado en España para la difusión de ambos programas.
23 de mayo	Información sobre el Año Europeo de la Juventud a cargo de la coordinadora nombrada al efecto por la Comisión.
14 de junio	Convocatorias LIFE. Presentación a cargo de D. Manuel Montero, asesor de proyectos de CINEA.
27 de junio	SOST-CDTI: Encuentro con entidades españolas interesadas en el Programa Europa Digital.
13 de julio	Información sobre la aprobación de los programas operativos de fondos estructurales, a cargo del adjunto al jefe de la Unidad de España en DG REGIO.
13 de julio	SOST-CDTI: Información *ex post* de últimos consejos de ministros de Competitividad y principales novedades de la iniciativa de la Comisión orientada a impulsar la internacionalización de la innovación de mano de las regiones.
15 de julio	Traspaso de la coordinación de la CORE general: segundo semestre.

---

tarias para ello. En el 2022 las Comunidades coordinadoras de la CORE general han sido Illes Balears y Comunitat Valenciana, en el primer y segundo semestre, respectivamente. En cada coordinación semestral se elabora un programa de trabajo y diferentes reuniones técnicas con representantes y funcionarios de las instituciones europeas y con consejeros sectoriales de la REPER.

33 Tabla que se incluye en el Anexo X del *Informe*-Memoria *2022* (p. 65).

5 de septiembre	SOST-CDTI: Convocatoria de ayudas para mujeres emprendedoras y para la prestación de servicios de aceleración empresarial que les permita convertirse en líderes tecnológicas (*Women TechEU*).
18 de octubre	SOST-CDTI: Cuadro de indicadores de innovación europeos y regionales 2022; actualización sobre la Estrategia Industrial Europea; y perspectivas económicas para los meses venideros.
26 de octubre	Programa Alma. Presentación de las principales características por parte del responsable de la Comisión Europea en DG EMPL.
21 de noviembre	SOST-CDTI: Jornada de emprendimiento e instrumentos financieros.
16 de diciembre	SOST-CDTI: Encuentro para analizar el Índice de Economía y Sociedad Digitales (DESI) y disponer de información actualizada sobre las prioridades de la presidencia española en Investigación e Innovación.

6. Visitas de autoridades autonómicas

Adicionalmente, se atienden visitas de autoridades o agentes sociales de las Comunidades Autónomas. Los consejeros de Asuntos Autonómicos han participado en estos encuentros personalmente, junto a los embajadores representantes permanentes y/o los consejeros sectoriales de la REPER. En 2022 han sido un total dc 9 visitas, muy por debajo de su nivel antes de la pandemia.

Fecha	**Autoridad(es)**	**Objeto de la visita**[34]
13 de abril	Carlos Martín Tobalina, viceconsejero de Economía y Competitividad de la Junta de Castilla y León	Presentación y reunión con el consejero de Industria de la REPER
10 de mayo	M.ª Dolores Rodríguez, viceconsejera Educación Universidades y Deportes del Gobierno de Canarias	Presentación y reunión con las consejeras de Educación de la REPER

[34] Tabla que se incluye en el Anexo XI del *Informe-Memoria* 2022 (p. 66).

1 de junio	D. Juan Jesús Vivas, presidente de la Ciudad Autónoma de Ceuta	Presentación y reunión con el Embajador Representante Permanente, D. Marcos Alonso
1 de junio	D. Eduardo de Castro, presidente de la Ciudad Autónoma de Melilla	Presentación y reunión con el Embajador Representante Permanente, D. Marcos Alonso
29 de junio	D.ª Concepción Andreu, Presidenta de la Comunidad Autónoma de La Rioja	Presentación y reunión con el Embajador Representante Permanente, D. Marcos Alonso
7 de septiembre	D.ª Rosa Ana Rodríguez, consejera de Educación, Cultura y Deportes de la Comunidad Autónoma de Castilla-La Mancha	Presentación y reunión con las consejeras de Educación de la REPER
21 de septiembre	D. Diego Calvo Pouso, vicepresidente segundo de la Xunta de Galicia	Presentación y reunión con el Embajador Representante Permanente, D. Marcos Alonso
17 de noviembre	D. Ángel Víctor Torres, presidente de la Comunidad Autónoma de Canarias	Presentación y reunión con el Embajador Representante Permanente, D. Marcos Alonso
30 de noviembre	D. Fernando López Miras, presidente de la Comunidad Autónoma de la Región de Murcia	Presentación y reunión con el Embajador Representante Permanente, D. Marcos Alonso

7. Seguimiento del Comité de las Regiones

En 2022, los miembros del Pleno del CDR se reunieron en cinco ocasiones[35]. La primera reunión (enero) se celebró telemáticamente y versó sobre: aplicación de la Cohesión, el Pacto Verde Europeo: movilidad inteligente sostenible en nuestras regiones, ciudades y pueblos, Conferencia para el futuro de Europa[36]. La segunda (abril) tuvo lugar en formato

---

35 *Informe-Memoria 2022*, pp. 25 a 30.

36 Se aprobaron los siguientes dictámenes: Marco estratégico de la UE en materia de salud y seguridad en el trabajo. Los entes locales y regionales aceleran la aplicación de la Iniciativa de la UE sobre los

híbrido, con algunos miembros presentes en el hemiciclo del Parlamento europeo, y otros conectados telemáticamente. Y se desarrollaron los siguientes debates: Ucrania, el papel de los entes locales y regionales en el contexto de la asociación UE-Reino Unido, promoción de los valores democráticos europeos a través de la educación para fomentar la ciudadanía de la Unión Europea[37]. Las tres restantes (junio, octubre y noviem-

polinizadores. Una visión a largo plazo para las zonas rurales de la UE. Hacia un transporte por carretera sin emisiones: implantación de una infraestructura para los combustibles alternativos y refuerzo de las normas de comportamiento en materia de emisiones de CO2. Igualdad de género y cambio climático: hacia la integración de la perspectiva de género en el Pacto Verde Europeo. Plan de Acción de la UE: «Contaminación cero para el aire, el agua y el suelo». Y se adoptó una resolución relativa a la contribución de los entes locales y regionales a la Conferencia para el Futuro de Europa.

37 Se aprobaron los siguientes dictámenes: Refuerzo de las relaciones entre la UE y el Reino Unido en el plano subnacional y manera de remediar el impacto territorial de la retirada del Reino Unido de la UE. La Nueva Bauhaus Europea: hermosa, sostenible, juntos. Misiones europea. Autoridad Europea de Preparación y Respuesta ante Emergencias Sanitarias. Hacia una aplicación socialmente justa del Pacto Verde. La economía de la UE después de la COVID-19: implicaciones para la gobernanza económica. Propuesta de Directiva del Consejo sobre el establecimiento de un nivel mínimo global de imposición para los grupos multinacionales de la Unión. Reforzar la democracia y la integridad de las elecciones. Estrategia europea para las universidades. Futuras ayudas estatales de la UE en los sectores agrícola y forestal y en las zonas rurales. Hacer que el RCDE y el MAFC funcionen para las ciudades y regiones de la UE. Estrategia forestal de la UE para 2030. Modificar la Directiva de eficiencia energética con el fin de cumplir los nuevos objetivos climáticos para 2030. Modificar la Directiva sobre fuentes de energía renovables con el fin de cumplir los nuevos objetivos climáticos para 2030. Revisión de los Reglamentos UTCUTS y de reparto del esfuerzo. Y dos resoluciones: Situación de Ucrania. REPowerEU: las ciudades y regiones aceleran la transición energética.

bre) fueron presenciales. La de junio, sobre prioridades de la Presidencia checa del Consejo de la Unión Europea, la Alianza de Regiones con industria de la automoción, y la puesta en marcha de la Alianza Europea de Ciudades y Regiones para la reconstrucción de Ucrania[38]. La de octubre sobre debate del estado de las regiones y las ciudades, la 27ª Conferencia de las Naciones Unidas sobre el cambio climático, el Futuro de Europa, y la Nueva Alianza por la Cohesión para nuevos retos[39].

---

[38] Se aprobaron los siguientes dictámenes: La nueva Estrategia de la UE para el Ártico. Mejora de las condiciones laborales en el trabajo de plataformas digitales. Estrategia de la UE de lucha contra el antisemitismo y apoyo a la vida judía (2021-2030). Paquete de ampliación 2021. Revisión de la Directiva relativa a la eficiencia energética en edificios. Transición ecológica: ¿Qué equilibrio se necesita entre la aceptabilidad social y los imperativos medioambientales desde el punto de vista de las ciudades y regiones en aras de construir ciudades resilientes? La ejecución de los presupuestos ecológicos a nivel local y regional. Ley de datos de la UE. Y dos resoluciones: Propuestas del Comité Europeo de las Regiones relativas al programa de trabajo de la Comisión Europea para 2023, y Resultados de la Conferencia para el Futuro de Europa y su seguimiento.

[39] Se aprobaron los siguientes dictámenes: Proteger las indicaciones geográficas industriales y artesanales en la Unión Europea (revisado). Hacia una estrategia macrorregional en el Mediterráneo. El papel de las regiones y ciudades de la UE en la reconstrucción de Ucrania. Orientaciones de la Unión para el desarrollo de la red transeuropea de transporte (RTE-T). Nuevo Marco de Movilidad Urbana de la UE. El papel del Comité de las Regiones en el impulso de la diplomacia climática subnacional de cara a la COP27 y la COP28. Hacia una inclusión estructural de las ciudades y regiones en la COP27 de la CMNUCC. Paquete energético sobre las emisiones de gas, hidrógeno y metano. Transición justa y sostenible en el contexto de las regiones con un uso intensivo de carbón y energía. Cohesión digital. Ley Europea de Chips para reforzar el ecosistema europeo de semiconductores. Gobernanza revisada del espacio Schengen. Octavo informe sobre cohesión económica, social y territorial. Revisión de la Directiva sobre las emisiones industriales.

Por último, en la de diciembre (más exactamente 30 de noviembre y 1 de diciembre), se mantuvieron los siguientes debates: crisis alimentaria, clausura del Año Europeo de la Juventud y refrendo de la Carta de la Juventud y la Democracia, y la crisis energética y sus consecuencias para los hogares europeos[40].

En esta función de seguimiento, además de a los plenos, los consejeros de Asuntos Autonómicos asistieron a otras 19 reuniones.

Fecha	**Reunión**[41]
26 de enero	Reunión de la delegación española en el CDR, preparatoria del Pleno de los días 26 a 28 de enero19.
27 de abril	Reunión de la delegación española en el CDR, preparatoria del Pleno de los días 27 a 29 de abril.
29 de junio	Reunión de la delegación española en el CDR, preparatoria del Pleno de los días 29 de junio al 1 de julio.
10 de octubre	EWRC: Sesión de apertura
11 de octubre	Reunión de la delegación española en el CDR, preparatoria del Pleno de los días 12 a 14 de octubre.

Caminos hacia el éxito escolar. Y se adoptó una resolución sobre el estado de las regiones y las ciudades en la Unión Europea.

40 Se aprobaron los siguientes dictámenes: Ampliación de la lista de delitos de la UE a la incitación al odio y a los delitos de odio. Inmigración legal. Atraer capacidades y talento a la UE. Estrategia de la UE para la circularidad y sostenibilidad de los productos textiles. Reforma de las indicaciones geográficas. La nueva generación de recursos propios para el presupuesto de la UE. Refuerzo del apoyo de la política de cohesión a las regiones con desventajas geográficas y demográficas. Las pequeñas zonas urbanas como agentes clave para gestionar una transición justa. Una nueva Agenda de Innovación para Europa. Y dos resoluciones: sobre el programa de trabajo de la Comisión Europea y las prioridades políticas del CDR para 2023, y el año Europeo de las Capacidades para 2023.

41 Tabla que se incluye en el Anexo XIII del *Informe*-Memoria 2*022* (p. 68).

11 de octubre	EWRC: *Empowering youth and strengthening digitalisation for territorial cohesion*
11 de octubre	EWRC: *Youth engagement in the green transition*
11 de octubre	EWRC: *Fit for Future Platform – simplifying EU law*
12 de octubre	EWRC: *20 years of EU policies in island regions: where are we?*
12 de octubre	EWRC: *Facts Matter: Data stories on regional development*
12 de octubre	EWRC: *Youth empowerment and civic engagement, lessons from European Local and Regional Authorities*
12 de octubre	EWRC: *Attracting and retaining youth in the EU's regions and cities*
13 de octubre	EWRC: *Digital realities in tourism*
12 de octubre	EWRC: *Bringing green ideas to LIFE in EU regions & cities: looking back with an eye to the future*
13 de octubre	EWRC: *Transition of the S3 to the PRI(S4) through the circular economy*
13 de octubre	EWRC: *B-Solutions: solving cross-border obstacles to enhance development of border regions*
13 de octubre	EWRC: *The Vanguard Initiative: Boosting the digital transition by connecting regional innovation ecosystems*
13 de octubre	EWRC: Sesión de cierre
30 de noviembre	Reunión de la delegación española en el CDR, preparatoria del Pleno de los días 30 de noviembre al 2 de diciembre

V. OTRAS ACTIVIDADES DE LA CONSEJERÍA EN 2022

1. Actividades de difusión y de formación

Entre las funciones de la Consejería de Asuntos Autonómicos en relación con los acuerdos de la CARUE se encuentra también la de dar a conocer el contenido y funcionamiento del sistema de participación de las Comunidades Autónomas en el Consejo. Por lo que los consejeros colaboran en aquellas jornadas, seminarios, reuniones, actividades de estudio o publicaciones en los que se aborda el desarrollo del proceso participativo de las Comunidades Autónomas, siempre que se solicita su participación. Concretamente, en el año 2022 lo hicieron en 11 reuniones.

Fecha	**Reunión**[42]
28 de febrero	Curso selectivo de funcionarios del Cuerpo Superior de Sistemas y Tecnologías de la Información de la Administración del Estado
9 de marzo	Encuentro con los nuevos expertos nacionales destacados españoles en las IIEE
6 de abril	Encuentro con los nuevos expertos nacionales en desarrollo profesional españoles
7 de abril	Encuentro con estudiantes de un máster sobre la UE impartido en la Universidad Salamanca.
21 de abril	Encuentro con los estudiantes universitarios que participan en el programa *EU Careers Ambassadors* en el curso 2021-2022
30 de mayo	Encuentro con docentes del IES Ramón y Cajal de la Región de Murcia, en el marco de un proyecto de movilidad Erasmus +
8 de junio	Encuentro con expertos nacionales destacados en las IIEE
28 de junio	Encuentro con estudiantes navarros, en el marco de Erasmus +, dentro de Programa de Infancia, Adolescencia y Familia (COworkids) del Ayuntamiento de Pamplona
27 de septiembre	Participación en seminario online organizado por la Junta de Extremadura en relación con el Instrumento *Next Generation UE*
26 de octubre	Encuentro con expertos nacionales destacados españoles en las IIEE
8 de diciembre	Encuentro con los nuevos expertos nacionales en desarrollo profesional españoles

2. *Presidencia española de la Unión Europea*

Los trabajos de preparación de la presidencia española del Consejo de la UE en 2023, que ya cobraron importancia en 2021, se intensificaron muy notablemente en 2022. Y la Con-

---

42 Todas presenciales salvo una. Tabla que se incluye en el Anexo XII del *Info*rme-Memoria *2022* (p. 67).

sejería de Asuntos Autonómicos contribuye a ellos tanto en la REPER como con el Ministerio de Política Territorial.

Así, los consejeros han participado en las reuniones internas de coordinación semanales, centradas, fundamentalmente, en el estado de situación de las tareas preparatorias: determinación de expedientes prioritarios, fijación de agenda de las reuniones de los grupos de trabajo y del consejo, designación de presidentes de grupo, etc. También han asistido a las reuniones extraordinarias convocadas por los Embajadores Representantes Permanentes con fines específicos, como la dotación de personal de refuerzo, concreción y presupuestación de eventos, información sobre reuniones de puntos focales, etc. Y participaron en una reunión interministerial celebrada el 31 de marzo[43], sobre algunas iniciativas territoriales examinadas por la Secretaría de Estado para la Unión Europea, para debatir sobre su encaje en el programa de la presidencia.

Igualmente, han asistido a tres jornadas organizadas, respectivamente, por la Secretaría General del Consejo (10 de mayo), el Parlamento Europeo (18 de noviembre), y la Consejería de Relaciones con el Parlamento Europeo de la REPER (21 de octubre). En las dos primeras se abordaron los trabajos que conllevará la asunción de la presidencia desde la perspectiva de las relaciones con ambas instituciones. En la tercera, la consejera de la REPER presentó una guía de buenas prácticas para optimizar el intercambio de información con actores relevantes dentro del Parlamento Europeo para una mejor gestión de los expedientes[44].

---

43 Por videoconferencia.

44 *Informe-Memoria 2022*, p. 31.

3. Plataforma de participación autonómica en el Consejo de la Unión Europea

Desde la Consejería de Asuntos Autonómicos también se están llevando a cabo actuaciones para la configuración de una plataforma de colaboración de las Comunidades Autónomas, para facilitar la participación en los Consejos de Ministros cubiertos por los acuerdos de la CARUE. Dicha plataforma permitirá la ordenación, intercambio y archivo de la documentación que se distribuye en relación con las reuniones de los grupos de trabajo y de los consejos abiertos a participación autonómica.

Así, durante 2022 se han mantenido 5 reuniones con el personal de la Subdirección General de Relaciones Europeas Internacionales y del departamento de Informática del Ministerio de Política Territorial, con el objetivo de resolver las dudas planteadas en el proceso de configuración de la herramienta y la gestión de usuarios[45].

4. Otras reuniones

En el ejercicio de sus funciones, en 2022, los consejeros de Asuntos Autonómicos también asistieron a otros 24 eventos. A título ejemplificativo, durante el último trimestre fueron:

Fecha	Reunión[46]
5 de octubre	Presentación del Proyecto LOCALCIR, para la promoción del emprendimiento y la innovación de empresas en economía circular.
10 de octubre	Recepción organizada por la *Comunitat Valenciana*, con motivo del Día de la Comunidad Autónoma y la entrega de la distinción Joan Lluís Vives.

45 *Ibíd., pp. 31-32.*

46 Parte de la tabla que se incluye en el Anexo XIV del *I*nforme-Memoria 2022 (p. 70).

11 de octubre	Recepción en la Embajada de España ante Bélgica, con motivo de la Fiesta Nacional de España.
13 de octubre	Debate sobre *El futuro de Europa. Una mirada con luces largas.* Organizado por el Real Instituto Elcano.
21 de octubre	Sesión informativa sobre el funcionamiento de las relaciones entre el Parlamento Europeo y la REPER, a efectos de la presidencia española del Consejo de la UE.
24 de noviembre	Debate sobre *Elementos clave para la estabilidad financiera.* Organizado por el Real Instituto Elcano.
30 de noviembre	Jornada *La protección europea de las víctimas del terrorismo: el papel de las instituciones y de la sociedad civil,* celebrada en el Parlamento Europeo.

VI. USO DE LAS LENGUAS COOFICIALES

El Reino de España es signatario de seis acuerdos que regulan el uso de las lenguas oficiales diferentes del castellano en las siguientes instituciones y organismos de la Unión Europea: el Consejo de la Unión Europea, la Comisión, el Comité de las Regiones, el Comité Económico y Social, el Tribunal de Justicia y el Defensor del Pueblo[47].

47 No existe un acuerdo de similares características con el Parlamento Europeo. No obstante, el 3 de julio de 2006, la Mesa del mismo tomó en consideración la recomendación emanada de la Conferencia de Presidentes celebrada el 18 de mayo de 2006, relativa al uso de lenguas no oficiales que disfrutan de un estatuto reconoció en la CE. En virtud de la misma, se comprometió a utilizar las citadas lenguas en sus comunicaciones escritas con los ciudadanos que así lo demanden, siempre que sea posible con arreglo a las capacidades internas o, en su caso, mediante el recurso a la contratación externa. Por su parte, el 16 de agosto de 2023, el presidente del Gobierno en funciones, Pedro Sánchez, anuncia que el impulso de las lenguas cooficiales de nuestro país en el ámbito de la Unión Europea será parte de la agenda española a lo largo de su turno a cargo de la Presidencia de la Unión Europea. Al día siguiente, el Ministro de

La Consejería de Asuntos Autonómicos se encarga de realizar las gestiones precisas para posibilitar el uso de estas lenguas por los representantes autonómicos que participan en el Consejo y en el Comité de las Regiones. Y de tramitar la traducción de las comunicaciones escritas de los ciudadanos con cuatro instituciones y organismos de la Unión Europea: Consejo, Comisión, Comité de las Regiones y Comité Económico y Social Europeo, conforme a lo previsto en los respectivos acuerdos administrativos[48].

Asuntos Exteriores, José Manuel Albares, remite solicitud formal a la Presidencia del Consejo de la Unión europea para que el gallego, el euskera y el catalán se incorporen al régimen lingüístico de la Unión Europea, horas antes de la votación que convirtió a Francina Armengol en Presidenta del Congreso, con el apoyo de Junts y Esquerra Republicana, que reclamaron al PSOE una mayor presencia de las lenguas cooficiales en las instituciones. Las posibilidades de prosperar, al requerir la unanimidad de los 27, son muy remotas. Aunque el compromiso de normalizar el uso de las lenguas cooficiales en las instituciones a nivel estatal y europeo figura en los acuerdos alcanzados entre el PSOE, Junts y Esquerra Republicana de cara a la conformación de la Mesa del Congreso, el gabinete socialista lleva tiempo trabajando en este sentido con anterioridad, como parte de los compromisos alcanzados en la Mesa de diálogo bilateral con la Generalitat, en noviembre del año pasado. Así, Albares ya transmitió una petición en estos términos a Roberta Metsola, presidenta del Parlamento Europeo. No se trata de una solicitud inédita, pues el Gobierno de Rodríguez Zapatero ya la hizo en 2004.

48 Durante el 2022, las dificultades para utilizar las lenguas cooficiales tanto en el Consejo como en el Comité de las regiones debidas a la adaptación de los métodos de trabajo a las condiciones impuestas por la pandemia fueron irrelevantes. Más concretamente, no se ha ofrecido interpretación desde las lenguas cooficiales en España distintas al castellano en las escasas reuniones por videoconferencia en el ámbito del Consejo. No obstante, las reuniones presenciales han sido claramente mayoritarias, lo que ha posibilitado la aplicación del acuerdo administrativo entre el Reino de España y la Secretaría General del Consejo. En cuanto al Comité de las Regiones, se celebró en enero una reunión en formato telemático en la que no

Durante 2022, en el *Consejo de Ministros* se tramitaron las siguientes solicitudes de interpretación para una lengua cooficial:

2022[49]	**Euskadi EUS**	**Cataluña CAT**	**Galicia GAL**	***Comunitat Valenciana* VAL**	***Illes Balears* CAT**	**Navarra EUS**
Consejo EPSCO (Asuntos Sociales) 14 de marzo			x			
Consejo EPSCO (Asuntos Sociales) 16 de junio			x			
Consejo Medio Ambiente 24 de octubre	x					

En el *Comité de Desarrollo Regional* los representantes españoles solicitaron la utilización de lenguas distintas del castellano antes de la celebración de todas las sesiones plenarias. Incluso en las reuniones en formato telemático e híbrido se proporcionó interpretación en lenguas distintas de las oficiales de la Unión Europea. En el siguiente cuadro se detallan las lenguas cooficiales para las que se solicitó y hubo interpretación:

---

se dispuso de interpretación más allá de las lenguas oficiales de la Unión Europea. La reunión de abril fue en formato híbrido, con posibilidad de interpretación desde las lenguas cooficiales en España distintas del castellano, según lo previsto en el acuerdo administrativo suscrito entre el Reino de España y el mismo. El resto de reuniones fueron presenciales, con régimen de interpretación según lo previsto en el acuerdo (*Informe-Memoria 2022*, p.X)

49 Tabla incluida en la p. 34 del *Informe-Memoria 2022.*

2022[50]	**Euskadi EUS**	**Cataluña CAT**	**Galicia GAL**	***Comunitat Valenciana* VAL**	***Illes Balears* CAT**	**Navarra EUS**
Sesión plenaria 26 y 27 de enero	x	x				
Sesión plenaria 27 y 28 de abril	x	x		x		
Sesión plenaria 29 y 30 de junio	x			x		
Sesión plenaria 12 y 13 de octubre	x	x		x		
Sesión plenaria 30 de nov. y 1 de dic.	x			x		

En otras instituciones se tramitaron los siguientes expedientes en dicho ejercicio[51]:

2022[52]		**Euskadi EUS**	**Cataluña CAT**	**Galicia GAL**	***Comunitat Valenciana* VAL**	***Illes Balears* CAT**	**Navarra EUS**
Ciudadano	**Comisario**						
ALCALA	DOMBROVSKIS					x	
PELLIN	SINKEVICIU				x		
TENORIO	SEFCOVIC		x				
AMAT	GABRIEL		x				

50 Ibídem.

51 Cabe señalar que la Comisión, también, realiza algunas traducciones a y desde las lenguas cooficiales en España distintas del castellano con sus propios medios, sin hacer uso de lo previsto en el Acuerdo administrativo suscrito con el Reino de España. En estos casos no se precisa de ningún trámite por la REPER.

52 Tabla incluida en la p. 34 del *Informe*-Memori*a* 2022.

SOLIVE-LLAS	DOM-BROVSKIS					x	
ALABERN	MC GUIN-NESS		x				

VII. VALORACIÓN FINAL

La Consejería para Asuntos Autonómicos en la Representación Permanente de España ante la Unión Europea ha facilitado la participación autonómica en el Consejo, especialmente a la vista de las disparidades organizativas y técnicas entre las Comunidades Autónomas, que han encontrado en la misma un punto de apoyo, en algunos casos indispensable, guiando a las Comunidades Autónomas en su faceta de partícipes de la delegación estatal ante el Consejo.

No obstante, su inserción en el sistema de participación de la representación autonómica en el Consejo no resulta sencilla, pues, aunque actualmente su designación se encuentre en manos de las Comunidades Autónomas, sus consejeros dependen funcionalmente de la dirección del Embajador Representante Permanente. Y los intereses de Comunidades Autónomas y Administración General del Estado pueden ser en no pocas ocasiones no coincidentes, primando como principio, en sus atribuciones en búsqueda de los intereses de ambas partes, su adscripción orgánica y funcional a la Administración General del Estado.

También su carácter transversal ha dificultado su encaje en la estructura de la REPER. Sus competencias versan sobre todas aquellas materias con una eventual afectación a competencias o intereses de las Comunidades Autónomas. A diferencia, pues, del resto de Consejerías de la REPER, su actuación no se circunscribe a un área temática en concreto, sino que sus funciones se despliegan sobre materias que ya tienen asignada una Consejería sectorial responsable, con lo que el grado de especialización en cada una de las materias que pueden entrar dentro de su ámbito de acción es inferior al del resto de Consejerías[53].

De ahí que, desde la implementación de los Acuerdos de 2004, se hayan planteado algunas propuestas de revisión del modelo, diversas y divergentes[54].

Así, alguna de ellas aboga por que las funciones de tipo transversal que tiene asignadas se lleven a cabo por cada Consejería Sectorial de una forma totalmente integrada en su seno. Pero, para ello, los miembros de las Consejerías Sectoriales deberían contar con la confianza autonómica, de la que ahora gozan los miembros de la Consejería para Asuntos Autonómicos, y de su sensibilidad autonómica[55].

Otras apuestan por incrementar el número de consejeros, puesto que las tareas encomendadas son ingentes: por ejemplo, uno por formación del Consejo abierta a las autonomías.

Y en el extremo opuesto están los que argumentan que se trata de una figura que añade burocracia cuando, en realidad, sus funciones podrían ejercerse directamente por las Comunidades Autónomas a través de sus Oficinas en Bruselas o en territorio nacional[56], pues las Comunidades Autónomas parecen preferir reforzar su presencia en todas las fases del proceso, en lugar de ceder dicho protagonismo a los consejeros.

---

53 ELVIRA AYUSO, Lorena, ob. cit., p. 18.

54 Como refiere, entre otros, BELTRÁN GARCÍA, Susana, "Una salida para la representación de las comunidades autónomas en el Consejo de la UE", *Revista CIDOB d'afers internacionals*, n.º 99, (septiembre 2012), p. 150.

55 ELVIRA AYUSO, Lorena, ob. cit., pp. 18-19.

56 NOFERINI, Andrea, *El Govern de la Generalitat de Cataluña en la Unión Europea. La red de los actores,* Generalitat de Catalunya, Institut d' Estudis de l´Autogovern, Barcelona, 2016, p. 100.

Sin embargo, de forma bastante generalizada, se ha destacado el valor de los consejeros para Asuntos Autonómicos en su papel de coordinación entre las distintas administraciones implicadas[57].

Bibliografía

BELTRÁN GARCÍA, Susana, "Una salida para la representación de las comunidades autónomas en el Consejo de la UE", *Revista CIDOB d'afers internacionals*, n.º 99, (septiembre 2012).

CASTELLÀ ANDREU, Josep M.ª, "Las Comunidades Autónomas en Bruselas: la dimensión externa de la participación autonómica en la Unión Europea", *Revista d'Estudis Autonòmics i Federals - Journal of Self-Government*, núm. 6, abril 2008.

CONSEJERÍA DE ASUNTOS AUTONÓMICOS EN LA REPRESENTACIÓN PERMANENTE DE ESPAÑA ANTE LA UNIÓN EUROPEA, *Informe-Memoria 2022, sobre la actividad de la Consejería de Asuntos Autonómicos en la Representación Permanente de España ante la Unión Europea y la participación de las Comunidades Autónomas en el Consejo de Ministros de la Unión Europea.*

DE MIGUEL BÁRCENA, José, "El Consejo", en BENEYTO PÉREZ, José María (dir.), MAILLO GONZÁLEZ ORÚS, Jerónimo, BECERRIL ATIENZA, Belén (coords.), *Tratado de Derecho y Políticas de la Unión Europea, Tomo III, Sistema institucional y procedimientos decisorios,* Thomson Reuters Aranzadi, Navarra, 20111ª edición.

ELVIRA AYUSO, Lorena, "La participación directa de las Comunidades Autónomas en el Consejo de la Unión Europea. Atención especial a Cataluña", *Quaderns de Treball,* núm. 50/noviembre 2008.

GARCÍA GARCÍA, M.ª Jesús, "La integración institucional de las regiones en los procesos decisorios comunitarios", *Revista Jurídica de Castilla y León,* núm. 55, septiembre 2021.

HAYESRENSHAW, F., LEQUESNE. C. y MAYOR LÓPEZ, P., "The Permanent Representations of the Member States to the European Communities", *Journal of Common Market Studies,* Vol. 28, núm. 2, 1989.

57 BELTRÁN GARCÍA, Susana, ob. cit., p. 150.

NOFERINI, Andrea, *El Govern de la Generalitat de Cataluña en la Unión Europea. La red de los actores,* Generalitat de Catalunya, Institut d' Estudis de l´Autogovern, Barcelona, 2016, p. 100.

RUIZ ROBLEDO, Agustín, "Un análisis de las regiones españolas más activas en las políticas mundiales", en *Conferencia Internacional: Las relaciones internacionales de las regiones: actores sub-nacionales, para-diplomacia y gobernanza multinivel,* organizada por: Fundación Manuel Giménez Abad, Zaragoza, 2006, disponible en https://www.gencat.cat/drep/pdfIEA/IEA000046843/IEA000046843.pdf.

CAPÍTULO QUINTO:
La participación de las Comunidades Autónomas en la Comisión Europea

TOMÁS BASTARRECHE BENGOA
Profesor Contratado-Doctor
Universidad Autónoma de Madrid

I. INTRODUCCIÓN. LA COMISIÓN Y LA "COMITOLOGÍA"

Siguiendo a Sevilla Duro en lo que se refiere a la participación de las Comunidades Autónomas en la Unión Europea, su participación puede dividirse en:

i. una participación interna que utiliza el conjunto de las Comunidades Autónomas, como pueden ser, por ejemplo, las conferencias verticales u horizontales de ministros y consejeros, y, en particular, la Conferencia para Asuntos Relacionados con la Unión Europea (en adelante CARUE); y que se canalizaría a través de once vías distintas;
ii. una participación externa, que se canaliza a través de nueve vías distintas de participación, entre las que se encuentra la participación de las Comunidades Autónomas en la comitología[1]. La participación en la comitología es la vía esencial de participación de las Comunidades Autónomas en la Comisión Europea.

Creemos que es posible afirmar que la pretensión fundamental de las Comunidades Autónomas fue siempre participar en el seno del Consejo de la Unión Europea[2], y sin duda, quizá la participación más notable hoy en día resida en el papel que juegan en el Comité Europeo de las Regiones. Órgano en claro ascenso en cuanto a su importancia general.

Dicho esto, no debemos minusvalorar la participación, siempre en ascenso, de las Comunidades Autónomas en un órgano que es el verdadero motor de la Unión Europea, tanto por su iniciativa legislativa, como por su papel en el cumplimiento del principio de subsidiariedad (artículo 352 TFUE); y en unos comités que ostentan la función ejecutiva de la Unión Europea. Como se nos recuerda desde el Ministerio de Política

---

1 La exposición de cuáles son las vías de participación interna y externa de las Comunidades Autónomas en la Unión Europea se puede consultar en SEVILLA DURO, Miguel Ángel, *La participación ascendente de las comunidades autónomas en la Unión Europea: un análisis desde Castilla-La Mancha*, Tirant lo Blanch, Valencia, 2023, p. 143.

2 GONZÁLEZ PASCUAL, Maribel, *Las Comunidades Autónomas en la Unión Europea. Condicionantes, evolución y perspectivas de futuro*, Generalitat de Catalunya. Institut d'Estudis Autonòmics, Barcelona, 2013, p. 54.

territorial o desde la propia Unión, en virtud del artículo 290 TFUE, "la Comisión Europea ejecuta la legislación a nivel comunitario. En concreto, cada acto legislativo precisa el alcance de las competencias de ejecución asignadas a la Comisión por el Consejo de la Unión Europea. En este contexto, el Tratado prevé que la Comisión esté asistida por distintos comités, según un procedimiento llamado de 'comitología'"[3].

Como es sabido, al igual que sucedió con el resto de órganos de la Unión Europea, con distinta intensidad, la participación de las Comunidades Autónomas en la Comisión comenzó en 1997 gracias a la regulación de la CARUE[4]. En su seno se acordó, por primera vez, una representación autonómica en 55 de sus comités por un primer periodo de 4 años (1998-2002)[5]. Este acuerdo recibió las críticas de la doctrina especializada debido a que la presencia de las Comunidades Autónomas en los comités se decidió a través de un criterio aleatorio poco relacionado con los asuntos propios de los entes autonómicos[6].

Ahora bien, la comitología de la Comisión ha cambiado mucho con el paso del tiempo y, con ella, también se ha pro-

---

3 Página web del Ministerio: https://mpt.gob.es/politica-territorial/internacional/ue/ccaa-eell-ue/comitologia.html Ya veremos que en todo caso hay que hacer algún matiz a esa información.

4 La CARUE se encuentra regulada en la Ley 2/1997, de 13 de marzo, por la que se regula la Conferencia de Asuntos Relacionados con las Comunidades Europeas (BOE núm. 64, de 15 de marzo de 1997).

5 MARTÍN Y PÉREZ DE NANCLARES, José, "Comunidades Autónomas y Unión Europea: Hacia una mejora de la participación directa de las Comunidades Autónomas en el proceso decisorio comunitario", *Revista de Derecho Comunitario Europeo*, núm. 22, 2005, p. 779.

6 MANGAS MARTÍN, Araceli, "La participación directa de las Comunidades Autónomas en la actuación comunitaria: fase preparatoria", en PÉREZ TREMPS, Pablo (coord.), *La participación europea y la acción exterior de las Comunidades Autónomas*, Pons e Institut d'Estudis Autonòmics, Madrid, 1998, p. 542.

ducido una modificación sustancial de la participación de las Comunidades Autónomas en su seno. Hagamos entonces primero algunas precisiones sobre la comitología actual en la Comisión. Objeto de estudio, la comitología, por cierto, que ha sido siempre un anatema y sobre el que existe una literatura escasísima[7], si bien la información en abierto por parte de la Unión Europea es correcta[8].

1. La distinción entre grupo de expertos, la comitología y las Agencias independientes

Los poderes ejecutivos de la Comisión, y con ello la propia estructura de su "comitología" -en sentido amplio de término, ya veremos cuál es su sentido restringido- experimentaron un cambio básico en el Tratado de Lisboa.

Muy sucintamente, si antes de Lisboa las competencias de la Unión Europea podían dividirse en "actos legislativos básicos" y "actos de ejecución", post Lisboa, los primeros se han dividido en "actos legislativos" y "actos ejecutivos autónomos", y los segundos se han a su vez dividido en "actos delegados" y "actos de ejecución"[9]. Este cambio legislativo (de los Tratados en realidad)

---

7 Sin duda el estudio más extenso y detallado que existe sobre la comitología y su evolución desde los años setenta es la tesis doctoral de IRUJO AMEZAGA, Mikel, *Historia y significado de la comitología en la UE: una visión desde el Parlamento Europeo,* Universidad del País Vasco, 2016. Disponible en: https://addi.ehu.es/bitstream/handle/10810/21189/TESIS_IRUJO_AMEZAGA_MIKEL.pdf?sequence=1&isAllowed=y.

8 La página web de la Comisión más clarificadora sobre la comitología actual es: https://ec.europa.eu/transparency/comitology-register/screen/faq?lang=en.

9 CHAMON, Merijn, "The legal framework for delegated and implementing powers ten years after the entry into force of the Lisbon Treaty", *ERA Forum,* núm. 22 (1), 2021, p. 24.

ha transformado también el papel de los grupos de expertos, agencias independientes y órganos consultivos (llamados, de hecho, "otras entidades similares" creados por legislación secundaria), así como el papel de los propios comités en sentido estricto.

Tal y como sistematiza la propia Comisión[10], esta ejerce a través de sus distintos grupos de expertos las siguientes competencias:

i. la preparación de propuestas legislativas e iniciativas políticas;

ii. la preparación de actos delegados;

iii. la aplicación de la legislación, los programas y las políticas de la Unión, incluida la coordinación y cooperación con los Estados miembros y las partes interesadas a ese respecto;

iv. en su caso, la preparación previa de actos de ejecución antes de su presentación al comité, de acuerdo con el Reglamento (UE) nº 182/2011 del Parlamento Europeo y del Consejo por el que se establecen las normas y los principios generales relativos a las modalidades de control por parte de los Estados miembros del ejercicio de las competencias de ejecución por la Comisión[11]. Es aquí, en estos comités específicos, donde nos vamos a encontrar la comitología en sentido estricto, en la que participan las Comunidades Autónomas.

El legislador de la Unión puede decidir que es preciso que concurran condiciones uniformes de ejecución y que, por consiguiente, resulte necesaria la intervención de la Comisión. Como

---

10 https://ec.europa.eu/transparency/expert-groups-register/screen/home?lang=en&do=faq.faq&aide=2

11 Reglamento (UE) nº 182/2011 del Parlamento Europeo y del Consejo del Parlamento Europeo y del Consejo de 16 de febrero de 2011 por el que se establecen las normas y los principios generales relativos a las modalidades de control por parte de los Estados miembros del ejercicio de las competencias de ejecución por la Comisión (DOUE L 55, de 2 de febrero de 2011).

ha mostrado la doctrina, el legislador tiene un amplio margen para determinar si concurren dichas necesidades ejecutivas y armonizadoras y decidir si estas deben encauzarse a través de los llamados actos delegados (que se sitúan fuera de estos comités y sus competencias) o de los denominados actos de ejecución (que constituyen la competencia básica de estos comités).

La "comitología" se encuentra regulada en el Reglamento (UE) nº 182/2011 ya mencionado. Básicamente, este Reglamento se refiere a la aprobación de los "actos de ejecución" de la normativa por parte la Comisión y a su control por parte de los Estados miembros a través de estos comités. O, como señala el artículo 1 del propio Reglamento, se establecen las normas y principios generales que regulan los mecanismos aplicables en los casos en los que un acto jurídicamente vinculante de la Unión (denominado en lo sucesivo "acto de base") determine la necesidad de condiciones uniformes de ejecución y requiera que la adopción de actos de ejecución por la Comisión esté sometida al control de los Estados miembros. Los actos de ejecución se realizan a través de los distintos comités que trabajan y asesoran a la Comisión y que son, también, el canal a través del cual se produce el control del Estado miembro. Estos comités, por otro lado, suelen estar asesorados previamente por los grupos de expertos. Tanto los grupos de expertos como las "otras entidades similares" están regulados por la Decisión de la Comisión C (2016)330"[12].

---

12 *Commission Decision establishing horizontal rules on the creation and operation of Commission expert groups*, así como por la Comunicación C (2016) 3300-*Communication to the Commission framework for Commission expert groups: horizontal rules and public register.* Ambas normas disponibles solo en inglés, francés o alemán en: https://ec.europa.eu/transparency/documents-register/detail?ref=C(2016)3301&lang=en https://ec.europa.eu/transparency/documents-register/detail?ref=C(2016)3300&lang=en

Como sabemos, la Comisión es la institución más independiente de la Unión Europea, cuyas funciones le confieren una peculiar posición supranacional, en el fondo, incompatible con injerencias intergubernamentales de cualquier gobierno de los Estados miembros, sea el nacional o sea el de las regiones[13]. Y, sin embargo, la participación de las Comunidades Autónomas ha ido siempre en aumento dentro de la comitología. Ahora bien, dicho esto, conviene señalar que, según un reciente y detallado estudio sobre la representación de los intereses de las regiones en el seno de la Unión Europea, la comitología muestra el índice más bajo de todos sus órganos/espacios de negociación en cuanto a su capacidad para aglutinar y representar estos intereses de los entes territoriales. El mayor se encuentra en los *Informal meetings with EU policy-makers, based on Brussels-based networks*[14]. Es decir, que la mayor influencia de los entes territoriales en la Unión Europea se produce a través de las reuniones informales con responsables políticos, o más bien altos funcionarios que tienen su sede y sus redes de influencia en Bruselas (la traducción es mía y es no literal). Es decir, funcionarios, representantes políticos, pero también lobistas y no es una lista cerrada, personas en definitiva que trabajan en la sede de la Unión Europea y que tienen capacidad de influencia en la generación de políticas de distinto tipo.

La conclusión es ineludible: todavía hoy los entes territoriales tienen más influencia en la Unión Europea y en sus políticas fuera del marco institucional que dentro del mismo. Y, a mayores, en el marco institucional, la comitología es el lugar

---

13 MARTÍN Y PÉREZ DE NANCLARES, José, *Comunidades Autónomas y Unión Europea…*, ob. cit., p. 780.

14 TROBBIANI, Riccardo, "European Regions and Their Interests", en DIALER, Doris y RICHTER, Margarethe (eds.), *Lobbying in the European Union: Strategies, Dynamics and Trends,* Springer Nature Switzerland, 2019, p. 191. https://doi.org/10.1007/978-3-319-98800-9

en el que las Comunidades Autónomas o los entes territoriales menor capacidad de influencia tienen.

Para finalizar, debe advertirse de que la Unión Europea, en ocasiones, parece estar yendo más allá de los títulos competenciales básicos recogidos los artículos 290 y 291 del TFUE[15], usando para ello distintas agencias europeas -y no a la Comisión- para ejercer poderes ejecutivos. Sobre todo, cuanto más técnica es la norma. Con ello, claro está, merman los poderes de la misma Comisión y, con ello, se afecta negativamente al propio control que los Estados miembros pueden ejercer sobre las medidas adoptadas[16]. Y, sin embargo, esta nueva situación de nuevos poderes de las agencias independientes no necesariamente afecta negativamente en el papel, en la influencia de las Comunidades Autónomas o de los entes territoriales sobre las políticas de la Unión Europea, pues como veremos, su participación en los comités al amparo del artículo 291 TFUE (actos de ejecución), siendo la más importante en el seno de

---

15 Como es sabido, el artículo 290 TFUE recoge la facultad de regular actos delegados en favor de la Comisión en la legislación europea (acto legislativo). Estos actos delegados pueden ser de alcance general, y su función es que "completen o modifiquen determinados elementos no esenciales del acto legislativo". Por su parte, el artículo 291 TFUE confiere a la Comisión y, en casos específicos, al Consejo de la Unión Europea, la facultad de adoptar los "famosos" actos de ejecución, siempre que o "cuando se requieran condiciones uniformes de ejecución de los actos jurídicamente vinculantes de la Unión". A estos títulos, se puede añadir el acuerdo tripartito entre los tres órganos esenciales de la Unión Europea: el Parlamento, la Comisión y el Consejo. Me refiero, precisamente, a los "Criterios no vinculantes para la aplicación de los artículos 290 y 291 del Tratado de Funcionamiento de la Unión Europea" de 18 de junio de 2019 (2019/C 223/01). Disponibles en: https://eur-lex.europa.eu/legal-content/ES/TXT/PDF/?uri=CELEX:32019Q0703(01)&from=ET

16 CHAMON, Merijn, *The legal framework for delegated and implementing powers...*, ob. cit., p. 23.

la Comisión, es también muy relativa. Es cierto que esta participación territorial o autonómica en las Agencias independientes no está prevista, pero, en realidad, tampoco lo estaba en el seno de la Comisión y esta se ha producido y va en aumento[17]. En definitiva, lo que queremos decir es que este desplazamiento competencial hacia las Agencias no impide que los entes territoriales no intenten -y consigan- articular algún tipo de participación en el seno de las mismas con mayor intensidad y mayor calidad que en los comités de la comitología.

2. Los actos de ejecución y el funcionamiento de los distintos comités

Como acabamos de señalar, los actos delegados y los actos de ejecución se encuentran regulados en los artículos 290 TFUE y 291 TFUE, respectivamente. No podemos entrar ahora en una distinción doctrinal extensa sobre ambos tipos de actos y, por tanto, entre lo que corresponde a los "*light committees*" -también llamados grupos de expertos- y lo que corresponde a la "comitología" en sentido estricto, mejor controlada por los Estados y donde participan las Comunidades Autónomas[18].

---

17 Pensemos por ejemplo en Agencias como la Agencia Europea de Control de la Pesca, con sede en Vigo. Aunque sea solo por cercanía, y por supuesto por interés comercial, la influencia e intervención del gobierno gallego en la Agencia está siempre presente, como ilustra muy bien esta noticia reciente: https://www.xunta.gal/notas-de-prensa/-/nova/76366/xunta-apela-colaboracion-entre-las-instituciones-europeas-materia-control-inspeccion?langId=es_ES. La influencia, por tanto, de la Comunidad Autónoma de Galicia en la Unión Europea a través de esta Agencia puede presumirse mucho mayor que la que pueda tener a través de ningún comité de la comitología.

18 Una buena y explicativa distinción sobre cómo afecta la decisión del legislador de optar por uno u otro tipo de acto en las administraciones públicas de los Estados miembros se encuentra en HARDACRE, Alan y KAEDING, Michael, "Delegated and Implementing Acts: the New Worlds of Comitology – Implications for European and National Public

Como hemos señalado, el legislador es competente para señalar qué tipo de desarrollo va a tener la norma básica; si se va a producir mediante actos delegados o mediante actos de ejecución. Y, como ha demostrado la práctica y ha corroborado la jurisprudencia, se encuentra sujeto a pocos límites al respecto, más allá de que debe utilizar necesariamente el acto delegado si lo que pretende es habilitar a la Comisión para que regule y modifique la legislación emanada del Consejo y Parlamento, y el acto de ejecución siempre que se requiera una decisión individualizada (pues los actos delegados han de ser de aplicación general). Lo que no quiere decir que los actos de ejecución no puedan tener alcance general por su envergadura, y no suponga una modificación legislativa. En todo caso, debe mantenerse como idea fundamental que el legislador goza de gran discrecionalidad para optar por un tipo u otro de acto para todo lo que queda en la zona gris, siempre que se cumplan los requisitos básicos previstos en la legislación correspondiente[19].

Tal y como prevé el artículo 291.2 TFUE, "cuando se requieran condiciones uniformes de ejecución de los actos jurídicamente vinculantes de la Unión, éstos conferirán competencias de ejecución a la Comisión...". Su apartado tercero se refiere expresamente a la creación del Reglamento (el Reglamento (UE) 182/2011 ya mencionado) y su apartado cuarto es me-

---

Administrations", *Maastricht Universiteit,* 2011. Disponible en: https://web.archive.org/web/20120716060451/http://www.eipa.eu/files/repository/eipascope/20110912105558_EipascopeSpecialIssue_Art5.pdf

19 CHAMON, Merjin, *The legal framework for delegated and implementing powers ten years after the entry into force of the Lisbon Treaty...*, ob. cit., p. 35. Y, sobre todo, la sentencia del Tribunal de Justicia (Gran Sala) de 18 de marzo de 2014, Asunto C-427/12, Comisión Europea contra Parlamento Europeo y Consejo de la Unión Europea, EU:C:2014:170; y la Sentencia del Tribunal de Justicia (Gran Sala) de 16 de julio de 2015, Asunto C-88/14, Comisión Europea contra Parlamento Europeo y Consejo de la Unión Europea, EU:C:2015:499.

ridianamente claro al señalar que en "el título de los actos de ejecución figurará la expresión «de ejecución»"[20].

Como señala la propia Comisión, los comités de la comitología asisten a la Comisión en el ejercicio de sus competencias de ejecución, mediante la emisión un dictamen sobre los proyectos de medidas de ejecución antes de su adopción. Estos comités están formados por representantes de todos los Estados miembros de la Unión Europea y están presididos por un funcionario de la Comisión[21].

Hay que tener en cuenta dos factores esenciales:

1°. El dictamen se elabora sobre un proyecto ya elaborado por la Comisión y sus funcionarios.

2°. Realmente, lo que se produce en el seno del comité es un foro de debate entre la Comisión y la representación de la Administración Pública de los Estados miembros para acordar las medidas de ejecución previstas en el proyecto. Esto se traduce, en la práctica, en una especie de supervisión de los Estados miembros sobre los actos de ejecución de la Comisión, que son, en términos materiales, un reglamento.

---

20 Como por ejemplo la reciente *Decisión de Ejecución (UE) 2022/1199 de la Comisión de 11 de julio de 2022 por la que se modifica la Decisión de Ejecución (UE) 2021/76 por lo que respecta a las normas armonizadas sobre ascensores con trayectoria inclinada y se corrige dicha Decisión por lo que respecta a las normas armonizadas sobre cables de acero (Texto pertinente a efectos del EEE).* Disponible en: https://eur-lex.europa.eu/legal-content/ES/TXT/?uri=CELEX%3A32022D1199&qid=1673895125868. Y que tiene como texto base o legislación básica la *Directiva 2014/33/UE del Parlamento Europeo y del Consejo de 26 de febrero de 2014 sobre la armonización de las legislaciones de los Estados miembros en materia de ascensores y componentes de seguridad para ascensores.* A su vez disponible en: https://www.boe.es/doue/2014/096/L00251-00308.pdf

21 Todos ellos disponibles en: https://ec.europa.eu/transparency/comitology-register/screen/faq?lang=es

El Reglamento (UE) 182/2011 regula el marco general para todos los comités. De conformidad con lo dispuesto por esta norma, todos los comités tienen su propio reglamento interno de funcionamiento (artículo 9.1), que, no obstante, se elabora a través de una especie de "plantilla" recogida en una disposición común específica de procedimiento que desarrolla el Reglamento (UE) 182/2011[22]. Además, existen una serie de disposiciones comunes sobre el funcionamiento de los comités que afectan, directamente, a sus facultades de supervisión y de decisión. Aunque la Comisión -casi como cualquier Gobierno- puede declarar inmediatamente aplicables los proyectos de actos de ejecución "por razones imperiosas de urgencia debidamente justificadas" (artículo 8), en general, antes de adoptarse, debe someterlos a uno de los dos procedimientos de control en el seno del comité correspondiente. Muy brevemente:

i. El procedimiento consultivo (artículo 4). Su principal rasgo se desprende de su misma denominación, pues la Comisión debe decidir sobre el proyecto de acto de ejecución que debe adoptarse teniendo en cuenta, "*en la mayor medida posible*", las conclusiones de los debates del comité y el dictamen emitido.

ii. El procedimiento de examen (artículo 5). La Comisión solo podrá adoptar el acto de ejecución si el dictamen emitido por el comité sobre el proyecto es favorable. Para adoptar su dictamen, el comité aplicará la regla de la mayoría prevista en el artículo 16, apartados 4 y 5, del TUE y, cuando proceda, la regla prevista en el artículo

---

22 *Standard rules of procedure for committees*, Documento 32011Q0712(01). Disponible en: https://eur-lex.europa.eu/legal-content/EN/ALL/?uri=CELEX:32011Q0712(01)

238, apartado 3, del TFUE, para los actos que deban adoptarse a partir de una propuesta de la Comisión[23].

El artículo 2 del Reglamento (UE) 182/2011 fija los criterios, de naturaleza material, para determinar el tipo de procedimiento aplicable. Este precepto alude, en su apartado primero, "a la naturaleza o a las repercusiones de los actos de ejecución cuya adopción se requiera". De este modo, los actos deberán aprobarse utilizando el procedimiento de examen cuando se trate de actos de alcance general, o de actos de ejecución relacionados con: i) programas con implicaciones importantes; ii) la política agrícola común y la política pesquera común; iii) el medio ambiente, la seguridad o la protección de la salud o la seguridad de las personas, los animales y las plantas; iv) la política comercial común; v) la fiscalidad (artículo 2.2). Ahora bien, la Comisión puede utilizar el procedimiento consultivo, que da lugar a un dictamen consultivo, también para la "adopción de los actos de ejecución contemplados en el apartado 2, en casos debidamente justificados" (artículo 2.3). Se observa aquí una sutil preponderancia de la Comisión.

Esa preponderancia se demuestra también si el comité no emite dictamen alguno. Salvo que estrictamente el supuesto pertenezca a los actos expresamente mencionados en el artículo 2 el proyecto puede ser aprobado por la Comisión (artículo 5.4).

El problema, o, en definitiva, la casuística jurídica, se suscita cuando el comité, en un procedimiento de examen emite un dictamen negativo sobre el proyecto en un procedimiento de examen (artículo 5), no pudiendo entonces la Comisión, en

---

23 Como es sabido, ambas son las reglas básicas de la configuración de la mayoría cualificada dependiendo del tipo de actos y que varían tanto en la configuración de la minoría de bloqueo, como en el quórum necesario para tomar la decisión.

principio, adoptar el acto de ejecución. No obstante, la Comisión tiene varias opciones:

i. Puede modificar el proyecto y volver a presentarlo al Comité en dos meses.

ii. Puede remitirlo a un Comité de Apelación (artículo 6), al que puede recurrir la Comisión para que se produzca una nueva deliberación sobre el asunto. Este Comité de Apelación es en realidad otro comité dentro de la comitología, formado por la misma tipología de miembros, si bien de más alto rango en líneas generales. Además, está presidido por un miembro de la Comisión y sigue sus mismos procedimientos de voto. Posee unas normas internas de funcionamiento muy concretas de las que se dotó así mismo en virtud del Reglamento (UE) 182/2011[24].

iii. La Comisión también puede adoptar el acto en casos excepcionales, esto es, "cuando deba adoptarse sin demora con el fin de evitar perturbaciones significativas en los mercados en el sector de la agricultura o un riesgo para los intereses financieros de la Unión en el sentido del artículo 325 del TFUE"[25]. Aunque, en todo caso, deberá remitir el acto adoptado al mismo Comité de Apelación, y cuando este emita un dictamen no favorable sobre el mismo, la Comisión deberá revocar ese acto de inmediato. Cuando el Comité de Apelación emita un dictamen

---

24 Pueden encontrarse sus normas de funcionamiento, intituladas Reglamento Interno del comité de apelación [Reglamento (UE) n ° 182/2011] — Aprobado por el comité de apelación el 29 de marzo de 2011, 2011/C 183/05 en: https://eur-lex.europa.eu/legal-content/ES/ALL/?uri=CELEX%3A32011Q0624%2801%29

25 El artículo 325 TFUE señala que "Los Estados miembros adoptarán para combatir el fraude que afecte a los intereses financieros de la Unión las mismas medidas que para combatir el fraude que afecte a sus propios intereses financieros".

favorable o no emita dictamen, el acto de ejecución seguirá en vigor (artículo 7).

Finalmente, cabe destacar que el Parlamento Europeo y el Consejo pueden ejercer el control sobre esta competencia de la Comisión y que, en consecuencia, pueden advertir a la Comisión de que un proyecto de acto de ejecución "excede las competencias de ejecución establecidas en el acto de base". En tales casos, la Comisión deberá informar a ambos órganos sobre si pretende mantenerlo, modificarlo o retirarlo (artículo 11).

3. Los distintos comités y sus actos de ejecución

Existen, en estos momentos, 557 comités registrados y se han dictado más de 1700 actos de ejecución[26]. Ello no quiere decir que todos se encuentren en "activo". Es decir, muchos de ellos fueron creados para realizar un acto de ejecución específico y, cumplida esta misión, quedan en suspenso. Luego los comités no son permanentes.

Considerando este número de comités, puede deducirse con facilidad su variada tipología, en sentido material, y, por supuesto, su muy diferente participación de las representaciones de los Estados miembros[27], ya sean del Estado central o de los entes regionales, o de ambos, como en el caso español.

---

26 Todos ellos disponibles en: https://ec.europa.eu/transparency/comitology-register/screen/committees

27 Por ejemplo, es el *Committee on macrofinancial assistance* el encargado de dictar actos de ejecución sobre la base de todas las ayudas a Ucrania que se están aprobando por la Unión Europea y que tienen su acto base en el *Reglamento 022/2463 del PARLAMENTO EUROPEO y del CONSEJO de 14 de diciembre de 2022 por el que se establece un instrumento para prestar apoyo a Ucrania en 2023 (ayuda macrofinanciera +)*. Disponible en: https://eur-lex.europa.eu/legal-content/ES/TXT/HTML/?uri=CELEX:32022R2463&from=EN

Por poner un ejemplo, el primer comité que aparece en la lista es el *European citizens' initiative Committee*, cuyo fundamento, si se repasa su normativa, consiste en articular un procedimiento (de ejecución) homogéneo en los Estados miembros de lo que en inglés se denomina "*Individual online collection systems*" o sistema para la contabilización -o de recogida de peticiones- de la participación individual *on line*. Su normativa base la encontramos en el artículo 11 del Reglamento (UE) 2019/788 del Parlamento Europeo y del Consejo, de 17 de abril de 2019 sobre la iniciativa ciudadana europea[28], que específicamente prevé la creación de este comité con el fin de que esta participación ciudadana, en los términos que prevé la propia norma, pueda articularse *online*.

Si se revisa la página del Comité se observa que, como en todos los comités, podemos encontrar la propia Agenda del comité -donde se incluyen las reuniones celebradas y las representaciones de los Estado miembros-, los proyectos que se sometieron al comité, el tipo de procedimiento -consultivo o de examen- utilizado y el resultado de la votación, así como cualquier documento que tenga relación con la actividad del comité[29]. El comité, tras una serie de reuniones, emitió un dictamen favorable, y la Comisión aprobó el primer acto de ejecución en el que intervino este comité: *Commission Implementing Decision on the extension of the periods for the collection of statements of support for certain European citizens' initiatives pursuant to Regulation (EU) 2020/1042 of the European Parliament and of the Council*[30]. Que viene establecer, en líneas generales, que el

---

[28] Disponible en: https://eur-lex.europa.eu/legal-content/ES/TXT/HTML/?uri=CELEX:32019R0788&from=EN

[29] Disponible en: https://ec.europa.eu/transparency/comitology-register/screen/committees/C51500/consult?lang=en

[30] Disponible en: https://ec.europa.eu/transparency/comitology-register/screen/documents/073572/1/consult?lang=en

periodo de recogida de iniciativas ciudadanas debe ser de tres meses. Veremos enseguida que existe un listado de comités en los que participan las Comunidades Autónomas.

II. LA PARTICIPACIÓN DE LAS COMUNIDADES AUTÓNOMAS EN LA COMITOLOGÍA

Quizá convenga comenzar reiterando, una última vez, la importancia de la comitología, o de los distintos comités. E insistir en su carácter técnico.

Como se ha puesto de manifiesto, desde una posible mirada o visión de la comitología como punto de "acceso para los negocios", el hecho es que los grupos de expertos -que asesoran a la Comisión sobre los actos delegados (artículo 290 TFUE)- son lugares más abiertos a la influencia de los *lobbies*[31]. Y, ello, por la propia configuración de los grupos de expertos -más abierta- que la de los comités de la comitología[32]. Que recor-

---

[31] De nuevo, me remito a esta misma obra sobre lo dicho en referencia a los *lobbies* y la Unión Europea.

[32] Quizá convenga recordar aquí que, de hecho, los grupos de expertos, tal y como se señala desde la misma Comisión, están formados por cinco tipos de miembros. Y, así, encontramos miembros: Tipo A: personas nombradas a título personal, que actúan de manera independiente y expresan su opinión individual. Tipo B: personas nombradas para representar el interés común de varias partes interesadas en un determinado sector. No representan a ninguna parte en concreto, sino que defienden una determinada orientación común a varias organizaciones de interesados, que pueden ser quienes las propusieron como miembros. Tipo C: Organizaciones en general, incluyendo empresas, asociaciones, ONGs, sindicatos, universidades, centros de investigación, bufetes de abogados y consultorías. Tipo D: administraciones de los Estados miembros, ya sean nacionales, regionales o locales. Tipo E: otras entidades públicas tales como administraciones de países no pertenecientes a la UE (incluidos los países

damos, están formados por representantes (técnicos) de todos los Estados miembros de la Unión Europea, pero, sobre todo, están presididos por un funcionario de la Comisión. Lo que no quiere decir además que este sea el único funcionario de la comisión presente en el comité.

En todo caso, los comités de la comitología no son insensibles a cierta entrada de *lobbies*, que de hecho acaban permitiendo el "acceso a negocios", pero son siempre, dado el alto nivel técnico y conocimiento experto que se requiere, grupos de interés muy sectoriales[33].

Por último, como ya hemos señalado al hablar de los poderes de la Comisión sobre los actos de ejecución, el "nuevo sistema" de comitología no concede al Parlamento Europeo más influencia de la que disfrutaba con los antiguos procedimientos consultivo, de gestión y reglamentario, es decir, en el sistema de comitología anterior a 2006.

Lo hemos dicho en la introducción. La participación de las Comunidades Autónomas en la comitología nace de una decisión de la CARUE[34], y se añade a la representación estatal, es decir, a la delegación española del Estado presente en el Comité. Esta participación ha experimentado una evolución clara hasta llegar a las actuales *Reglas sobre la participación autonómica en los comités de ejecución de la Comisión Europea 2022-2025*[35]. Es-

---

candidatos), organismos, oficinas o agencias de la Unión Europea y organismos internacionales. https://ec.europa.eu/transparency/expert-groups-register/screen/expert-groups-explained?lang=es

33 NØRGAARD, Rikke Wetendorff, NEDERGAARD, Peter y BLOM-HANSEN, Jens, "Lobbying in the EU Comitology System", *Journal of European Integration*, núm. *36*(5), 491-507, 2014, p. 504. https://doi.org/10.1080/07036337.2014.889128

34 A lo dicho sobre la CARUE en esta misma obra nos remitimos.

35 Y cuyas normas más actuales accesibles son las dictadas para el periodo 2018-2021. Si bien no van a cambiar. Inclusive, estas se pueden encon-

tas reglas, en realidad, no se han modificado desde su versión de 2013. Veámoslas brevemente.

1. Reglas sobre la participación autonómica en los comités de ejecución de la Comisión Europea

Como indican las propias *Reglas*, su objeto "es el establecimiento de los principios generales a los que se ajusta la participación de los representantes de las Administraciones de las Comunidades Autónomas en los comités de la Comisión Europea previstos en el Reglamento (UE) nº 182/2011".

Los principios generales de la participación de las Comunidades Autónomas se regulan en el artículo 2, apartado primero, de la norma. Se fundamentan en tres -en realidad cuatro- ejes. El primero, aunque no se presente como eje, pues se toma como premisa, es que, en todo caso, la "participación se realizará formando parte de la delegación española". Y, ahora sí, los tres ejes sobre los que se articulará la participación autonómica serán:

i. Las competencias de las Comunidades Autónomas sobre las materias que se traten en los diferentes comités.

ii. La voluntad expresa de un número significativo de Comunidades Autónomas o la existencia de un interés específico que aconseje la participación en los correspondientes comités.

iii. La disponibilidad de personal con capacitación técnica adecuada para participar en las reuniones de los comités

---

trar, en general, en las páginas de los Gobiernos de las Comunidades Autónomas, pues en la página del Ministerio las reglas que se pueden descargar son las del periodo 2013-2017. Disponibles, por ejemplo, en: https://presidencia.gva.es/documents/80980846/172682290/Reglas+participaci%C3%B3n+CCAA+Comitolog%C3%ADa.pdf/fbe39ef2-86c8-4c1f-9fcc-b5e524815e9f y que mantenga una relación funcionarial o laboral con una Administración autonómica.

Además, como se habrá entendido, la Comunidad Autónoma no se representa a sí misma, sino al conjunto de las Comunidades Autónomas. Luego no es representación, digamos, gubernativa, sino institucional, con contenido material de carácter territorial. Es la representación de los entes territoriales españoles, de su tipología de administración si se quiere, no de un territorio o de una Comunidad Autónoma concreta[36].

Se ha producido una progresiva apertura a la participación de las Comunidades Autónomas en los distintos comités, es decir, que hay cada vez más comités a los que pueden asistir y, de hecho, se ha producido un incremento de la participación autonómica en la comitología. Una vez se ha abierto el comité a la representación autonómica, hay que entender que solo acude un representante autonómico, de una Comunidad Autónoma, en representación de todas las demás.

---

36 Es comprensible este modo de actuar, desde luego, y puede fomentar cierto sentimiento corporativo de entre las Comunidades Autónomas si el representante de las mismas entiende que sobre todas ellas cae la misma carga competencial, y, por tanto, los problemas -o virtudes- que puedan derivarse de los actos ejecutivos del comité de turno serán, en principio, iguales para todas ellas. Y, en ese sentido, está previsto el deber de información del representante de la Comunidad Autónoma de su labor en el Comité en el seno de la CARUE. No obstante, con cierto poso de realidad, también cabe preguntarse si es posible que una Comunidad Autónoma asuma el coste material y profesional de semejante representación sin que, más allá de que su participación dependa de sus competencias autonómicas o guarde relación con las mismas, no tenga, por alguna cuestión, un interés territorial propio y característico. Y que, de hecho, lo que pretenda con su asistencia y representación en el comité de turno sea "vigilar" sus intereses propios. Aunque en todo caso, nada de malo tendría ello y tampoco la influencia que pueda tener este representante en el comité se antoja demasiada.

De este modo, la distribución de la participación de las Comunidades Autónomas en los distintos comités, es decir, la atribución de la representación autonómica en cada comité, ha de realizarse de común acuerdo por parte de las mismas Comunidades Autónomas. Dicho acuerdo se adoptará en el seno de la CARUE.

La duración de la representación autonómica en cada comité será por un plazo de cuatro años y corresponderá, por regla general y de forma sucesiva, a dos Comunidades Autónomas por un periodo de dos años.

Las Comunidades Autónomas, a través de sus representantes en los comités, ejecutan labores de información y una doble coordinación.

a. Una labor de información sobre las actividades del comité y una coordinación con la Administración General del Estado y el resto de las Comunidades Autónomas. Actividad que se realiza en la CARUE.

b. Una labor de información sobre las actividades del comité y una coordinación con los responsables sectoriales de cada Comunidad Autónoma. Hay que distinguir entonces al responsable de la Comunidad Autónoma en el comité del responsable sectorial de cada Comunidad Autónoma, con quienes, siguiendo la letra de las *Reglas*, como mínimo se mantendrá una reunión al comienzo y al final de cada periodo, dentro de las conferencias sectoriales correspondientes.

Por otro lado, además de cumplir la labor de información, "la Comunidad Autónoma que ejerza la representación autonómica en el comité correspondiente elaborará un informe al final del periodo temporal de representación".

Las facultades de información y coordinación no son las únicas que ejercen los representantes de las Comunidades Autónomas en el marco de la comitología. Además, desempeñan funciones de tipo ejecutivo. Y es que la definición de la posición de las Comunidades Autónomas sobre cada punto habrá de llevarse a cabo a partir del *impulso* de la Comunidad Autónoma de acuerdo con las siguientes reglas:

- La Comunidad Autónoma coordinadora elaborará una propuesta de posición que trasladará al resto de Comunidades Autónomas.
- Las observaciones a la propuesta se realizarán en el plazo indicado por la Comunidad Autónoma coordinadora y, en todo caso, antes de que se celebre la reunión para fijar la posición autonómica.
- Las Comunidades Autónomas que no participen en la reunión de fijación de la posición autonómica o que no formulen ninguna observación en el plazo previsto acatarán el resultado de los trabajos.
- Se entenderá que existe una posición autonómica cuando ninguna Comunidad se manifieste en contra.

Por último, en buena sintonía con el carácter ejecutivo de los comités, las *Reglas* recogen el modo de "suministro e intercambio de información y seguimiento de la participación autonómica en los comités". También de nuevo a través de tres ejes:

1°. Establecimiento del sistema de transmisión de información. Este sistema ha de ser por vía telemática y, entre otras cosas, debe facilitar a todas las Comunidades Autónomas el acceso a las bases de datos sobre el comité.

2°. El establecimiento de un sistema de recogida y ordenación de datos. Que debería preceder al punto uno, pues parece más lógico establecer el sistema de recogida y ordenación de datos, que es información, antes de transmitir esa misma información (punto 1°); pero, en fin, así lo recogen las *Reglas.*

3°. Establecimiento de un proceso de seguimiento y evaluación de la participación autonómica en los Comités. Este se produce en el seno de la CARUE.

2. Los distintos comités en los que participan las Comunidades Autónomas. Los comités del Horizonte Europa

La última de Reglas, la VIII, es una *Regla Adicional* que establece que se producirá una "Actualización del Listado de Comités en los que participan las Comunidades Autónomas". De este modo, "La Administración General del Estado efectuará periódicamente un análisis de la vigencia y del trabajo de los comités, a efectos de mantener la actualización del listado de éste. En el caso en que se cree un nuevo comité, una vez iniciado el periodo de participación, la Comisión de Coordinadores de la Conferencia para Asuntos relacionados con la Unión Europea examinará la posibilidad de participación de las Comunidades Autónomas en el mismo".

El listado de los Comités y de la representación autonómica actualmente operativo es el previsto para el periodo 2021-2025[37].

Existe además un listado de *Participación de las Comunidades Autónomas en los Comités Ejecutivos de la Comisión Europea periodo 2021-2027. Listado de Comités Horizonte Europa*[38]. Estos comités se

---

37 A pesar de que el enlace ponga 2018-2021 está accesible el listado actual en: https://mpt.gob.es/dam/es/portal/politica-territorial/internacional/ue/ccaa-eell-ue/comitologia/Comites2018-2021
Por ejemplo, el primer comité del listado es el *Comité de Soluciones de Interoperabilidad para las administraciones públicas europeas, las empresas y los ciudadanos europeos (Comité ISA²)*. La Comunidad Foral de Navarra representó a las Comunidades Autonómas en el seno de dicho Comité en los años 22-23 y la Región de Murcia lo hará para el periodo bianual 2024-2025. Y el último, es el *Comité Permanente de Vegetales, Animales, Alimentos y Piensos-Vides*. Y está vacante -hay 2 comités más vacantes-.

38 Y que no está disponible en la página del Ministerio, aunque debería, y que me envió, aunque tampoco la tienen a disposición en su página oficial, la Dirección General de Asuntos Europeos de la Junta de Castilla-La Mancha. Desde estas páginas le agradezco toda la información que me ofreció sobre su participación en los distintos comités ejecu-

reducen a once y están ligados, cómo no, al programa marco de investigación e innovación (I+I) de la Unión Europea (UE) para el período 2021-2027, denominado Horizonte Europa[39]. Entre sus comités se encuentra, por ejemplo, la ejecución de becas del Programa *Acciones Marie Skłodowska-Curie.*

3. El ejemplo de Castilla-La Mancha y de Castilla y León

Lo primero que habría que decir es que no es posible saber cuál es el motivo real por el cual las Comunidades Autónomas eligen representar a las mismas en determinados comités y no en otros. Como se ha dicho, esas decisiones se toman en el seno de la CARUE y los debates no son públicos. El carácter técnico de los comités tampoco aclara la situación, y, por supuesto, el hecho de que la decisión sobre la representación haya de tomarse de común acuerdo entre las diecisiete Comunidades produce que, al final, el cruce de intereses sea completamente etéreo.

Se ha de señalar también que la elección del ejemplo de Castilla y León resulta de tres cuestiones, que van desde lo anecdótico hasta lo académico. En primer lugar, porque desde su administración gubernativa se da, comparativamente, más importancia a esta cuestión que en otras comunidades. Solo así se entiende que la información disponible sobre su actividad en el seno de la comitología sea más abundante y de fácil acceso que en muchas otras Comunidades Autónomas. En segundo lugar, y es la razón más importante, es que ambos Gobiernos

---

tivos. No obstante, los comités sí constan en la página de la Comisión (ver nota 22), lo que no consta ahí es la participación autonómica.

39 Como es sabido, su norma básica es el *Reglamento (UE) 2021/695 del Parlamento Europeo y del Consejo de 28 de abril de 2021 por el que se crea el Programa Marco de Investigación e Innovación «Horizonte Europa», se establecen sus normas de participación y difusión, y se derogan los Reglamentos (UE) nº 1290/2013 y (UE) nº 1291/2013.*

-Castilla-La Mancha y Castilla y León- han colaborado en el seno de la Comisión en más de una ocasión. Lo veremos en el apartado siguiente. Y, por último, quizá sea lo más anecdótico, pero a la hora de poner un ejemplo junto al de Castilla-La Mancha, la otra Castilla, que abarca la región de León, nos pareció una buena opción. O al menos tan buena como otra[40].

Castilla-La Mancha ostentó la representación autonómica del comité *C70408 Digital Industry and Space./ Industria digital y espacio* dentro de los comités ligados al Horizonte Europa (periodo 2021-2027), durante el periodo que discurre de mayo de 2021 a julio de 2023.

Así mismo, ostenta la representación autonómica en los Comités ejecutivos para el periodo 2021-2025 en los siguientes casos: i. Comité de Producción Ecológica (Comité *6-C06500,* años 24-25); ii. Comité de Tarificación del uso de las infraestructuras del transporte (Comité *40-C10600,* años 24-25); iii. Comité de aplicación de la Directiva por la que se establece un marco comunitario de actuación en el ámbito de la política de aguas (Comité *67-C11300,* años 22-23); iv. Comité de Coordinación del Programa Europa Digital (Comité *180-C70600* años 22-23).

Por su parte, la Junta de Castilla y León tiene disponible abundante información sobre su participación en la comitología, si bien absolutamente desactualizada[41]. En ella se señala que Castilla y León participa en 80 comités y que ostenta la representación autonómica en cinco. Y, además, publica un listado donde se señala a qué Consejería corresponde cada uno de estos 80 comités (no obstante, estos datos tienen fecha de 2019). Según el listado de la CARUE para el periodo

---

40 El tratamiento de Castilla-La Mancha se justifica porque este trabajo se ha elaborado en el seno de un proyecto financiado por la Junta de Castilla-La Mancha.

41 Disponible en: https://eucyl.jcyl.es/web/es/castilla-leon-union-europea/castilla-leon-comision-europea.html

2021-2025, la Junta ostenta la representación autonómica en los siguientes comités: i. Comité forestal permanente (CFP) (Comité *55-C06700*, años 22-23); ii Comité para la adaptación al progreso científico y técnico y la aplicación de la Directiva 2008/98/CE sobre los residuos (Comité *61-C37000*, años 24-25); iii. Comité de reglamentación para la aplicación del RETC Europeo (Comité *99-C30200*, años 23-24).

III. EL SISTEMA DE LAS DAR (DIRECTRICES ESTATALES DE AYUDA REGIONAL) DE LA COMISIÓN

En un trabajo como este sobre la participación de las Comunidades Autónomas en la Comisión Europa parece necesario hacer una breve mención a las DAR elaboradas por Comisión y sobre las que dependen ciertos fondos de las Comunidades Autónomas[42]. Es cierto que no son un acto de ejecución como tal, pero desde luego las mismas tienen carácter ejecutivo, y nacen bajo la sola autoridad de la Comisión. Por tanto, se desborda el objeto de la comitología y la participación de las Comunidades Autónomas en la comitología. No obstante, no se desborda el título del presente trabajo, y como se ha manifestado desde la propia Junta de Castilla La Mancha, en concreto desde su Dirección de Asuntos Europeos, estas directrices forman parte esencial de la relación financiera de las Comunidades Autónomas con la Unión Europea y, en concreto, con la Comisión[43].

---

42 Disponibles en: https://eur-lex.europa.eu/legal-content/ES/TXT/HTML/?uri=OJ:C:2021:153:FULL&from=IT

43 La Dirección General y sus funciones puede consultarse en: https://www.castillalamancha.es/gobierno/vicepresidencia/estructura/dgvriae/funcionesycompetencias
Así mismo, la información sobre la Oficina de la Junta de Castilla-La Mancha en la Unión Europea puede consultarse en: https://europa.castillalamancha.es/oficina-de-castilla-la-mancha-ante-la-union-europea

Eso sí, hay que entender que las regiones europeas, todas, se encuentran supeditadas a la Comisión y no tienen, en ningún caso, una relación horizontal.

Como señala la Comisión, las DAR son las "normas con arreglo a las cuales los Estados miembros pueden conceder ayudas estatales a las empresas para fomentar el desarrollo económico de las zonas desfavorecidas de la UE, garantizando al mismo tiempo la igualdad de condiciones de competencia entre los Estados miembros"[44].

Hay que recordar que, como señala el propio Gobierno, la política regional desarrollada por la Administración General del Estado se aplica mediante diferentes instrumentos. Y los más importantes son, por sus características y dimensión financiera, precisamente, los siguientes: los Fondos Estructurales Europeos; el Fondo de Compensación Interterritorial, y; las ayudas de Estado de finalidad regional. Para poder participar en estas últimas es necesario cumplir con estas directrices.

La Comisión, de hecho, elabora un mapa de todas las regiones de los Estados miembros donde se definen las regiones que pueden optar a ayudas regionales a la inversión indicando, también, a qué tipo de ayudas pueden optar. El mapa también establece las intensidades máximas de ayuda en las regiones que pueden acogerse a subvenciones ("la intensidad de la ayuda es el importe máximo de ayuda estatal que puede concederse por beneficiario, expresado como porcentaje de los costes de inversión subvencionables").

Dicho en términos claros, la cuadratura del círculo que trata de realizar la Unión a través de la Comisión, su órgano más técnico, es hacer compatible las posibilidades de los Estados

---

44 Disponible en: https://ec.europa.eu/commission/presscorner/detail/es/ip_22_1763. Aquí se encuentran las citas que se están mencionando, así como el mapa elaborado por la Comisión.

miembros para apoyar a las regiones que se enfrentan a una transición o a retos estructurales, tales como la despoblación, "a fin de contribuir plenamente a las transiciones ecológica y digital" (que son las propias iniciativas de la Unión), a la par que sin olvidar el mercado único continúa estableciendo importantes "salvaguardias para evitar que los Estados miembros utilicen fondos públicos para favorecer la deslocalización de puestos de trabajo de un Estado miembro de la UE a otro, lo que es esencial para una competencia leal en el mercado único".

1. La cuestión de la descripción de la Zona

Las ayudas dependen de cómo la Comisión haya señalado a la región en el mapa mencionado.

Por ejemplo, Canarias, como región ultraperiférica, puede ser, sin otra consideración, designada como zona "a", las cuales pueden ser objeto de subvenciones en virtud del artículo 107, apartado 3, letra a), del TFUE. En las zonas denominadas "a", se permite la intensidad máxima de ayuda para las grandes empresas que puede llegar hasta el 50 %. También las regiones cuyo PIB per cápita es inferior o igual al 75% de la media de la Unión Europea, caso de Castilla-La Mancha, por ejemplo, pueden considerarse zonas "a", si bien con una intensidad máxima de ayuda para las grandes empresas del 30%.

Además, en base al artículo 107 ap. 3 letra c) del TFUE, en el desarrollo de las DAR, existen las zonas c predeterminadas, que representan las antiguas zonas "a" -caso de Murcia que, por su aumento de riqueza, ha pasado de zona "a" zona "c"- y las zonas escasamente pobladas. Los Estados miembros pueden designar las denominadas zonas "c" no predeterminadas, hasta una cobertura "c" máxima predefinida y en consonancia con determinados criterios. En todo caso, los Estados miembros deben notificar su propuesta de mapas de ayudas regionales a la Comisión para su aprobación. Quizá lo ha pensado el lector; efectivamente, las zonas "b" no existen. No se menciona tal zona en las directrices.

2. Un ejemplo: El argumentario de Castilla-La Mancha sobre la provincia de Cuenca y sus zonas adyacentes

Hay que señalar que, sean declaradas zonas "a" o zona "c", solo las zonas escasamente pobladas tienen la posibilidad de recibir ayudas de funcionamiento no limitadas a PYME y no decrecientes para paliar sus dificultades, mientras que las zonas "a" también pueden conceder ayudas de funcionamiento, pero limitadas a PYME y decrecientes en el tiempo.

Es por ello por lo que la Junta de Comunidades de Castilla-La Mancha ha tratado de argumentar ante la Comisión (noviembre 2022), junto con la Junta de Castilla y León, que las zonas limítrofes (adyacentes y contiguas) a Guadalajara y Cuenca puedan ser declaradas también zonas escasamente pobladas. Las regiones a las que se refiere el Gobierno de Castilla y León son Teruel y Soria. Hay que entender que lo que pretende la Junta (de ambos Gobiernos) es que se permita que haya zonas "a" que puedan ser consideradas adicionalmente como zonas poco pobladas, flexibilizando así y aumentando sus posibilidades de ayudas estatales. La Comisión Europea realiza revisiones periódicas -llamadas revisiones intermedias- de los mapas de ayudas regionales. La pretensión de la Junta Castilla-La Mancha y la Junta de Castilla y León es que la Comisión modifique, antes o después, su posición sobre las zonas adyacentes y contiguas. Hay que recordar que se señale lo que señale, se califiquen las zonas de una manera o de otra, afecta a parte de su financiación[45].

---

[45] Hay que agradecer a la Dirección General de Asuntos Europeos de la Junta de Castilla La Mancha, y, en concreto, a su máxima responsable, la puesta a disposición del escrito/petición a la Comisión sobre esta cuestión. También, por supuesto, su absoluta disponibi-

IV. CONCLUSIONES

Desde luego, se ha de concluir resaltando que, a juicio de autores muy vinculados a la relación de las Comunidades Autónomas con la Unión Europea, la participación en la comitología se puede considerar "una vía de participación enormemente satisfactoria, ya que, por un lado, la Comisión se asegura a través de ella de que sus políticas se adapten lo mejor posible a la realidad de cada Estado miembro, mientras que, por parte de estos se facilita la traslación de sus posiciones y reivindicaciones al ámbito europeo"[46]. No obstante, nos consta que el Gobierno y, en concreto, sus funcionarios ministeriales, participan en ocasiones en reuniones en los distintos comités y "olvidan" dar cuenta -incluso informar previamente de la misma- a los representantes autonómicos.

Sea como fuere, se trata en todo caso de un ámbito de participación muy sugerente por cuanto es casi en fase descendente. Lo explicamos inmediatamente. Como han señalado correctamente Sevilla Duro o Asín Olano, la participación de las Comunidades Autónomas en la comitología es una participación ascendente en el sentido de que se trata de una participación en la formación de la norma, en la creación del Derecho[47] (inclusive, en un sentido amplio, en la formación de

---

lidad para resolver todas las dudas que se fueron planteando en la elaboración de este trabajo.

46 ASÍN OLANO, Diana, "La participación de las Comunidades Autónomas en los asuntos europeos", *Gabilex. Revista del gabinete jurídico de Castilla-La Mancha,* núm. 33, 2023, p. 42. La autora es, de hecho, Jefa de Servicio de Asuntos Europeos de la Junta de Comunidades de Castilla-La Mancha.

47 SEVILLA DURO, Miguel Ángel, *La participación ascendente de las comunidades autónomas en la Unión Europea…*, ob. cit., p. 15.

la voluntad estatal o de la propia Unión Europea)[48]. La fase descendente comprende, por tanto, la participación en la ejecución del Derecho, o, en sentido amplio, de la política regional de la Unión Europea.

No obstante, como nos señaló con buen tino el propio Sevilla Duro, al ser las normas emanadas de la comitología normas de carácter absolutamente ejecutivo, estamos ya ante un último escalón normativo y, a partir de ahí, solo queda efectivamente desarrollar la política pública regional para cumplir con el objetivo de la norma. Esta circunstancia revela el interés claro de las Comunidades Autónomas en la participación en estos comités. Y, de hecho, puede recorrer aún un largo camino para reforzarse.

Bibliografía

ASÍN OLANO, Diana, "La participación de las Comunidades Autónomas en los asuntos europeos", *Gabilex. Revista del gabinete jurídico de Castilla-La Mancha,* núm. 33, 2023. https://gabilex.castillalamancha.es/sites/gabilex.castillalamancha.es/files/pdfs/diana_asin_olano.pdf

CHAMON, Merijn, "The legal framework for delegated and implementing powers ten years after the entry into force of the Lisbon Treaty", *ERA Forum,* núm. 22 (1), 2021.

GONZÁLEZ PASCUAL, Maribel, *Las Comunidades Autónomas en la Unión Europea. Condicionantes, evolución y perspectivas de futuro,* Generalitat de Catalunya, Institut d'Estudis Autonòmics, Barcelona, 2013.

HARDACRE, Alan y KAEDING, Michael, "Delegated and Implementing Acts: the New Worlds of Comitology–Implications for European and National Public Administrations", Maastricht Universiteit, 2011.

IRUJO AMEZAGA, Mikel, *Historia y significado de la comitología en la UE: una visión desde el Parlamento Europeo,* Universidad del País Vasco, 2016. Dis-

48 ASÍN OLANO, Diana, *La participación de las Comunidades Autónomas...*, ob. cit, p. 31.

ponible en: https://addi.ehu.es/bitstream/handle/10810/21189/TESIS_IRUJO_AMEZAGA_MIKEL.pdf?sequence=1&isAllowed=y

MANGAS MARTÍN, Araceli, "La participación directa de las Comunidades Autónomas en la actuación comunitaria: fase preparatoria", en PÉREZ TREMPS, Pablo (coord.), *La participación europea y la acción exterior de las Comunidades Autónomas,* Pons e Institut d'Estudis Autonòmics, Madrid, 1998.

MARTÍN Y PÉREZ DE NANCLARES, José, "Comunidades Autónomas y Unión Europea: Hacia una mejora de la participación directa de las Comunidades Autónomas en el proceso decisorio comunitario", *Revista de Derecho Comunitario Europeo,* núm. 22, 2005.

NØRGAARD, Rikke Wetendorff, NEDERGAARD, Peter, y BLOM-HANSEN, Jens, "Lobbying in the EU Comitology System", *Journal of European Integration,* núm. *36*(5), 2014.

SEVILLA DURO, Miguel Ángel, *La participación ascendente de las comunidades autónomas en la Unión Europea: un análisis desde Castilla-La Mancha,* Tirant Lo Blanch, Valencia, 2023.

TROBBIANI, Riccardo, "European Regions and Their Interests", en Doris Dialer y Margarethe Richter (Editors), *Lobbying in the European Union: Strategies, Dynamics and Trends,* Springer Nature Switzerland, 2019.

CAPÍTULO SEXTO:
La participación de las Comunidades Autónomas a través del Comité de las Regiones

YOLANDA LÓPEZ NIETO
Profesora Universitaria en Formación (FPU)
Universidad de Castilla-La Mancha

I. INTRODUCCIÓN

España constituye un caso singular dentro del Derecho comparado porque, tras la aprobación de la Constitución española de 1978, se inicia un proceso de descentralización en favor de las Comunidades Autónomas (entre 1977 y 1983), y paralelamente, se negocia con la que hoy es la Unión Europea la transferencia de competencias en favor de esta integración (entre 1979 y 1985). Finalmente, España entró a formar parte de las Comunidades Europeas en 1986, con las consecuencias que se pondrán de relieve más adelante.

También en paralelo, a partir del año 1980 aproximadamente, emerge un debate sobre el papel de las regiones de los Estados miembros en asuntos europeos. Ello se vio propiciado por diferentes factores tales como un mayor grado de desarrollo de la vis descentralizada de determinados Estados (Italia o Bélgica), o la entrada en vigor del Tratado de Maastricht en el año 1993, que presentó a las regiones como verdaderos actores dentro de Europa[1]. A la vez, en España, el Tribunal Constitucional admitió, en un primer momento en 1988, y, definitivamente, en 1992[2], la participación "descendente" de las Comunidades

---

1 ETHERINGTON, John, "Las comunidades autónomas y la UE desde una perspectiva teórica: ¿superando los enfoques existentes?", *Revista CIDOB d'afers internacionals*, núm. 99, 2012, p. 78.

2 La sentencia del Tribunal Constitucional 252/1988, de 20 de diciembre, ECLI:ES:TC:1988:252, es el primer pronunciamiento del Tribunal Constitucional acerca del reparto de competencias entre el Estado y las Comunidades Autónomas en lo referente a la ejecución del Derecho de la Unión Europea. Esta resolución, partiendo del principio de autonomía institucional, indica que la ejecución del Derecho europeo dependerá del reparto de competencias que se establece en la Constitución (FJ 1). Posteriormente, su sentencia 79/1992, de 28 de mayo, ECLI:ES:TC:1992:79, concluye que la gestión de los fondos del FEOGA corresponde a las Comunidades Autónomas, admitiendo así su participación en la ejecución del Derecho comunitario, a raíz de varios conflictos de competencia planteados por el Consejo Ejecutivo de la Generalitat de Cataluña, el Gobierno Vasco y el Gobierno central en relación con la ejecución del Fondo Europeo de Orientación y Garantía Agrícola (FEOGA). En su fundamento jurídico primero, el Tribunal explica que, aunque el Estado tenga la competencia exclusiva en las relaciones internacionales (artículo 149.1.3ª CE), ello no implica que las Comunidades Autónomas no puedan intervenir en el desarrollo y ejecución del Derecho europeo

Autónomas dentro de la Unión Europea y, en el año 1994, a raíz de la creación de la Oficina de Representación en Bruselas del gobierno vasco que dio lugar a la STC 165/1994, de 26 de mayo, dejó abierta la puerta para una regulación legal de la participación de las Comunidades dentro de la política europea[3].

Como se puede observar, el proceso de descentralización en favor de las autonomías coincide en el tiempo con una intensificación de la integración europea que origina que, con el paso del tiempo, las primeras hayan pasado a compartir competencias con la segunda y que, en consecuencia, se hayan ido adoptando instrumentos destinados a garantizar la participación ascendente real y efectiva de las regiones en la Unión Europea[4]. Entre los intentos de la Unión para lograr la plena integración de las regiones en el marco europeo podemos destacar la crea-

---

en aquellas materias que la Constitución o los estatutos de autonomía le atribuyen competencialmente (antecedente núm. 4 y FJ 1).

3 Sentencia del Tribunal Constitucional 165/1994, de 26 de mayo, ECLI:ES:TC:1994:165 (FFJJ 5 y 6). En esta ocasión, el Tribunal señaló: las Comunidades Autónomas, como titulares de autonomía política, están directamente interesadas en las actividades que se lleven a cabo en la Unión Europea, por lo que no existe ninguna objeción a la hora de diseñar mecanismos, como las Oficinas en Bruselas, que permitan su participación inmediata en la Unión. Todo ello sin perjuicio del ya mencionado artículo 149.1.3ª de la Constitución que, explica el Tribunal, se relaciona con, por ejemplo, la celebración de tratados internacionales. Como conclusión, el Tribunal abre la puerta a que las Comunidades Autónomas puedan llevar a cabo actividades con proyección exterior y necesarias para el ejercicio de sus competencias, que permitan así su participación en los procesos normativos europeos.

4 Así, por ejemplo, se reconoció el principio de cooperación como vehículo para canalizar la participación de los niveles de gobierno regional y local en la política de cohesión. Dicha participación se pudo observar en el marco de la Política Agraria Común (PAC) o en el FEOGA-Garantía; ORDOÑEZ SOLÍS, David, "Las relaciones entre la Unión Europea y las Comunidades Autónomas en los nuevos Estatutos", *Revista d'estudis autonòmics i federals*, núm. 4, 2007, p. 71.

ción del Comité de las Regiones en el año 1994, con el Tratado de Maastricht. Un órgano cuyos miembros son únicamente representantes regionales y locales de los Estados miembros, con capacidad para intervenir en la formación del Derecho de la Unión Europea y con legitimación ante el Tribunal de Justicia de la Unión Europea (TJUE). Fue creado con la finalidad de garantizar la presencia de las necesidades e intereses de las regiones en el procedimiento normativo. Su importancia al respecto no es discutible; no obstante, algunos autores comienzan a referirse a la "Europa de las Regiones" a partir de su creación[5]. En la actualidad, actúa como un mecanismo de participación ascendente[6] externa, inmediata y propia[7] de las Comunidades Autónomas en la Unión Europea. Sin embargo, casi treinta años después de su puesta en funcionamiento, ni ha conseguido los objetivos para los que fue concebido en un primer momento ni ha tenido el impacto esperado.

---

5 POPARTAN, Lucia Alexandra y SOLORIO SANDOVAL, Israel, "Las regiones en la Unión Europea: procesos y paradigmas", *Revista CIDOB d'afers internacionals*, núm. 99, septiembre 2012, p.11.

6 Podemos diferenciar dos fases en la participación de las Comunidades Autónomas en la Unión Europea: ascendente y descendente. La primera implica ser parte en los órganos de decisión europeas y participar en el proceso de elaboración de las normas europeas. La segunda supone la implementación del Derecho de la Unión Europea por parte de las regiones de los Estados miembros en sus respectivos territorios. El Comité de las Regiones se sitúa en la fase ascendente.

7 En el Comité de las Regiones se produce una participación inmediata porque permite a las Comunidades Autónomas expresar su voluntad sin intermediarios. Es asimismo una participación propia porque cada Comunidad defiende su propia voluntad (aunque en ocasiones, como se verá, podemos encontrarnos ante una participación impropia). Sobre esta clasificación véase el capítulo de Juan Francisco BARROSO MÁRQUEZ, que se incluye en esta obra colectiva y que lleva por título "La participación ascendente e indirecta de las Comunidades Autónomas: Las comisiones bilaterales de cooperación Estado-Comunidad Autónoma".

En este capítulo se estudiará, en primer lugar, la organización, composición y funciones del Comité de las Regiones, atendiendo especialmente a los diferentes modelos de distribución de sus miembros en función de cuál sea la organización territorial del poder del Estado miembro del que se trate lo que, dicho sea de paso, condiciona el propio funcionamiento del Comité. En segundo lugar, se analizará el papel que ha jugado España dentro del Comité de las Regiones desde su creación y se explicará cómo se designan los miembros de la delegación española y cómo desempeñan su trabajo en el órgano. Finalmente, en tercer lugar, se hará una mención especial a la participación de Castilla-La Mancha en el Comité de la Regiones. Terminaremos este capítulo con un epígrafe dedicado a reflejar las conclusiones extraídas con ocasión de este estudio. Adelantamos ahora que, en ellas, se presentará al Comité de las Regiones como un órgano con el que se ha pretendido suplir la necesidad de los entes territoriales periféricos de los Estados más descentralizados de formar parte del proceso de creación del Derecho de la Unión Europea. Partiendo de esta base, podremos entender por qué el Comité es importante, especialmente para España pues esta, como veremos, ha conseguido sacar adelante iniciativas que, de otra forma, nunca habrían visto la luz.

II. ORGANIZACIÓN Y FUNCIONAMIENTO DEL COMITÉ DE LAS REGIONES

1. Creación del Comité de las Regiones

El Comité de las Regiones fue creado en 1994 a raíz del Tratado de Maastricht como un órgano consultivo con la finalidad de dar voz a las entidades locales y regionales de los Estados miembros de la Unión Europea. Fue concebido con el firme propósito de lograr una cooperación más estrecha y solidaria entre estos Estados miembros. Tanto es así que, en su propia Declaración de Misión, se define a sí mismo como "una asamblea política compuesta por miembros electos, regionales y locales, al servicio de la causa de la integración europea"[8].

Su antecedente directo lo encontramos en el Consejo consultivo de los entes locales y regionales, que comenzó a funcionar en el año1988[9] como un órgano consultivo adjunto a la Comisión cuya tarea principal fue la elaboración de dictámenes a instancia de esta en relación con el desarrollo regional o la aplicación de la política regional[10]. De forma paralela, el Parlamento Europeo se mostraba cada vez más proclive a intensificar la presencia de las regiones dentro del proceso decisorio de la Unión, como se refleja, entre otras, en su Resolución de 13 de abril de 1984[11], uniéndose así a la demanda de los Estados miembros sobre la presencia de las regiones en los órganos decisorios comunitarios. Especialmente, se debe destacar la presión inicial ejercida por Alemania dirigida a conseguir una presencia directa de las regiones en la Unión Europea, a la que se unirían, posteriormente, Bélgica o España[12]. Alemania fue la principal impulsora del reconocimien-

---

8 Declaración de Misión del Comité de las Regiones (CDR 56/2009 fin), 21 de abril de 2009.

9 Creado a partir de la Decisión 88/487/CEE de la Comisión de 24 de junio.

10 HUICI SANCHO, Laura, *El Comité de las Regiones: su función en el proceso de integración europea*, Publicaciones de la Universidad de Barcelona, Barcelona, 2003, p. 43.

11 La Resolución sobre el papel de las regiones en la construcción de una Europa democrática y el próximo Comité de las Regiones, en su argumento 2, señala: "(...) la población interesada debe participar en la elaboración y aplicación de las políticas comunitarias y, en particular, de los programas de desarrollo regional, a través de sus representantes elegidos democráticamente a nivel regional y local; dicha participación representativa de la población aún no existe en todos los Estados miembros" (DOCE C 127, de 14 de mayo).

12 El papel que ambas jugaron coincidió con la creación del Comité de las Regiones. La posición que mantuvo España se estudia en el epígrafe III de este capítulo. No se debe olvidar que España entró a formar parte de las Comunidades Europeas en el año 1986, dos

to de las regiones a nivel europeo; tanto es así que, en la Conferencia Intergubernamental sobre Unión Política que se celebró en septiembre de 1990[13], presentó la primera propuesta sobre la creación de un órgano destinado a la representación de los intereses regionales. Determinadas asociaciones regionales europeas, tales como el Congreso de Poderes Locales y Regiones de Europa (CPLRE), se posicionaron junto a la propuesta alemana[14].

Finalmente, como consecuencia de estas presiones, el Tratado de Maastricht incorporó a las regiones y a los entes locales en el procedimiento normativo de la Unión Europea a través de la creación del Comité de las Regiones en el artículo 198 del mencionado tratado, que establecía lo siguiente: "Se crea un comité de carácter consultivo compuesto por representantes de los entes regionales y locales, denominado en lo sucesivo 'Comité de las Regiones' (...)", junto con el número de miembros de cada Estado, el modo de designación de los mismos y la organización interna[15].

La sesión constitutiva del primer Comité de las Regiones tuvo lugar los días 9 y 10 de marzo de 1994 y sus primeros miembros fueron nombrados por Decisión del Consejo 94/65/CE, de 26 de enero de 1994[16]. En la actualidad, el Comité se regula en el

---

años después de la Resolución del Parlamento Europeo de 1984, que abrió la puerta al proceso de regionalización.

13 CALONGUE VELÁZQUEZ, Antonio, "España y el Comité de las Regiones", *Cuadernos Europeos de Deusto*, núm. 32, 2005, pp. 15-41.

14 PÉREZ TREMPS, Pablo (coord.), *La participación europea y la acción exterior de las Comunidades Autónomas*, Marcial Pons, Barcelona, 1998, p. 329.

15 El mismo se mantuvo en los sucesivos Tratados de Ámsterdam, Niza y Lisboa. Es necesario señalar, igualmente, que el Comité de las Regiones se recogía también como órgano consultivo en el proyecto de Constitución Europea (arts. I-32 y III-386 y ss.).

16 Decisión 94/65/CE del Consejo, de 26 de enero de 1994, por la que se nombran miembros y suplentes del Comité de las Regiones para el período del 26 de enero de 1994 al 25 de enero de 1998 (DO L 31 de 4 de febrero de 1994).

artículo 13, apartado cuarto, del Tratado de la Unión Europea, donde se expresa que asistirá al Parlamento Europeo, el Consejo y la Comisión; en los artículos 305 y siguientes del Tratado de Funcionamiento de la Unión Europea; en su propio Reglamento interno[17] y en las decisiones del Consejo que es el encargado de designar a los miembros titulares y suplentes del Comité (en la presente legislatura debemos mencionar la Decisión 2019/852 del Consejo, por la que se designan los representantes de cada Estado miembro entre enero de 2020 y enero de 2025[18]).

2. *Organización al modo de asamblea parlamentaria*

El artículo 300, apartado tercero, del Tratado de Funcionamiento de la Unión Europea regula la composición del Comité. Según dicho precepto, el Comité está integrado por representantes de los entes regionales y locales que sean titulares de un mandato electoral en un ente regional o local, o que tengan responsabilidad política ante una asamblea elegida. El total de miembros que lo forman asciende a 329, junto con sus respectivos 329 suplentes, correspondiendo a los Estados miembros designar a sus representantes, basándose en el principio de autoorganización y en el principio de autonomía institucional y procedimental[19]. Los miembros no están sujetos a mandato imperativo; cuentan con plena independencia a la hora de ejercer sus funciones durante el tiempo que dura el mandato, que es de cinco años renovable[20].

---

[17] Su última versión se encuentra publicada en DOUE L 472/1 de 30 de diciembre de 2021.

[18] DOUE L 139/13 de 27 de mayo de 2019.

[19] MANGAS MARTÍN, Araceli, "El nombramiento del Comité de las Regiones: el caso español", *Noticias de la Unión Europea*, núm. 117, 1994, pp. 11-18.

[20] El artículo 305 del Tratado de Funcionamiento de la Unión Europea dispone que "Los miembros del Comité, así como un número igual

El Comité se organiza de modo similar al modelo parlamentario del siglo XX, como modelo pluriorgánico, ya que dentro del mismo actúan el presidente, el vicepresidente, la Mesa, la Conferencia de Presidentes y las comisiones[21]. Dentro de los 329 representantes, los miembros eligen a un presidente y a un vicepresidente, cuyos mandatos se prolongan dos años y medio. Igualmente, debe elegirse a los miembros componentes de la Mesa, que es el órgano encargado de confeccionar el programa político y el orden del día, además de coordinar los trabajos, también por un periodo de dos años y medio[22].

---

de suplentes, serán nombrados para un período de cinco años. Su mandato será renovable. El Consejo adoptará la lista de miembros y suplentes establecida de conformidad con las propuestas presentadas por cada Estado miembro. Al término del mandato mencionado en el apartado 3 del artículo 300 en virtud del cual hayan sido propuestos, el mandato de los miembros del Comité concluirá automáticamente y serán sustituidos para el período restante de dicho mandato según el mismo procedimiento. Ningún miembro del Comité podrá ser simultáneamente miembro del Parlamento Europeo".

21 Artículo 1 del Reglamento interno del Comité de las Regiones. El modelo de parlamento pluriorgánico nace en el siglo XIX y se consolida en el siglo XX. Supone el paso de un modelo de parlamento mono orgánico (funciona predominantemente a través del Pleno) al pluriorgánico (con la entrada de los partidos políticos, además del Pleno y la Mesa, encontramos otros órganos importantes en su actividad como la Junta de Portavoces o las comisiones). El funcionamiento del Comité se asemeja a este último modelo parlamentario; véase GARCÍA GUERRERO, José Luis, *Democracia representativa de partidos y grupos parlamentarios,* Congreso de los Diputados, Madrid, 1996, pp. 84 y ss.

22 Artículos 31 y ss. y 306 del Reglamento interno del Comité de las Regiones. Está compuesto por el presidente y el vicepresidente primero, un vicepresidente de cada Estado miembro, los presidentes de los grupos políticos y veintiséis miembros más. La distribución actual de cada delegación nacional dentro de la Mesa es la siguiente: tres miembros para Francia, Italia, Polonia, Alemania y España; dos para Croacia, Eslovaquia, Rumanía, Portugal, Lituania, Finlan-

El hecho de que el Comité esté compuesto por representantes regionales y locales no implica que todos los Estados miembros, necesariamente, deban nombrar representantes de ambos tipos. Por ejemplo, carecería de lógica que un Estado que no reconoce las regiones como parte de su organización territorial viniera obligado a designar miembros regionales[23].

Todos los miembros del Comité forman parte de una delegación nacional y de un grupo político.

En lo que respecta a las delegaciones nacionales, la Decisión (UE) 2019/852 del Consejo de 21 de mayo de 2019 por la que se determina la composición del Comité de las Regiones reparte los 329 puestos en el Comité de las Regiones entre los Estados miembros, para el periodo comprendido entre el 26 de enero de 2020 y el 25 de enero de 2025, de la siguiente manera: 24 miembros para Italia, Alemania y Francia; 21 para España y Polonia; 15 para Rumanía; 12 para Bulgaria, Hungría, Portugal, Grecia, Países Bajos, Austria, Bélgica, Chequia y Suecia; 9 para Eslovaquia, Irlanda, Dinamarca, Lituania, Finlandia y Croacia; 7 para Estonia, Letonia y Eslovenia; 6 para Luxemburgo y Chipre; y, finalmente, 5 para Malta[24].

Las delegaciones nacionales del Comité están compuestas por los miembros titulares y los suplentes de cada Estado miembro. Cada una elige a su propio presidente y a un coordinador,

---

dia, Suecia, Austria, Bélgica, Bulgaria, República Checa, Países Bajos, Grecia, Hungría, Dinamarca e Irlanda, y, finalmente; uno para Estonia, Letonia, Chipre, Eslovenia, Luxemburgo y Malta.

23 CALONGUE VELÁZQUEZ, Antonio, "España y el Comité de las Regiones", ob. cit., p. 25.

24 Algunos modelos de distribución de representantes correspondientes a determinados Estados miembros se estudian en las pp. 227 y ss. El correspondiente a España se explica en las pp. 240 y ss. de este mismo trabajo.

cuya función esencial es servir de enlace entre el Comité de las Regiones y la propia delegación nacional[25].

Como se ha adelantado anteriormente, los miembros del Comité de las Regiones, además de pertenecer a sus respectivas delegaciones nacionales, también forman parte de un grupo político atendiendo a su afinidad política. Los grupos políticos europeos actuales son el Partido Popular Europeo (PPE), el Partido de los Socialistas Europeos (PSE), el Grupo Identidad y Democracia (ID), el Grupo de los Conservadores y Reformistas Europeos (CRE), Los Verdes/Alianza Libre Europea (GRE/EFA), *Renew Europe* (RE) y el Grupo de la Izquierda en el Parlamento Europeo (GUE/NGL). También es posible encontrar miembros no afiliados. Cada grupo político debe tener un mínimo de dieciocho miembros que representen, al menos, a una quinta parte de los Estados miembros de la Unión Europea. Además, la mitad o más de los integrantes del grupo político deben de ser miembros titulares del Comité de las Regiones[26]. Pueden ser convocados a iniciativa de cuatro partes: por el presidente del Comité, el Parlamento Europeo, la Comisión, o a iniciativa propia.

Existe la posibilidad, además, de crear Grupos interregionales formados por un mínimo de cuatro delegaciones nacionales, o un mínimo de diez representantes, o, por último, un grupo de regiones que promuevan la cooperación transfronteriza[27]. En la actualidad, los Grupos Interregionales existentes son: Regiones del Mar Báltico, BREXIT, Cárpatos, Cooperación Transfronteriza, Futuro del Sector del Automóvil, Salud y Bienestar y Regiones insulares[28]. Su finalidad consiste en permitir el debate y el

---

25 Artículo 9 del Reglamento interno del Comité de las Regiones.

26 Artículos 8 y 10 del Reglamento interno del Comité de las Regiones.

27 Artículo 10 del Reglamento interno del Comité de las Regiones.

28 La lista completa de Grupos interregionales puede consultarse en https://cor.europa.eu/es/our-work/Pages/Interregional-groups.aspx.

intercambio de opiniones e ideas entre los diferentes entes locales y regionales que forman parte del Comité de las Regiones.

El Comité se reúne un total de seis veces al año por plenos, en los cuales se discute sobre la política general y se elaboran los dictámenes que se consideran oportunos. Los órganos encargados de elaborar los dictámenes y, posteriormente, presentarlos ante el pleno, son las comisiones especializadas. Para que un dictamen sea aprobado debe ser votado por la mayoría de los miembros reunidos en el pleno. Encontramos, por el momento, seis comisiones especializadas: Cohesión Territorial y Presupuesto de la Unión Europea (COTER); Política Económica (ECON); Política Social, Educación, Empleo, Investigación y Cultura (SEDEC); Medio Ambiente, Cambio Climático y Energía (ENVE); Ciudadanía, Gobernanza y Asuntos Institucionales y Exteriores (CIVEX), y; Recursos Naturales (NAT). Por su parte, la Conferencia de Presidentes actúa como órgano de gobierno del Comité. Se integra por el presidente y el vicepresidente del Comité y los presidentes de cada grupo político, con el fin de debatir y conseguir un consenso político en las cuestiones que le someta el presidente[29].

3. Los modelos de distribución de los representantes en el sistema comparado

Cada Estado miembro ha optado por una distribución de sus representantes en el Comité de las Regiones distinta atendiendo a sus propias peculiaridades, siendo la más relevante la atinente a su forma de organización territorial del poder. Explicaremos, a continuación, brevemente, el sistema alemán como ejemplo de un Estado federal, el italiano como ejemplo de Estado regional y el francés como ejemplo de un Estado me-

---

29 Artículos 46 y ss. del Reglamento interno del Comité de las Regiones.

nos descentralizado. Es destacable que estos países, Alemania, Italia y Francia, tienen el mismo número de representantes, pero cada uno adopta un sistema de distribución diferente. Adelantamos ahora que España tiene un total de 21 representantes, correspondiendo 17 a las Comunidades Autónomas.

Alemania cuenta con un total de 24 representantes dentro del Comité de las Regiones. Destina 21 a los *Länder* y el resto, tres representantes, a los municipios (*Gemeinden*). El país cuenta con un total de dieciséis *Länder*. El actual sistema de designación de los representantes de los *Länder* en el Comité de las Regiones fue aprobado en Alemania, al igual que en España, en el año 1993, en una Conferencia celebrada entre los ministros y los presidentes de los *Länder*.

Todos los *Länder* tienen al menos un miembro en el Comité. Los cinco sobrantes hasta completar 21 van rotando por orden atendiendo a su población (el primer año los cinco *Länder* más poblados tienen un representante más; posteriormente, en la siguiente ronda, reciben uno más los cinco siguientes *Länder* más poblados, y así sucesivamente[30]). Son los propios *Länder* los que proponen sus candidatos al Gobierno Federal y este los nombra sobre la base de la lista de nombres que le ha sido presentada. El Gobierno Federal comunica los representantes alemanes de los *Länder* en el Comité de las Regiones al Consejo de Ministros de la Unión Europea.

---

30 *Le processus de désignation des membres du Comité des régions. Procédures appliquées dans les Etats membres,* Comité de las Regiones, 2007, pp. 9-10. Con más profundidad sobre la participación de los *Länder* en la Unión Europea PANARA, Carlo, "La participación de los Länder alemanes en el proceso de toma de decisiones de la UE", *Revista CIDOB d'afers internacionals,* núm. 99, 2012, pp. 25-38, y SEVILLA DURO, Miguel Ángel, "La participación ascendente de Länder y Comunidades Autónomas en la Unión Europea", *Revista Jurídica de la Universidad Autónoma de Madrid,* núm. 44, 2021-II, pp. 69-93.

Italia cuenta con 24 representantes en el Comité de las Regiones. Su sistema de reparto, como vamos a tener ocasión de comprobar a continuación, es diferente al que acabamos de explicar correspondiente al caso alemán. La distribución se produce como sigue: 14 representantes para las regiones (*regione*), 3 para las provincias (*province*) y, finalmente, un total de 7 para los municipios (*comuni*). Los representantes serán propuestos por la Conferencia de Presidentes Regionales (CPR), la Unión de Provincias Italianas (UPI) y la Asociación Nacional de Municipios Italianos (ANCI). Esta propuesta se remite al Ministerio de Asuntos Regionales encargado, finalmente, de nombrar a los candidatos propuestos sobre la base de la lista de nombres que le ha sido remitida.

Tenemos un total de 20 regiones en Italia[31], por lo que seis de ellas no tendrán representación. El Decreto del Presidente del *Consiglio dei Ministri* de 9 enero de 2015, la norma que establece la distribución, no prevé expresamente un reparto proporcional desde la perspectiva territorial o política, pero, en la práctica, se busca que exista un reparto proporcional entre los territorios más poblados y los menos, así como que los representantes formen parte de partidos políticos diferentes[32]. Por tanto, se va rotando entre las regiones y los municipios atendiendo a diversos factores como el volumen de población, sus características (por ejemplo, estatuto especial u ordinario) y su representación política.

---

[31] De las 20 regiones existentes, cinco de ellas cuentan con un estatuto especial (Sicilia, Cerdeña, Valle de Aosta, Friuli-Venecia Julia y Trentino-Alto Adigio). Las regiones que cuentan con estatuto especial, en primer lugar, tienen una autonomía mayor a las regiones con estatuto ordinario y, en segundo lugar, precisan de una ley constitucional para modificar el estatuto especial (no basta con una ley regional como sucede en el caso de reforma de los estatutos ordinarios).

[32] *Le processus de désignation des membres...*, ob. cit., pp. 4-5.

Francia, modelo de Estado menos descentralizado[33], constituye un ejemplo claro de un reparto equilibrado. Designa 24 representantes y de estos, la mitad, doce, pertenecen a las regiones (*régions*) y el resto se reparte por mitad otra vez, seis para los departamentos (*départements*) y seis para los municipios (*communes*). Francia cuenta con dieciocho regiones[34] por lo que, como ocurre en Italia, no todas las regiones tendrán representación. Igualmente, cuenta con un total de 101 departamentos y más de 35 mil municipios. Los representantes son nombrados por el primer ministro, a propuesta de la Asociación de Regiones Francesas, la Asamblea de Departamentos Franceses, y la Asociación de Alcaldes Franceses, respectivamente. Al igual que en Italia, el nombramiento se realiza sobre

33 Las competencias de los departamentos franceses no son comparables a las de los entes territoriales periféricos de los Estados compuestos ya que los departamentos franceses tienen descentralización administrativa y los segundos política. Así lo expresa Anguita Susi: "en Francia, la descentralización no es el elemento constitutivo de su identidad política, sino más bien la forma de organización administrativa del Estado", ANGUITA SUSI, Alberto, "Las bases jurídico-constitucionales del proceso de descentralización en Francia", *Revista de Derecho UNED*, núm. 2, 2007, p. 268. En el mismo sentido, Tajadura Tejada explica que la descentralización de las regiones francesas no se puede equipar a la de las Comunidades Autónomas, siendo la principal diferencia la ausencia de poder legislativo de las primeras. La consecuencia de esto "nos conduce a calificar el regionalismo francés como administrativo", TAJADURA TEJADA, Javier, "Las reformas del modelo de descentralización territorial de Francia. La necesaria simplificación del 'milhojas territorial'", en VIDAL PRADO, Carlos y DELGADO RAMOS, David (coords.), *Crisis económica y reforma de las administraciones públicas. Un estudio comparado, Instituto Nacional de Administración Pública,* Madrid, 2017, pp. 297-298. De ahí que se mantenga que Francia es un Estado menos descentralizado que Alemania o España, entre otros.

34 Cinco de estas regiones se encuentran en la Francia de ultramar (Guadalupe, Martinica, Guayana Francesa, La Reunión y Mayotte).

la base de la lista de candidatos propuestos teniendo en cuenta criterios políticos y territoriales para realizar la elección[35].

4. La heterogeneidad de los miembros

El Comité de las Regiones se caracteriza por la heterogeneidad de sus miembros y de los intereses que representan.

Como sabemos, la Unión Europea no tiene competencias originarias, sino que son los Estados que han entrado a formar parte de ella los que han trasladado el ejercicio de ciertas competencias a la integración. Esta las desempeñará de forma exclusiva, de forma compartida o, bien, en forma de apoyo, coordinación o complemento[36]. Se trata de una transferencia desde el nivel estatal al nivel europeo que ha afectado también a competencias que, en los Estados más descentralizados como Alemania, Bélgica y España, corresponden a ciertos territorios que, en su seno, cuentan con autonomía política para desarrollarlas e implementarlas y, por ello, se requería de algún tipo de

---

[35] *Le processus de désignation des membres...*, ob. cit., p. 24.

[36] MANGAS MARTÍN, Araceli, "Las competencias de la Unión Europea", en MANGAS MARTÍN, Araceli y LIÑÁN NOGUERAS, Diego J., *Instituciones y derecho de la Unión Europea,* 10ª edición, Tecnos, Madrid, 2020, pp. 72-89. Las competencias exclusivas están reguladas en los artículos 2.1 y 3 del Tratado de Funcionamiento de la Unión Europea y, con respecto a las mismas, la Unión es la única competente para legislar de tal forma que los Estados deben ser habilitados por la propia Unión para poder intervenir. Las competencias compartidas -artículos 2.2 y 4 del Tratado de Funcionamiento de la Unión Europea- permiten la acción normativa tanto de la Unión como de los Estados miembros, aunque se debe matizar que estos últimos únicamente pueden legislar sobre la materia si la Unión no lo ha hecho o ha dejado de hacerlo. Por último, en las competencias de apoyo, coordinación y complemento (artículo 2.5 del mismo texto), la Unión interviene de forma complementaria a los Estados.

mecanismo para poder trasladar su voluntad a la integración en relación con desempeño de las mismas (en Estados menos descentralizados como Francia o Portugal no se plantea dicha cuestión). En este contexto surge el Comité de las Regiones, cuya creación fue impulsada por los Estados con mayor grado de descentralización territorial del poder al objeto de garantizar la participación de las regiones en el procedimiento normativo de la Unión trasladando sus necesidades e intereses a tal efecto. Esta participación, en el caso de las Comunidades Autónomas españolas, se produce de forma inmediata y propia.

Pero, en el Comité de las Regiones, no solo se produce la participación de representantes de los Estados federales y regionales miembros, sino de todos los Estados miembros de la Unión. Y aquí probablemente radica uno de sus principales problemas, consistente en la gran heterogeneidad entre sus miembros, pues, aunque fue creado para trasladar los intereses de los territorios de los Estados descentralizados (*Länder*, regiones, Comunidades Autónomas...), lo cierto es que en él también se expresan los intereses de los Estados que no cuentan con una forma descentralizada de organización del poder territorial. Todos los Estados miembros, con independencia de cuál sea su organización territorial del poder, forman parte del Comité de las Regiones; ninguno de ellos ha querido renunciar a esta forma de participación. En el caso de los Estados altamente descentralizados en los que los entes territoriales tienen una influencia política mayor y tienen atribuidas importantes competencias, se asignan muchos más representantes en el Comité a los entes subestatales periféricos (así ocurre con los *Länder* alemanes), mientras que los modelos correspondientes a un Estado más centralizado -caso francés- se produce un reparto más equitativo entre los representantes en el Comité que se atribuyen a las diferentes subdivisiones territoriales del Estado (regiones, departamentos y municipios, por seguir con el ejemplo francés).

La diferencia de posturas entre, por un lado, los Estados con menor nivel de descentralización territorial, y, por otro, aquellos con un modelo de organización territorial del poder fuertemente descentralizados, se manifestó ya con ocasión de la discusión sobre la naturaleza de los miembros del Comité de las Regiones. En un primer momento, países como Grecia y Países Bajos defendieron que los representantes de los Estados en el Comité de las Regiones debían ser funcionarios europeos y no cargos titulares de un mandato electoral, como en la actualidad establece el Tratado de Funcionamiento de la Unión Europea. En contraposición, otros Estados, tales como España, Alemania o Bélgica, todos ellos Estados muy descentralizados, se mostraron conformes con la última opción[37] y el Parlamento Europeo, por su parte, también se pronunció a favor del sistema de cargos electos para la elección de los miembros del Comité de las Regiones[38]. Este último fue el modelo finalmente adoptado, lo que rubrica la tesis según la cual el Comité de las Regiones fue un órgano concebido fundamentalmente para responder a las necesidades de los Estados con un intenso grado de descentralización territorial del poder.

El Parlamento Europeo basó su decisión en el hecho de que, cuando los miembros del Comité son a su vez cargos elegidos en sus respectivas regiones o entidades locales a través de elecciones democráticas, se aporta una mayor legitimidad a las decisiones del Comité de las Regiones. Además, debe subrayarse que los miembros titulares de los Estados miembros con pre-

---

37 PACHECO BARRIO, Manuel Antonio, "El fortalecimiento de la presencia de las Comunidades Autónomas en la Europa de los Estados", *Revista Aequitas: Estudios sobre historia, derecho e instituciones*, núm. 1, 2011, p. 111.

38 Resolución b3-0516/93 del Parlamento Europeo, de 23 de abril, sobre el Comité de las Regiones: "Por un lado, que se garantizara que sus miembros eran cargos electos, o al menos tuvieran legitimidad democrática directa ante una asamblea local o regional. Por otro lado, determina que los estados descentralizados deben estar representados en este organismo" (punto 4, p. 341) (DOCE 150 de 31 de mayo de 1993).

sencia en el Comité de las Regiones son presidentes regionales (en nuestro caso, por ejemplo, un presidente de una Comunidad Autónoma) o alcaldes, entre otros miembros electos, que son los poderes públicos más cercanos a los ciudadanos, lo que facilita la consulta a estos últimos y su participación en la política europea[39], en particular, en relación con aquellas materias que son de la competencia del ente territorial en cuestión que, consecuentemente, habrá que ejecutar en dicho territorio.

Ahora bien, la apuesta por una designación de los miembros del Comité de las Regiones entre cargos electos plantea también problemas, que fueron indicados en su momento por el Parlamento Europeo, pues puede darse el caso de que estos representantes consideren su papel dentro del Comité de forma secundaria, ya que el grueso de su trabajo, por razón de su cargo electo, se desarrolla en esas regiones o entidades locales. Al respecto, Piattoni[40] realizó una encuesta anónima a los miembros del Comité en la que la mayoría ellos no se consideraban "asesores", sino representantes políticos. Es decir, no se ven a sí mismos desarrollando la función consultiva para la que el Comité realmente fue creado, sino como representantes, no solo de sus respectivas regiones o entes locales, sino de todas las entidades regionales y locales europeas. Por

---

39 DE URRESTI LONGTON, Alfonso, "El proceso de integración europea y el Comité de las Regiones", *Revista de Derecho, Criminología y Ciencias Penales,* núm. 5, 2003, p.39.

40 PIATONNI, Simona, "The Committee of the Regions and the upgrading of Subnational territorial representation", en KRÖGUER, Sandra y FRIEDRICH, David (eds.), *The Challenge of Democratic Representation in the European Union,* Houndmills: Palgrave MacMillan, Londres, 2012, pp. 59-73. El desarrollo de los resultados obtenidos en esta encuesta puede encontrarse también en TROBBIANI, Riccardo, "European regions in Brussels: towards functional interest representation?", *Bruges Political Research Papers,* College of Bruges, núm. 53/2016, pp. 18-19.

todo ello, son muchas las voces que explican que el Comité de las Regiones se ha convertido en una "Casa de las Regiones"[41], esto es, un foro en el que los diferentes dirigentes regionales y locales se encuentran, comparten ideas, coordinan sus políticas y conciertan sus actuaciones, lo que les permite estar al día y ejecutar dichas políticas en sus territorios, más que influir verdaderamente en los procesos de la Unión Europea.

5. Funciones del Comité de las Regiones

El artículo 13, apartado 4, del Tratado de la Unión Europea, y el artículo 300, apartado 1, del Tratado de Funcionamiento de la Unión Europea, fijan la naturaleza meramente consultiva de los dictámenes del Comité de las Regiones.

La intervención del Comité de las Regiones en el procedimiento decisorio de la Unión puede producirse de forma facultativa u obligatoria.

Por un lado, el Consejo, el Parlamento Europeo o la Comisión pueden pedir la opinión del Comité para cualquier asunto que estimen conveniente y es entonces cuando este emite un dictamen facultativo. Pero, además, el Tratado de Funcionamiento de la Unión Europea prevé una serie de materia en las cuales resulta obligatoria la consulta del Consejo o de la Comisión. Se trataría, según dicho texto, de cuestiones relativas al Fondo Social Europeo (art. 164); empleo (arts. 148 y 149); formación profesional (art. 166.4); educación (art. 165.4); cultura (art. 167); medio ambiente (art. 192); transportes (art. 91); salud pública (art. 168); política social (art. 153); redes transeuropeas (art. 170); cohesión económica y social: acciones necesarias fuera de

---

41 CASTELLÀ ANDREU, Josep Mª, "Las Comunidades Autónomas en Bruselas: la dimensión externa de la participación autonómica en la Unión Europea", *REAF*, núm.6, abril 2008, p. 36.

los fondos (art. 175); normas generales (art. 177); decisiones de aplicación relativas al FEDER (art. 178). Si analizamos las materias en las que es obligatorio consultar al Comité, encontramos, por ejemplo, sanidad, una materia cuya competencia pertenece, en el caso español, a las Comunidades Autónomas conforme al artículo 148.1.21ª) de la Constitución española. Se puede observar, por tanto, que las consultas obligatorias tienen en buena parte que ver con competencias de los entes regionales; de ahí la necesidad de que el Comité de las Regiones se pronuncie sobre ellas, ya que son sus miembros, los representantes regionales, los que van a tener que implementarlas en su territorio. Aún más, una de las principales reivindicaciones del Comité de las Regiones es que sus dictámenes sean vinculantes en aquellas materias con "clara dimensión territorial"[42].

Por otra parte, el Comité de las Regiones tiene también la facultad de emitir dictámenes por propia iniciativa en aquellos asuntos que considere necesario (por ejemplo, puede pronun-

---

42 Así lo pone de manifiesto el Comité de las Regiones en la Cumbre de Marsella celebrada en marzo de 2022. En el Manifiesto aprobado por el conjunto del Comité de las Regiones durante la misma se puede leer: "(...) pedimos que el Comité Europeo de las Regiones pase gradualmente de desempeñar una función consultiva como es el caso en la actualidad a tener un papel vinculante en un número limitado de ámbitos políticos con una clara dimensión territorial, evitando al mismo tiempo añadir mayor complejidad a la UE (...) conducirá a una mejora de la legislación y una mayor legitimidad democrática en la Unión Europea. Este refuerzo del principio de subsidiariedad puede lograrse mejorando el acceso del Comité Europeo de las Regiones a las negociaciones entre las instituciones de la UE sobre propuestas legislativas (diálogos tripartitos) y otorgando a los parlamentos regionales, en circunstancias debidamente definidas, un papel formal a la hora de proponer legislación de la UE". Manifiesto de Marsella de los líderes regionales y locales: "Europa empieza en sus regiones, ciudades y pueblos", pfo. 5, 4 de marzo de 2022.

ciarse sobre asuntos sobre los que se ha requerido dictamen al Comité Económico y Social si lo considera preciso).

Además, y desde la entrada en vigor del Tratado de Lisboa, el Comité de las Regiones tiene legitimación activa ante el Tribunal de Justicia de la Unión Europea. Así, el Comité puede recurrir al Tribunal en los siguientes casos: en primer lugar, cuando considere que no se respetado el procedimiento de consulta ante el órgano (esto es, ante la falta de consulta al Comité con ocasión de una materia que, según el Tratado de Funcionamiento de la Unión Europea, exige dicha consulta, tal y como señala el artículo 263 de dicho texto). Y, en segundo lugar, puede interponer recursos frente a la violación del principio de subsidiariedad en alguno de los actos legislativos para los que es obligatoria su consulta, siguiendo el artículo 8 del Protocolo nº 2 sobre la aplicación de los principios de subsidiariedad y proporcionalidad[43].

En el mismo texto, en el artículo 9, se prevé que la Comisión debe presentar al Comité de las Regiones un informe anual sobre la aplicación del principio de subsidiariedad y proporcionalidad. Es por ello por lo que el Comité de las Regiones es considerado como "un instrumento privilegiado para la aplicación del principio de subsidiariedad"[44]. El principio de subsidiariedad regula la manera en la que se tiene que ejercer la competencia dentro de la Unión Europea: esta no intervendrá en aquellas materias en la que los Estados puedan abordarla de manera eficaz, ya sea a escala central, regional o local, siempre que se trate de una competencia no exclusiva de la Unión. Este principio pretende garantizar que las decisiones sean to-

---

43 DOUE L 115 de 9 de mayo de 2008, pp. 206-209.

44 DE URRESTI LONGTON, Alfonso, "El proceso de integración europea...", ob. cit., p. 39.

madas de la forma más próxima posible a los ciudadanos[45]. Los miembros del Comité de las Regiones son cargos regionales o locales, los poderes públicos más cercanos a los ciudadanos; de ahí que el Comité sea un órgano clave para salvaguardar el principio de subsidiariedad, ya que, por la naturaleza de sus miembros, tiene una posición privilegiada para controlar la correcta aplicación de este principio[46].

III. ESPAÑA EN EL COMITÉ DE LAS REGIONES

1. España en el origen del CdR

Las reclamaciones de diferentes Estados con respecto a la representación de las regiones dentro de la Unión Europea -Alemania defendió inicialmente la creación de un órgano representativo de las regiones europeas y a Alemania se unieron Bélgica e Italia y, finalmente, España- dieron lugar a tres propuestas sobre la materia en la Conferencia Intergubernamental (CIG) celebrada el 15 de diciembre de 1990 en Roma. Una de ellas fue directamente presentada por España. Su propuesta consistía en crear un órgano cuya función principal fuera la representación de los entes territoriales periféricos y los entes locales unido al Consejo Económico y Social, a través de dos fórmulas alternativas: aumentar el número de representantes del Consejo Económico y Social y que fueran representantes de las regiones europeas, o

45 MANGAS MARTÍN, Araceli, "Las competencias de la Unión Europea", en MANGAS MARTÍN, Araceli y LIÑÁN NOGUERAS, Diego J., *Instituciones y derecho…*, ob. cit, p. 80.

46 En la encuesta anónima realizada por Piattoni, a la que antes se ha hecho mención, los miembros del Comité revelaban que se sienten mucho más cerca de los ciudadanos que otros órganos o instituciones de la Unión. PIATONNI, Simona, "The Committee of the Regios and the upgrading…", ob. cit., pp. 59-73; y TROBBIANI, Riccardo, "European regions in Brussels…", ob. cit., pp. 18-19.

crear una instancia dentro del órgano que sirviera para acoger los intereses regionales[47]. Esta propuesta fue rechazada por la mayoría de los entonces Estados miembros.

Así las cosas, un año más tarde, en noviembre de 1991, España y Alemania, conscientes de las similitudes existentes entre sus modelos territoriales, lanzaron una propuesta conjunta sobre la creación de un órgano consultivo que representara a las regiones que se concretaría a través de dos textos diferentes. Un primer texto contenía el diseño del órgano, ahora independiente del Consejo Económico y Social (reiteramos que España había defendido en un primer momento la representación de los intereses de las regiones con la mediación del Consejo Económico y Social), en el que se recogían los siguientes extremos: naturaleza consultiva de los dictámenes; casos en los que la consulta fuera obligatoria, y; remisión de los dictámenes al Parlamento Europeo, la Comisión y el Consejo. Y un segundo texto que introducía un artículo en el Tratado de Maastricht sobre la organización del Comité de las Regiones, que posteriormente se cristalizó en el artículo 189 b). Este fue, finalmente, el modelo aprobado por el resto de los Estados[48] y que, posteriormente, dio lugar al Comité de las Regiones. Es decir, aun reconociendo el papel preponderante de Alemania en la creación del Comité, España fue el primer país en apoyar la primera propuesta presentada por el Estado alemán y, finalmente, participó todavía más activamente junto a Alemania con respecto a esta materia, llegando a firmar la propuesta germana que cristalizó en el Comité tal y como lo concebimos hoy en día.

Cabe destacar, por otra parte, que, con ocasión del diseño conjunto por parte de ambos países que plantearon la propuesta, en el caso español, fue el Gobierno central el órgano que negoció con el país germano, informando posteriormente a las

[47] CALONGUE VELÁZQUEZ, Antonio, "España y el Comité...", ob.cit., p.19.

[48] Ibídem, p.20.

Comunidades Autónomas a través de la Conferencia Sectorial para Asuntos Comunitarios, mostrándose todas ellas de acuerdo con la misma[49]. Igualmente, resulta necesario recordar que el Tratado de Adhesión de Lisboa-Madrid, con el que España entró a formar parte de las Comunidades Europeas, entró en vigor en 1986 y que, por ello, España solo pudo acudir como observador a la creación del Acta Única Europea. Frente a ello, en el año 1992, con ocasión de la reforma del Derecho originario de la integración que trajo consigo la aprobación del Tratado de Maastricht, que introdujo el Comité de las Regiones, España pudo participar como socio comunitario de pleno derecho.

2. Los representantes de la delegación española

2.1. Modelo de distribución

España, como ya se ha señalado, cuenta con 21 representantes en el Comité de las Regiones desde la Decisión 2019/852 del Consejo. A través de una Conferencia Sectorial de Asuntos Comunitarios celebrada en el mes de diciembre del año 1992, lo que fue ratificado posteriormente a través de una moción en el Senado en el año 1993[50], se decidió que 17 de los 21 miembros correspon-

---

[49] PAREJO ALFONSO, Luciano y BETANCOR RODRÍGUEZ, Antonio, "Spanish Autonomous Communities and the Committee of the Regions", *Regionen in Europe. Regions in Europe. Régions en Europe,* Nomos, Verlag, Baden-Baden, 1996.

[50] Moción por la que el Senado insta al Gobierno para que la propuesta a presentar por el Reino de España al Consejo de las Comunidades Europeas de los 21 miembros que representan a nuestros entes regionales y locales en el Comité de las Regiones creado por el Tratado de la Unión Europea, se ajuste a los criterios de representatividad de titulares y suplentes, que serán propuestos por el órgano al que corresponde la suprema representación de la Comunidad Autónoma y por la Federación Española de Municipios y Provincias. V Legislatura, núm. expediente 662/000015.

dientes a España en el Comité de las Regiones debían corresponder a las Comunidades Autónomas de forma que todas ellas se encontrarían representadas en el nuevo órgano europeo. Los cuatro restantes corresponderían a las entidades locales. Los miembros autonómicos en el Comité de las Regiones son propuestos por las propias autonomías y los miembros locales son propuestos por la Federación Española de Municipios y Provincias.

Esta decisión encontró bastante oposición por parte del País Vasco y Cataluña. En un primer momento, estas Comunidades Autónomas se mostraron contrarias a destinar un número de representantes para las entidades locales. Ambas proponían crear dos cámaras diferentes dentro del Comité de las Regiones: una para las regiones y otra para las entidades locales y, aunque finalmente aceptaron dar cuatro representantes a las corporaciones locales, lo hicieron esperando, precisamente, la creación de esa segunda cámara en un futuro en el seno del Comité[51]. De la misma forma, la Federación Española de Municipios también opuso reservas al modelo de distribución de representantes, pero, evidentemente, de forma contraria a Cataluña y País Vasco; en su caso, se reclamaron más representantes para las entidades locales -un total de 10- con el objeto de equilibrar la presencia de los intereses autonómicas y locales en el Comité de las Regiones. Así se puso de manifiesto en una denuncia presentada por la Federación Española de Municipios ante la Comisión europea, en una Asamblea General Extraordinaria celebrada el 6 de noviembre de 1993.

Este sistema de distribución de los representantes españoles en el Comité de las Regiones ha provocado la reacción de la doctrina en ambos sentidos. Por una parte, Pérez González[52] o

---

51 FERNÁNDEZ CASTAÑO, Emilio, "En torno al Tratado de la Unión Europea", *Política Exterior*, vol. 6, núm. 29, 1992, pp. 146-172.

52 PÉREZ GONZÁLEZ, Manuel, "Algunas consideraciones sobre el Comité de las Regiones y su función en el proceso de construcción de la Unión Europea", *RIE*, vol. 21, núm. 1, 1994, p. 48.

Moreno Vázquez[53] explican su posición a favor con respecto a este reparto argumentando que destinar 17 representantes a las Comunidades Autónomas es proporcional si tenemos en cuenta las competencias de nuestras Comunidades, que son superiores a las de las entidades locales; además, Moreno Vázquez destaca que la Constitución reconoce autonomía política a las Comunidades Autónomas a través de su artículo segundo. En realidad, la mayor parte de la doctrina apoya esta distribución debido a que las materias que se van a consultar al Comité por parte de las instituciones de la Unión Europea son competencia de las Comunidades Autónomas. Esta postura está en consonancia con la tesis expuesta anteriormente, ya que se ha sostenido que el Comité es un órgano que permite a las regiones expresar su voluntad en aquellas materias que antes eran de su competencia de manera y ahora también son de la Unión Europea, de ahí la necesidad de que todas las autonomías tengan al menos un representante.

En el lado opuesto se manifiesta Mangas Martín[54], poniendo de relieve que debería tenerse en cuenta que hay Comunidades Autónomas uniprovinciales, por lo que correspondería un reparto más equilibrado a favor de los municipios. Basa también esta opinión en que los representantes no deben defender los intereses de su Comunidad Autónoma o su localidad particular, sino los intereses de todas las autonomías y localidades; en consecuencia, el destinar más representantes locales -y menos a las Comunidades Autónomas, quedando alguna fuera- no supondría un problema para la delegación española.

Finalmente, a pesar de las reticencias de Cataluña, País Vasco y la Federación Española de Municipios, y de una parte de la

---

53 MORENO VÁZQUEZ, Manuel, *Comité de las Regiones y Unión Europea*, Tirant lo Blanch, Valencia, 2001.

54 MANGAS MARTÍN, Araceli, "El nombramiento del Comité de las Regiones: el caso español", *Noticias de la Unión Europea*, núm. 117, 1994, pp. 11-18.

doctrina, la composición adoptada fue la decidida en un primer momento: 17 representantes autonómicos y 4 locales (de estos cuatro, dos corresponden a Madrid y Barcelona, por lo que las dos ciudades españolas más grandes están siempre representadas; los dos restantes van rotando entre el resto de las ciudades).

Este modelo de distribución de los representantes es muy similar al modelo alemán, ya que ambos destinan al menos un representante para cada ente territorial periférico otorgando mucha menor representación a las entidades locales. Se puede comprobar, por consiguiente, cómo España ha seguido los pasos de Alemania en este asunto. Ello puede tener su razón de ser en que ambos Estados son dos de los países más descentralizados en el mundo[55], por lo que resultaba clave para los dos la creación

---

55 Se puede afirmar el alto grado de descentralización de las Comunidades Autónomas y los *Länder* alemanes teniendo en cuenta diferentes criterios: 1. "Calidad y cantidad de las competencias de las que son titulares", algunas de las cuales ya se han puesto de manifiesto en este trabajo. 2. "Autonomía política", por ejemplo, potestad legislativa, a diferencia de las regiones francesas. 3. "Porcentaje de gasto con respecto al PIB". En 2019, Alemania se sitúa en el 20% y España se situaba en el 30%, estando este último entre los cinco Estados más descentralizados en tributación efectiva a nivel mundial (por detrás de Canadá, Suiza, Estados Unidos y Australia). En el caso español, si al porcentaje anterior le restamos el gasto en Seguridad Social y la deuda pública, gastos no disponibles por el poder central, el resultado es un total del 44% de gasto gestionado por las Comunidades Autónomas. 4. "Nivel de contacto personal del ciudadano con la administración pública autonómica en comparación con la estatal", de ahí el principio de subsidiariedad. GARCÍA GUERRERO, José Luis, "El dinámico estado autonómico español", Quid Iuris, 2011, p. 74. Sobre el porcentaje de gasto de las Comunidades Autónomas y la descentralización tributaria efectiva LAGOS RODRÍGUEZ, María Gabriela, *Federalismo fiscal: teoría y realidad*, Aranzadi, Madrid, 2021, pp. 114-116, y LAGO PEÑAS, Santiago, "La descentralización tributaria en España: avances significativos, retos pendientes", *Cuadernos de información económica*, núm. 272, septiembre-octubre, 2019, p. 48, respectivamente.

de un órgano que permitiera a los *Länder* y a las Comunidades Autónomas formar parte del proceso de decisión europeo.

Por último, aunque actualmente haya un total de ocho Estatutos de Autonomía que regulan las relaciones de la correspondiente Comunidad Autónoma con la Unión Europea[56], solamente dos de ellos mencionan expresamente al Comité: el Estatuto de Autonomía de la Comunidad Valenciana, que contiene una mención expresa al Comité de las Regiones, únicamente para establecer que su representante ante el Comité será el presidente de la Generalitat (artículo 61.3.c)); y el Estatuto de Castilla y León, que prevé que es la Junta de Castilla y León quien propone sus representantes para el Comité de las Regiones (artículo 63.2). No se encuentra ninguna referencia más al Comité en el resto de Estatutos de los entes autonómicos.

Finalmente, cabe preguntarse qué ocurre con Ceuta y Melilla. Ambas obtuvieron su Estatuto de Ciudades Autónomas en el año 1995. En consecuencia, no se tuvieron en cuenta en el reparto que se realizó en 1993. El primer intento de que fueran incluidas dentro de los representantes españoles en el Comité de las Regiones se produjo en el año 2014, a través de la presentación de una Proposición no de ley en la que se pedía al Gobierno, precisamente, la revisión del reparto de representantes. Esta propuesta no obtuvo resultado y, a finales de 2021, en las Jornadas Europeas celebradas en Ceuta, se volvió a poner sobre la mesa la incorporación de las dos Ciudades Autónomas en el Comité, aunque, otra vez, no ha habido avances en este sentido[57].

---

56 Son los Estatutos de Autonomía de Valencia, Cataluña, Aragón, Islas Baleares, Castilla y León, Andalucía, Extremadura y Navarra.

57 DEL VALLE GÁLVEZ, Alejandro y otros, "La consolidación europea de Ceuta, Melilla y los otros territorios españoles en el norte de África", *Informe del Observatorio de Ceuta y Melilla*, Instituto de Seguridad y Cultura, pp. 90-93.

2.2. El carácter y representatividad de los miembros españoles del Comité de las Regiones

Como ya se ha señalado, los representantes en el Comité de las Regiones deben ser cargos electos, bien regionales, bien locales, o con una responsabilidad política dentro de una asamblea, como así lo establece el artículo 300, apartado tercero, del Tratado de Funcionamiento de la Unión Europea.

En el caso español, en 2023, la delegación española está conformada por los presidentes y presidentas de las Comunidades Autónomas y dos Consejeros de los Gobiernos autonómicos[58] y, en el caso de las entidades locales, todos los representantes titulares son alcaldes. En cuanto a los miembros suplentes, podemos observar más diferencias entre las autonomías. Algunas (las más) optan por altos cargos en la Administración relacionados con asuntos europeos o acción exterior, tales como directores o secretarios generales[59]; otras (las menos) se decantan por consejeros de sus gobiernos regionales[60], e, igualmente, encontramos cuatro alcaldes, de La Palma del Condado, de San Feliú de Llobregat, de Valladolid y de Cartagena, como miembros suplentes. Al respecto, Ortega Santiago[61] ha criticado que altos cargos de

58 Para Cantabria, su miembro titular actual es la Consejera de Presidencia, Interior, Justicia y Acción Exterior; al igual que en Cataluña, cuyo miembro titular es la Consejera de Acción Exterior y Gobierno Abierto.

59 Por ejemplo, en Murcia, el miembro suplente es el Director General de Unión Europea. Por su parte, en el País Vasco, el suplente es el Secretario General de Acción Exterior, o en Extremadura, es la Directora General de Acción Exterior.

60 Así encontramos Aragón, cuyo miembro suplente es la Consejera de Presidencia y Relaciones Institucionales.

61 ORTEGA SANTIAGO, Carlos, "El Comité de las Regiones", en BIGLINO CAMPOS, Paloma (coord.), *La política europea de las Comunidades Autónomas y su control parlamentario*, IDP-Tirant Lo Blanch, Valencia, 2004, p. 41.

la Administración -directores y secretarios generales- sean nombrados representantes en el Comité de las Regiones, explicando que no son cargos electos por lo que se estaría infringiendo el mandato de que fueran cargos electos. Sin embargo, se debe tener en cuenta que los directores y los secretarios generales tienen legitimidad democrática indirecta de segundo o tercer grado, dependiendo de quién sea el cargo que les nombre[62].

En segundo lugar, resulta curioso observar la división en los grupos políticos de los representantes españoles. En septiembre de 2023, la mayoría de los miembros titulares y suplentes pertenecen al PPE, seguidos por los pertenecientes al PSE; un titular (Cataluña) y dos suplentes (Cataluña y Navarra) en EA; dos miembros (País Vasco) en *Renew Europe*; un miembro suplente (Castilla y León) en ECR; y la alcaldesa de Sant Feliú (suplente) en Los Verdes. Ya se ha explicado que los miembros se integran en los grupos políticos dependiendo de su afinidad política, por lo que, sobre todo en aquellas Comunidades Autónomas en las que se han formado gobiernos de coalición, o en las que el Gobierno autonómico ha tenido necesariamente que buscar apoyos en otros partidos políticos, dependiendo de los acuerdos internos a los que hayan llegado, el miembro titular y el suplente pueden pertenecer a grupos políticos diferentes[63]. Por tanto, esto es una muestra clara del pluralismo

---

62 Los directores generales, de acuerdo con el artículo 59 de la Ley de Régimen Jurídico del Sector Público, son nombrados por Real Decreto del Consejo de ministros a iniciativa del Ministro interesado. Por tanto, tienen legitimidad democrática indirecta de tercer grado. Por su parte, los secretarios generales, siguiendo el artículo 64 del mismo texto, son nombrados también por Real Decreto del Consejo de Ministros a propuesta del titular del Ministerio (legitimidad democrática indirecta de tercer grado) o del Presidente del Gobierno (legitimidad democrática indirecta de segundo grado).

63 Esto mismo ocurre, por ejemplo, en Castilla y León: su miembro titular, el presidente de la Comunidad Autónoma, pertenece al PPE, mientras que

político que existe en el seno del Comité de las Regiones en general, incluso en cada delegación nacional en particular.

3. La vida de la delegación española en el Comité

Es preciso comenzar señalando que la mayor parte de organización interna, tanto en el Pleno como en cada delegación nacional, se lleva a cabo mediante acuerdos no escritos, acuerdos de cordialidad internos que no se reflejan en ningún documento, pero que son muy relevantes para entender el funcionamiento del Comité[64]. De esta forma, cuando se procedió por primera vez a designar los órganos de gobierno, se decidió de manera interna que los miembros que integraran los mismos debían estar proporcionalmente distribuidos entre los diferentes partidos políticos que integran el Comité de las Regiones, representantes de las regiones y representantes de los entes locales. Así, el órgano de gobierno representa la heterogeneidad que caracteriza al Comité y todas las ideologías e intereses tienen voz. Fruto de este acuerdo, el alcalde de Barcelona en aquel momento, Pascual Maragall, fue Presidente del Comité en el segundo periodo de mandato de la primera legislatura, y, junto

---

su miembro suplente, el vicepresidente de la región, pertenece a ERC.

64 El día 22 de marzo de 2022 se mantuvo una reunión con Virginia Marco Cárcel, Directora General de Asuntos Europeos de Castilla-La Mancha y miembro suplente del Comité de las Regiones, con la finalidad de profundizar en la organización y funcionamiento de este. Gracias a ella se ha podido obtener toda la información que se expone en esta parte acerca de la delegación española y la participación en concreto de Castilla-La Mancha, ya que ha proporcionado el contenido de los acuerdos internos y de las iniciativas en las que se ha trabajado, y ha expuesto su opinión sobre algunos de los aspectos más conflictivos del Comité. Es por ello por lo que me gustaría expresar mi más sincera gratitud a Virginia Marco por su accesibilidad y por aportar otra visión a este estudio.

a él, el Presidente de la Comunidad de Castilla y León en esa fecha, Juan José Lucas, fue el Vicepresidente. Además, dos representantes españoles más, miembros de Extremadura y Galicia, pertenecieron a la Mesa[65]. En definitiva, la presencia española fue muy alta durante los primeros años del Comité, ya que el Presidente, Vicepresidente y algunos miembros de la Mesa eran españoles. Esto ayudó, quizá, a que, en aquellos primeros años de andadura del Comité, las Comunidades Autónomas mostraran una mayor disposición de participación en el mismo.

Dentro de la propia delegación española, como en el resto de las delegaciones nacionales, debe haber un presidente, un vicepresidente y un secretario, que se deciden entre los propios representantes con base a los acuerdos internos antes mencionados atendiendo a criterios objetivos y lógicos, y que van rotando cada dos años y medio. En la delegación española se llegó al acuerdo de que la presidencia y la secretaría debían corresponder a un miembro perteneciente al partido más votado en el país y la vicepresidencia debía corresponder a un miembro del segundo partido más votado. En la actualidad, la presidencia de la delegación española la ostentaba hasta mediados del año 2022 el presidente de Extremadura (PSOE) y, desde entonces hasta febrero de 2025, la presidencia la ostenta la presidenta de La Rioja, Concha Andreu (PSOE). Además, el presidente, vicepresidente y secretario son los tres miembros españoles que forman parte de la Mesa del Comité de las Regiones.

La forma de trabajar de la delegación española dentro del Comité se asienta, principalmente, en la adopción de posiciones comunes. Por poner un ejemplo, en el momento de producirse el Brexit, Galicia creó un grupo de trabajo "postbrexit" para hacer frente a los efectos de la salida de Reino Unido de la Unión Europea en el sector pesquero gallego. Fruto de este

---

65 CALONGUE VELÁZQUEZ, Antonio, "España y el Comité…", ob. cit., pp. 30-31.

trabajo, Galicia presentó enmiendas al Reglamento de Reserva de Adaptación al Brexit[66]. Las enmiendas, para poder llegar a ser debatidas en el pleno, deben ser apoyadas por al menos seis regiones más. Lo más sencillo es conseguir el apoyo de regiones del mismo país (así, las enmiendas presentadas por Galicia fueron apoyadas por todos los demás miembros españoles).

Aparte de apoyar la iniciativa de los miembros de la delegación nacional, otra forma de defender los intereses comunes del país se produce con ocasión de la adopción de declaraciones conjuntas. Las declaraciones conjuntas reflejan el interés principal de las regiones en ese momento y, a través de ellas, estas instan a las instituciones de la Unión Europea para tener en cuenta su postura. Desde la creación del Comité y hasta la fecha, España ha presentado tres declaraciones conjuntas. La primera, en relación con el Brexit, poniendo de relieve las preocupaciones de las Comunidades Autónomas sobre el futuro de la política agraria, la movilidad de los ciudadanos, el turismo o la pesca, entre otros aspectos[67]. La segunda, sobre los aranceles a los productos agroalimentarios de la Unión Europea que impuso el gobierno de Trump, en la que la delegación española exigía una compensación a los agricultores y ganaderos por los perjuicios y pérdidas que habían ocasionado[68]. Y, la tercera, sobre la regulación de las Indicaciones Geográficas Industriales y Artesanales, con el fin de que los productos artesanales e industriales gocen de la protección que supone la

---

[66] Reglamento (UE) 2021/1755 del Parlamento Europeo y del Consejo de 6 de octubre de 2021 por el que se establece la Reserva de Adaptación al Brexit (DOUE L 357, de 8 de octubre de 2021).

[67] Presentado en la sesión plenaria de julio de 2017. Disponible en: https://cor.europa.eu/es/news/Pages/Las-Comunidades-Autonomas-defienden-sus-intereses-ante-el-Brexit-.aspx

[68] Defendido en la sesión plenaria de diciembre de 2019. Disponible en: https://cor.europa.eu/es/news/Pages/us-tariffs-on-eu-agri-food-products.aspx

indicación geográfica[69]. Las declaraciones conjuntas no solamente se presentan ante el Comité, sino que se envían a todos los interesados, como los Ministerios o, en el caso de la última declaración, a la Oficina Española de Patentes y Marcas[70].

En cuanto a las comisiones, que es donde se elaboran los dictámenes, cada Comunidad Autónoma está presente en dos comisiones, dependiendo de cuáles sean sus intereses en cada momento[71]. Sin embargo, si en el seno de una comisión se va a debatir sobre una materia de especial interés para una de las regiones que no forma parte de esta, son invitadas a participar en el debate. Así, por ejemplo, en la Comisión de Economía, cuando se debatió sobre las indicaciones geográficas de los productos artesanales y locales, Castilla-La Mancha, que no era miembro de esa comisión, pudo intervenir[72].

---

69 Adoptado el 12 de octubre de 2021. Disponible en: https://cor.europa.eu/Documents/AdHoc/Declaraci%C3%B3n%20conjunta%20de%20la%20Delegaci%C3%B3n%20espa%C3%B1ola%20en%20el%20CdR-%20IGIA.pdf

70 Como puede observarse, es posible que mediante la adopción de posiciones comunes o el apoyo a las iniciativas de otra Comunidad Autónoma se produzca una participación inmediata impropia, esto es, que una Comunidad Autónoma defienda los intereses de otra, aunque nada tengan que ver con los suyos propios.

71 Por ejemplo, Galicia está presente en la Comisión de Recursos Naturales y la Comisión de Ciudadanía, Gobernanza y Asuntos Institucionales y Exteriores. Por su parte, la Comunidad de Madrid se encuentra presente en la Comisión de Medio Ambiente, Cambio Climático y Energía y en la Comisión de Política Social. En la actualidad, la distribución de los representantes españoles en las comisiones se produce de la siguiente manera: seis miembros en COTER y ENVER; y, siete miembros en CIVEX, ECON, NAT y SEDEC.

72 Reunión mantenida el 24 de junio de 2021 en el seno de la Comisión ECON (Dictamen 146° Pleno, 12-14 de octubre de 2021, ECON-VII/016, p. 11).

4. El impacto y la percepción española en el Comité de las Regiones

Como ya hemos indicado, las decisiones del Comité presentan una naturaleza meramente consultiva y, por ello, parte de la doctrina ha sostenido que ofrecen un corto recorrido. Sin embargo, es posible observar que los dictámenes del Comité producen cierto impacto en la adopción de decisiones por parte de las instituciones de la Unión Europea. En relación con el papel de la delegación española se han celebrado, en el seno del Comité de las Regiones, cuatro reuniones de la Plataforma de Banda Ancha, junto con la Comisión Europea, con el fin de acabar con la brecha digital y la mejora de la infraestructura en la Unión Europea. En ellas, la delegación española, especialmente los representantes de Comunidades Autónomas con más zonas rurales unidos con otros representantes de regiones con características similares, pidió que se tuviera en consideración precisamente a estas zonas. Esto ha derivado en que uno de los puntos del día de la reunión celebrada el 6 de mayo de 2022 fuera la llamada "cohesión digital" para incluir a las zonas rurales. De la misma forma, la Comisión Europea, ante la insistencia de estas regiones, publicó, en octubre de 2021, el Dictamen "Visión a largo plazo para las zonas rurales de la UE"[73], haciéndose eco de las peticiones de los miembros del Comité. Igualmente, en las sesiones plenarias del Comité

---

[73] Comunicación de la Comisión al Parlamento Europeo, al Consejo, al Comité Económico y Social Europeo y al Comité de las Regiones *Una Visión a largo plazo para las zonas rurales de la UE: hacia unas zonas rurales más fuertes, conectadas, resilientes y prósperas antes de 2040* [COM(2021) 345 final. NAT/839]. Esto nace del dictamen *Estrategia de la UE para la recuperación de las zonas rurales*, aprobado por mayoría en la 141ª sesión plenaria del Comité de las Regiones, del 8 al 10 de diciembre de 2020, tal y como refleja el *Informe sobre la actividad de la Consejería de Asuntos Autonómicos en la Representación Permanente de España ante la Unión Europea y la participación de las comunidades autónomas en el Consejo de ministros de la Unión Europea,*

de las Regiones se ha defendido la lucha contra la despoblación como uno de los mayores intereses de las regiones[74] y, como resultado, en 2019, se creó la Comisaría de Democracia y Demografía para la legislatura 2019-2024.

Sin embargo, aunque se hayan obtenido algunos logros, son muchas las voces que ponen de relieve que el Comité de las Regiones es más una plataforma de y para las "relaciones paradiplomáticas"[75] entre los representantes de cada Comunidad Autónoma, cuya función principal es conocer las políticas de la Unión Europea que van a afectar a sus respectivas regiones. Este tipo de afirmaciones se asienta en que algunas de sus reivindicaciones han pasado desapercibidas por las instituciones de la Unión Europea. Así, por ejemplo, una de las principales reivindicaciones de la delegación española tiene que ver con los Fondos Estructurales y de Inversión[76], que funcionan con un

---

Representación Permanente de España ante la Unión Europea y Consejería de Asuntos Autonómicos, 2021, p. 28.

74 Así lo podemos ver, por ejemplo, en las Prioridades del Comité de las Regiones para 2020-2025 (RESOL-VII/004, 139.º Pleno, 30 de junio – 2 de julio de 2020), siendo una de ellas "remediar el problema de la despoblación" (pfo. 64, p. 14); u otra muestra más, la posición de las Comunidades Autónomas frente a la política de cohesión para después de 2020, siendo uno de los puntos principales la cooperación territorial europea frente a la despoblación (Nota de posición de las comunidades y ciudades autónomas españolas y de la dirección general de fondos europeos, febrero de 2018, pp. 8-10, disponible en: https://cor.europa.eu/Documents/Migrated/Events/Spanish-position-on-the-future-of-Cohesion-Policy-regions-ES.pdf)

75 CALONGUE VELÁZQUEZ, Antonio, "España y el Comité...", ob. cit., p. 34.

76 Los Fondos Estructurales de la Unión Europea para el periodo de programación 2021-2027 son el Fondo Europeo de Desarrollo Regional (FEDER), Fondo Social Europeo Plus (FSE+), Fondo de Transición Justa (FTJ), que junto con el Fondo Europeo Agrícola de Desarrollo Rural (FEADER) y Fondo Europeo Marítimo, de Pesca y Acuicultura

techo de gasto para los Estados. Se reclamó, en el seno del Comité, que ese techo de gasto no computara como deuda para los Estados miembros, una propuesta que fue acogida por el resto de los representantes y que ha sido objeto de numerosas reuniones al respecto con la directora de presupuestos de la Comisión Europea, aunque, de momento, no ha salido adelante.

Calongue Velázquez explica que, durante los primeros años de andadura del Comité, este se adaptaba perfectamente a las peticiones de las Comunidades Autónomas, las cuales consideraron su creación el punto de partida para que las regiones fueran adquiriendo mayor importancia a nivel europeo. Incluso Cataluña y País Vasco manifestaron este entusiasmo, aunque mantenían sus críticas (así, el hecho de compartir representantes con las entidades locales o la dependencia del Comité de otras instituciones de la Unión). En cualquier caso, y pesar de los problemas actuales que encuentra el Comité y de no haber logrado conseguir el impacto pretendido en un primer momento, es necesario destacar también sus beneficios para las Comunidades Autónomas en nuestro país, pues, como ya se ha explicado, ha supuesto una oportunidad para los cargos más importantes de cada región de conocer de primera mano la política europea y, en parte, de influir en ella y de entablar relaciones y debate con otros representantes de Estados miembros o incluso de los entes autonómicos españoles. Asimismo, resulta posible encontrar materias en las que el Comité ha influido y ha conseguido que se tuvieran en cuenta sus posiciones en las políticas europeas (de hecho, la Comisión elaboró una normativa sobre las Indicaciones Geográficas de productos artesanales e industriales sobre la que, en mayo de 2023, el Parlamento Europeo y el Consejo alcanzaron un acuerdo pro-

(FEMPA), forman los Fondos Estructurales y de Inversión. Se destinan, principalmente, a la política de cohesión con la finalidad de reducir las diferencias existentes entre las regiones europeas.

visional, quedando pendiente para su aprobación el refrendo y adopción formal por parte de ambas instituciones).

Una visión más positiva mantiene Marco Cárcel, que explica que la heterogeneidad de los miembros a la que se ha hecho referencia a lo largo del trabajo, que puede suponer un *hándicap* a la hora de sacar adelante las enmiendas y lograr un acuerdo dentro del pleno del Comité, también supone un valor añadido a los acuerdos cuando se logran. La necesidad de que una enmienda requiera seis apoyos de regiones diferentes para poder llegar al pleno y, una vez allí, la necesidad de poner de acuerdo a la mayoría de las regiones europeas implica, obligatoriamente, que los acuerdos deben ser consensuados entre diferentes ideologías, diferentes culturas y diferentes situaciones. Incluso, pone de relieve la Directora General de Asuntos Europeos de Castilla-La Mancha, el trabajo de la delegación española en el Comité de las Regiones permite crear lazos más estrechos entre las propias Comunidades Autónomas y abre la puerta a sus respectivos representantes a debatir entre ellos y buscar el consenso nacional en un asunto concreto, lo que resulta en que todas las Comunidades Autónomas apoyen y defiendan las propuestas y necesidades de una de ellas, como ocurrió con la enmienda gallega al Reglamento de Adaptación al Brexit[77].

IV. CASTILLA-LA MANCHA EN EL COMITÉ DE LAS REGIONES

El Estatuto de Autonomía de Castilla-La Mancha se aprueba por las Cortes Generales en agosto de 1982[78] y, hasta la fecha,

---

77 Todo ello fue explicado por Virginia Marco Cárcel en la reunión mantenida el 22 de marzo de 2022 al hilo de la preparación de este trabajo.

78 Ley Orgánica 2/2014, de 21 de mayo, de reforma del Estatuto de Autonomía de Castilla-La Mancha (BOE núm. 124, de 22 de mayo de 2014).

ninguna de sus reformas ha venido referida al papel de la Comunidad dentro de la Unión Europea. De hecho, no se hace ninguna referencia a la Unión en todo el texto de la norma autonómica. Sin embargo, a pesar de no estar contempladas en su Estatuto, Castilla-La Mancha cuenta con Oficina en Bruselas, está representada en el Consejo y, en lo que aquí interesa, tiene un miembro titular en el Comité de las Regiones, el presidente de la región, y un miembro suplente, la Directora General de Asuntos Europeos del Gobierno de Castilla-La Mancha. La participación de la Comunidad Autónoma castellanomanchega en el Comité se produce, en la actualidad, de la siguiente manera: ambos miembros forman parte del grupo político PSE y, a la vez, están dentro de las comisiones ENVE (correspondiente a medio ambiente) y SEDEC (sobre política social)[79], además de estar integrados en la delegación española, cuya presidencia ostentó en el año 2015.

Resulta necesario destacar ahora que las tres declaraciones conjuntas que ha emitido la delegación española, que se han explicado *supra*, han sido presididas por Castilla-La Mancha, lo cual se explica por la importancia que el sector primario reviste en nuestra región. Por ello, Castilla-La Mancha impulsó, con éxito, las declaraciones conjuntas relacionadas con los productos artesanales e industriales, gracias a la cual se está trabajando actualmente en un borrador de normativa europea como se ha señalado[80]; con los aranceles a los productos agroalimentarios, y;

---

79 Antes de la aprobación del Marco Financiero Plurianual para la legislatura 2021-2027, Castilla-La Mancha formaba parte de la Comisión ECON (referente a la economía), con la finalidad de poder defender sus intereses con respecto a la Política Agracia Común dentro de los presupuestos. Una vez aprobados, entró a formar parte de la Comisión ENVE. Esto es un ejemplo sobre cómo las regiones pueden cambiar de comisión dependiendo de los intereses que pretendan defender en cada momento.

80 La Indicación Geográfica para estos productos supondría la protección, por ejemplo, de los productos derivados de la industria de

con las consecuencias del Brexit en el ámbito de la pesca o la ganadería. Además, forma parte del Grupo Interregional del Brexit, junto con Valencia y Andalucía, con la finalidad de conseguir un contacto estrecho entre las regiones europeas y británicas[81].

El interés de Castilla-La Mancha sobre este tipo de cuestiones ha conducido, por ejemplo, a un apoyo firme a la implantación de banda ancha en las zonas rurales y a la propuesta de que el Estado pueda conceder ayudas a las empresas que se sitúen en zonas escasamente pobladas. Se trata de luchar contra una despoblación que afecta a casi el 80% de los municipios de la región[82]. La presión ejercida en este asunto dio sus frutos en el pleno del Comité, aunque solo en relación con las pequeñas y medianas empresas, y ha sido recogida en el Reglamento (UE) 2021/241 del Parlamento Europeo y del Consejo de 12 de febrero de 2021[83].

La presencia de Castilla-La Mancha en el Comité no se reduce a una participación en sus órganos. También interviene en otro

---

la cuchillería en Albacete o de la cerámica de Talavera de la Reina, sectores clave en nuestra región.

81 Muestra de ello es que Virginia Marco Cárcel, miembro suplente de Castilla-La Mancha en el Comité de las Regiones, en marzo de 2022, acudió al Parlamento galés, situado en Cardiff, en el marco de una reunión de este Grupo Interregional para entrevistarse con más representantes regionales europeos y de Reino Unido. La presencia de Castilla-La Mancha en este Grupo y su interés por impulsar la respectiva declaración nacional se debe a que Reino Unido es uno de los principales destinos de las exportaciones de la región, aumentando un 4,2% en el pasado año (https://www.castillalamancha.es/node/341443).

82 DÍAZ-LANCHAS, Jorge, LORAS, Diego, MARTÍNEZ, Ángel y ROLDÁN, Toni, "Despoblación y políticas de lugar. Un análisis con datos de la brecha demográfica, económica, y de actitudes en los últimos 25 años en España", *EcPol Brief*, núm. 23, febrero 2022, pp. 5-32.

83 DOUE L 57/17, 18 de febrero de 2021. El dictamen del Comité de las Regiones que influye en la redacción definitiva del Reglamento y que trata las cuestiones explicadas se puede encontrar en DO C 440, de 18 de diciembre de 2020.

tipo de iniciativas como los *Open Days*, un congreso anual organizado por el Comité de las Regiones en el que expertos de todas las regiones europeas debaten acerca de políticas y las nuevas iniciativas regionales. En este congreso, las regiones deben explicar ejemplos de "buenas prácticas" que se hayan implementado en sus territorios al resto de participantes. Con respecto a este último mecanismo, Castilla-La Mancha presentó, en el año 2019, la Ley 3/2018, de 24 de mayo, de protección y apoyo garantizado para personas con discapacidad en Castilla-La Mancha. En el año 2020 se presentó el sistema de economía circular implantado en la Comunidad Autónoma; en 2021, se explicó el uso de los fondos de la política de cohesión en la Comunidad Autónoma y su impacto; y, en la edición de 2022, se expusieron los avances en energía renovable que está llevando a cabo la región.

Castilla-La Mancha constituye un claro ejemplo de cómo cada Comunidad Autónoma defiende sus intereses de acuerdo con su realidad socio económica. Así, se puede comprobar que, fundamentalmente, sus iniciativas están conectadas con el sector primario atendiendo a su importancia económica para la Comunidad, con un marcado carácter rural[84]. Así pues, la delegación española se caracteriza por un amplio pluralismo político y, además, dentro de la misma, cada Comunidad Autónoma, al expresar diferentes realidades internas, expresan también en consecuencia intereses distintos.

---

84 El sector primario supone un 8,2% de la economía de Castilla-La Mancha, especialmente la industria vitivinícola, aceite, lácteos y carne. Igualmente, estos productos suponen un 21% de las exportaciones de la Comunidad Autónoma. En cuanto al carácter rural, esto se debe a que casi un 90% de la población total vive en "zonas rurales o intermedias". JUNTA DE COMUNIDADES DE CASTILLA-LA MANCHA, *Diagnóstico Economía Circular Castilla-La Mancha*, 2020, p. 5, y, ROMERO PANIAGUA, María (coord..), *La economía de la Comunidad de Castilla-La Mancha: diagnóstico estratégico*, Colección Comunidades Autónomas, Caixa Bank Research, 2019.

V. CONCLUSIONES

Nuestra Constitución no prevé de forma expresa la participación de las Comunidades Autónomas en la Unión Europea, aunque lo cierto es que, difícilmente, el constituyente podía prever, en el año 1978, el importante impacto que la adhesión de España a la Unión tendría sobre nuestro Derecho o los efectos de dicha adhesión sobre las competencias que el texto constitucional otorgaba a los entes autonómicos.

La jurisprudencia y la doctrina científica han ido desarrollado esta cuestión, en especial el Tribunal Constitucional. En el caso del Alto Tribunal, concretamente, desde su sentencia 252/1988, de 20 de diciembre y su sentencia 79/1992, de 28 de mayo, en las que se reconoció la participación descendente de las Comunidades Autónomas; o su sentencia 165/1994, de 26 de mayo, que abrió la puerta, por primera vez, a la participación ascendente. Aunque se haya propuesto la introducción de una cláusula europea en la Constitución española con ocasión de las distintas las iniciativas que han tenido por objeto de reforma constitucional, en la que se habría introducido la regulación de los contenidos básicos sobre la relación Unión Europea-Estado-Comunidades Autónomas, lo cierto es que una reforma de la Constitución en tal sentido no se ha producido. Sin embargo, es de la propia Constitución, en concreto, del reconocimiento de la autonomía política a las Comunidades Autónomas, de donde debe extraerse la base para afirmar la necesidad de participación de las Comunidades Autónomas en Europa (artículo 2 y Título VIII de la Constitución española). Los Estatutos de Autonomía de nueva generación, reformados desde el año 2006, sí prevén una cláusula de integración europea, adaptando su Comunidad Autónoma a las necesidades derivadas de la entrada de España en las Comunidades Europeas.

Dos son las dimensiones de la partición de los entes autonómicos en la Unión Europea: descendente, consistente en la participación en la implementación del Derecho de la Unión en su territorio, y, ascendente, consistente en la participación en el proceso de conformación del Derecho de la Unión. El Comité de las Regiones es un órgano que garantiza la participación ascendente e inmediata propia de las Comunidades Autónomas en la Unión, aunque debido a su particular forma de organización interna, especialmente en relación con la forma de trabajo de la delegación española, es posible que una Comunidad Autónoma defienda los intereses de otra, desembocándose, en tal caso, en una participación inmediata impropia.

En efecto, las fórmulas de participación ascendente de las Comunidades Autónomas en la Unión Europea pueden ser diversas. Se puede apostar por una solución interna, por ejemplo, participación a través con las relaciones intergubernamentales en España, permitiendo a las Comunidades Autónomas formar parte de la creación de la voluntad estatal ante la Unión Europea en la Conferencia de Asuntos Relacionados con la Unión Europea (CARUE); o por una solución externa, permitiendo la participación de las Comunidades Autónomas en las formaciones del Consejo o, por ejemplo, a través de un órgano formado por representantes de las regiones europeas que pudiera intervenir de forma directa en los procedimientos legislativos europeos. En este capítulo se ha analizado la participación ascendente de las regiones a través del Comité de las Regiones prestando una especial atención al caso castellanomanchego. Como ya se ha afirmado, en el año 1988, comenzó a funcionar un Consejo consultivo de los entes locales y regionales, pero, por considerarlo insuficiente como mecanismo de participación y con ocasión de la insistencia manifestada, en particular, por Alemania, Bélgica y España (Estados muy descentralizados), en el año 1994, se puso en funcionamiento el Comité de las Regiones tras su previa creación con el Tratado de Maastricht. De ahí que se afirme que el Comité de las Regiones fue creado para satisfacer las necesidades de aquellos países cuyo modelo de distribución territorial del poder otorgaba importantes competencias a sus entes territoriales periféricos (muchas de ellas hoy compartidas con la Unión Europea cual sería el caso de los *Länder* alemanes o nuestras Comunidades Autónomas). Que el Comité de las Regiones es un órgano pensado y destinado para permitir fundamentalmente la participación de aquellos territorios que, en los Estados descentralizados, disfrutan de autonomía política, se puede comprobar si se observa que Alemania y España extraen la mayor parte de los miembros del Comité que les corresponden de los entes territoriales con autonomía política (*Länder*, Comunidades Autónomas)[85]. Asimismo, otro dato que apoya dicha afirmación es que se prevén una serie de materias en las que la consulta al Comité es preceptiva y suelen ser materias sobre las que tienen competencias los entes territoriales de los Estados con autonomía política.

Sin embargo, aunque la razón de ser del Comité de las Regiones sea permitir que los entes periféricos de los Estados con una mayor descentralización puedan seguir interviniendo en el proceso de decisión de aquellas materias que, posteriormente, van a implementar en su territorio, no se debe olvidar que está compuesto por 329 miembros -con 329 suplentes-. Y que, como ya se ha señalado, la heterogeneidad de estos miembros es una de las principales características del Comité y es, a la vez, uno de sus aspectos más criticados. Dicha heterogeneidad es el resultado de la combinación de tres factores. El primero es que en el seno del Comité cohabitan representantes de entes territoriales que comparten competencias con la Unión Europea y representantes de entes periféricos que no tienen autonomía política y, por tanto, sus intereses son distintos (igualmente, el impacto que el Derecho de la Unión Europea tiene para cada uno de ellos). El

---

85 Frente a esto, como ya hemos visto, los Estados menos descentralizados, así el caso francés en el que sus regiones, departamentos y municipios no tienen autonomía política sino administrativa, realizan un reparto más equilibrado entre los diferentes niveles de gobierno en relación con los miembros que designan para representarlos en el Comité.

segundo es que los miembros del Comité son también titulares de otras materias e intereses, más allá de la Unión Europea, ya que son representantes regionales y locales. Y, el tercero, no hay que olvidar el pluralismo político y la diferente realidad socio económica de cada Estado miembro, región y entidad local. La delegación española constituye un buen ejemplo de ello; en ella es posible encontrar que el miembro titular y el miembro suplente de una misma Comunidad Autónoma proceden de grupos políticos diferentes. Asimismo, se ha comprobado que cada Comunidad Autónoma defiende diferentes intereses dependiendo de su propia realidad socioeconómica; así, Galicia ha defendido el sector pesquero, clave para su economía y, por su parte, Castilla-La Mancha se ha centrado en la agricultura y en los productos industriales y artesanales, también sectores fundamentales para esta Comunidad Autónoma.

La heterogeneidad de los miembros del Comité es un reflejo de la heterogeneidad de la propia Unión Europea. Evidentemente, esto supone un problema, tanto a la hora de buscar apoyos para las propuestas, como en el momento de debatir sobre las mismas, lo cual dificulta que se alcance consensos sobre propuestas concretas y eficaces. Pero, por otro lado, cuando se alcanza un acuerdo este reviste una fuerza y *auctoritas* especial, precisamente porque se ha alcanzado por representantes de regiones o ciudades completamente diferentes entre sí.

Por todo ello, es frecuente oír hablar del Comité como una "Casa de las Regiones" o un foro para relaciones "para-diplomáticas" aludiendo a que, gracias a él, sus miembros pueden debatir con representantes de otros Estados y conocer de primera mano las políticas europeas, más que influir en ellas que es para lo que se concibió en un primer momento. Sin embargo, se deben hacer dos apuntes con respecto a estas afirmaciones. En primer lugar, no se debe olvidar que el Comité de las Regiones también está concebido para salvaguardar el principio de subsidiariedad y, precisamente, esto es posible gracias a la naturaleza de sus miembros. El hecho de que los cargos electos de las regiones europeas puedan debatir y conocer el Derecho de la Unión Europea también ayuda a la realización de este objetivo. En el caso de España, los representantes de las Comunidades Autónomas están interviniendo en una política que, posteriormente, van a tener que implementar en su territorio ya que son competentes para ello. Y, en segundo lugar, se ha podido ver, tomando como referencia a Castilla-La Mancha, cómo el Comité puede influir en ciertas políticas de la Unión y cómo han fructificado sus propuestas (la declaración conjunta sobre las Indicaciones Geográficas para productos artesanales e industriales presentada por España, a iniciativa de Castilla-La Mancha, tuvo el apoyo necesario en el pleno del Comité y ya se ha obtenido un acuerdo provisional entre el Consejo y el Parlamento Europeo).

El Comité de las Regiones puede tener todavía por delante un largo camino que recorrer. La naturaleza consultiva de sus dictámenes y el hecho de ser un órgano, no una institución, están entre sus principales problemas a la hora de influir en las decisiones europeas. Además, cabe añadir que, en el ámbito nacional, la falta de previsión de este órgano en la normativa autonómica puede hacer que, en muchas ocasiones, no se le otorgue suficiente importancia, un factor que influye en el impacto que puede tener. Sin embargo, aunque sea un camino largo, debe recorrerse. Para cualquier país descentralizado -así el caso español- resulta crucial un órgano que permita a sus regiones expresar sus necesidades con respecto a las materias que son de su competencia, algunas de ellas especialmente vitales para su economía y su realidad social. En el caso español se ha comprobado con el acuerdo de pesca en Galicia o con las Indicaciones Geográficas de Castilla-La Mancha. De no existir el Comité de las Regiones, puede que su voz no se hubiera escuchado nunca o hubiese tardado mucho más en llegar.

Bibliografía

ANGUITA SUSI, Alberto, *Las bases jurídico-constitucionales del proceso de descentralización en Francia,* Revista de Derecho UNED, núm. 2, 2007.

CALONGUE VELÁZQUEZ, Antonio, "España y el Comité de las Regiones", *Cuadernos Europeos de Deusto,* núm. 32, 2005.

CASTELLÀ ANDREU, Josep Mª, "Las Comunidades Autónomas en Bruselas: la dimensión externa de la participación autonómica en la Unión Europea", *REAF,* núm.6, abril 2008, p. 36.

DEL VALLE GÁLVEZ, Alejandro y otros, "La consolidación europea de Ceuta, Melilla y los otros territorios españoles en el norte de África", *Informe del Observatorio de Ceuta y Melilla,* Instituto de Seguridad y Cultura, 2022.

DE URRESTI LONGTON, Alfonso, "El proceso de integración europea y el Comité de las Regiones", *Revista de Derecho, Criminología y Ciencias Penales,* núm. 5, 2003.

DÍAZ-LANCHAS, Jorge, LORAS, Diego, MARTÍNEZ, Ángel y ROLDÁN, Toni, "Despoblación y políticas de lugar. Un análisis con datos de la brecha demográfica, económica, y de actitudes en los últimos 25 años en España", *Esade EcPol Brief,* núm. 23, 2022.

-"El principio de autonomía institucional de los Estados miembros de la Unión Europea", *Revista Vasca de Administración Pública,* núm. 73, 1, 2005.

ETHERINGTON, John, "Las comunidades autónomas y la UE desde una perspectiva teórica: ¿superando los enfoques existentes?", *Revista CIDOB d'afers internacionals,* núm. 99, 2012.

FERNÁNDEZ CASTAÑO, Emilio, "En torno al Tratado de la Unión Europea", *Política Exterior,* vol. 6, núm. 29, 1992.

GARCÍA GUERRERO, José Luis, "La solidaridad como valor y principio constitucional", en GARCÍA GUERRERO, José Luis y MARTÍNEZ ALARCÓN, María Luz, *La solidaridad. Estudio constitucional comparado,* Tirant lo Blanch, Valencia, 2022.

-*Democracia representativa de partidos y grupos parlamentarios,* Congreso de los Diputados, Madrid, 1996.

-"El dinámico estado autonómico español", *Quid Iuris,* 2011.

HUICI SANCHO, Laura, *El Comité de las Regiones: su función en el proceso de integración europea,* Publicaciones de la Universidad de Barcelona, Barcelona, 2003.

LAGO PEÑAS, Santiago, "La descentralización tributaria en España: avances significativos, retos pendientes", *Cuadernos de información económica,* núm. 272, 2019.

LAGOS RODRÍGUEZ, María Gabriela, *Federalismo fiscal: teoría y realidad,* Aranzadi, Madrid, 2021.

MANGAS MARTÍN, Araceli, "Órganos consultivos", en MANGAS MARTÍN, Araceli y LIÑÁN NOGUERAS, Diego J., *Instituciones y derecho de la Unión Europea,* 9ª edición, Tecnos, Madrid, 2018.

-"El nombramiento del Comité de las Regiones: el caso español", *Noticias de la Unión Europea,* núm. 117, 1994.

-"Las competencias de la Unión Europea", en MANGAS MARTÍN, Araceli y LIÑÁN NOGUERAS, Diego J., *Instituciones y Derecho de la Unión Europea,* 10ª edición, Tecnos, Madrid, 2020.

MORENO VÁZQUEZ, Manuel, *Comité de las Regiones y Unión Europea,* Tirant lo Blanch, Valencia, 2001.

ORDOÑEZ SOLÍS, David, "Las relaciones entre la Unión Europea y las Comunidades Autónomas en los nuevos Estatutos", *Revista d'estudis autonòmics i federals,* núm. 4, 2007.

ORTEGA SANTIAGO, Carlos, "El Comité de las Regiones", en BIGLINO CAMPOS, Paloma (coord.), *La política europea de las Comunidades Autónomas y su control parlamentario,* IDP-Tirant Lo Blanch, Valencia, 2004.

PACHECO BARRIO, Manuel Antonio, "El fortalecimiento de la presencia de las Comunidades Autónomas en la Europa de los Estados", *Revista Aequitas: Estudios sobre historia, derecho e instituciones,* núm. 1, 2011.

PANARA, Carlo, "La participación de los länder alemanes en el proceso de toma de decisiones de la UE", *Revista CIDOB d'afers internacionals,* núm. 99, 2012.

PAREJO ALFONSO, Luciano y BETANCOR RODRÍGUEZ, Antonio, "Spanish Autonomous Communities and the Committee of the Regions", *Regionen in Europe. Regions in Europe. Régions en Europe,* Nomos, Verlag, Baden-Baden, 1996.

PÉREZ GONZÁLEZ, Manuel, "Algunas consideraciones sobre el Comité de las Regiones y su función en el proceso de construcción de la Unión Europea", *RIE,* vol. 21, núm. 1, 1994.

PÉREZ TREMPS, Pablo, *La participación europea y la acción exterior de las Comunidades Autónomas,* Marcial Pons, Barcelona, 1998.

PIATONNI, Simona, "The Committee of the Regios and the upgrading of Subnational territorial representation", en KRÖGUER, Sandra y

FRIEDRICH, David (eds.), *The Challenge of Democratic Representation in the European Union*, Houndmills: Palgrave MacMillan, Londres, 2012.

POPARTAN, Lucia Alexandra y SOLORIO SANDOVAL, Israel, "Las regiones en la Unión Europea: procesos y paradigmas", *Revista CIDOB d'afers internacionals*, núm. 99, 2012.

ROMERO PANIAGUA, María (coord..), *La economía de la Comunidad de Castilla-La Mancha: diagnóstico estratégico*, Colección Comunidades Autónomas, Caixa Bank Research, 2019.

SEVILLA DURO, Miguel Ángel, "La participación ascendente de Länder y Comunidades Autónomas en la Unión Europea", *Revista Jurídica de la Universidad Autónoma de Madrid*, núm. 44, 2021-II.

TAJADURA TEJADA, Javier, "Las reformas del modelo de descentralización territorial de Francia. La necesaria simplificación del 'milhojas territorial'", en VIDAL PRADO, Carlos y DELGADO RAMOS, David (coords.), *Crisis económica y reforma de las administraciones públicas. Un estudio comparado*, Instituto Nacional de Administración Pública, Madrid, 2017.

TROBBIANI, Riccardo, "European regions in Brussels: towards functional interest representation?", *Bruges Political Research Papers*, College of Bruges, núm. 53, 2016.

CAPÍTULO SÉPTIMO:
La participación de las Comunidades Autónomas desde las oficinas autónomicas en Bruselas

JUAN MANUEL GOIG MARTÍNEZ
Catedrático de Derecho Constitucional
UNED

I. SOBRE LA IMPORTANCIA DE LA PARTICIPACIÓN DE LAS COMUNIDADES AUTÓNOMAS EN LOS PROCESOS DECISORIOS DE LA UNIÓN EUROPEA. EL FUNDAMENTO CONSTITUCIONAL DE LA PARTICIPACIÓN DE LAS COMUNIDADES AUTÓNOMAS EN LA UNIÓN EUROPEA

La participación en el proceso comunitario se realiza a través de los Estados y ello desapodera a los entes territoriales cuando los Estados miembros tienen estructuras descentralizadas, aunque los tratados europeos han terminado reconociendo el fenómeno regional. Como ha indicado Jáuregui[1], los mayores logros de las regiones han sido la inclusión en el Tratado de Maastricht de la posibilidad de que miembros regionales puedan representar y comprometer al Estado en el Consejo de la Unión Europea y las sucesivas reformas del protocolo de subsidiariedad. También el Tratado de Lisboa ha constituido un paso en el reconocimiento de la posición que ocupan las regiones en distintos Estados miembros[2], incluyendo la autonomía regional como elemento de la identidad nacional de los Estados (artículo 4.2 TUE); mediante el reconocimiento de las competencias regionales en la fijación del alcance del principio de subsidiariedad (artículo 5.3 TUE); la necesidad de que durante el proceso de elaboración de las directivas se tomen en consideración los efectos que puede implicar para la legislación territorial (artículo 5 protocolo segundo), regulando la

---

1 JAÚREGUI BECERIARTU, Gurutz, "Globalización, regiones y gobierno multinivel en la UE", AA.VV., *El Tratado de Lisboa y las regiones,* Vitoria, 2009, IX Jornadas Internaciones celebradas en Vitoria-Gasteiz los días 30 de junio y 1 de julio de 2008, p. 228 y ss.

2 MARTÍN Y PÉREZ DE NANCLARES, José, "Comunidades Autónomas y Unión Europea tras la entrada en vigor del Tratado de Lisboa. Sobre los riesgos de una reforma del Estado autonómico sin reforma de la Constitución", *Revista Española de Derecho Europeo,* núm. 22, 2010, p. 57 y ss.

consulta a los parlamentos regionales con competencias legislativas por los parlamentos nacionales sobre el cumplimiento del proyecto europeo de acto legislativo con el principio de subsidiariedad (art. 6.1 protocolo segundo) o a través de la posibilidad de que el Comité de las Regiones pueda defender su postura ante el Tribunal de Justicia (artículo 263 TUE).

De hecho, los Estados miembros de carácter descentralizado han ido desarrollando diferentes mecanismos que aseguran una cierta participación de las regiones en el proceso ascendente de formación de la voluntad comunitaria. Al respecto, las reclamaciones de las regiones con competencias propias han sido decisivas. Así, durante las últimas dos décadas, los canales de acceso, tanto formales como informales, a través de los cuales las entidades subestatales europeas pueden hacer llegar sus reivindicaciones a Bruselas, se han incrementado notablemente. Podemos distinguir entre canales o mecanismos de activación internos y externos. Entre estos últimos hay que incluir las oficinas y delegaciones autonómicas en Bruselas.

En España se han dado pasos relevantes en la misma dirección, si bien los mecanismos de participación de las Comunidades Autónomas en temas europeos han sido tradicionalmente bastante menos depurados que los existentes en otros Estados europeos descentralizados.

La integración europea ha incidido en el ejercicio real de las competencias atribuidas a los diferentes poderes y entes del Estado, también en el caso español y, sin embargo, en nuestro país, no ha sido incorporada a la Constitución. Gran parte de los problemas planteados han sido resueltos por la adaptación e integración realizada interpretativamente por el Tribunal Constitucional. Pero estos cambios, asentados ya en la realidad[3], no

---

3 Un importante estudio sobre la jurisprudencia constitucional relativa al modelo de organización territorial que define nuestra Constitu-

encuentran todavía reflejo en la Constitución. La Constitución sigue sin responder adecuadamente al proceso de integración en la Unión Europea y, por consiguiente, no existe una adecuada regulación constitucional de la defensa de los intereses autonómicos ante la Unión[4]. Sin embargo, el Consejo de Estado, ya en el Dictamen de 21 de octubre de 2004, se refiere a la conveniencia de "europeizar en alguna medida la Constitución española", constatando que la ausencia de mención expresa a la Unión Europea implica que no hay "referencia alguna al fenómeno de la integración europea ni en el plano teleológico, ni en el plano estructural, ni en el ámbito normativo-ordinamental, ni en cuanto a las implicaciones competenciales que la pertenencia a la Unión supone para la organización política".

La participación de las Comunidades Autónomas en la Unión Europea se explica y encuentra justificación, desde un punto de vista constitucional, en el reconocimiento constitucional de la autonomía política[5], de la cual se desprende, como corolario, que este tipo de participación es una exigencia constitucional. En efecto, nuestra Constitución ha establecido como principio constitucional estructural del Estado español, el principio de autonomía el cual, junto al principio de unidad y al de solidaridad, define nuestro modelo territorial constitucional. Las Comunidades Autónomas son Estado y la Constitución les reconoce autonomía para la gestión de sus intereses, por lo que tienen legitimación constitucional para decidir en aquellos espacios que conforman su autonomía de manera que, si sus potestades pasan a la Unión Europea, es necesario

---

ción puede verse en STORINI, Claudia, *La interpretación constitucional y el estado de las autonomías*, Tirant lo Blanch, Valencia, 2002, p. 66 y ss.

4 Véase PÉREZ TREMPS, Pablo y otros, *La participación europea y la acción exterior de la Comunidades Autónomas*, Marcial Pons, Madrid, 1998.

5 PÉREZ TREMPS, Pablo, "El modelo español de participación de las Comunidades autónomas en los asuntos europeos", en *Informe Comunidades Autónomas*, 1994, IDP, Barcelona, 1995, p. 603.

que participen en los procesos europeos de toma de decisión, pues se hallan directamente interesadas en la actividad que realiza la Unión. La falta de reconocimiento constitucional de esta participación autonómica en ámbitos europeos ha intentado ser suplida por las reformas estatutarias realizadas a partir de 2006, pues la integración de los asuntos europeos en el Estatuto es importante y necesaria[6].

Todo ello, además, hay que situarlo en el contexto actual, en el que uno de los fenómenos más importantes del proceso de integración europea en los últimos años es la multiplicación de las redes de cooperación interregional, transregional y trasnacional en un mundo globalizado caracterizado por la gobernanza multinivel en el que se tejen diversas y múltiples relaciones verticales y horizontales[7].

II. LAS OFICINAS AUTONÓMICAS EN BRUSELAS: FUNDAMENTACIÓN CONSTITUCIONAL Y TRATAMIENTO JURISPRUDENCIAL

1. Introducción

A mediados de los años ochenta, los grupos de presión regionales en Bruselas se convirtieron en algo acreditado y, desde entonces, la presencia de oficinas regionales provenientes de los Estados miembros en la capital belga ha ido creciendo. Hoy se considera que la presencia regional en Bruselas refleja claramente las estra-

---

6 GONZÁLEZ PASCUAL, Maribel, *Las Comunidades Autónomas en la Unión Europea. Condicionantes, evolución y perspectivas de futuro*, Instituto de Estudios Autonómicos, Barcelona, 2013, p. 23 y ss.

7 MORATA, Francesc, "Gobernanza Multinivel y Cooperación Subestatal en la Unión Europea", AA.VV., *Globalización, Gobernanza e Identidades*, Fundación Carles Pi Sunyer, Barcelona, 2004, p. 11 y ss.

tegias de los territorios de acercarse a Europa para garantizar así un punto de referencia clave para sus gobiernos regionales[8].

El establecimiento de oficinas regionales de representación en Bruselas como mecanismo de actuación subestatal se ha justificado, bien recurriendo a la idea de la gobernanza en múltiples niveles, bien desde la perspectiva de unas meras prácticas de lobby, bien se ha ligado a factores institucionales como la extensión de las competencias regionales o la autonomía política. En cualquier caso, se han presentado como un factor decisivo para la defensa de los intereses regionales[9]. Ahora bien, las oficinas regionales asentadas en Bruselas no gozan de ningún tipo de estatus oficinal en el ámbito europeo, ni están legalmente reconocidas en las leyes europeas o incluso belgas, a pesar de tener una presencia continuada y creciente desde hace más de veinticinco años.

En general, las oficinas regionales europeas orientan la mayoría de sus acciones a mantener un constante diálogo con múltiples actores institucionales en relación con diversos temas. Con respecto a las tareas y funciones que desarrollan las representaciones regionales en Bruselas, las oficinas o delegaciones, con carácter general, pueden dedicarse, entre otras, a las siguientes actividades[10]:

- Actuar como red de contacto y conexión, tanto con las instituciones comunitarias como con otras regiones europeas,

---

8 Un estudio completo puede verse en BADIELLO, Lorenza, "La representación regional en Bruselas: evolución, funciones y perspectivas", en MORATA, Francesch. (ed.), *Gobernanza Multinivel en la Unión Europea*, Tirant lo Blanch, Valencia, 2004.

9 TUÑÓN, Jorge, "¿Cómo las regiones influyen en el proceso decisional comunitario? mecanismos de activación ascendente de las entidades sub-estales europeas", *UNISCI Discussion Papers*, núm. 17, 2008, p. 157 y ss.

10 Véase BADIELLO, Lorenza: "Ruolo e funzionamento degli uffici regionali europei a Bruxelles", *Le Istituzioni del Federalismo. Regione e Governo Locale*, vol. 1 (enero/febrero 2000), pp. 89-119.

a través de la creación de un complejo tejido de contactos y relaciones a través de canales, sobre todo, informales.

- La representación de los intereses regionales mediante la presentación de estrategias, proyectos y posturas regionales a los diversos interlocutores de Bruselas.
- La actividad informativa que se materializa en la investigación, recogida, análisis, selección y gestión de información comunitaria y de las otras regiones europeas sobre temáticas de competencia regional.
- La asistencia técnica para ayudar a la elaboración de los proyectos de las regiones, proporcionando a las sedes centrales los conocimientos necesarios para desarrollar los procedimientos y mecanismos necesarios para establecer relaciones con otras regiones europeas y participar en los programas comunitarios.

En el caso español, como ha indicado Mangas[11], unos meses después del ingreso en las Comunidades Europeas, muchas Comunidades Autónomas tenían -por la vía de los hechos consumados (*facta concludentia*)- una oficina en Bruselas. Ahora bien, esa presencia directa se concretaba a través de fórmulas casi crípticas o clandestinas con el objeto de soslayar la falta de previsión constitucional y estatutaria respecto de su carácter de organismos autonómicos públicos. Se enmascaraban a través de fundaciones, de asociaciones pro-europeas o de sociedades anónimas de capi-

---

11 MANGAS MARTÍN, Araceli, "Acción exterior de las comunidades autónomas: las delegaciones catalanas", *Anales de la Real Academia de Ciencias Morales y Políticas (2019-2020),* Fascículo 1, 2020, p. 81. También, de la misma autora: "La aplicación del Derecho Comunitario por las Comunidades Autónomas", *Relaciones internacionales y Comunidades Autónomas,* Institut d'Estudis Autonomics, Generalidad de Cataluña, Barcelona, 1993 pp. 61-76; "Acción exterior de la Comunidad Autónoma", en *Derecho Público de Castilla y León,* Junta de Castilla y León, Ed. Lex Nova, Valladolid, 2007, pp. 667-703.

tal público. Hasta que el Gobierno vasco decidió denominarla "Oficina Vasca" y adscribirla al Departamento de Presidencia.

Dos de las consideradas regiones históricas españolas, País Vasco y Cataluña, fueron las primeras Comunidades Autónomas en establecer una oficina permanente en Bruselas: Patronat Català ProEuropa, creado mediante Decreto 237/1982, de 20 de julio, antes de que España se integrara en la Unión Europea[12], e Interbask, creada mediante Decreto 27/1987, de 11 de marzo[13]. Esta práctica fue seguida por el resto de Comunidades Autónomas: en 1987 las Islas Canarias; en 1988 Galicia; en 1989 la Comunidad Valenciana y Murcia; en 1990 Andalucía; en 1992 Castilla y León y Extremadura; en 1993 Aragón y Navarra; en 1994 Madrid; en 1995 Asturias; en 1996 las Islas Baleares, Castilla-La Mancha y La Rioja, y; en 1998 Cantabria (esta fue la última Comunidad Autónoma en establecerse)[14].

En cuanto al modelo y a la estructura, las oficinas presentes en Bruselas se diferenciaban enormemente, puesto que las Comunidades Autónomas, en un primer momento, se sirvieron de diversas figuras jurídicas. De una parte, se encontraban las representaciones institucionales, que eran las sedes oficiales regionales destacadas en la capital europea, y, de otra, las representaciones no institucionales, en los casos en los que los gobiernos regionales se apoyaban en sedes de representación, agencias regionales o cámaras de comercio en función de distintos acuerdos. Además, las oficinas podían ser simples, cuando representaban a una única región, o compuestas, en los casos en los que, para

12 Decret 237/1982, de 20 de juliol, de creació del Patronat Català Pro Europa.

13 Decreto 27/1987, de 11 de marzo, sobre creación, reestructuración de Departamentos y determinación de funciones y áreas de actuación del Gobierno.

14 NOUVILAS RODRIGO, Mirna, "Las oficinas regionales españolas en Bruselas: ¿la clave para una participación efectiva en la UE?", *Revista CIDOB d'afers internacionals*, núm. 99, 2012, p. 115.

abaratar costes o por cuestión de prioridades políticas comunes, dos o más regiones europeas decidían compartir sede. Entre estas últimas, habría que distinguir las compuestas transnacionales, formadas por regiones de distintos Estados miembros, y las compuestas por distintas regiones de un mismo país[15].

Con el paso del tiempo, las oficinas de las Comunidades Autónomas han cambiado su configuración jurídica y su organización interna. Hoy en día, casi todas ellas adoptan la denominación de «delegación» u «oficina». Algunas constituyen delegaciones de sus respectivos gobiernos autonómicos. Según su régimen legal, la mayoría constituyen una representación oficial de la Comunidad Autónoma. Otras oficinas regionales españolas combinan la presencia del gobierno autonómico con instituciones económicas de carácter público o privado[16]. Ello muestra la convivencia de los intereses políticos y económicos regionales de estas Comunidades[17].

A pesar de la falta de anclaje constitucional, las oficinas autonómicas fueron muy pronto declaradas constitucionales por el Tribunal Constitucional en el año 1994 (aun cuando estableciendo condiciones geopolíticas y límites sustantivos que se han ido olvidando). Con carácter general, las oficinas en el exterior de las Comunidades Autónomas fueron reconocidas en la Ley 6/1997, de 14 de abril, de Organización y Funcionamiento de

---

15 TUÑÓN, Jorge, "¿Cómo las regiones influyen en el proceso decisional comunitario? mecanismos de activación ascendente de las entidades sub-estatales...", ob. cit, p. 160.

16 CASTELLÀ, ANDREU, José María, "Las Comunidades Autónomas en Bruselas: la dimensión externa de la participación autonómica en la Unión europea", *Revista d'Estudis Autonòmics i Federals*, núm. 6, 2008, pp. 37-91.

17 RUIZ ROBLEDO, Agustín, "Un análisis de las regiones españolas más activas en las políticas mundiales", en KÖLLING, Mario, STAVRIDIS, Stelios y FERNÁNDEZ SOLA, Natividad (eds.), *Las relaciones internacionales de las regiones: actores sub-nacionales, para-diplomacia y gobernanza multinivel*, Universidad de Zaragoza, 2007, pp. 29-54.

la Administración General del Estado[18], cuyo artículo 36.7 declaraba que "la Administración General del Estado en el exterior colaborará con todas las instituciones y organismos españoles que actúen en el exterior y en especial con las oficinas de las Comunidades Autónomas". Ahora bien, el reconocimiento legal específico de las oficinas regionales en Bruselas se produce, por vez primera en el ordenamiento jurídico español, en la Ley de la Acción y del Servicio Exterior del Estado del año 2014[19].

Durante el periodo que discurrió entre las leyes apenas mencionadas, se aprobaron los Acuerdos de la CARUE de 2004, que mencionan brevemente las delegaciones y oficinas regionales en Bruselas junto con la figura de los consejeros autonómicos de la REPER, pero sin establecer sus funciones ni su papel en el proceso de participación autonómica en el Consejo y sus instancias preparatorias[20]. Otro paso muy relevante con respecto al reconocimiento de las oficinas o delegaciones autonómicas ante la Unión Europea se produjo con ocasión de las reformas estatutarias de 2006.

Las reformas estatutarias, y el desarrollo normativo y reglamentario de estas oficinas o delegaciones, ha dado lugar a un aumento de las atribuciones con las que fueron inicialmente concebidas. Con carácter general, se puede concluir que estas oficinas se crean para la representación de los intereses de la Comunidad Autó-

---

18 BOE núm. 90, de 15 de abril de 1997.

19 La Ley 6/1997, de 14 de abril, de Organización y Funcionamiento de la Administración General del Estado fue derogada por la Ley 40/2015, de 1 de octubre, de Régimen Jurídico del Sector Público (BOE núm. 236, de 2 de octubre 2015), que omite toda referencia a estas delegaciones al venir reguladas por la Ley 2/2014, de 25 de marzo, de la Acción y del Servicio Exterior del Estado (BOE núm. 74, de 26 de marzo de 2014).

20 NOUVILAS RODRIGO, Mirna, "Las oficinas regionales españolas en Bruselas: ¿la clave para una participación efectiva en la UE?", *Revista CIDOB d'afers internacionals,* núm. 99, 2012, p. 120.

noma ante las instituciones y órganos de la Unión Europea. De forma concreta, sus funciones en la actualidad son las siguientes[21]:

- Seguimiento del proceso normativo en relación con aquellas iniciativas de la Unión Europea que afecten a las competencias o a los intereses de la Comunidad Autónoma.
- Apoyo a los intereses socioeconómicos, sectoriales y profesionales de la Comunidad Autónoma.
- Promoción de encuentros entre la Administración autonómica y los agentes socioeconómicos con las instituciones comunitarias.
- Colaboración en la promoción exterior de la Comunidad Autónoma.
- Seguimiento de los trabajos del Comité de las Regiones de la Unión Europea.
- Asesoramiento e información en relación con las políticas y programas comunitarios.
- Colaboración con la Representación Permanente de España ante la Unión Europea y con las oficinas de otras Comunidades Autónomas de España o de entes similares, de otros Estados miembros, instaladas en Bruselas.
- Organizar, promover y coordinar cursos, conferencias y seminarios, campañas de sensibilización, actividades de documentación, estudio e investigación y, en general, organizar o participar en cualquier otra actividad que pueda resultar de interés para la Comunidad.

---

21 MATÍA PORTILLA, Francisco Javier, "Las oficinas y delegaciones en Bruselas", en BIGLINO CAMPOS, Paloma (coord.), *La política europea de las Comunidades Autónomas y su control parlamentario*, Tirant lo Blanc, Valencia, 2003, p. 77 y ss.

- Cualesquiera otras que le sean encomendadas por los órganos de las que dependan o bien sean determinadas reglamentariamente.

2. El tratamiento de la participación de las Comunidades Autónomas en la Unión Europea en la jurisprudencia del Tribunal Constitucional

Nuestra jurisprudencia constitucional contempló, en un principio de forma restrictiva, la posibilidad de una acción exterior autonómica[22], si bien el Tribunal Constitucional, en su sentencia 137/1989, indicaba que la Constitución no impide que la cooperación entre el Estado y las Comunidades Autónomas se proyecte también en este ámbito, mediante estructuras adecuadas, para las que tanto la propia Constitución (artículo 150.2), como el Derecho Comparado (Tratados-marco, etcétera), ofrecen amplias posibilidades[23].

Más adelante, la sentencia del Tribunal Constitucional 165/1994[24], dictada en un conflicto de competencias con el gobierno vasco sobre el establecimiento de una oficina en Bruselas, vino a modificar el alcance de la reserva competencial contenida en el artículo 149.1.3 de la Constitución española. Aunque es preciso señalar ahora que la disolución del monopolio estatal en materia de relaciones internacionales había comenzado con la sentencia el Tribunal Constitucional 153/1989[25]; la primera en la que se habló de la posibilidad de límites al indicar que la existencia de una relación con temas en los que se encontra-

22 SSTC 26/1982, de 24 de mayo (ECLI:ES:TC:1982:26); 44/1982, de 8 de julio (ECLI:ES:TC:1982:44); 154/1985, de 12 de noviembre (ECLI:ES:TC:1985:154), y; 137/1989, de 20 de julio (ECLI:ES:TC:1989:137).

23 STC 137/1989, de 20 de julio (ECLI:ES:TC:1989:137).

24 STC 165/1994, de 26 de mayo (ECLI:ES:TC:1994:165).

25 STC 153/1989, de 5 de octubre (ECLI:ES:TC:1989:153).

ran involucrados terceros Estados o ciudadanos extranjeros no implicaba, necesariamente, una facultad competencial estatal vinculada al concepto "relaciones internacionales".

La apertura de la oficina vasca fue recurrida por inconstitucionalidad por el gobierno de la nación a través de un conflicto positivo de competencias argumentando que la relación de las administraciones territoriales con las instituciones comunitarias debía articularse a través de las representaciones permanentes de España ante la Unión Europea (no directamente entre las administraciones vasca y europea). También que añadió que la creación de centros administrativos propios fuera del territorio autonómico desbordaba el factor espacial que limita la válida actuación de los poderes públicos vascos.

El Tribunal Constitucional hizo una interpretación extensiva de la Constitución a favor de las autonomías y restrictiva para el Estado en lo relativo al ejercicio de la competencia de política exterior. Afirmó, en esta decisiva resolución, que la Constitución define las relaciones internacionales como competencia exclusiva del Estado, pero que la misma Constitución instaura un modelo de Estado con descentralización política y competencial en el que, por consiguiente, las dinámicas internacionales también afectan a las autonomías. Por lo tanto, según el Alto Tribunal, los gobiernos autonómicos tienen derecho a desplegar su propia acción exterior con el único límite de que sus actividades "no impliquen el ejercicio de un 'ius contrahendi', no originen obligaciones inmediatas y actuales frente a poderes públicos extranjeros, no incidan en la política exterior del Estado y no generen responsabilidad de este frente a Estados extranjeros u organizaciones inter o supranacionales".

Como ya indicara el Tribunal Constitucional en esta sentencia 165/1994, la estructura del Estado autonómico, tal y como resulta de la Constitución, de los Estatutos de Autonomía y de aquellas otras normas que regulan la distribución de competencias, ha dado lugar a unas Comunidades Autónomas que han asumido

-con carácter exclusivo, o bien compartido con el Estado- un conjunto de competencias en relación con las cuales desarrollan facultades de normación y/o de ejecución. Se ha encomendado así a las Comunidades Autónomas la realización de tareas de notable amplitud y relevancia en la vida económica y social dentro de sus respectivos límites competenciales. Y, a la vista de ello, no puede en forma alguna excluirse que, para llevar a cabo correctamente las funciones atribuidas, la Comunidad Autónoma deba realizar determinadas actividades, no solo fuera de su territorio, sino incluso fuera de los límites territoriales del Estado.

Dijo el Tribunal Constitucional: "Cuando España actúa en el ámbito de las Comunidades europeas lo está haciendo en una estructura jurídica que es muy distinta de la tradicional de las relaciones internacionales. Pues el desarrollo del proceso de integración europea ha venido a crear un orden jurídico, el comunitario, que para el conjunto de los Estados componentes de las Comunidades europeas puede considerarse a ciertos efectos como 'interno'. En correspondencia con lo anterior, si se trata de un Estado complejo, como es el nuestro, aun cuando sea el Estado quien participa directamente en la actividad de las Comunidades europeas y no las Comunidades Autónomas, es indudable que éstas poseen un interés en el desarrollo de esa dimensión comunitaria". Ello permite, de un lado, "que varias Comunidades Autónomas hayan creado, dentro de su organización administrativa, departamentos encargados del seguimiento y de la evolución de la actividad de las instituciones comunitarias, y de otro lado, al igual que ocurre en el caso de otros Estados miembros de las Comunidades europeas, que los entes territoriales hayan procurado establecer en las sedes de las instituciones comunitarias, mediante formas organizativas de muy distinta índole, oficinas o agencias encargadas de recabar directamente la información necesaria sobre la actividad de dichas instituciones que pueda afectar, mediatamente, a las actividades propias de tales entes".

En definitiva, la sentencia del Tribunal Constitucional consideró conforme a la Constitución, como consecuencia lógica que se deprende de la admisión de la actuación exterior de las Comunidades Autónomas para la defensa de sus intereses derivados del ejercicio de sus competencias, la apertura de oficinas autonómicas en el ámbito de la Unión Europea, encargadas de canalizar esa actuación exterior. La misma sentencia, en su fundamento jurídico octavo, describió las funciones posibles de estas oficinas autonómicas en el ámbito de la Unión Europea como funciones de seguimiento, información e instrumentación del ejercicio de competencias autonómicas.

También estableció los límites de la actuación de las Comunidades Autónomas en sus relaciones en el exterior y de las oficinas y delegaciones autonómicas ante órganos comunitarios: las Comunidades Autónomas pueden llevar a cabo actividades que supongan una conexión o relación con entidades públicas exteriores al Estado en tanto tales conexiones o relaciones no incidan en la reserva estatal prevista en el artículo 149.1.3 CE o perturben el ejercicio de las actividades que la integran. Estas oficinas o delegaciones no podrán ejercer competencias sobre materias como la celebración de acuerdos internacionales, ejercicio del "ius legationis" o asunción de responsabilidad internacional. Sí podrán ejercer actividades de información y conexión respecto de instituciones europeas que no incidan en el ámbito de las relaciones internacionales reservadas al Estado.

Varias sentencias posteriores del Tribunal Constitucional reconocen el derecho que tienen las Comunidades Autónomas a ejercer funciones en el exterior a través de oficinas y delegaciones autonómicas, eso sí, siempre respetando la potestad exclusiva del Estado en materia de relaciones internacionales[26].

---

[26] SSTC 31/2010, de 28 de junio (ECLI:ES:TC:2010:31) y 46/2015, de 5 de marzo (ECLI:ES:TC:2015:46).

Prevén, además, que dichas funciones deben ejercerse dentro del respeto a "la lealtad institucional mutua"[27].

En la actualidad, cualquier referencia a la acción exterior de las Comunidades Autónomas ha de ser entendida en el sentido descrito, entre las últimas, por la sentencia del Tribunal Constitucional 228/2016[28]; esto es, ha de tratarse de acciones con proyección exterior para la promoción de sus intereses que se deriven directamente de sus competencias y que no perturben o interfieran en la competencia estatal del artículo 149.1.3 CE[29]. La acción exterior de las Comunidades Autónomas resulta del ejercicio de su autonomía política y está vinculada al ejercicio de sus competencias y, en su actuación exterior en estos ámbitos, han de poder definir sus propios objetivos y prioridades con el límite de que ello no incida en la política exterior del Estado[30].

Lógicamente, como señala el mismo Tribunal Constitucional[31], la acción exterior de las Comunidades Autónomas no se circunscribe a la Unión Europea (aunque los intereses autonómicos, en el caso europeo, pueden verse más intensamente afectados debido a las competencias que desempeñan las instituciones europeas). Estando claro, pues, que no es inconstitucional la acción exterior de las Comunidades Autónomas, igualmente lo está que la misma debe estar ligada al ejercicio

---

27 STC 31/2010, de 28 de junio (ECLI:ES:TC:2010:31).

28 STC 228/2016, de 22 de diciembre (ECLI:ES:TC:2016:228),

29 SSTC 165/1994, de 26 de mayo (ECLI:ES:TC:1994:165); 31/2010, de 28 de junio (ECLI:ES:TC:2010:31); 46/2015, de 5 de marzo (ECLI:ES:TC:2015:46), y; 85/2016, de 28 de abril (ECLI:ES:TC:2016:85), entre otras.

30 Informe nº 1319 del Tribunal de Cuentas de fiscalización relativa al destino dado a los recursos asignados a la ejecución de las políticas de acción exterior de la Comunidad Autónoma de Cataluña, correspondiente a los ejercicios 2011-2017, de 28 de marzo de 2019.

31 STC 85/2016, de 28 de abril (ECLI:ES:TC:2016:85).

de sus competencias. En materia de oficinas autonómicas, la proyección de las CCAA en el exterior está limitada a la promoción de los intereses de las Comunidades Autonómicas, de manera que no es constitucional la llamada "diplomacia pública autonómica" como una actuación exterior de las Comunidades Autónomas cuando no está vinculada a sus competencias[32].

3. Reformas de los Estatutos autonómicos en materia de relaciones exteriores. Las oficinas autonómicas en Bruselas

Las Comunidades Autónomas no son sujetos de Derecho internacional, de manera que las relaciones internacionales se configuran como competencias exclusivas del Estado. Sin embargo, la jurisprudencia constitucional ha ido estableciendo una doctrina que les ha permitido asumir ciertas competencias en materia de relaciones exteriores.

Inicialmente, algunos Estatutos asumieron las competencias de esta naturaleza de manera muy tímida. Consistieron, especialmente, en la ejecución de convenios y tratados internacionales y en el derecho a recibir información del Gobierno sobre tratados y convenios internacionales o de instar al Gobierno a su celebración (o similares). Estas competencias se desarrollaron por la vía de los hechos o por normas autonómicas. En consecuencia, nos encontramos, en las primeras regulaciones estatutarias, con actividades de promoción y proyección exterior y acciones de proyección internacional[33].

A partir de las reformas estatutarias de 2006, los Estatutos autonómicos comienzan a regular la acción exterior de las Co-

---

32 STC 135/2020, de 23 de septiembre (ECLI:ES:TC:2020:135).

33 ÁLVAREZ CONDE, Enrique, GARCÍA-MONCÓ, Alfonso y TUR ALSINA, Rosario, *Derecho Autonómico*, Tecnos, Madrid, 2013, pp. 397 y ss.

munidades Autónomas y a reconocer expresamente el establecimiento de oficinas o delegaciones autonómicas en el exterior.

En el caso del Estatuto de la Comunidad valenciana, se crea un nuevo Título referido a las relaciones de la Generalitat con la Unión Europea, y un nuevo Título referido a la acción exterior, que recoge la capacidad autonómica, a través del Consell, para participar en la función exterior del Estado cuando esta incida en el ámbito de sus competencias. La reforma estatutaria de la Comunidad Valenciana[34] establece que "La Generalitat ejercerá su acción exterior, en la medida en que sea más conveniente a sus competencias y siempre que no comprometa jurídicamente al Estado en las relaciones internacionales, ni suponga una injerencia en los ámbitos materiales de las competencias reservadas al Estado, a través de actividades de relieve internacional de las regiones" (artículo 62.2 ECV). El artículo 61 dispone, en su apartado primero, que "La Comunitat Valenciana tendrá una Delegación en Bruselas como órgano administrativo de representación, defensa y promoción de sus intereses multisectoriales ante las instituciones y órganos de la Unión Europea"; en su apartado 2, el citado artículo determina que "Asimismo, la Generalitat, a través del Organismo de Promoción de la Comunitat Valenciana, abrirá una red de oficinas de promoción de negocios en todos aquellos países y lugares donde crea que debe potenciarse la presencia de las empresas valencianas".

---

34 Ley Orgánica 1/2006, de 10 de abril, de reforma de la Ley Orgánica 5/1982, de 1 de julio, de Estatuto de Autonomía de la Comunidad Valenciana (BOE núm. 86, de 11 de abril de 2006). Sobre esta reforma véase RIPOLL NAVARRO, Rafael, "La acción exterior de la Comunidad Valenciana en el nuevo Estatuto", *Revista Valenciana d'Estudis Autonòmics*, núm. 49-50, 2005 (Ejemplar dedicado a: Un Estatuto para el siglo XXI: volumen II), pp. 285-305

El Estatuto de Illes Balears[35] dedica los Capítulos I -"Acción exterior"- y II -"Relaciones con la Unión Europea"- de su Título VII a regular la acción exterior de la Comunidad Autónoma, estableciendo, en su artículo 107, que "La Comunidad Autónoma puede establecer delegaciones u oficinas de representación ante la Unión Europea para mejorar el ejercicio de sus competencias y promover adecuadamente sus intereses".

Las relaciones de la Comunidad de Andalucía con otras Comunidades Autónomas, con la Unión Europea y con el exterior, han adquirido una dimensión considerable en la reforma estatutaria. El Estatuto de Andalucía[36] reconoce, en su artículo 236, ubicado en el Capítulo III del Título IX dedicado a las relaciones de esta Comunidad Autónoma con la Unión Europea, que "La Junta de Andalucía tendrá una Delegación Permanente en la Unión Europea como órgano administrativo de representación, defensa y promoción de sus intereses ante las instituciones y órganos de la misma, así como para recabar información y establecer mecanismos de relación y coordinación con los mismos".

---

35 Ley Orgánica 1/2007, de 28 de febrero, de reforma del Estatuto de Autonomía de las Illes Balears (BOE núm. 52, de 1 de marzo de 2007). Un interesante comentario a la reforma estatutaria puede verse en JANER TORRENS, Joan David, "La acción exterior de la Comunidad Autónoma de las Islas Baleares en el nuevo Estatuto de Autonomía", en GARCÍA PÉREZ, Rafael (coord.), *La acción exterior de las comunidades autónomas en las reformas estatutarias*, Tecnos, Madrid, 2009.

36 Ley Orgánica 2/2007, de 19 de marzo, de reforma del Estatuto de Autonomía para Andalucía (BOE núm. 68, de 20 de marzo de 2007). Sobre la reforma de la acción exterior de la Comunidad de Andalucía CANO BUESO, Juan, "La reforma del Estatuto de Autonomía de Andalucía", en *Reformas Territoriales*, Fundación Pablo Iglesias, Madrid, 2006. También GUTIÉRREZ RODRÍGUEZ, Francisco J., "Andalucía", *Revista General de Derecho Constitucional, Reforma de los Estatutos de autonomía y pluralismo territorial*, núm. 1, Iustel, Madrid, 2006, p. 211 y ss.

El Estatuto de Aragón[37] regula, en el artículo 92 de su Título VII (Cooperación institucional y acción exterior), las relaciones con la Unión Europea, disponiendo: primero, que la Comunidad Autónoma de Aragón participará, en los términos que establece la legislación estatal, en los asuntos relacionados con la Unión Europea que afecten a las competencias o intereses de Aragón, y, segundo, que la Comunidad Autónoma de Aragón establecerá una delegación para la presentación, defensa y promoción de sus intereses ante las instituciones y órganos de la Unión Europea.

El Estatuto de Castilla y León[38] regula, en su Título IV, las relaciones institucionales y acción exterior de la Comunidad de Castilla y León, y reconoce, en su artículo 64, que la Comunidad de Castilla y León podrá establecer una Delegación Permanente ante la Unión Europea con el fin de mantener relaciones de colaboración con las instituciones europeas y de ejercer funciones de información y de promoción y defensa de los intereses de Castilla y León. El Estatuto de Castilla y León también reconoce que "podrá establecer oficinas en el exterior para la mejor defensa de sus intereses", por tanto, no circunscritas a Bruselas (artículo 67.3).

La Comunidad Foral de Navarra participará, en los términos que establecen la Constitución, su estatuto y la legislación del Estado, en los asuntos relacionados con la Unión Europea que afecten a las competencias o intereses de Navarra, según lo establecido en el artículo 68 de la LO 7/2010, de 27 de oc-

---

[37] Ley Orgánica 5/2007, de 20 de abril, de reforma del Estatuto de Autonomía de Aragón (BOE núm. 97, de 23 de abril de 2007).

[38] Ley Orgánica 14/2007, de 30 de noviembre, de reforma del Estatuto de Autonomía de Castilla y León (BOE núm. 288, de 1 de diciembre de 2007). Sobre la reforma del Estatuto de Castilla y León, MANGAS MARÍN, Araceli, "La acción exterior de Castilla y León", en AA.VV., *Jornadas divulgativas del Estatuto de Autonomía de Castilla y León*, Junta de Castilla y León, 2010, pp. 17 a 44.

tubre[39]. Dicho artículo regula de manera detallada la participación de la Comunidad Foral ante la Unión Europea.

La reforma del Estatuto Extremadura[40] regula, en el artículo 68, los principios y objetivos de la acción exterior de la Comunidad Autónoma, indicando que la acción exterior de las instituciones de la Comunidad Autónoma atenderá a los intereses regionales de Extremadura. Su artículo 69 regula, como uno de los instrumentos para el desarrollo de la acción exterior de Extremadura, el establecimiento de delegaciones u oficinas de representación y de defensa de intereses. Por su parte, el artículo 70 indica que la Comunidad Autónoma mantendrá cauces de relación directa con las instituciones de la Unión Europea y tendrá una oficina permanente encargada de las relaciones con las instituciones y órganos comunitarios en aquellas materias que afecten a los intereses de Extremadura.

En el caso de Canarias, la Ley Orgánica de reforma del Estatuto de Autonomía de Canarias[41], ha dedicado una parte

---

39 Ley Orgánica 7/2010, de 27 de octubre, de reforma de la Ley Orgánica 13/1982, de 10 de agosto, de reintegración y amejoramiento del Régimen Foral de Navarra (BOE núm. 261, de 28 de octubre de 2010). El comentario detallado sobre el alcance de la reforma en DE LA IGLESIA CHAMARRO, Asunción, "La reforma del Amejoramiento del Fuero de Navarra en el contexto de las «revisiones» estatutarias. La LO 7/2010, de 27 de octubre", *Revista Española de Derecho Constitucional*, núm. 94, 2012, pp. 209-238

40 Ley Orgánica 1/2011, de 28 de enero, de reforma del Estatuto de Autonomía de la Comunidad Autónoma de Extremadura (BOE núm. 25, de 29 de enero de 2011). Un interesante estudio sobre esta reforma estatutaria en NIETO FERNÁNDEZ, Mª Isabel, "La acción exterior de la Comunidad de Extremadura en la propuesta de reforma del Estatuto de Autonomía", en GARCÍA PÉREZ, Rafael (coord.), *La acción exterior de las comunidades autónomas en las reformas estatutarias*, Tecnos, Madrid, 2009, pp. 227-262.

41 Ley Orgánica 1/2018, de 5 de noviembre, de reforma del Estatuto de Autonomía de Canarias (BOE núm. 268, de 06 de noviembre

importante de su contenido (Título VII "De las relaciones institucionales y acción exterior de la Comunidad Autónoma de Canarias") a regular la acción exterior de Canarias. Su artículo 196 establece que "La Comunidad Autónoma de Canarias participará en las instituciones de la Unión Europea, así como de los diferentes organismos internacionales, en los términos establecidos por la Constitución, el Estatuto de Autonomía, los tratados y convenios internacionales, la legislación aplicable y los acuerdos suscritos entre el Estado y Canarias", y su artículo 195 determina que "el Gobierno de Canarias, a través de sus delegaciones en el exterior, promoverá en colaboración con el Estado, la proyección exterior de la Comunidad Autónoma".

Pero la Comunidad Autónoma que ha desarrollado con mayor extensión su actividad en el exterior ha sido Cataluña y por ello hemos dejado su análisis para este momento, a pesar de ser la segunda Comunidad, tras la valenciana, en proceder a la reforma de su norma estatutaria en el marco de este nuevo movimiento de reforma[42]. El Estatuto de Cataluña de 2006[43] estableció una base jurídica general que reconocía a las oficinas autonómicas en el exterior un doble deber (no una mera

---

de 2018). Véase el comentario a esta reforma estatutaria de LÓPEZ AGUILAR, Juan Fernando y GARCÍA MAHAMUT, Rosario, "El nuevo Estatuto de Autonomía de Canarias: «tercera generación», hecho diferencial y nuevo sistema electoral", *Revista Española de Derecho Constitucional*, núm. 115, 2019, pp. 13-45.

42 Véase MANONELLES, Manel, "A acción exterior de Cataluña", *Tempo exterior*, núm. 33, 2016, pp. 133-140; PONS RAFOLS, Xavier y SAGARRA I TRIAS, Edouard, *La acción exterior de la Generalitat en el nuevo Estatuto de autonomía de Cataluña*, Publicacions i Edicions, Universitat de Barcelona, Barcelona, 2006; PONS RAFOLS, Xavier, "A acción exterior da Generalitat de Cataluña: algúns desenvolvementos post-estatutarios", *Tempo exterior*, núm. 26, 2013, pp. 41-58.

43 Ley Orgánica 6/2006, de 19 de julio, de reforma del Estatuto de Autonomía de Cataluña (BOE núm. 172, de 20 de julio de 2006).

facultad): impulsar la proyección de Cataluña en el exterior y "promover sus intereses" "respetando la competencia del Estado en materia de relaciones exteriores" (artículo 193.1 EC). El Estatuto catalán añade una base jurídica específica facultando a la Generalitat para establecer oficinas en el exterior para la promoción de los intereses de Cataluña (artículo 194 EC).

Mediante el Decreto 42/2008 de 4 de marzo[44], Cataluña reguló la coordinación ejecutiva de la acción exterior del Gobierno de la Generalidad. Esta norma contenía, entre otras, las previsiones organizativas de las delegaciones del Gobierno de la Generalidad en el exterior (artículo 5.2). Con base en dicha regulación se crearon, en el año 2008, las delegaciones del Gobierno de la Generalidad de Cataluña en Francia, Reino Unido, Alemania y Estados Unidos de América, añadiéndose a la existente Delegación ante la Unión Europea. De esa época es el Decreto de la Generalitat de Cataluña 149/2012, de 20 de noviembre, de modificación del Patronato Catalunya Món[45],

---

44 DECRETO 42/2008, de 4 de marzo, por el que se regula la coordinación ejecutiva de la acción exterior del Gobierno de la Generalidad (DOGC núm. 5085, de 6 de marzo de 2008).

45 Decreto 149/2012, de 20 de noviembre, de modificación de los Estatutos y de la denominación del Patronato Cataluña Mundo, que se convierte en Patronato Cataluña Mundo-Consejo de Diplomacia Pública de Cataluña (PCM-DIPLOCAT) (DOGC núm. 6279, de 21 de diciembre de 2012). El objeto de este Decreto es que el Patronato Catalunya Món debe convertirse en un instrumento del Gobierno para desarrollar una estrategia de diplomacia pública y contribuir al conocimiento y reconocimiento exterior del país, pues la estrategia de diplomacia pública afecta tanto a la política doméstica como a la internacional. Por tanto, el público objetivo del Patronato Catalunya Món también debe ser la sociedad civil internacional y, concretamente, la opinión pública internacional. Su artículo 2 establece que el PCM-DIPLOCAT debe contribuir al objetivo de impulsar iniciativas que permitan el conocimiento directo de Cataluña en el ámbito internacional, posicionando la imagen, la reputación y la

que se convierte en Patronat Catalunya Món-Consell de Diplomàcia Pública de Catalunya (PCM-DIPLOCAT).

En relación con estas regulaciones, las sentencias del Tribunal Constitucional 31/2010 y 110/2012 reconocieron la capacidad de proyección exterior de Cataluña siempre que respetara las competencias estatales[46].

Con la Ley del Parlamento de Cataluña 16/2014, de 4 de diciembre, de acción exterior y de relaciones con la Unión Europea[47], esta Comunidad Autónoma reconocía competencias para ordenar su actividad exterior conforme a su propia ley, sin apenas mención a la ley estatal y en términos competenciales similares a las estatales. En todo el sistema de las "Delegaciones del Gobierno en el exterior" como unidades de representación institucional del Gobierno para "defender en el exterior los intereses de Cataluña y la proyección internacional del país", el Tribunal Constitucional, en su sentencia 228/2016, de 22 de diciembre de 2016, no apreció inconstitucionalidad[48].

---

proyección internacionales de Cataluña mediante la exportación del mejor conocimiento de la realidad del país y sus activos y valores únicos, para fomentar su internacionalización. El cumplimiento de este objetivo repercute directamente en una mayor atracción de inversiones, conocimiento, instituciones y personas, contribuyendo a generar opinión pública positiva en el extranjero y estableciendo relaciones de confianza en el mundo.

46 SSTC 31/2010, de 28 de junio (ECLI:ES:TC:2010:31), y 110/2012, de 23 de mayo (ECLI:ES:TC:2012:110)

47 Publicada en DOGC núm. 6768, de 11 de diciembre de 2014, y BOE núm. 309, de 23 de diciembre de 2014.

48 Como establece la STC 226/2016, de 22 de diciembre (ECLI:ES:TC:2016:228) "... el establecimiento de oficinas autonómicas en el ámbito de la Unión Europea, para la defensa de sus intereses derivados del ejercicio de sus competencias, en los términos expuestos (STC 165/1994, FFJJ 5 y 8), la previsión de una "delegación del Gobierno [de la Generalitat] ante la Unión Europea" que se contiene en el

apartado f) del art. 2 de la Ley 16/2014, así como en los arts. 29 y 30 de la misma Ley, no puede merecer reproche de inconstitucionalidad. Por lo que se refiere al establecimiento de oficinas de las Comunidades Autónomas en el exterior (al margen de la representación ante las instituciones y órganos de la Unión Europea), lo es "para la promoción de los intereses de Cataluña", como establece expresamente el art. 29.3 de la Ley 16/2014, reiterando las previsiones del art. 194 EAC. Debe recordarse en este sentido, una vez más, que "la noción de 'intereses' con la perspectiva de la organización territorial del Estado no sólo no es inapropiada sino absolutamente irreprochable en términos constitucionales" (STC 31/2010, FJ 118); a ello cabe añadir que, como reconoce el art. 193.1 EAC, "la acción exterior de la Generalitat se ejerce 'respetando la competencia del Estado en materia de relaciones exteriores'" (STC 31/2010, FJ 126), como resulta obligado dada la reserva a favor del Estado del art. 149.1.3 (SSTC 165/1994, FJ 5; 31/2010, FJ 125, y 46/2015, FJ 4, por todas).
Por otra parte, ha de entenderse que las previsiones contenidas en los arts. 29 a 33 de la Ley 16/2014 deben conjugarse con la aplicación de las medidas previstas en la Ley estatal 2/2014 con el fin de coordinar las actividades con proyección externa de las Comunidades Autónomas en relación con el establecimiento de oficinas en el exterior. Tales previsiones son compatibles con la sujeción a los requisitos establecidos en la referida Ley estatal, sobre cuya constitucionalidad ya nos hemos pronunciado en la citada STC 85/2016, FJ 6: comunicación previa al Estado de la decisión de apertura de tales oficinas y emisión de informes por los Ministerios competentes en aras a preservar el principio de unidad de acción en el exterior y el principio de eficiencia en la gestión de los recursos públicos, así como la adecuación al orden competencial.
El eventual incumplimiento por la Generalitat de los requisitos de coordinación establecidos por el legislador estatal ex art. 149.1.3 CE, al crear oficinas o delegaciones de Gobierno de la Generalitat en otros Estados, podrá desde luego ser motivo para impugnar ante la jurisdicción competente los correspondientes Decretos de creación de esas oficinas en el exterior, pero no puede erigirse en razón suficiente para apreciar la inconstitucionalidad de los referidos preceptos de la Ley 16/2014, que no impiden la necesaria coordinación con las instituciones estatales en esta materia (STC 165/1994, FJ 8).

Más recientemente, ante el "Plan estratégico de acción exterior y de relaciones con la UE 2019-2022", aprobado en junio de 2019 por el gobierno catalán, el Tribunal Constitucional ha resuelto el recurso del Gobierno en la sentencia 135/2020, en la que estima parcialmente el recurso, aunque sin atender a la petición del Gobierno de anulación completa del Plan. Se limita a declarar de forma parcial la inconstitucionalidad de algunos párrafos[49].

En este sentido, la previsión de "Delegaciones del Gobierno [de la Generalitat] en el exterior" que se contiene en el apartado e) del art. 2 de la Ley 16/2014, así como en los arts. 29 y 31 de la misma Ley, tampoco puede merecer reproche de inconstitucionalidad.

49 STC 135/2020, de 23 de septiembre de 2020 (ECLI:ES:TC:2020:135). La sentencia del TC declara inconstitucionales y nulos los dos primeros párrafos del punto 9; el punto 10; el punto 18; el punto 37; los puntos 49 y 52; el punto 64; el inciso "y redes digitales de muy alta capacidad, de servicios y de una nueva industria asociados al desarrollo de la red 5G" del punto 86; los incisos "dé un salto cualitativo para guiar una acción exterior integral hacia el continente africano" del párrafo primero, "orientando, simultáneamente, la acción exterior del Gobierno de Cataluña para construir en dichos ámbitos unas sólidas relaciones de futuro" del párrafo segundo y el tercer párrafo, todos ellos del punto 93; el primer párrafo del punto 95; el primer párrafo del punto 107; los puntos 108, 109 y 111; los dos primeros párrafos del punto 112; el punto 113; el párrafo segundo del punto 115 y el punto 116. También los puntos 50 y 51 son inconstitucionales en la medida en que sean aplicables a las infraestructuras de titularidad estatal. Las referencias a "Cataluña como actor reconocido en el mundo", del objetivo estratégico 1.2, y las alusiones a países, gobiernos y acuerdos que se contienen en diversos puntos del plan, no son inconstitucionales si se interpretan en el sentido expresado en el fundamento jurídico 7 A) b) de la presente resolución; el objetivo operativo 2.1.1, "Avanzar hacia la soberanía económica en un contexto global" y el punto 75 son constitucionales en los términos del fundamento jurídico 7 B); el punto 77 ha de interpretarse conforme al fundamento jurídico 7 C) a); y los puntos 79, 82 y 83 no son inconstitucionales interpretados de conformidad con el fundamento jurídico 7 C) c) ii). Un estudio de esta sentencia en MANGAS

Respecto al resto de Comunidades Autónomas, los estatutos autonómicos de Madrid (artículo 32), Murcia (artículo 12.3), Cantabria (artículo 9.13), Asturias (artículo 12) o la Rioja (artículo 14) contemplan la posibilidad de que la Comunidad pueda solicitar al gobierno de la nación la celebración de tratados o convenios internacionales en materias de interés para la propia Comunidad y reconocen la competencia autonómica para la ejecución de dichos tratados y convenios. Así mismo reconocen el derecho a estar informadas de la celebración de tratados que afecten a sus competencias. En el caso del estatuto de Galicia, su artículo 35.3 determina la posibilidad de que la Comunidad pueda solicitar del Gobierno que celebre y presente, en su caso, a las Cortes Generales, para su autorización, los tratados o convenios que permitan el establecimiento de relaciones culturales con los Estados con los que mantenga particulares vínculos culturales o lingüísticos. Pero estos estatutos no incluyen referencias a la acción exterior autonómica ni al reconocimiento de las oficinas autonómicas ante la Unión Europea.

El Estatuto del País Vasco es el único que nunca fue reformado en sus cuatro décadas de historia, pues fracasó el llamado Plan Ibarretxe del 2004[50]. No contiene previsión alguna referida a las oficinas o delegaciones vascas en el exterior.

MARTÍN, Araceli, "Acción exterior de las comunidades autónomas: las delegaciones catalanas", *Anales de la Real Academia de Ciencias Morales y Políticas (2019-2020)*, Fascículo 1, 2020, p. 86 y ss.

50 La Propuesta de Estatuto Político de la Comunidad de Euskadi, (más conocido como Plan Ibarretxe) dedicó su Título VI al régimen de relación política con el ámbito europeo e internacional, distinguiendo entre "Las relaciones con Europa", "Las relaciones exteriores", y "La cooperación al desarrollo", y reconocía, en su art. 67, que "Las instituciones públicas vascas desarrollarán fuera del territorio de la Comunidad de Euskadi la actividad necesaria para la defensa y la promoción de los intereses de las ciudadanas y ciudadanos vascos...", y que, "A tal fin, la acción exterior del Gobierno Vasco contará con

4. La regulación estatal de la acción exterior de las Comunidades Autónomas. El caso de las oficinas autonómicas ante la Unión Europea

El vacío de una legislación estatal reguladora de la materia y de coordinación de las prácticas autonómicas se solventó a través de la aprobación de la Ley 2/2014, de 25 de marzo, de la Acción y del Servicio Exterior del Estado (LAESE)[51]. Esta norma tiene por objeto, por primera vez, la regulación de un ámbito que hasta ahora carecía de ella: la acción exterior del Estado.

Su artículo 3.2 fija los siete principios rectores de la acción exterior del Estado: unidad de acción en el exterior; lealtad institucional y coordinación; planificación; eficiencia; eficacia y especialización; transparencia; y, servicio al interés general. Todos estos principios se aplican a los sujetos que realizan acción exterior, incluidas las Comunidades Autónomas. Asimismo, diferencia entre "política exterior" y "acción exterior"; la primera se define como "el conjunto de decisiones y acciones del Gobierno en sus relaciones con otros actores de la escena internacional, con objeto de definir, promover, desarrollar y defender los valores e intereses de España en el exterior"; mientras que la acción exterior es "el conjunto ordenado de las actuaciones que los órganos constitucionales, las Administraciones públicas y los organismos, entidades e instituciones de ellas dependientes llevan a cabo en el exterior, en el ejercicio de sus respectivas competencias, desarrolladas de acuerdo con los principios establecidos en esta ley y con observancia y adecuación a las directrices,

---

los recursos humanos y materiales necesarios, incluida, en su caso, la creación de delegaciones y oficinas de representación en el exterior, cuyo estatuto será regulado por ley del Parlamento Vasco".

51 Poco después se aprobó la Ley 25/2014, de 27 de noviembre, de Tratados y otros Acuerdos Internacionales (LTAI) (BOE núm. 288, de 28 de noviembre de 2014). La aprobación de esta segunda norma viene a cubrir otro vacío legal, pero se trae aquí solo a efectos informativos por no ser materia objeto de este estudio.

fines y objetivos establecidos por el Gobierno en el ejercicio de su competencia de dirección de la Política Exterior".

La Ley de Acción Exterior reivindica la atribución en la Constitución de la noción de "relaciones internacionales" al Estado central (lo que la ley llama política exterior), subrayando, además, que dicha atribución es prioritaria frente a la actividad internacional de las Comunidades Autónomas y otros poderes públicos, que siempre debe ejercerse de acuerdo con los contenidos de la política exterior del gobierno para adecuarse a los principios de unidad y lealtad[52].

Aunque reconoce la proyección exterior que tienen muchas de las competencias propias de las Comunidades Autónomas, reafirma la capacidad del Estado para regular los mecanismos que permitan la coordinación de esa actividad con la acción exterior estatal, a efectos de garantizar una articulación coherente. De esta manera: a) las actividades que las Comunidades Autónomas puedan realizar en el exterior en el marco de las competencias que les sean atribuidas por la Constitución, por los Estatutos de Autonomía y las leyes, se adecuarán a las directrices, fines y objetivos de la política exterior fijados por el Gobierno; b) dichas actividades de las Comunidades y Ciudades Autónomas se adecuarán a los instrumentos de planificación de la acción exterior establecidos por el Estado en el ejercicio de sus facultades de coordinación, y; c) las actuaciones que se lleven a cabo en el ejercicio de la acción exterior no podrán comportar, en ningún caso, la asunción de la representación del Estado en el exterior, la celebración de tratados internacionales con otros Estados u organizaciones internacionales, la generación, directa o indirecta, de obligaciones o responsa-

52 ORTEGA CARCELÉN, Martín, "Las leyes de acción exterior del Estado y de tratados: dos piezas internacionales que nuestro derecho necesitaba", *Foro,* vol. 18, núm. 1, 2015, pp. 299-316.

bilidades internacionalmente exigibles al Estado, ni incidir o perjudicar la política exterior que dirige el Gobierno.

Como contrapartida, el gobierno queda obligado a informar a las Comunidades de iniciativas y propuestas de acción exterior cuando afectan a sus competencias, y esas Comunidades podrán también solicitar el apoyo necesario del Ministerio para las iniciativas autonómicas en el ámbito de sus competencias (artículo 14). Al mismo tiempo, la ley establece claramente que las Comunidades Autónomas "participarán en la elaboración y ejecución" de la acción exterior en el ámbito de la Unión Europea a través de mecanismos existentes, como su presencia en la representación permanente en Bruselas y en la Conferencia para Asuntos Relacionados con la Unión Europea, conocida como CARUE.

En relación con las oficinas autonómicas y de las Ciudades Autónomas en el exterior, la LAESE es el marco jurídico que facilita su creación. Su artículo 12 establece:

1. Las Comunidades Autónomas y las Ciudades Autónomas informarán al Gobierno del establecimiento de oficinas para su promoción exterior, con carácter previo a su apertura. El Ministerio de Asuntos Exteriores y de Cooperación informará la propuesta, de acuerdo con las directrices, fines y objetivos de la Política Exterior, la Estrategia de Acción Exterior y, en particular, con el principio de unidad de acción en el exterior.

2. El Ministerio de Hacienda y Administraciones Públicas informará dicha propuesta de acuerdo con el principio de eficiencia en la gestión de los recursos públicos, así como desde la perspectiva de su adecuación al orden competencial.

3. Cuando se trate de oficinas dedicadas a la promoción comercial se recabará, además, el informe del Ministerio de Economía y Competitividad.

4. El Gobierno impulsará la instalación de estas oficinas dentro de los locales del Servicio Exterior del Estado cuando

así lo permitan las disponibilidades de espacio de dicho Servicio sin que, en ningún caso, dicha instalación comporte ni su integración en el Servicio Exterior del Estado, ni la aplicación a dichas oficinas de la normativa internacional, especialmente la recogida en las Convenciones de Viena sobre relaciones diplomáticas y consulares.

Como puede comprobarse, la ley establece la obligación de información previa de las Comunidades Autónomas al Estado y la fijación de un control previo -comunicación al Ministerio de Asuntos Exteriores y emisión de varios informes ministeriales- para la apertura de oficinas en el exterior[53].

5. Sobre la evolución de la participación autonómica y el papel de las oficinas autonómicas

La participación de las Comunidades Autónomas en la Unión Europea se puede dividir en cuatro etapas[54].

Un primer período de inicial apertura de los foros europeos a las Comunidades Autónomas, que coincidió con el último gobierno de Felipe González y el primero de José María Aznar. A lo largo de este período, el gobierno central precisaba el apoyo de Convergència i Unió para gobernar, lo que se tradujo en una etapa importante para el desarrollo de la participación autonómica ante la Unión Europea, con el consiguiente fomento de la actividad de las oficinas autonómicas en Bruselas.

---

53 Para el Tribunal Constitucional, el incumplimiento de estos requisitos en la creación de estas oficinas solo puede dar lugar a la impugnación ante los tribunales ordinarios [STC 228/2016, de 22 de diciembre de 2016, FJ 10, (ECLI:ES:TC:2016:228)].

54 Seguimos, en este punto, a GONZÁLEZ PASCUAL, Maribel, *Las Comunidades Autónomas en la Unión Europea. Condicionantes, evolución y perspectivas de...*, ob. cit., p. 34 y ss.

Un segundo período, que coincidió con la mayoría absoluta que disfrutó José María Aznar entre los años 2000 y 2004, en el que se produjo la paralización de los acuerdos de participación.

Un tercer período de fuerte impulso a la participación de las Comunidades Autónomas, que se caracterizó por la apertura parcial del Consejo a las autonomías y que abarcó las dos legislaturas del presidente Rodríguez Zapatero, durante las cuales precisó el apoyo de Convergència i Unió en las Cortes Generales para aprobar sus propuestas legislativas. Además, el Partit dels Socialistes de Catalunya estaba al frente del Gobierno catalán gracias a una coalición. Por tanto, el partido socialista debía llegar a acuerdos con los partidos catalanes para mantener su posición en el Estado y en Catalunya. Se trataría del período de mayor esplendor de la cooperación entre el Estado y las Comunidades Autónomas. No solo se aprobaron los nuevos Estatutos de Autonomía, sino que también se impulsaron nuevos foros de cooperación y se reforzaron los ya existentes.

El cuarto período comenzó con las elecciones generales de noviembre de 2011, en las que obtuvo una clara mayoría el Partido Popular. La primera decisión del nuevo gobierno en materia de participación autonómica en la Unión Europea fue pedir a las Comunidades Autónomas el cierre de sus oficinas y delegaciones en Bruselas y su integración en la REPER. Castilla-La Mancha, gobernada por primera vez en su historia por el Partido Popular, cerró inicialmente sus oficinas (aunque posteriormente volvió a abrirla integrada en la REPER). La Rioja, el Principado de Asturias, Castilla y León y la Comunidad Foral de Navarra integraron su personal en la REPER. Esta pérdida de espacios autonómicos coincidió con un gobierno central respaldado por una mayoría absoluta.

Pero podemos, finalmente, referirnos a un quinto período que se estaría desarrollando en el momento presente. La participación de las Comunidades Autónomas en la Unión Europea ha ido creciendo a lo largo del tiempo, especialmente durante el período 2004-2011, y esta tónica se ha mostrado con especial claridad en el último gobierno del Pedro Sánchez, debido a que este Gobierno de la XIV Legislatura española ha precisado de apoyos permanentes de partidos nacionalistas y autonomistas (y ello pese a los intentos de retroceso por parte de las fuerzas de la oposición[55]). En este sentido, el Consejo de Ministros aprobó,

---

[55] En el año 2020, el Grupo Parlamentario Cs registró, en el Congreso de los Diputados, una Proposición de Ley para que, no solo las oficinas autonómicas en el exterior, sino toda actividad promovida por Comunidades o Ciudades Autónomas en el extranjero, requiriera de una autorización previa del Ministerio de Asuntos Exteriores, Unión Europea y Cooperación (Proposición de Ley para garantizar la coordinación, cooperación y lealtad institucional de las Comunidades Autónomas en el desarrollo de la Acción Exterior del Estado (122/000015)). De acuerdo con esta Proposición de Ley, en materia de oficinas autonómicas, el artículo 12 quedaría redactado del siguiente modo:

> Artículo 12. De las Oficinas de las Comunidades y Ciudades Autónomas en el exterior. "1. El establecimiento de oficinas para su promoción exterior por las Comunidades Autónomas y las Ciudades Autónomas requerirá de previa autorización por el Ministerio de Asuntos Exteriores, Unión Europea y Cooperación, que velará por la adecuación de la propuesta a las directrices, fines y objetivos de la Política Exterior, a la Estrategia de Acción Exterior y a los principios que se establecen en esta Ley, en particular, los de unidad de acción en el exterior, de lealtad institucional, coordinación y cooperación y de eficiencia.
>
> A tales efectos, el Ministerio de Asuntos Exteriores, Unión Europea y Cooperación recabará informe del Ministerio de Hacienda, que evaluará la propuesta de acuerdo con el principio de eficiencia en la gestión de los recursos públicos, así como desde la perspectiva de su adecuación al orden competencial. Cuando se trate de oficinas dedicadas a la promoción comercial, el Ministerio de Asuntos Exteriores, Unión Europea y Cooperación recabará, además, informe del Ministerio de Economía y Empresa.
>
> 2. De acuerdo con el principio de eficiencia antes mencionado, la instalación de estas oficinas se producirá, en todos los casos, preferentemente dentro de los locales del Servicio Exterior del Estado, siempre que así lo permitan las disponibilidades de espacio de dicho Servicio, sin que en ningún caso dicha instalación comporte ni su in-

---

> tegración en el Servicio Exterior del Estado, ni la aplicación a dichas oficinas de la normativa internacional, especialmente la recogida en las Convenciones de Viena sobre relaciones diplomáticas y consulares; y, cuando dichas disponibilidades de espacio no lo hiciesen posible, su instalación se producirá preferentemente dentro de las dependencias de otros servicios de titularidad estatal o, alternativamente, de las de las oficinas de promoción de otras Comunidades Autónomas o Ciudades Autónomas existentes en el mismo destino.
> 3. La denegación de la autorización a que se refiere el apartado primero podrá ser total o parcial. En este último caso, la resolución por la que se deniegue la autorización indicará las modificaciones en la propuesta que serían necesarias para posibilitar su autorización, así como podrá incluir otras recomendaciones que se consideren oportunas. En este supuesto, la Comunidad Autónoma o Ciudad Autónoma podrá remitir una nueva propuesta, en el plazo que se estipule en la resolución por la que determine la denegación de la autorización, indicando las subsanaciones realizadas respecto a la anterior, que será sometida a nueva autorización en los términos previstos en este artículo.
> 4. Los establecimientos de las oficinas de promoción exterior de las Comunidades Autónomas y Ciudades Autónomas deberán cumplir los preceptos previstos en la Ley 39/1981, de 28 de octubre, por la que se regula el uso de la bandera de España y el de otras banderas y enseñas. Asimismo, deberán lucir, tanto en el interior como en el exterior, junto a sus distintivos propios, el de 'Acción Exterior de España', en los términos que se establezcan por Orden del ministro de Asuntos Exteriores, Unión Europea y Cooperación".

En el año 2018, el Grupo Popular propuso reformar su propia norma, la Ley de Acción y Servicio Exterior del Estado, aprobada en 2014, para facilitar el cierre de las "embajadas" catalanas o de cualquier otra Comunidad Autónoma, o impedir su apertura si no se ajusta a la "unidad de acción" en el exterior. El texto justifica la necesidad de la reforma en que la actual ley se basa "en la confianza" de que ningún actor autonómico usaría sus competencias o las excedería para perjudicar el interés de España o para no respetar la Constitución. Así, los populares propusieron añadir, al artículo 12, la obligación de las Comunidades Autónomas de informar al Ministerio Exteriores antes de abrir una oficina "de promoción exterior"; añadir un artículo 12 bis para que cuando las oficinas incumplieran cualquier disposición de esta ley, por invadir competencias del Estado o por no respetar los principios de la Acción Exterior, el Estado

con fecha de 27 de abril de 2021, el Acuerdo por el que se establece la *Estrategia de Acción Exterior 2021-2024,* en virtud del cual se prevé, como medida a adoptar, "la reactivación y potenciación de los instrumentos de formulación y de coordinación interna previstos en la Ley 2/2014, de 25 de marzo, de la Acción y del Servicio Exterior del Estado, y muy en particular el Consejo de Política Exterior y el Consejo Ejecutivo de Política Exterior".

Sin embargo, pese a los avances, sigue siendo necesario profundizar esta participación y corregir múltiples carencias, puesto que las oficinas y delegaciones regionales en Bruselas desarrollan un papel importante. Hoy desempeñan cometidos muy distintos de los que alentaron su creación. Si en un primer momento sirvieron fundamentalmente para transmitir con celeridad información europea, en la actualidad desempeñan un papel más rico y complejo. Asumen un innegable protagonismo político pues, en muchas ocasiones, contribuyen a impulsar el procedimiento decisorio comunitario en una determinada dirección[56]. Hoy participan en los grupos de trabajo del Consejo y, en ocasiones, en los comités de la Comisión. La Comisión y, en ocasiones, el Parlamento, se dirigen a las oficinas regionales y su existencia ha dado lugar al establecimiento de redes de cooperación transregional en Bruselas que tienen cada vez más peso político[57].

Las oficinas y delegaciones autonómicas son un reflejo de la autonomía política de las Comunidades Autónomas y poseen

---

pudiera requerir su cierre. Si este no se produce, el Estado puede reclamarlo ante la jurisdicción contencioso-administrativa y, en la demanda que interponga, la Abogacía del Gobierno, a instancia del Ministerio de Asuntos Exteriores "solicitará en todo caso la medida cautelar del cese de la actividad de manera inmediata".

56 MATÍA PORTILLA, Francisco Javier, "Las oficinas y delegaciones en...", ob. cit., p. 82 y ss.

57 MOORE, C., "A Europe of the Regions vs. The Regions in Europe: reflextions on Regional Engagement in Brussels", *Regional & Federal Studies,* vol. 18, núm. 5, 2008, p. 521.

un claro perfil político. Sus prioridades se determinan por el gobierno autonómico, lo que les permite distinguirse claramente de las oficinas comerciales o culturales, cuya naturaleza es la de oficinas técnico-administrativas. Son parte del entramado que permite a las Comunidades Autónomas extraer el máximo provecho de su participación en Bruselas. La lógica impondría que se les otorgase un papel más central en el desarrollo e implementación de la participación autonómica en la Unión Europea. Esta es la tendencia en otros Estados miembros de la Unión, que están ampliando el número de oficinas regionales en Bruselas o reforzando las existentes.

Frente a la idea inicial de las oficinas autonómicas como agentes auxiliares de las administraciones y de los agentes sociales y económicos regionales en Bruselas, su desarrollo ha puesto de manifiesto cómo sus delegaciones han variado cuantitativa y cualitativamente las relaciones que mantienen con las instituciones europeas. Sus contactos con la Comisión han experimentado una notable evolución. De limitarse a solicitar información (sobre la distribución de los fondos europeos y las iniciativas normativas, fundamentalmente), las oficinas han pasado ahora a tratar de incidir, de orientar, el comportamiento futuro de la propia Comisión. Las oficinas autonómicas han establecido también lazos en el entorno del Consejo de la Unión Europea (principalmente, con los grupos de trabajo y representaciones de otros Estados miembros) y han creado e intensificado sus vínculos con el Parlamento Europeo.

En la práctica, operan como grupos de presión, con intereses comunes que realizan acciones dirigidas a influir ante la administración comunitaria para promover decisiones favorables a sus intereses, recurriendo a prácticas, mecanismos y fórmulas no reguladas por el Derecho, por lo que resulta fundamental conocer su naturaleza jurídica al objeto de determinar su amplitud de actuaciones, y los límites y controles a los que están sometidas.

En el inicial uso indistinto de las expresiones oficinas o delegaciones autonómicas podemos observar distintas naturalezas jurídicas; no es lo mismo que estos entes estén integrados en la administración autonómica o que vengan impulsados o patrocinados por entidades, públicas o privadas, cuyo régimen jurídico es distinto (lo cual también implica distintas capacidades de control público)[58].

Pues bien, aunque cada regulación autonómica de las oficinas y delegaciones ante la Unión Europea las contempla de manera diferente, en general, se configuran como entidades integradas en la administración regional general (como administración institucional). Aunque también se recurre a otras técnicas, como empresas participadas en las que la Administración regional no controle más de la mitad de sus acciones.

En todo caso, en la actualidad, como ya hemos señalado, destacan, frente a aquella idea inicial de agentes auxiliares de las administraciones y de los agentes sociales y económicos regionales en Bruselas, sus funciones políticas y "paradiplomáticas". Pero no son "embajadas"; son oficinas y delegaciones exteriores cuya existencia se fundamenta en los respectivos Estatutos de Autonomía y están amparadas dentro del marco de la Constitución, tal y como ha reconocido el Tribunal Constitucional.

En su configuración actual, está claro que son un medio por el que se expresa la actuación política del gobierno autonómico, lo cual, unido a su sumisión al Derecho público, es una razón suficiente para que el funcionamiento de las oficinas regionales deba ser controlado por el respectivo Parlamento regional. Excluir este control no solamente es contrario al principio demo-

---

58 LÓPEZ CASTILLO, Antonio, *Constitución e integración: el fundamento constitucional de la integración supranacional europea en España y en la RFA*, Centro de Estudios Políticos y Constitucionales, Madrid, 1996, p. 302 y ss.

crático en el interior de los Estados, sino que no favorece la superación del déficit democrático en los asuntos comunitarios[59].

En el caso español, los Estatutos de Autonomía no contemplan la intervención específica de los Parlamentos autonómicos, ni en la fase ascendente de formación de la voluntad estatal, ni en la descendente de ejecución del Derecho de la Unión Europea, salvo algunas excepciones en materia de fondos estructurales. En cuanto a la función de control, algunos Parlamentos autonómicos han creado comisiones permanentes de asuntos europeos de carácter no legislativo (Asturias, Castilla-León, Canarias, Cataluña, Euskadi, Madrid, Valencia), sin perjuicio de las actividades que sobre la misma materia puedan realizar otras comisiones o el Pleno, ante los que deberían rendir cuentas las oficinas y delegaciones autonómicas. Pero, en general, el papel desempeñado por los Parlamentos regionales en relación con los asuntos europeos es marginal y, en la práctica, la política europea es un monopolio, un ámbito reservado a los gobiernos, a todos los niveles[60].

III. LA PARTICIPACIÓN DE CASTILLA-LA MANCHA EN LA UNIÓN EUROPEA. ESPECIAL REFERENCIA A LA OFICINA ANTE BRUSELAS

1. Introducción

Como hemos indicado, una parte muy importante de las políticas y la normativa que desarrollan e implementan las

59 MATÍA PORTILLA, Francisco Javier, "Las oficinas y delegaciones en...", ob. cit., p. 91 y ss.

60 BILBAO UBILLOS, Juan Manuel, "El control parlamentario de la actuación de los ejecutivos autonómicos", en BIGLINO CAMPOS, Paloma (coord.), *La política europea de las Comunidades Autónomas y su control parlamentario*, Tirant lo Blanch, Valencia, 2003, pp. 201-285.

Comunidades Autónomas está condicionada por decisiones adoptadas a nivel europeo, y por ello casi la totalidad de regiones cuentan con órganos administrativos o entidades dedicadas a las políticas comunitarias, y con una representación permanente ante la Unión Europea[61].

El Estatuto de Autonomía de Castilla-La Mancha -Ley Orgánica 9/1982, de 10 de agosto[62]-, no contempla competencias específicas y exclusivas, ni compartidas o concurrentes, de la Junta de Comunidades de Castilla-La Mancha en materia de acción exterior, salvo lo regulado en su artículo 34, que reconoce que la Comunidad Autónoma ejecutará, dentro de su ámbito territorial, los tratados internacionales, en lo que afecten a las materias propias de su competencia.

El Decreto 287/2007, de 16 de octubre, por el que se crea la Comisión Delegada de Acción Exterior[63] ya reconocía la necesaria coordinación de las actuaciones que en materia de acción exterior desarrollen las distintas Consejerías, así como las entidades dependientes de la Administración de la Junta en el ámbito de las respectivas competencias, lo que exigía y justificaba la adecuación de los órganos y procedimientos de coordinación de la Junta en materia de acción exterior para mejor cumplimiento de las funciones que tiene atribuidas el

---

61 FERNÁNDEZ DE CASADEVANTE, Carlos, *La acción exterior de las Comunidades Autónomas: balance de una práctica consolidada*, editorial Dilex, Madrid, 2001; VARA, Gracia, "Novedades en Europa para aumentar la participación regional y local en los procesos de toma de decisión europeos", *Unión Europea*, Aranzadi, 2006.

62 El Estatuto ha sufrido las siguientes reformas a través de varias leyes orgánicas (Ley Orgánica 6/1991, de 13 de marzo, Ley Orgánica 7/1994, de 24 de marzo, Ley Orgánica 3/1997, de 3 de julio y Ley Orgánica 2/2014, de 21 de mayo, de reforma del Estatuto de Autonomía de Castilla-La Mancha, que solo reformaron aspectos relativos a la normativa electoral y a la composición de las Cortes de Cartilla-La Mancha).

63 DOCM núm. 217 de 19 de octubre de 2007.

Consejo de Gobierno por el Estatuto de Autonomía de Castilla-La Mancha. En su virtud, se creó la Comisión Delegada del Consejo de Gobierno de acción exterior, entre cuyas funciones se le otorgaba la de proponer al Consejo de Gobierno los criterios generales de actuación y las líneas estratégicas básicas que guiarán la actividad de la Junta de Comunidades de Castilla-La Mancha en materia de acción exterior.

La propuesta de reforma de Estatuto de Autonomía presentada por las Cortes de Castilla-La Mancha en el año 2008[64] reconocía, en su Título IV (Relaciones con la Unión Europea y acción exterior), dentro del Capítulo I (Relaciones de la Comunidad Autónoma con la Unión Europea), que la Comunidad Autónoma, como Región de Europa, participará en los asuntos relacionados con la Unión Europea que afecten a las competencias o los intereses de Castilla-La Mancha en los términos establecidos en el presente Estatuto, en la Constitución española y en el resto de la legislación estatal y comunitaria (artículo 62. Disposiciones generales). El artículo 63, dentro de los mecanismos de participación en instituciones y organismos europeos, establecía que "La Junta de Comunidades podrá establecer delegaciones, oficinas o agencias permanentes como órganos de representación, información, defensa y promoción de sus intereses ante las instituciones y órganos de la Unión Europea", y, en su apartado tercero, reconocía que "En los mismos términos podrá participar directamente en las delegaciones españolas ante la Unión Europea cuando se traten asuntos de competencia o interés autonómico, especialmente ante el Consejo de Ministros y los órganos consultivos y preparatorios del Consejo y de la Comisión o cualquiera otro con idénticas competencias". Sin embargo, dicha propuesta no fue aprobada.

---

64 El texto completo puede verse en *Revista de Estudios Regionales*, núm. 82, 2008, pp. 263-309.

La propuesta de reforma estatutaria de 2020 reconoce, entre sus objetivos, que "El Gobierno Regional considera necesario incorporar al Estatuto la regulación de un sistema interno para la adopción de la posición política de nuestra Comunidad en el seno de los órganos de formación de la voluntad estatal, de cara a la participación de España en las instituciones comunitarias, para dar respuesta a las nuevas necesidades y nuevas oportunidades". Esta propuesta informal de reforma quedó paralizada como consecuencia de la crisis sanitaria derivada de la COVID-19 y no ha sido retomada de momento.

A pesar de la falta de regulación estatutaria, la Comunidad de Castilla-La Mancha participa a través de diversos mecanismos y herramientas en el proceso de toma de decisiones europeo (también lo hace en la fase descendente de aplicación del derecho de la Unión Europea). Ha sido la normativa estatal, y su aplicación autonómica, así como las disposiciones reglamentarias de la Administración castellanomanchega, las que han regulado las competencias administrativas en materia de acción exterior, y las atribuciones y organización de las oficinas autonómicas.

La participación de Castilla-La Mancha en el Consejo de la Unión Europea ha tenido lugar mediante un proceso de carácter progresivo y gradual que se inició con la adopción, en 1994, del "Acuerdo sobre Participación Interna de las Comunidades Autónomas en los asuntos comunitarios europeos a través de las Conferencias Sectoriales"[65]. El 9 de diciembre de 2004[66], la

---

65 Resolución de 10 de marzo de 1995, de la Secretaría de Estado para las Administraciones Territoriales, por la que se dispone la publicación del Acuerdo de la Conferencia para asuntos relacionados con las Comunidades Europeas sobre la participación interna de las Comunidades Autónomas en los asuntos comunitarios europeos a través de las Conferencias Sectoriales (BOE núm. 69, de 22 de marzo de 1995).

66 Este Acuerdo del 9 de diciembre de 2004 ha sido modificado posteriormente en tres ocasiones. La primera modificación, del 2 de julio

CARUE adoptó el Acuerdo que, definitivamente, permitió a las Comunidades Autónomas su participación activa en las cuatro formaciones del Consejo de la Unión Europea.

También participa a través de la “comitología”, pues las Comunidades Autónomas intervienen de forma muy intensa en más de un centenar de Comités[67]; a través del sistema IMI (Internal Market Information), la Red SOLVIT, el Reglamento de reconocimiento mutuo, el Consejo de poderes locales y regionales de Europa; el Procedimiento de Información de Normas Técnicas; Comité Europeo de las Regiones, y otras actividades que no son objeto de este estudio, y, por supuesto, a través de la oficina de Castilla-La Mancha en Bruselas, a la cual nos referiremos a continuación.

En la actualidad, corresponde a la Viceconsejería de Relaciones Institucionales la coordinación de la acción exterior de la Junta de Comunidades de Castilla-La Mancha y la interlocución con el Ministerio de Asuntos Exteriores, Unión Europea

---

de 2009, tuvo por objeto extender la participación autonómica a una quinta formación: Competitividad-temas de consumo, dado que, aunque la participación autonómica para temas de consumo ya se producía desde 2004, en la práctica estos temas se debatían en el Consejo de Competitividad. La segunda, de 15 de abril de 2010, amplió la participación autonómica dentro del Consejo de Competitividad para temas relativos a la ordenación del juego. La tercera modificación se consumó el 7 de febrero de 2011, ampliándose la participación autonómica dentro de la formación del Consejo de Educación, Juventud, Cultura y Deporte, para extenderla a temas de deporte.

67 La participación de Castilla-La Mancha en la comitología en el período 2018-2021 ha sido: en el año 2018, en el Comité “Europa para los Ciudadanos” y en el Comité EaSI (*European Union Programme for Employment and Social Innovation*); en el período 2018-2019, en el Comité Permanente de medicamentos de uso humano. Datos obtenidos del documento del Ministerio de Política territorial y función pública *Participación de las Comunidades Autónomas en los comités ejecutivos de la Comisión Europea periodo 2018-2021*, del año 2022.

y Cooperación, en el marco de la Ley 2/2014, de 25 de marzo, de la Acción y del Servicio Exterior del Estado[68].

La Oficina de Castilla-La Mancha ante la Unión Europea en Bruselas, integrada en la estructura de la Dirección General de Asuntos Europeos y, por tanto, dependiente de la Vicepresidencia de la Junta de Comunidades, tiene como objetivo la representación y defensa de los intereses de la región en el corazón de la política y las instituciones europeas. Se encuentra ubicada dentro de la Representación Permanente de España ante la Unión Europea (REPER).

2. *La Oficina de Castilla-La Mancha ante la Unión Europea. Origen y desarrollo normativo*

A través del Decreto 44/1996, de 16 de abril[69], el Gobierno de Castilla-La Mancha creó la Oficina de Bruselas, cuya tarea era complementaria de la labor que desarrolla la Repre-

---

[68] Según el Decreto 23/2021, de 23 de marzo, por el que se modifica el Decreto 77/2019, de 16 de julio, por el que se establece la estructura orgánica y se fijan las competencias de los órganos integrados en la Presidencia de la Junta de Comunidades de Castilla-La Mancha (DOCM, núm. 59, de 26 de marzo de 2021).

[69] Decreto 44/1996, de 16 de abril, por el que se crea la oficina de la Junta de Comunidades de Castilla-La Mancha en Bruselas (DOCM núm. 19, de 19 de abril de 1996). Se trata de un Decreto complementario al Real Decreto 2105/1996, de 20 de septiembre, por el que se crea la Consejería para Asuntos Autonómicos en la Representación Permanente de España ante la Unión Europea, con competencia única para relacionarse con las Oficinas de las Comunidades Autónomas en Bruselas y para canalizar la información hacia las Comunidades Autónomas (BOE núm. 229, de 21 de septiembre de 1996), y con independencia de la información que corresponda realizar a las Conferencias Sectoriales, según lo dispuesto en el Acuerdo de la Conferencia de 30 de noviembre de 1994. Por Decreto 16/2000, de 1 de febrero de 2000, del Consejo de Gobierno, se modifica el Decreto 44/1996, de 16 de abril,

sentación Permanente de España ante la Unión Europea. Los objetivos de su creación se centraban en el seguimiento de la actividad institucional de la Unión Europea, la organización y transferencia de la información comunitaria, el apoyo a la participación de programas, proyectos e iniciativas, el contacto continuo con la Representación Permanente de España ante la Unión y con las delegaciones de las distintas regiones europeas y el contacto con las instituciones comunitarias. El trabajo de la Oficina en Bruselas estuvo dirigido al asesoramiento y apoyo ante la Unión Europea, tanto de los particulares y empresas de la Comunidad, como de la propia Administración de la Junta.

A principios del año 2012, el ministro García-Margallo ofreció a las Comunidades Autónomas la posibilidad de incorporar sus oficinas en el exterior a las cancillerías de las Misiones Diplomáticas para, además de hacer efectivo el principio de unidad de acción en el exterior, prestarles asistencia directa en la promoción de sus intereses y lograr una mayor coordinación de funciones y una mayor eficacia en la utilización de los recursos disponibles. Para una efectiva aplicación del principio de unidad de acción en el exterior, el Ministerio de Asuntos Exteriores y Cooperación deseaba impulsar una estrecha cooperación con las Comunidades Autónomas, al objeto de que pudieran desempeñar eficazmente la proyección exterior de sus competencias en el marco de la mutua lealtad institucional. Además de estos objetivos, existía un trasfondo económico de reducción de gastos autonómicos, cuyo fundamento fue recogido por el gobierno autonómico. La antigua Oficina de representación en Bruselas fue eliminada por el Gobierno de María Dolores Cospedal a finales del año 2012[70].

---

por el que se crea la oficina de la Junta de Comunidades de Castilla-La Mancha en Bruselas (DOCM núm. 9, de 4 de febrero de 2000).

70 La supresión se realiza por Ley 5/2012, de 12 de julio, de Presupuestos Generales de la Junta de Comunidades de Castilla-La Mancha para 2012 (BOE núm. 273, de 13 de noviembre de 2012).

En esa dirección de "mejora de la eficacia y eficiencia de la proyección exterior española", nueve Comunidades Autónomas firmaron en el año 2013 protocolos generales de colaboración con el Ministerio de Asuntos Exteriores y Cooperación: la Rioja (6 de marzo), Comunidad Valenciana (3 de abril), Castilla y León (12 de junio), Galicia (30 de julio), Asturias (28 noviembre), Navarra (18 diciembre), en 2012, y Canarias (10 abril) y Extremadura (10 julio), a las que se añadió Castilla-La Mancha el 16 de septiembre[71].

En el caso de Castilla-La Mancha, la citada Resolución de 16 septiembre de 2013 ponía de manifiesto, por la parte estatal, que, para "el adecuado ejercicio de sus competencias y la efectiva aplicación de la unidad de acción en el exterior, el Ministerio considera indispensable llevar a cabo una estrecha cooperación con las Comunidades Autónomas para que puedan desempeñar eficazmente la proyección en el exterior de sus competencias, sin perjuicio de las del Estado, y en el marco de la mutua lealtad institucional". Por su parte, la Junta de Comunidades de Castilla-La Mancha consideraba "útil para el desarrollo, entre otras, de las funciones de información, seguimiento y asesoramiento sobre la Unión Europea, sus instituciones y políticas comunitarias, con especial atención a aquellas que afecten a los intereses de la Comunidad Autónoma de Castilla-La Mancha, así como para la participación en instituciones y organismos europeos en el ámbito de su competencia, el establecimiento de una Oficina que lleve a cabo dichas funciones, entendiendo, además, de especial relevancia, el concreto seguimiento de todas las políticas comunitarias y programas de financiación".

Además, también en el año 2013, se aprobó la posibilidad de integración de las representaciones comerciales en el exterior

---

[71] Resolución de 16 de septiembre de 2013, de la Secretaría General Técnica, por la que se publica el Protocolo general de colaboración con la Junta de Comunidades de Castilla-La Mancha (BOE núm. 237, de 3 de octubre de 2013).

de las Comunidades Autónomas en la red de oficinas económicas y comerciales del Ministerio de Economía y Competitividad, y se firmaron diez protocolos de colaboración con Comunidad Valenciana (10 abril), Galicia (30 abril), Castilla-La Mancha (5 de junio)[72], Castilla y León (10 julio), Aragón (26 julio), Murcia (19 septiembre), Cantabria (5 octubre) y Canarias (10 diciembre), en 2012, y Madrid (11 febrero) y Andalucía (14 febrero).

Finalmente, en el año 2013, la Oficina autonómica en Bruselas de Castilla-La Mancha vuelve a abrir sus puertas en el seno de la REPER.

Mediante Resolución de 18 de noviembre de 2015, de la Secretaría General Técnica del Ministerio de Asuntos exteriores y Cooperación, se publica el Convenio singularizado de colaboración con la Junta de Comunidades de Castilla-La Mancha de fecha 10 de octubre de 2015. Esta colaboración se canaliza a través del Ministerio de Asuntos Exteriores y de Cooperación y la Vicepresidencia de la Junta de Comunidades de Castilla-La Mancha[73].

---

72 Nota informativa del Ministerio de Asuntos Exteriores, Unión Europea y Cooperación de 10 de julio de 2013.

73 Este Convenio establece los términos y condiciones de la ubicación, en la REPER, de la Oficina de Castilla-La Mancha ante la Unión Europea en Bruselas. La Oficina desempeñará funciones de información, seguimiento y asesoramiento sobre la Unión Europea, sus instituciones y políticas comunitarias, con especial atención a asuntos que afecten a los intereses de la Comunidad Autónoma. La REPER se compromete a proporcionar a la Oficina de Castilla-La Mancha ante la Unión Europea en Bruselas: 1. Apoyo material para el normal desempeño de sus funciones; 2. Apoyo institucional: facilitará el intercambio sistemático de información entre las instituciones y organismos de la Unión Europea y la Junta de Comunidades de Castilla-La Mancha a través de la REPER, de manera que aquella pueda presentar propuestas para su eventual toma en consideración en las reuniones de los Grupos de Trabajo y Comités de las instituciones europeas.

Con fecha de 12 de agosto de 2019, se suscribe un nuevo Convenio entre el Ministerio de Asuntos Exteriores, Unión Europea y Cooperación y el Gobierno de la Junta de Comunidades de Castilla-La Mancha para la ubicación de la Oficina de Castilla-La Mancha ante la Unión Europea, adaptado a la nueva regulación y necesidades de la Comunidad Autónoma. Con fechas 2 y 3 de diciembre de 2021, se suscribe la modificación de este convenio entre el Ministerio de Asuntos Exteriores, Unión Europea y Cooperación y el Gobierno de la Junta de Comunidades de Castilla-La Mancha para la ubicación de la Oficina de Castilla-La Mancha ante la Unión Europea[74].

Adscrita a la Vicepresidencia de la Junta de Comunidades de Castilla-La Mancha, el Decreto 77/2019, de 16 de julio[75], crea la Dirección General de Asuntos Europeos, a la que, según el propio Decreto, corresponde la coordinación a nivel regional de los asuntos relacionados con la Unión Europea y la colaboración con otras instituciones para fomentar la transnacionalidad de Castilla-La Mancha[76]. Más adelante se aprueba el Decreto

---

74 Resolución de 23 de diciembre de 2021, de la Secretaría General Técnica, por la que se publica la modificación del Convenio con el Gobierno de la Junta de Comunidades de Castilla-La Mancha, para la ubicación de la Oficina de Castilla-La Mancha en la Representación Permanente de España ante la Unión Europea (BOE núm. 313, de 30 de diciembre de 2021).

75 Decreto 77/2019, de 16 de julio, por el que se establece la estructura orgánica y se fijan las competencias de los órganos integrados en la Presidencia de la Junta de Comunidades de Castilla-La Mancha (DOCM núm. 141, de 18 de julio de 2019. Corrección de errores DOCM núm. 142, de 19 de julio de 2019).

76 De acuerdo con la Resolución de 11 de septiembre de 2019, de la Secretaría General Técnica, por la que se publica el Convenio con el Gobierno de la Junta de Comunidades de Castilla-La Mancha, para la ubicación de la Oficina de Castilla-La Mancha, en la Representación Permanente de España ante la Unión Europea (BOE núm. 235, de 30 de septiembre de 2019), el número de personas de la

23/2021, de 23 de marzo[77], por el que se modifica el Decreto 77/2019, de 16 de julio, por el que se establece la estructura orgánica y se fijan las competencias de los órganos integrados en la Presidencia de la Junta de Comunidades de Castilla-La Mancha.

De acuerdo con la regulación castellanomanchega, la Oficina de Castilla-La Mancha ante la Unión Europea depende de la Vicepresidencia. Sus funciones principales, que se articulan a través de una Dirección General de Asuntos Europeos, son la actuación como órgano de relación con la Representación Permanente de España ante la Unión Europea, el seguimiento del proceso de toma de decisiones en las instituciones y órganos consultivos de la Unión Europea y la asistencia al Gobierno regional en su interlocución con las mismas y con el resto de regiones y entes locales de otros Estados miembros con los que Castilla-La Mancha establezca relaciones de colaboración o partenariado en defensa de intereses comunes, así como con cualesquiera redes y foros relevantes para Castilla-La Mancha en el ámbito de la Unión Europea.

Al frente de esta Oficina se sitúa un Director o Directora, con autonomía funcional para la gerencia profesional de la participación de entidades públicas o privadas de la Comunidad Autónoma en los proyectos y programas europeos y con responsabilidad en el logro de los objetivos de obtención de financiación de la Unión Europea para los proyectos que marque la Vicepresidencia. La gerencia de la participación de entidades públicas y privadas castellanomanchegas en proyectos y programas europeos recibirá la consideración de gerencia de

---

Oficina de Castilla-La Mancha ante la Unión Europea, en Bruselas, se ha ampliado a cuatro, según figura en la modificación del convenio entre el Ministerio de Asuntos Exteriores, Unión Europea y Cooperación y el Gobierno de la Junta de Comunidades de Castilla-La Mancha para la ubicación de esa oficina.

77 DOCM núm. 59, 26 de marzo de 2021.

programas públicos o proyectos a efectos de lo dispuesto el artículo 4.2.c) del Decreto 215/2019, de 30 de julio, del Estatuto de la Dirección Pública Profesional de la Administración de la Junta de Comunidades de Castilla-La Mancha[78].

3. La Oficina de Castilla-La Mancha ante la Unión Europea. Funciones

La Oficina de Castilla-La Mancha ante la Unión Europea hace un exhaustivo seguimiento de las decisiones que se toman por parte de estas instituciones. Su participación en órganos como el plenario del Comité de la Regiones, que se celebra mensualmente, y el apoyo al Gobierno en el Consejo de la Unión Europea, son, pues, algunas de sus funciones principales.

Además, desde la Oficina, se hace una búsqueda constante y activa de oportunidades de financiación para el sector público y privado de la región y se asesora y da información a la ciudadanía y a las entidades públicas y privadas sobre las políticas, los programas y los proyectos de la Unión Europea. Junto a ello, el personal que forma parte de la Oficina participa en redes de regiones temáticas sobre los temas de principal interés para la región y se coordinan las visitas de representantes del Gobierno regional a Bruselas, así como de las entidades que requieran apoyo. Se trata, en definitiva, "de que la Oficina de Castilla-La Mancha ante la Unión Europea sea un instrumento para conocer las informaciones que se generan en el seno del Parlamento y la Comisión, para poder ver su traslación en el día a día de la región, además de ser la herramienta que nos guía a la hora de defender nuestros intereses en Europa, sin olvidar que son un punto de apoyo para los ciudadanos y entidades castellano-manchegas que acuden a Bruselas".

---

78 DOCM núm. 156, de 7 de agosto de 2019.

Con más precisión, la Oficina de Castilla-La Mancha ante la Unión Europea:

- Asiste al Gobierno Regional en su interlocución con las instituciones europeas, así como con otras regiones, ciudades, redes y organizaciones de ámbito comunitario.
- Identifica y recopila información sobre programas e iniciativas de interés para la Comunidad.
- Establece contacto con potenciales socios para proyectos y realiza un seguimiento activo de la agenda política y legislativa de la Unión Europea.
- Garantiza la representación directa de la Región en aquellos órganos consultivos o de decisión abiertos a la participación de las Comunidades Autónomas.
- Actúa como vínculo permanente de la Dirección General de la Administración del Estado con el Comité de las Regiones e interviene en distintos grupos de trabajo del Consejo de la Unión Europea en coordinación con el resto de regiones españolas.
- Coordina numerosas visitas de representantes de la sociedad de Castilla-La Mancha durante sus desplazamientos a Bruselas.
- Sirve de plataforma de recepción y apoyo para aquellos castellanomanchegos que deciden desplazarse a Bruselas para trabajar o estudiar en ámbitos relacionados con la Unión Europea y su contexto.

Así mismo, desde la Oficina se realizan las correspondientes actuaciones para favorecer la política de cohesión y desarrollo regional de la Unión Europea.

La política de cohesión de la Unión Europea, que tiene por objetivo la corrección de los desequilibrios entre los territorios de la Unión, se ha ido configurando como una de las políticas comunitarias clave. La política de cohesión en Castilla-La Mancha se ha instrumentalizado fundamentalmente a través de las actuaciones del Fondo Europeo de Desarrollo Regional (FEDER), el Fondo Social Europeo (FSE) y las inversiones, proyectos y acciones del Fondo Europeo Agrario de desarrollo Rural (FEADER).

Bibliografía

ALBERTÍ ROVIRA, Enoch, "Las relaciones de colaboración entre el Estado y las Comunidades Autónomas", *Revista Española de Derecho Constitucional,* núm. 14, 1985.

ÁLVAREZ CONDE, Enrique, GARCÍA-MONCÓ, Alfonso y TUR ALSINA, Rosario, *Derecho Autonómico,* Tecnos, Madrid, 2013.

BADIELLO, Lorenza, "La representación regional en Bruselas: evolución, funciones y perspectivas", en MORATA, Francesc (ed.), *Gobernanza Multinivel en la Unión Europea,* Tirant lo Blanch, Valencia, 2004.

-"Ruolo e funzionamento degli uffici regionali europei a Bruxelles", *Le Istituzioni del Federalismo. Regione e Governo Locale,* vol. 1, 2000.

BELTRÁN GARCÍA, Susana, "La cooperación transfronteriza e interterritorial: un clásico renovado", *Revista d'Estudis Autonòmics i Federals,* núm. 4, 2007.

CABELLOS ESPIÉRREZ, Miguel Ángel, "Cataluña", *Revista General de Derecho Constitucional, Reforma de los Estatutos de autonomía y pluralismo territorial,* núm. 1, 2006.

CANO BUESO, Juan, "La reforma del Estatuto de Autonomía de Andalucía", *Reformas Territoriales,* Fundación Pablo Iglesias, Madrid, 2006.

CASTELLÀ, ANDREU, José María, "Las Comunidades Autónomas en Bruselas: la dimensión externa de la participación autonómica en la Unión europea", *Revista d'Estudis Autonòmics i Federals,* núm. 6, 2008.

DE LA IGLESIA CHAMARRO, Asunción, "La reforma del Amejoramiento del Fuero de Navarra en el contexto de las «revisiones» estatutarias. La LO 7/2010, de 27 de octubre", *Revista Española de Derecho Constitucional,* núm. 94, 2012.

FERNÁNDEZ DE CASADEVANTE, Carlos, *La acción exterior de las Comunidades Autónomas: balance de una práctica consolidada,* Editorial Dilex, Madrid, 2001.

GARCÍA PÉREZ, Rafael, "La proyección internacional de las Comunidades Autónomas en la ley de la acción y del servicio exterior del Estado (LAESE): autonomía territorial y unidad de acción de la política exterior", *Revista Electrónica de Estudios Internacionales,* núm. 27, 2014

GONZÁLEZ PASCUAL, Maribel, *Las Comunidades Autónomas en la Unión Europea. Condicionantes, evolución y perspectivas de futuro,* Instituto de Estudios Autonómicos, Barcelona, 2013.

– "La coexistencia del proceso autonómico y la integración europea. Perspectivas de las Comunidades Autónomas en la Unión Europea", en José Tudela Aranda y Carlos Garrido López (coords.), *La organización territorial del Estado hoy,* Tirant lo Blanch, Valencia, 2016.

GONZÁLEZ TREVIJANO, Pedro, NÚÑEZ RIVERO, Cayetano y GOIG MARTÍNEZ, Juan Manuel, *El Estado autonómico español,* Dykinson, Madrid, 2014.

GUTIÉRREZ RODRÍGUEZ, Francisco J., "Andalucía", *Revista General de Derecho Constitucional, Reforma de los Estatutos de autonomía y pluralismo territorial,* núm. 1, 2006.

JANER TORRENS, Joan David, "La acción exterior de la Comunidad Autónoma de las Islas Baleares en el nuevo Estatuto de Autonomía", en Rafael García Pérez (coord.), *La acción exterior de las comunidades autónomas en las reformas estatutarias,* Tecnos, Madrid, 2009

JAÚREGUI BERECIARTU, Gurutz, "Globalización, regiones y gobierno multinivel en la UE", en AA.VV., *El Tratado de Lisboa y las regiones,* IX Jornadas Internaciones celebradas en Vitoria-Gasteiz los días 30 de junio y 1 de julio de 2008Vitoria, 2009.

LÓPEZ AGUILAR, Juan Fernando y GARCÍA MAHAMUT, Rosario, "El nuevo Estatuto de Autonomía de Canarias: «tercera generación», hecho diferencial y nuevo sistema electoral", *Revista Española de Derecho Constitucional,* núm. 115, 2019.

LÓPEZ CASTILLO, Antonio (dir.), *Instituciones y derecho de la Unión Europea,* Tirant lo Blanch, Valencia, 2018.

MANGAS MARTÍN, Araceli, "Acción exterior de las comunidades autónomas: las delegaciones catalanas", *Anales de la Real Academia de Ciencias Morales y Políticas (2019-2020),* Fascículo 1, 2020.

– "La aplicación del Derecho Comunitario por las Comunidades Autónomas", *Relaciones internacionales y Comunidades Autónomas,* Institut d'Estudis Autonomics, Generalidad de Cataluña, Barcelona, 1993.

– "Acción exterior de la Comunidad Autónoma", en *Derecho Público de Castilla y León,* Junta de Castilla y León, Lex Nova, Valladolid, 2007.

– "La acción exterior de Castilla y León", AA.VV., *Jornadas divulgativas del Estatuto de Autonomía de Castilla y León*, Junta de Castilla y León, 2010.

– "Acción exterior de las comunidades autónomas: las delegaciones catalanas", *Anales de la Real Academia de Ciencias Morales y Políticas (2019-2020)*, Fascículo 1, 2020.

MANONELLES, Manel, "A acción exterior de Cataluña", *Tempo exterior*, núm. 33, 2016.

MATÍA PORTILLA, Francisco Javier, "Las oficinas y delegaciones en Bruselas", en Paloma Biglino Campos (coord.), *La política europea de las Comunidades Autónomas y su control parlamentario*, Tirant lo Blanc, Valencia, 2003.

MENÉNDEZ REXACH, Ángel y SOLOZÁBAL ECHEVARRÍA, Juan José, *El principio de colaboración en el estado autonómico*, Fundación Manuel Jiménez Abad, Zaragoza, 2011.

MOORE, C., "A Europe of the Regions vs. The Regions in Europe: reflextions on Regional Engagement in Brussels", *Regional & Federal Studies*, vol. 18, núm. 5, 2008.

MORATA, Francesc, "Gobernanza Multinivel y Cooperación Subestatal en la Unión Europea", AA.VV., *Globalización, Gobernanza e Identidades*, Fundación Carles Pi Sunyer, Barcelona, 2004.

MARTÍN Y PÉREZ DE NANCLARES, José., "Comunidades Autónomas y Unión Europea: hacia una mejora de la participación directa de las Comunidades Autónomas en el proceso decisorio comunitario", *Revista de Derecho Comunitario Europeo*, núm. 22, 2005.

– "Comunidades Autónomas y Unión Europea tras la entrada en vigor del Tratado de Lisboa. Sobre los riesgos de una reforma del Estado autonómico sin reforma de la Constitución", *Revista Española de Derecho Europeo*, núm. 22, 2010.

MORATA, Francesc, "Gobernanza Multinivel y Cooperación Subestatal en la Unión Europea", AA.VV., *Globalización, Gobernanza e Identidades*, Fundación Carles Pi Sunyer, Barcelona, 2004.

– "Europeanization and the Spanish Territorial State", AA.VV. (eds.), *Europe, Regions and European Regionalism*. Houndmills: Palgrave Macmillan, 2010.

MORENO CORCHETE, Óscar, "La proyección exterior de las Comunidades Autónomas: condicionantes territoriales y políticos", *Ars Iuris Salmanticensis*, vol. 6, 109-137, 2018.

NIETO FERNÁNDEZ, Mª Isabel, "La acción exterior de la Comunidad de Extremadura en la propuesta de reforma del Estatuto de Autonomía", en Rafael García Pérez (coord.), *La acción exterior de las comunidades autónomas en las reformas estatutarias*, Tecnos, Madrid, 2009.

NOUVILAS RODRIGO, Mirna, "Las oficinas regionales españolas en Bruselas: ¿la clave para una participación efectiva en la UE?", *Revista CIDOB d'afers internacionals*, núm. 99, 2012.

ORTEGA CARCELÉN, Martín, "Las leyes de acción exterior del Estado y de tratados: dos piezas internacionales que nuestro derecho necesitaba", *Foro*, vol. 18, núm. 1, 2015.

PEREZ TREMPS, Pablo, "El modelo español de participación de las Comunidades autónomas en los asuntos europeos", *Informe Comunidades Autónomas 1994*, IDP, Barcelona, 1995.

PÉREZ TREMPS, Pablo y otros, *La participación europea y la acción exterior de la Comunidades Autónomas*, Marcial Pons, Madrid, 1998.

– "Constitución española y Unión Europea", *Revista Española de Derecho Constitucional*, núm. 71, 2004.

PONS RAFOLS, Xavier y SAGARRA I TRIAS, Edouard, *La acción exterior de la Generalitat en el nuevo Estatuto de autonomía de Cataluña*, Publicacions i Edicions, Universitat de Barcelona, Barcelona, 2006.

PONS RAFOLS, Xavier, "A acción exterior da Generalitat de Cataluña: algúns desenvolvementos post-estatutarios", *Tempo exterior*, núm. 26, 2013.

RIDAURA MARTÍNEZ, Mª Josefa, *Relaciones intergubernamentales: Estado-Comunidades Autónomas*, Tirant lo Blanch, Valencia, 2009.

RIPOLL NAVARRO, Rafael, "La acción exterior de la Comunidad Valenciana en el nuevo Estatuto", *Revista Valenciana d'Estudis Autonòmics*, núm. 49-50, 2005.

RODRÍGUEZ-DINCOURT ÁLVAREZ, Juan, "Canarias", *Revista General de Derecho Constitucional, Reforma de los Estatutos de autonomía y pluralismo territorial*, núm. 1, 2006.

RUIZ ROBLEDO, Agustín, "Un análisis de las regiones españolas más activas en las políticas mundiales", en Mario Kölling, Stelios Stavridis y Natividad Fernánde Sola (eds), *Las relaciones internacionales de las regiones: actores sub-nacionales, para-diplomacia y gobernanza multinivel*, Universidad de Zaragoza, 2007.

SÁNCHEZ AMOR, Ignacio, *La cooperación horizontal en los estatutos de autonomía*, Fundación Manuel Jiménez Abad, Zaragoza, 2011.

STORINI, Claudia, *La interpretación constitucional y el estado de las autonomías*, Tirant lo Blanch, Valencia, 2002.

TUÑÓN, Jorge, "¿Cómo las regiones influyen en el proceso decisional comunitario? mecanismos de activación ascendente de las entidades sub-estales europeas", *UNISCI Discussion Papers,* núm. 17, 2008.

VARA, Gracia, "Novedades en Europa para aumentar la participación regional y local en los procesos de toma de decisión europeos", *Unión Europea,* Aranzadi, febrero 2006.

TERCERA PARTE

LA PARTICIPACIÓN ASCENDENTE INTERNA DE LAS COMUNIDADES AUTÓNOMAS EN LA UNIÓN EUROPEA

CAPÍTULO OCTAVO:
La participación de las Comunidades Autónomas en la Unión Europea a través de sus asambleas legislativas. (II) El control de subsidiariedad

FRANCISCO GABRIEL VILLALBA CLEMENTE
Profesor Ayudante Doctor
Universidad de Alicante

Sumario: **I. A MODO DE INTRODUCCIÓN. EL PRINCIPIO DE SUBSIDIARIEDAD EN LA UNIÓN EUROPEA. II. EL SISTEMA DE ALERTA TEMPRANA. III. LA INTERVENCIÓN DE LAS CORTES GENERALES EN EL SISTEMA DE ALERTA TEMPRANA. IV. LA PARTICIPACIÓN DE LOS PARLAMENTOS AUTONÓMICOS EN EL SISTEMA DE ALERTA TEMPRANA. V. LA PARTICIPACIÓN DE LA ASAMBLEA LEGISLATIVA DE CASTILLA-LA MANCHA EN EL SISTEMA DE ALERTA TEMPRANA. VI. A MODO DE CIERRE. Bibliografía. Anexo I: Listado de dictámenes emitidos por las Cortes de Castilla-La Mancha en el marco del SAT.**

I. A MODO DE INTRODUCCIÓN. EL PRINCIPIO DE SUBSIDIARIEDAD EN LA UNIÓN EUROPEA

El proyecto de integración europea procederá a implantar el principio de subsidiariedad -no olvidemos que ya en su día se afirmó que las Comunidades Europeas poseían una naturaleza "federal sectorial[1]"- y, en la actualidad, nos encontramos ante uno de los principios fundamentales sobre los que se ha construido el proceso de integración de la Unión Europea[2].

Como se ha señalado, este principio se incluyó como un principio jurídico central del derecho comunitario en el Tratado de la Unión Europea de 1992 como una forma de contrapeso en beneficio de los Estados miembros frente al evidente incremento de los poderes de la Comunidad en nuevos ámbitos en un momento en el que la sustitución de la regla de la unanimidad por el quórum de la mayoría cualificada para la adopción de muchas decisiones en el Consejo reducía la posibilidad de que, a través del veto, los Estados pudieran evitar una decisión o acción comunitaria que consideraran peligrosa para su autonomía política[3].

Se trata de un mecanismo que permite determinar cuándo corresponde actuar a los Estados miembros y cuándo a la Unión Europea en el ejercicio de una competencia compartida. La filosofía que subyace a su reconocimiento tiene que ver con la idea de que las competencias que comparten Unión y Estados miembros se han de ejercer por los poderes públicos más cercanos al ciudadano, siempre y cuando ese ejercicio ga-

---

1 CAMISÓN YAGÜE, José Ángel, "La asamblea de Extremadura y el control del principio de subsidiariedad a través del mecanismo de alerta temprana", *Revista de Estudios Autonómicos y Federales,* núm. 14, 2011, pp. 264-320.

2 La importancia de este principio en el proceso de integración europea tiene reflejo implícito en el precepto que preside el Tratado de la Unión. Así, el artículo 1 TUE establece que "*El presente Tratado constituye una nueva etapa en el proceso creador de una unión cada vez más estrecha entre los pueblos de Europa, en la cual las decisiones serán tomadas de la forma más abierta y próxima a los ciudadanos que sea posible*".

3 MARTÍNEZ ALARCÓN, María Luz, "El principio de subsidiariedad en el Tratado de Lisboa", *Parlamento y Constitución. Anuario,* núm. 13, 2010, pp. 166-167.

rantice un nivel de eficacia suficiente[4]. Se trata, pues, de un principio informador y limitador del proceso de integración europea que atiende a lo que se dispuso en su momento en el preámbulo del Tratado de Maastricht ("la voluntad de los Estados miembros de profundizar en el proceso de creación de una Unión más estrecha de los pueblos de Europa estaba, y sigue estando condicionada a que las decisiones se tomen de la forma más próxima posible a los ciudadanos"). Desde la previsión del principio de subsidiariedad en el Tratado de Maastricht, el debate se centró básicamente en la cuestión relativa a los procedimientos para su aplicación[5].

En la actualidad, se encuentra regulado en el artículo 5 del Tratado de la Unión Europea, en el Protocolo nº2 sobre la aplicación de los principios de subsidiariedad y proporcionalidad y en el Protocolo nº1 sobre el cometido de los Parlamentos nacionales en la Unión Europea[6].

El artículo 5 del Tratado de la Unión Europea, en sus apartados primero y tercero, delimita su ámbito de aplicación (una

---

4 Véase ALONSO DE LEÓN, Sergio, "Análisis crítico del papel de los parlamentos regionales en el control del principio de subsidiariedad en la Unión Europea", *Revista de Derecho Constitucional Europeo,* núm. 16, 2011, pp. 283-331. En este trabajo el autor trae el debate sobre la dimensión del principio de subsidiariedad (¿política o jurídica?).

5 UTRILLA FERNÁNDEZ-BERMEJO, Dolores, *Parlamentos regionales y control de subsidiariedad,* Iustel Publicaciones, Madrid, 2018, realiza un exhaustivo análisis tanto de la situación previa al Tratado de Lisboa como del panorama posterior a su entrada en vigor, en cuanto al contexto político, institucional y normativo en el que tal Sistema de encuadra. MARTÍNEZ ALARCÓN, María Luz, "El principio de subsidiariedad en el Tratado de…", ob. cit., pp. 166-169, también nos explica la evolución del principio hasta concreta configuración en el Tratado de Lisboa.

6 Estos Protocolos fueron publicados en el DOUE C 115, de 9 de mayo de 2008.

cuestión aparentemente sencilla pero que, en realidad, no lo es tanto[7]), precisa las condiciones que han de concurrir para que se pueda aplicar y realiza una remisión al Protocolo sobre los principios de subsidiariedad y proporcionalidad que es el que regula el procedimiento para su aplicación destacando el papel de los Parlamentos nacionales como instituciones de control de la legalidad en su uso. Este precepto establece:

> "1. *La delimitación de las competencias de la Unión se rige por el principio de atribución. El ejercicio de las competencias de la Unión se rige por los principios de subsidiariedad y proporcionalidad.* (...). 3. *En virtud del principio de subsidiariedad, en los ámbitos que no sean de su competencia exclusiva, la Unión intervendrá sólo en caso de que, y en la medida en que, los objetivos de la acción pretendida no puedan ser alcanzados de manera suficiente por los Estados miembros, ni a nivel central ni a nivel regional y local, sino que puedan alcanzarse mejor, debido a la dimensión o a los efectos de la acción pretendida, a escala de la Unión. Las instituciones de la Unión aplicarán el principio de subsidiariedad de conformidad con el Protocolo sobre la aplicación de los principios de subsidiariedad y proporcionalidad. Los Parlamentos nacionales velarán por el respeto del principio de subsidiariedad con arreglo al procedimiento establecido en el mencionado Protocolo. (...)."*.

El objetivo principal de este trabajo consiste en explicar y analizar la participación de la Asamblea legislativa de Castilla-La Mancha en el sistema de alerta temprana de control del principio de subsidiariedad que se introdujo en el ordenamiento comunitario en virtud del Tratado de Lisboa (V). Para ello hemos creído preciso describir previamente, de forma bre-

---

7 "El primer interrogante que plantea el principio de subsidiariedad es el relativo a su ámbito de aplicación, máxime en un contexto como el europeo, en el que, hasta la entrada en vigor del Tratado de Lisboa, no ha existido concreción normativa alguna acerca de los tipos de competencias y sus ámbitos"; MARTÍNEZ ALARCÓN, María Luz, "El principio de subsidiariedad en el Tratado de...", ob. cit., pp. 163-168.

ve, el Sistema de Alerta Temprana (II) y la intervención de las Cortes Generales (III) y de los Parlamentos autonómicos (IV) en el marco de dicho Sistema.

II. EL SISTEMA DE ALERTA TEMPRANA

El Sistema de Alerta Temprana (SAT) se introdujo en el Tratado de Lisboa; de hecho, constituye unas de las novedades más significativas introducidas por dicho Tratado. En todo caso, es preciso recordar que la posibilidad de establecer un mecanismo de estas características ya se había debatido durante la tramitación del fallido Proyecto de Tratado Constitucional[8]. Se trataba de garantizar la existencia de un control *ex ante* sobre el cumplimiento del principio de subsidiariedad en las propuestas de actos legislativos de la Unión y supuso, como bien señaló en su momento el profesor Camisón, "la imbricación directa" de los parlamentos nacionales en los asuntos de la Unión Europea[9].

El procedimiento de alerta temprana, en el nivel europeo, se sustancia a través de distintas etapas.

---

8 UTRILLA FERNÁNDEZ-BERMEJO, Dolores, *Parlamentos regionales y control de…*, ob. cit., también realiza un exhaustivo análisis tanto de la situación previa al Tratado de Lisboa como del panorama posterior a su entrada en vigor. Por su parte, MARTÍNEZ ALARCÓN, María Luz, "El principio de subsidiariedad en el Tratado de…", ob. cit., pp. 188-189, explica las diferencias fundamentales entre el Tratado de Lisboa y el Proyecto de Tratado constitucional en relación con las consecuencias derivadas de dicho control.

9 CAMISÓN YAGÜE, José Ángel, *La participación directa e indirecta de los parlamentos nacionales en los asuntos de la Unión Europea*, Secretaría General del Estado, Madrid, 2010. En esta obra, el autor explica extensamente el procedimiento de participación de los parlamentos nacionales, su evolución y establecimiento.

Durante una primera etapa, de iniciación, los proyectos de actos legislativos dirigidos al Parlamento Europeo y al Consejo se transmitirán a los Parlamentos nacionales. Se entenderá por "proyecto de acto legislativo" las propuestas de la Comisión, las iniciativas de un grupo de Estados miembros, las iniciativas del Parlamento Europeo, las peticiones del Tribunal de Justicia, las recomendaciones del Banco Central Europeo y las peticiones del Banco Europeo de Inversiones, destinadas a la adopción de un acto legislativo. La Comisión debe remitir los proyectos de actos legislativos que tengan su origen en la misma, así como sus proyectos modificados, a los Parlamentos nacionales. Lo debe hacer al mismo tiempo que los remite al legislador de la Unión (Parlamento Europeo y al Consejo). El Parlamento Europeo transmitirá sus proyectos de actos legislativos, así como sus proyectos modificados, a los Parlamentos nacionales. Si el proyecto tiene su origen en la iniciativa de otras instituciones o de un grupo de Estados miembros, la remisión se producirá a través del Consejo (véase artículo 2 del Protocolo n°1 y artículo 4 del Protocolo n°2). Necesariamente, estos proyectos deben venir acompañados de motivación y de una ficha que permita a los parlamentos nacionales evaluar si se cumplen o no los principios de subsidiariedad y de proporcionalidad (artículo 5 del Protocolo n°2).

Durante una segunda etapa, de tramitación, los parlamentos nacionales ejercen su control sobre dicho proyecto según se desprende de lo dispuesto en el artículo 6 del Protocolo n°2.

Los parlamentos nacionales podrán, en un exiguo plazo de ocho semanas desde la fecha de recepción, dirigir a los presidentes del Parlamento Europeo, del Consejo y de la Comisión un dictamen motivado que exponga las razones por las que se considera que el proyecto no se ajusta al principio de subsidiariedad[10]. Hay que señalar que, con anterioridad a la entrada en

---

10 El mismo artículo 6 del Protocolo n° 2 indica que el Consejo debe transmitir el dictamen a los Gobiernos de los Estados miembros de

vigor del Tratado de Lisboa, este plazo era de seis semanas. La ampliación se debió, sobre todo, a la inclusión a partir de Lisboa de los parlamentos regionales en el sistema de alerta temprana; se entendió necesaria la ampliación del plazo para dar tiempo a los parlamentos regionales para estudiar el asunto y remitir su posición a los parlamentos nacionales.

Dentro de este plazo de ocho semanas, cada Parlamento nacional debatirá la cuestión y procederá a su votación, disponiendo para ello de dos votos que se repartirán atendiendo a la naturaleza del sistema parlamentario nacional. En un parlamento nacional bicameral, cada una de las dos cámaras dispondrá de un voto (artículo 7.1 del Protocolo nº2), aunque nada impide que, en estos casos, ambas Cámaras presenten un dictamen de forma conjunta con el valor de dos votos.

En la tercera fase, la de terminación, se procede al cómputo de votos emitidos por todos los Parlamentos nacionales para esclarecer si, en su opinión, la propuesta de acto legislativo europeo es conforme o no al principio de subsidiariedad. Tras el escrutinio de votos pueden entrar en juego tres distintos niveles de alerta previstos en el Protocolo nº2 (que se corresponden con las denominaciones de "tarjeta amarilla", "tarjeta naranja" y "tarjeta roja"). Todo ello se regula en el artículo 7 del Protocolo nº 2 sobre la aplicación de los principios de subsidiariedad y proporcionalidad.

El nivel "tarjeta amarilla" se activa cuando el resultado de la votación refleja que al menos un tercio del total de votos han

---

los que proceda el proyecto de acto legislativo, así como a la institución u órgano del que proceda el proyecto de actos de legislativo (Tribunal de Justicia, Banco Central Europeo o Banco Europeo de Inversiones). Asimismo, el precepto dispone que incumbirá a cada Parlamento nacional o a cada cámara de un Parlamento nacional consultar, cuando proceda, a los parlamentos regionales que posean competencias legislativas.

puesto de manifiesto que el proyecto resulta contrario al cumplimiento del principio de subsidiariedad. En este supuesto, el proyecto debe volver a estudiarse. Se trata de una regla general que viene acompañada por una excepción, recogida en el mismo precepto: "*Este umbral se reducirá a un cuarto cuando se trate de un proyecto de acto legislativo presentado sobre la base del artículo 76 del Tratado de Funcionamiento de la Unión Europea, relativo al espacio de libertad, seguridad y justicia*". La reducción se produce porque las materias propias del Espacio de Libertad, Seguridad y Justicia están estrechamente conectadas a la soberanía de los Estados miembros. Tras el nuevo estudio, la institución impulsora del proyecto de acto legislativo, esto es, la Comisión, el grupo de Estado miembros, el Parlamento Europeo, el Tribunal de Justicia, el Banco Central Europeo o el Banco Europeo de Inversiones, pueden decidir mantener, modificar o retirar el proyecto. Siempre y en todo caso, deben justificar su decisión al respecto.

El nivel "tarjeta naranja" se activa cuando los Parlamentos nacionales han concluido, por la mayoría simple de sus dictámenes, que la propuesta de acto legislativo, en el marco de un procedimiento legislativo ordinario, no respeta el principio de subsidiariedad. En tal caso, la propuesta debe volver a estudiarse y, tras el nuevo estudio, la Comisión puede decidir mantenerla, modificarla o retirarla. Si decide mantenerla, debe presentar un dictamen motivado en el que exprese por qué considera que dicha propuesta respeta el principio de subsidiariedad. Este dictamen motivado -así como todos los dictámenes emitidos por los Parlamentos nacionales- serán transmitidos al Parlamento Europeo y al Consejo para que, en la primera lectura, estudien si la propuesta cumple o no con el principio de subsidiariedad.

En tal caso, y antes de que concluya la primera lectura, el legislador (Parlamento Europeo y Consejo) estudiará la compatibilidad de la propuesta legislativa con el principio de subsidiariedad tomando en consideración los dictámenes procedentes de los distintos Parlamentos nacionales y de la Comisión. El nivel "tarjeta roja" se produce cuando la mayoría del 55% de los miembros del Consejo o la mayoría de los votos emitidos en el Parlamento Europeo concluye que la propuesta no resulta compatible con el principio de subsidiariedad. En tal caso, la propuesta legislativa se desestima (resulta rechazada).

III. LA INVERVENCIÓN DE LAS CORTES GENERALES EN EL SISTEMA DE ALERTA TEMPRANA

El Parlamento español fue uno de los primeros en desarrollar el procedimiento del control del principio de subsidiariedad previsto en el Tratado de Lisboa[11]. El mecanismo de alerta temprana en las Cortes Generales viene fundamentalmente regulado -en sus versiones consolidadas- por la Ley 8/1994, de 19 de mayo, por la que se regula la Comisión Mixta para la Unión Europea[12], y por la Resolución de la Mesa del Congreso de los Diputados y del Senado de 21 de septiembre de 1995, sobre

---

11 RIPOLLÉS SERRANO, María Rosa, "La intervención de los parlamentos nacionales de los Estados miembros de la UE en el control de subsidiariedad y en el de proporcionalidad. Antecedentes e implementación; de la década de los noventa a la primera década del siglo XXI", *Foro Nueva época,* vol. 21, núm. 2, 2018, pp. 377-396. La autora hace un repaso de los antecedentes legislativos del procedimiento en España y describe con sumo detalle la regulación actual del control de subsidiariedad.

12 BOE núm. 120, de 20 de mayo de 1994. Esta Ley fue modificada por la Ley 24/2009, de 22 de diciembre, de modificación de la Ley 8/1994, de 19 de mayo, por la que se regula la Comisión Mixta para la Unión Europea, para su adaptación al Tratado de Lisboa de 13 de diciembre de 2007 (BOE núm. 308, de 23 de diciembre de 2009). La aprobación de esta Ley permitió articular un mecanismo que posibilitó la participación de las Cortes Generales y de los Parlamentos autonómicos en asuntos de la Unión Europea respecto al control del principio de subsidiariedad. Poco más adelante fue de nuevo modificada por la Ley 38/2010, de 20 de diciembre, de modificación de la Ley 8/1994, por la que se regula la Comisión Mixta para

desarrollo de la Ley 8/1994, de 19 de mayo, por la que se regula la Comisión Mixta para la Unión Europea[13]. Al respecto, se ha subrayado el aumento de las competencias de la Comisión Mixta desde su creación en 1985 en materia de seguimiento de las propuestas legislativas europeas y aprobación de informes y dictámenes de vulneración del principio de subsidiariedad[14].

El artículo 3, letra j) de la Ley por la que se regula la Comisión Mixta para la Unión Europea atribuye a esta Comisión la función de emitir, en nombre de las Cortes Generales, y con arreglo a lo dispuesto en la normativa europea aplicable, dictamen motivado sobre la vulneración del principio de subsidiariedad. A estos efectos, la Comisión podrá, cuando lo considere preciso, pedir al Gobierno un informe sobre la conformidad del acto legislativo con el principio de subsidiariedad y el Gobierno deberá remitir dicho informe en un plazo máximo de dos semanas, acompañado de los documentos oficiales de los órganos de la Unión que se hubieran empleado en la preparación del proyecto legislativo y obren en poder del Gobierno. Asimismo, la Comisión, si lo considera oportuno, podrá solicitar del Gobierno la ampliación de la información remitida.

---

la Unión Europea, para reforzar las funciones asignadas a dicha Comisión Mixta (BOE núm. 309, de 21 de diciembre de 2010).

13 Publicada en el BOCG, Sección Cortes Generales, Serie A, núm. 71, de 5 de octubre de 1995. Esta Resolución fue modificada por Resolución de las Mesas del Congreso de los Diputados y del Senado, de 27 de mayo de 2010, sobre reforma de la Resolución de las Mesas del Congreso de los Diputados y del Senado, de 21 de septiembre de 1995, sobre desarrollo de la Ley 8/1004, de 19 de mayo, por la que se regula la Comisión Mixta para la Unión Europea, para su adaptación a las previsiones el Tratado de Lisboa y de la Ley 24/2009 (publicada en el BOCG, Sección Cortes Generales, Serie A, núm. 312, de 8 de junio de 2010).

14 SEVILLA DURO, Miguel Ángel, "La participación ascendente de *Länder* y Comunidades Autónomas en la Unión Europea", *Revista Jurídica de la Universidad Autónoma de Madrid,* núm. 44, 2021, pp. 69-93.

Su Capítulo II (artículos 5-7) sobre el *Control por las Cortes Generales de la aplicación del principio de subsidiariedad por los proyectos de actos legislativos de la Unión Europea*, así como la Resolución de las Mesas del Congreso de los Diputados y del Sendo, de 21 de septiembre de 1995 (en su versión consolidada tras la modificación del año 2010), detallan el procedimiento de alerta temprana, que se desarrolla en distintas fases[15].

Con carácter general, las Cortes Generales canalizan su actividad de control del cumplimiento del principio de subsidiariedad en las iniciativas legislativas europeas a través de la Comisión Mixta para la Unión Europea. Ahora bien, los Plenos del Congreso y del Senado podrán avocar el debate y la votación del dictamen elaborado por la Comisión Mixta para la Unión Europea en los términos previstos en los respectivos Reglamentos de las Cámaras. Si uno de los Plenos de las Cámaras avoca su competencia para la aprobación del dictamen motivado, la Comisión Mixta para la Unión Europea deberá someter su propuesta de dictamen motivado a los Plenos de ambas Cámaras. Por otro lado, los proyectos de actos legislativos europeos serán remitidos de inmediato a los parlamentos autonómicos, sin tomar en consideración si se afecta o no a competencias asumidas por la Comunidad Autónoma, a efectos de garantizar su participación en el control del cumplimiento del principio de subsidiaridad en las iniciativas legislativas europeas.

La facultad de iniciación del procedimiento para elaborar un dictamen motivado sobre iniciativas de la Unión corresponde a la Mesa y a los Portavoces de la Comisión Mixta para la Unión

---

15 Con más detalle UTRILLA FERNÁNDEZ-BERMEJO, Dolores, *Parlamentos regionales y control de…*, ob. cit., p. 125 y ss., quien describe el procedimiento de control de la subsidiariedad en las Cortes Generales y el papel de la Comisión Mixta. Nos remitimos a este trabajo para centrarnos en el siguiente epígrafe en el procedimiento a nivel autonómico, cuyo examen es objeto principal de este estudio.

Europea, a dos grupos parlamentarios o a la quinta parte de los miembros de la Comisión Mixta, en el plazo de cuatro semanas desde la recepción de la iniciativa. Si la iniciativa procede de la Mesa y los Portavoces de la Comisión Mixta para la Unión Europea, la citada mesa designará una ponencia que se encargará de elaborar una propuesta de dictamen motivado en el plazo que se acuerde. En los demás casos, la petición deberá venir acompañada de la correspondiente propuesta de dictamen motivado.

Esta iniciativa podrá acompañarse de una solicitud de comparecencia urgente de un representante del Gobierno o de otra autoridad o funcionario público para que explique el criterio del Gobierno o algún aspecto de la propuesta europea. Dicha solicitud debe ser aprobada por la Mesa de la Comisión Mixta para la Unión Europea, la cual decidirá si la comparecencia se celebra ante la Comisión Mixta o ante la Ponencia creada para este asunto.

Presentada una propuesta de dictamen motivado, se procede a su distribución y la Presidencia de la Comisión Mixta para la Unión Europea abrirá un plazo no inferior a cinco días hábiles para la presentación de propuestas alternativas y de enmiendas, así como para que puedan presentarse solicitudes de avocación de la aprobación final por los Plenos de las Cámaras. Concluido dicho plazo, el presidente de la Comisión Mixta convocará sesión para su debate y votación.

El debate y votación -las decisiones se adoptan por el criterio del voto ponderado de los miembros de cada grupo parlamentaria de la Comisión- de las propuestas de dictámenes motivados se realizarán de acuerdo con lo establecido reglamentariamente para las proposiciones no de ley. En el caso de que la sesión se iniciase con la comparecencia del Gobierno para explicar su posición, podrán a continuación hacer uso de la palabra los portavoces de los grupos parlamentarios. Durante la sesión en que se debatan propuestas de dictámenes motivados podrán admitirse enmiendas de carácter técnico, terminológico o gramatical. También se tramitarán enmiendas transaccionales cuando ningún grupo se oponga a su admisión.

Si uno de los Plenos de las Cámaras avocase su competencia para la aprobación del dictamen motivado, las Mesas de las respectivas Cámaras abrirán un plazo no inferior a dos días hábiles para la presentación de propuestas alternativas y de enmiendas, que serán objeto de deliberación por los correspondientes Plenos junto al dictamen aprobado por la Comisión Mixta para la Unión Europea.

El procedimiento concluye con el envío de los dictámenes motivados, aprobados por la Comisión Mixta o por los Plenos de las Cámaras, a las instituciones europeas. Serán remitidos por conducto de los Presidentes del Congreso de los Diputados y del Senado a los Presidentes del Parlamento Europeo, del Consejo y de la Comisión Europea, en el plazo máximo de ocho semanas desde que fue transmitido el proyecto de acto legislativo europeo a las Cámaras (hay que tener en cuenta que si la Comisión Mixta aprueba un dictamen motivado sobre la vulneración del principio de subsidiariedad por un proyecto de acto legislativo de la Unión, incorporará la relación de los dictámenes remitidos por los Parlamentos de las Comunidades Autónomas y las referencias necesarias para su consulta). Asimismo, estos dictámenes serán trasladados al Gobierno para su conocimiento.

Las comunicaciones, informes y dictámenes que se remitan entre sí las Cámaras, el Gobierno y los Parlamentos de las Comunidades Autónomas se dirigirán a la dirección de correo electrónico facilitada por cada uno de ellos[16]. Además, dicho dictamen debe publicarse en el Boletín Oficial de las Cortes Generales.

---

16 Con este fin, las Cortes Generales han habilitado el siguiente correo electrónico: cmue@congreso.es (Comunicación de 13 de abril de 2010, remitida por el secretario general del Congreso de los Diputados y Letrado Mayor de las Cortes Generales). Esta remisión por correo electrónico incluye tanto las iniciativas europeas como los

Finalmente, se quiere dejar ahora únicamente apuntado, que las Cortes Generales también pueden intervenir *a posteriori* en el control de principio de subsidiariedad, de naturaleza ya jurisdiccional. Así, la Ley por la que se regula la Comisión Mixta para la Unión Europea, y la Resolución de la Mesa del Congreso de los Diputados y del Senado de 21 de septiembre de 1995, sobre desarrollo de la Ley 8/1994, de 19 de mayo, por la que se regula la Comisión Mixta para la Unión Europea -tras sus respectivas modificaciones- regulan la participación de las Cortes Generales en la interposición del recurso de anulación ante el Tribunal de Justicia de la Unión Europea por infracción de principio de subsidiariedad. En el plazo máximo de seis semanas desde la publicación oficial de un acto legislativo europeo, la Comisión Mixta para la Unión Europea podrá solicitar del Gobierno la interposición ante el Tribunal de Luxemburgo de un recurso de anulación contra dicho acto por infracción del principio de subsidiariedad. El Gobierno podrá descartar, de forma motivada, la interposición solicitada por alguna de las Cámaras o por la Comisión Mixta para la Unión Europea. La decisión deberá justificarse mediante la comparecencia del Gobierno ante la Comisión Mixta para la Unión, si esta así lo solicita. En todo caso, lo indicado supone reconocer que dicha facultad radica en una decisión que, en última instancia, depende del Gobierno estatal (no de las Cortes Generales). Como se puede comprobar, la posibilidad de solicitar que se interponga recurso de anulación por parte de los Parlamentos autonómicos no se contempla en la normativa vigente, pero tampoco se prohíbe. Así, será posible elevar una solicitud autonómica de este tipo a la Comisión Mixta para la Unión Europea para que la canalice tal y como se acaba de explicar, pero lo cierto es que la falta de institucionalización de procedimiento

dictámenes que, en su caso, los Parlamentos autonómicos remitan a la Comisión Mixta para la Unión Europea.

al efecto deja la situación en manos de la disposición que puede existir en el seno de dicha Comisión al respecto (en todo caso, como se indicará a continuación, el Comité de la Regiones está legitimado para interponer un recurso de dichas características ante el Tribunal de Justicia de la Unión Europea).

IV. LA PARTICIPACIÓN DE LOS PARLAMENTOS AUTONÓMICOS EN EL SISTEMA DE ALERTA TEMPRANA

El papel de los parlamentos regionales en la Unión Europea ha ido en aumento a raíz de la introducción en el Tratado de Maastricht del Comité de las Regiones[17]. Poco a poco, las regiones, que quedaron "*reducidas a unidades administrativas territoriales para aplicar los fondos comunitarios*" en los primeros años del proceso de construcción europea[18], vieron cómo se les dotaba de una mayor participación en el proceso de producción del Derecho comunitario. Y, en el Tratado de Lisboa, se les reconoció la posibilidad de defender sus intereses frente a un posible incumplimiento del principio de subsidiariedad. También, a raíz de dicho Tratado, el Comité de las Regiones ostenta legitimación directa para interponer recursos de anulación ante el Tribunal de Justicia de la Unión Europea por incumplimiento del principio de subsidiariedad (artículo 8 del Protocolo nº 2 sobre la aplicación de los principios de subsidiariedad y proporcionalidad).

Este mismo Protocolo señala que incumbe a cada Parlamento nacional o a cada cámara de un Parlamento nacional consultar, cuando proceda, a los Parlamentos regionales que posean com-

---

17 A este órgano dedicaremos uno de los siguientes epígrafes para describir el papel que desempeñó en el proceso de construcción europea y su situación actual dentro de la Unión Europea.

18 Véase ALONSO DE LEÓN, Sergio, ob. cit., p. 283.

petencias legislativas. El asunto se encuentra regulado, en el ordenamiento jurídico español, en el nivel estatal, por la Ley 8/1994, de 19 de mayo, por la que se regula la Comisión Mixta para la Unión Europea[19], y por la Resolución de la Mesa del Congreso de los Diputados y del Senado de 21 de septiembre de 1995, sobre desarrollo de la Ley 8/1994, de 19 de mayo, por la que se regula la Comisión Mixta para la Unión Europea (tras las correspondientes modificaciones), y, en el nivel autonómico, por las previsiones contenidas en los Estatutos de Autonomía de nueva generación y otras normas internas de las Comunidades Autónomas.

En el nivel estatal, el artículo 6, apartado primero, de la Ley por la que se regula la Comisión Mixta para la Unión Europea, dispone que el Congreso y el Senado, tan pronto reciban una iniciativa legislativa de la Unión, la remitirán a los Parlamentos de las Comunidades Autónomas (por vía telemática). Lo harán sin prejuzgar la existencia de competencias autonómicas afectadas, a efectos de su conocimiento y para que puedan remitir a las Cortes Generales un dictamen motivado sobre la aplicación del principio de subsidiariedad. El dictamen motivado que, en su caso, pueda aprobar el Parlamento de una Comunidad Autónoma, para que pueda ser tenida en consideración, deberá ser recibido por la Comisión Mixta para la Unión

---

19 BOE núm. 120, de 20 de mayo de 1994. Esta Ley fue modificada por la Ley 24/2009, de 22 de diciembre, de modificación de la Ley 8/1994, de 19 de mayo, por la que se regula la Comisión Mixta para la Unión Europea, para su adaptación al Tratado de Lisboa de 13 de diciembre de 2007 (BOE núm. 308, de 23 de diciembre de 2009). La aprobación de esta Ley permitió articular un mecanismo que posibilitó la participación de las Cortes Generales y de los Parlamentos autonómicos en asuntos de la Unión Europea respecto al control del principio de subsidiariedad. Poco más adelante fue de nuevo modificada por la Ley 38/2010, de 20 de diciembre, de modificación de la Ley 8/1994, por la que se regula la Comisión Mixta para la Unión Europea, para reforzar las funciones asignadas a dicha Comisión Mixta (BOE núm. 309, de 21 de diciembre de 2010).

Europea en el plazo de cuatro semanas desde la remisión de la iniciativa legislativa europea por las Cortes Generales. La brevedad de dicho plazo ha sido objeto de numerosas críticas. Por otro lado, y en cuanto a los efectos del dictamen motivado de los parlamentos regionales, se prevé que, si la Comisión Mixta aprueba un dictamen motivado sobre la vulneración del principio de subsidiaridad por un proyecto de acto legislativo de la Unión, deberá incorporar la relación de los dictámenes remitidos por los Parlamentos de las Comunidades Autónomas y las referencias necesarias para su consulta (artículo 6, apartado tercero, de la misma norma). Esto es, si finalmente la Comisión Mixta aprueba el dictamen motivado sobre el incumplimiento del principio de subsidiariedad por parte de una iniciativa legislativa europea, deberá incorporar aquellos dictámenes autonómicos que también concluyeron que el acto legislativo en cuestión había incurrido en el incumplimiento del principio de subsidiariedad[20].

En el nivel autonómico, tanto la regulación del mecanismo del control del respeto del principio de subsidiaridad, como su práctica o aplicación, ha sido dispar. Todos los Estatutos de Autonomía de nueva generación contienen una regulación específica sobre las relaciones de la Comunidad con la Unión Europea y, casi todos, con excepción del Estatuto de Extremadura que no alude a la cuestión[21], incluyen una referencia explícita a su

---

20 Una descripción extensa de la realidad práctica de este procedimiento en CAMISÓN, José Ángel, "La participación directa e indirecta de los parlamentos nacionales en los asuntos de la Unión…", ob. cit., p. 284 y ss.

21 El artículo 70 de la Ley Orgánica 1/2011, de 28 de enero, de reforma del Estatuto de Autonomía de la Comunidad Autónoma de Extremadura regula la representación y participación en la Unión Europea. El precepto se limita a disponer que "En el marco de la regulación estatal y europea, la Comunidad Autónoma de Extremadura estará representada y participará en las decisiones y políticas de la Unión Europea de acuerdo con los siguientes procedimientos,

participación en el control de los principios de subsidiariedad y proporcionalidad (artículos 61.3.a) del Estatuto de Autonomía de la Comunidad Valenciana[22], 188 del Estatuto de Autonomía de Cataluña[23], 112 del Estatuto de Autonomía de las Islas Baleares[24], 237 del Estatuto de Autonomía de Andalucía[25], 93.3 del Estatuto de Autonomía de Aragón[26], 62.2 del Estatuto de

---

entre otros: a) El Estado informará a la Comunidad Autónoma de las iniciativas, propuestas, proyectos normativos y demás decisiones en tramitación en la Unión Europea cuando afecten a intereses o competencias de la Comunidad Autónoma".

22 Artículo 61.3.a) de la Ley Orgánica 1/2006, de 10 de abril, de reforma del Estatuto de Autonomía de la Comunidad Valenciana: "La Comunidad Valenciana, como región de la Unión Europea, sin perjuicio de la legislación del Estado: a) Participará en el mecanismo de control del principio de subsidiariedad previsto en el Derecho de la Unión Europea".

23 Artículo 188 de la Ley Orgánica 6/2006, de 19 de julio, de reforma del Estatuto de Autonomía de Cataluña: "El Parlamento participará en los procedimientos de control de los principios de subsidiariedad y proporcionalidad que establezca el derecho de la Unión Europea en relación con las propuestas legislativas europeas cuando dichas propuestas afecten a competencias de la Generalitat".

24 Artículo 112 de la Ley Orgánica 1/2007, de 28 de febrero, de reforma del Estatuto de Autonomía de las Illes Balears: "El Parlamento de las Illes Balears puede ser consultado por las Cortes Generales en el marco del proceso del control del principio de subsidiaridad establecido en el Derecho Comunitario".

25 Artículo 237 de la Ley Orgánica 2/2007 de 19 de marzo, de reforma del Estatuto de Autonomía para Andalucía: "El Parlamento de Andalucía será consultado previamente a la emisión del dictamen de las Cortes Generales sobre las propuestas legislativas europeas en el marco del procedimiento de control de los principios de subsidiariedad y proporcionalidad que establezca el Derecho Comunitario".

26 Artículo 93.1 de la Ley Orgánica 5/2007, de 20 de abril, de reforma del Estatuto de Autonomía de Aragón: "Las Cortes de Aragón participarán en los procedimientos de control de los principios de subsidiariedad y proporcionalidad que establezca la Unión Europea

Autonomía de Castilla y León[27] y 197.4 del Estatuto de Autonomía de Canarias[28]). También menciona la participación en el control de los principios de subsidiariedad y proporcionalidad la propuesta de reforma de Estatuto de la Región de Murcia que se está discutiendo en la actualidad[29].

---

en relación con las propuestas legislativas europeas cuando afecten a competencias de la Comunidad Autónoma".

27 Artículo 62.2 de la Ley Orgánica 14/2007, de 30 de noviembre, de reforma del Estatuto de Autonomía de Castilla y León: "Las Cortes de Castilla y León participarán en los procedimientos de control de los principios de subsidiariedad y de proporcionalidad que establezca el Derecho de la Unión Europea en relación con las propuestas legislativas europeas cuando dichas propuestas afecten a competencia de la Comunidad".

28 Artículo 197.4 de la Ley Orgánica 1/2018, de 5 de noviembre, de reforma del Estatuto de Autonomía de Canarias: "Cuando una propuesta legislativa europea pudiera afectar a las competencias de la Comunidad Autónoma de Canarias, al régimen económico y fiscal de Canarias o a la condición de región ultraperiférica, el Parlamento de Canarias será consultado y manifestará su parecer con anterioridad a la emisión por las Cortes Generales de su dictamen en el marco del procedimiento de control de los principios de subsidiariedad y proporcionalidad que establece el Derecho de la Unión Europea".

29 Artículo 96.2 de la propuesta de reforma de la Ley Orgánica 4/1982, de 9 de junio, de Estatuto de Autonomía de la Región de Murcia: "La Asamblea Regional participará en los procedimientos de control de los principios de subsidiariedad y proporcionalidad que establezca la Unión Europea en relación con las propuestas legislativas de la misma en cuanto afecten a competencias de la Comunidad Autónoma". Llama la atención, por otro lado, que la propuesta de reforma del Estatuto de Autonomía de La Rioja que se está discutiendo en la actualidad, en estos momentos en el Congreso de los Diputados, no incluya referencia alguna a la acción exterior de la Comunidad ni a sus relaciones con la Unión. Se trata de un texto muy clásico en su estructura y poco ambicioso en relación con los nuevos tiempos. Tampoco incluye referencia alguna a la participación de la región en el control de la subsidiariedad.

Una lectura de estos preceptos permite concluir que regulan con bastante homogeneidad los dos siguientes aspectos: primero, todos los Estatutos de Autonomía, salvo el extremeño, se refieren explícitamente a la intervención de sus Parlamentos autonómicos en el mecanismo del control *a priori* de la observancia del principio de subsidiariedad por parte de la propuesta de acto legislativo procedente de la Unión; segundo, que todos ellos, salvo el Estatuto de Autonomía de las Illes Balears, se expresan de forma preceptiva y, por consiguiente, prevén una obligación de consulta por parte de las Cortes Generales en este ámbito (de cualquier forma, y a pesar de los términos facultativos en los que se expresa el Estatuto de Autonomía balear, lo cierto es que el Parlamento nacional debe -no puede- consultar al Parlamento balear de conformidad con lo dispuesto en la regulación del Protocolo nº 2 al Tratado de Lisboa y en la regulación nacional sobre el tema, siempre que proceda).

Más disparidad se observa en relación con la circunstancia que ha de concurrir para que se ponga en marcha esta necesaria comunicación entre las Cortes Generales y las Asambleas legislativas autonómicas. Los Estatutos de Autonomía catalán, aragonés, castellanoleonés y canario[30] prevén dicha comunicación cuando la propuesta de norma europea afecte a competencias autonómicas[31], mientras que los Estatutos de Autonomía valenciano, balear y andaluz prevén dicha participación con carácter general con independencia, pues, de que las competencias autonómicas puedan estar en juego, es decir, con independencia

---

30 El canario es el más preciso al respecto pues establece la participación de la Comunidad en el mecanismo de alerta temprana cuando la propuesta legislativa europea pudiera afectar a las competencias de la Comunidad Autónoma canaria, al régimen económico y fiscal de Canarias y a su condición de región ultraperiférica.

31 La propuesta de reforma del Estatuto de Autonomía de la Región de Murcia también vincula dicha participación con la afectación de competencias autonómicas.

de que se afecte -o no- al ámbito competencial autonómico. Eso sí, ninguno de ellos, salvo el extremeño que acaso sea el que presenta la mayor especificidad en la materia, prevén dicha comunicación interparlamentaria cuando la propuesta de acto legislativo de la Unión pueda afectar a intereses -más general que competencias- de las Comunidades Autónomas. Reiteremos que el extremeño establece que el Estado debe informar a la Comunidad de las iniciativas, propuestas, proyectos normativos y demás decisiones en tramitación en la Unión Europea cuando afecten a intereses o competencias de la Comunidad Autónoma. En todo caso, y con independencia de esta regulación autonómica sobre la materia, lo cierto es que las Cortes Generales, en virtud de lo dispuesto en la Ley de la Comisión Mixta para la Unión Europea y en la Resolución de las Mesas del Congreso de los Diputados y del Senado del año 2010, remiten toda propuesta de acto legislativo procedente de la Unión a los Parlamentos autonómicos a efectos de este control *a priori* a través del mecanismo de alerta temprana de la observancia del principio de subsidiariedad por parte de la integración.

También se observa cierta disparidad en cuanto a la regulación del procedimiento de control del principio de subsidiariedad en las Comunidades Autónomas. Por una parte, están aquellas que regulan este procedimiento a través de los reglamentos de funcionamiento de las asambleas regionales junto con lo dispuesto en sus Estatutos de Autonomía como, por ejemplo, Extremadura, Cataluña y Comunidad Valenciana; por otra parte, aquellas que lo recogen mediante Resolución de la Presidencia como el País Vasco, Principado de Asturias o Navarra entre otras y, aquellas que además de regularlo en alguna de las normas citadas, incluyen este procedimiento en Acuerdos de la Mesa de su Parlamento como ocurre en Cantabria, Islas Canarias o las Islas Baleares. En relación con el procedimiento de control, podemos concluir que todas las Comunidades Autónomas han utilizado la vía de las Resoluciones sin que se haya aprobado Ley alguna para llevar a cabo el citado control.

Para finalizar la comparativa[32] entre los parlamentos regionales, hemos creído conveniente efectuar un análisis descriptivo del número de informes sobre el respeto al principio de subsidiariedad que han sido emitidos desde la puesta en marcha del procedimiento de control por cada uno de ellos. Este mecanismo empezó a funcionar en enero de 2010 como consecuencia de la entrada en vigor en diciembre de 2009 del Tratado de Lisboa en el que se recogía expresamente la necesaria remisión de propuestas de actos legislativos europeos a los parlamentos nacionales para su estudio. Fue en abril de ese mismo año cuando los parlamentos autonómicos comenzaron a recibir iniciativas de las instituciones europeas con el objetivo de comprobar el respeto al principio de subsidiariedad.

Durante la primera legislatura en la que entró en funcionamiento (01/04/2008-13/12/2011) se emitieron un total de 358 informes, número que fue disminuyendo en las siguientes legislaturas, bien por la menor duración de las mismas, como ocurrió en la XI Legislatura (13/01/2016-19/07/2016), o porque el número de propuestas de las instituciones comunitarias remitidas para su revisión fue también menor o, en el peor de los casos, porque no se había creado una comisión parlamentaria específica para examinarlas, como ocurrió en Castilla-La Mancha desde 2011, lo que ha dificultado mucho el cumplimiento del control de este principio.

Respecto a las causas por las que principalmente se ha producido una disminución de la participación de los parlamentos regionales, podemos identificar los exiguos plazos para la remisión por parte las Comunidades Autónomas del dictamen a las Cortes Generales marcados en la legislación sobre la ma-

---

32 Esta comparativa la hemos podido efectuar gracias a los datos que ofrece la página oficial del Congreso de los Diputados https://www.congreso.es/es/cem/res31032018comunicalcas.

teria y, también, el carácter no vinculante que poseen dichos dictámenes regionales para las Cortes Generales.

De este análisis podemos afirmar que los parlamentos regionales más activos en cuanto al control del respeto del principio de subsidiariedad han sido, con abrumadora diferencia en cantidad de informes de subsidiariedad presentados ante la Comisión Mixta de la Unión Europea, la Asamblea de Extremadura (total de 225) y el Parlamento Vasco (total de 146). Si bien, es reseñable una diferencia entre ambos parlamentos; solamente el extremeño ha presentado informes en todas y cada una de las legislaturas y, sin embargo, el vasco no ha presentado ningún informe en las dos últimas. En el extremo opuesto tenemos a parlamentos como el andaluz o el valenciano, que no han presentado informes de subsidiariedad en ninguna de las legislaturas. Destaca por otro lado, la actividad de parlamentos como el castellano-manchego[33], navarro o murciano, que solamente efectuaron informes en la primera legislatura.

En todo caso, procede concluir señalando que esta facultad reconocida a los parlamentos autonómicos para ejercer el control sobre el cumplimiento del principio de subsidiariedad queda a expensas del arbitrio del legislativo nacional, pues será la Comisión Mixta de Asuntos Europeos la que decida finalmente tomar o no en cuenta el dictamen motivado que pueda recibir de las Asambleas autonómicas (ya que los dictámenes autonómicos no tienen fuerza vinculante). Por ello se ha señalado que "el sistema trunca los objetivos del Protocolo para la aplicación de los principios de subsidiariedad y proporcionalidad" y "coloca a las asambleas regionales en una posición subordinada"[34]. Además,

---

33 UTRILLA FERNÁNDEZ-BERMEJO, Dolores, *Parlamentos regionales y control de…*, ob. cit., pp. 181-182. La autora describe en estas páginas la actividad desplegada por este parlamento regional dándole una explicación de signo político a la interrupción de la emisión de dictámenes.

34 Véase ALONSO DE LEÓN, Sergio, ob. cit., p. 18.

estos dictámenes autonómicos solo se remitirán a la Unión si las Cortes Generales concluyen que hay conculcación del principio de subsidiaridad en relación con la norma concernida. Por lo tanto, aunque se ha abierto la puerta a la participación de los parlamentos autonómicos, lo cierto es que la repercusión práctica de dicha participación es escasa, lo que desincentiva la misma[35].

V. LA PARTICIPACIÓN DE LA ASAMBLEA LEGISLATIVA DE CASTILLA-LA MANCHA EN EL SISTEMA DE ALERTA TEMPRANA

El Estatuto de Autonomía de Castilla-La Mancha no ha sido modificado aprovechando la última ola de reformas estatutarias y no prevé nada sobre las relaciones de la Comunidad con la Unión Europea ni sobre su intervención en el marco del control a priori del principio de subsidiariedad. Sin embargo, hay que hacer mención a una importante propuesta de Proposición de Ley de Reforma del Estatuto de Autonomía presentada en el año 2006 durante la sexta Legislatura, que se discutió en el Parlamento castellano-manchego y que incluso llegó a discutirse en el propio Congreso de los Diputados pero que fue retirada en el año 2010.

En todo caso, aunque esta Proposición de Ley de Reforma del Estatuto de Autonomía no salió finalmente adelante, merece la pena subrayar que, en la línea de los Estatutos de nueva generación, incluyó un Título III sobre "Relaciones con el Estado y con otras Comunidades Autónomas" (artículos 55 a 61, ambos inclusive) y un Título IV sobre "Relaciones con la Unión Europea y acción exterior" (artículos 62 a 70 ambos inclusive). Su artículo 64, por lo que hace específicamente al control del principio de subsidiariedad, establecía que las Cortes de Casti-

35 SEVILLA DURO, Miguel Ángel," La participación ascendente de *Länder* y Comunidades Autónomas en la Unión Europea", ob. cit., pp. 69-93.

lla-La Mancha debían ser consultadas previamente a la emisión del dictamen de las Cortes Generales sobre propuestas legislativas de la Unión en el procedimiento de control del principio de subsidiariedad y proporcionalidad cuando estuvieran afectadas competencias de la Comunidad Autónoma. El precepto establecía igualmente que las Cortes de Castilla-La Mancha debían establecer el procedimiento formal sobre la decisión de activar la alerta de vulneración del principio de subsidiariedad y el proceso de comunicación de esta decisión a las Cortes Generales.

En la actualidad, la única norma que regula el procedimiento aplicable en Castilla-La Mancha en el marco del control *a priori* de la observancia del principio de subsidiariedad por parte de las instituciones europeas es una Resolución de la Presidencia de las Cortes.

Con más detalle, el día 7 de octubre de 2009 se aprobó una Resolución general de la Presidencia de las Cortes de Castilla-La Mancha en la que se establecieron, de forma provisional, normas para dar respuesta a los requerimientos sobre eventuales vulneraciones del principio de subsidiariedad por los proyectos de actos legislativos de la Comisión, del Consejo o del Parlamento Europeo[36]. Esta Resolución provisional se sustituyó por la Resolución de carácter general de la Presidencia de las Cortes de Castilla-La Mancha, de 20 de julio de 2010, por la que

---

36 Resolución de carácter general de la Presidencia de las Cortes de Castilla-La Mancha, por la que se dictan normas para el control del principio de subsidiariedad en las propuestas legislativas de la Unión Europea, expediente 07/OTN-00008 [BOCCLM núm. 149 (07-10-2009)]. Con esta Resolución se pretendió dar respuesta a los requerimientos de ensayos pilotos propiciados desde la COSAC (Conferencia de Órganos Especializados en los Asuntos Comunitarios y Europeos de los Parlamentos de la Unión Europea) y la CALRE (Conferencia de Asambleas Legislativas de las Regiones de Europa). La misma Resolución subrayaba su carácter experimental y provisional hasta tanto en cuanto se produjera la entrada en vigor del Tratado de Lisboa.

se dictan normas para el control del principio de subsidiariedad en los proyectos de actos legislativos de la Unión Europea[37].

La Resolución de 2010 pretendió regular las normas definitivas en la materia, superando la provisionalidad de las reglas contenidas en la Resolución de 2009, tomando en consideración la regulación del asunto contenida en el Tratado de Lisboa y la experiencia en la tramitación de la evaluación de las distintas iniciativas legislativas producidas hasta ese momento. Se pretendía, con la nueva regulación, garantizar la agilidad del procedimiento aplicable de tal forma que se pudieran cumplir los breves plazos establecidos por el Protocolo nº 2 anejo al Tratado de Lisboa. Con esta finalidad, la Resolución del año 2010 prevé que las propuestas legislativas de la Unión Europea que se reciban en las Cortes de Castilla-La Mancha tendrán la consideración de asuntos urgentes quedando habilitado, en su caso, un periodo extraordinario de sesiones para su tramitación parlamentaria, excluye la previa admisión a trámite por parte de la Mesa de la Asamblea Legislativa de los propuestas legislativas de la Unión que llegan a efectos de su control e incluye algunas indicaciones en materia de plazos. Hay que tener en cuenta que el plazo de envío del dictamen motivado a las Cortes Generales será, como máximo, de cuatro semanas a contar desde que se recibiera en las Cortes la propuesta de acto legislativo[38].

---

37 Resolución de carácter general de la Presidencia de las Cortes de Castilla-La Mancha, de 20 de julio de 2010, por la que se dictan normas para el control del principio de subsidiariedad en los proyectos de actos legislativos de la Unión Europea, expediente 07/OTN-00009 [BOCCLM núm. 207 (22-07-2010)]. La Resolución se dicta al amparo del art. 35.7 del Reglamento de las Cortes de Castilla-La Mancha, con el parecer favorable de la Mesa y de la Junta de Portavoces.

38 El plazo de cuatro semanas para la remisión del dictamen a la Comisión Mixta de la Unión Europea comienza a contar a partir del envío por correo electrónico de la documentación por la Secretaría de la Comisión Mixta. La Comisión Europea no incluye el periodo entre

De conformidad con lo dispuesto en esta Resolución del año 2010, las propuestas legislativas de la Unión que se reciban en las Cortes de Castilla-La Mancha para el control del principio de subsidiariedad tendrán la consideración de asuntos urgentes, pudiéndose abrir en su caso un periodo extraordinario de sesiones para su tramitación parlamentaria.

Una vez recibido el proyecto, la Presidencia de las Cortes lo remitirá a los Grupos Parlamentarios, a la Comisión de Asuntos Europeos y al órgano encargado de las relaciones del Consejo de Gobierno con las Cortes. Esta remisión a los Grupos Parlamentarios y a la Comisión de Asuntos Europeos se ha entendido como una suerte de filtro de los proyectos que recibían las Cortes con el fin de agilizar el examen del proyecto dado el exiguo plazo con el que cuentan los parlamentos regionales para el envío de dictámenes motivados a la Comisión Mixta de las Cortes Generales.

Como consecuencia de la actividad de control, puede ocurrir que los Grupos Parlamentarios, en el plazo de catorce días siguientes a la recepción del proyecto legislativo europeo, presenten propuesta de Dictamen motivado ante la Mesa de las Cortes. El Dictamen expondrá los motivos por los que se considera que el proyecto resulta contrario, en todo o en parte, al principio de subsidiariedad. Si el Dictamen no se admite a trámite finaliza el procedimiento. Si el Dictamen se admite a trámite continúa la tramitación del procedimiento. También puede suceder que no se presenten propuestas de Dictamen, en cuyo caso también se dará por finalizado el procedimiento.

El presidente de las Cortes remitirá a la Mesa de la Comisión de Asuntos Europeos las propuestas de Dictamen que se

---

el 1 y el 31 de agosto para el cómputo del plazo relativo al procedimiento regulado en el Protocolo nº2 anejo al Tratado de Lisboa, sobre la aplicación de los principios de subsidiariedad y proporcionalidad, por lo que la Comisión Mixta para la Unión Europea tampoco incluye este periodo en el cálculo del plazo de cuatro semanas.

presenten. La Mesa de dicha Comisión determinará las comparecencias e informes que pueda precisar de expertos o instituciones académicas especializadas. Estas comparecencias e informes serán cursadas por la Presidencia de la Comisión con el apoyo de la Secretaría General de las Cortes. Una vez que sean recibidos los informes que, en su caso, se soliciten, la Comisión de Asuntos Europeos emitirá dictamen en el que se determinará si la propuesta de acto legislativo europeo resulta conforme o no al principio de subsidiariedad.

Si el dictamen prevé que la propuesta de acto legislativo resulta conforme con el principio de subsidiariedad, lo trasladará a la Mesa de la Cámara que decidirá sobre la comunicación a remitir a las Cortes Generales. Si el dictamen establece que la propuesta de acto legislativo vulnera dicho principio lo remitirá a la Mesa de la Cámara para su traslado a las Cortes Generales.

Pero lo que indica la norma resulta engañoso si tenemos en cuenta lo que sucede en la práctica en las Cortes de Castilla-La Mancha. Así, la Comisión de Asuntos Europeos no se ha constituido desde la legislatura que dio comienzo en el año 2011. Los asuntos de su competencia deberían, por tanto, haber sido asumidos por la Comisión de Asuntos Generales (el Reglamento de las Cortes castellanomanchegas dispone que esta Comisión asume, además de sus propias competencias, aquellas otras que versen sobre materias legislativas que no encajan en otra Comisión[39]).Y, sin embargo, según fuentes provenientes de las

---

[39] El artículo 57, primero, del Reglamento de las Cortes de Castilla-La Mancha (BOCCLM núm. 133, de 16 de octubre de 1997) dispone que "Son Comisiones Permanentes legislativas las siguientes: 1. La Comisión de Asuntos Generales, a la que compete cuanto se relaciona con la coordinación, organización y administración de los poderes de la Junta de Comunidades de Castilla-La Mancha, el desarrollo del Estatuto de la Comunidad Autónoma, régimen local, función pública y, en general, cuantos asuntos no tengan encaje expreso en otra Comisión". Texto redactado conforme a la modificación apro-

propias Cortes de Castilla-La Mancha, desde la legislatura que dio comienzo en el año 2011, no se ha emitido ningún tipo de dictamen y tampoco se ha solicitado informe a los Servicios Jurídicos de la Cámara[40]. Las propias Cortes no han argumentado razones por las que no se ha constituido la Comisión de Asuntos Europeos, ni las han dado tampoco sobre la falta de seguimiento del cumplimiento del principio de subsidiaridad por parte, al menos, de aquellas iniciativas legislativas europeas que pueden afectar a sus intereses o que puedan estar estrechamente relacionadas con el ejercicio de competencias autonómicas.

Las Cortes de Castilla-La Mancha han emitido hasta la fecha un total de 22 informes de subsidiariedad durante la IX legislatura de las Cortes Generales que en el nivel autonómico coincide con la VII Legislatura que abarca el periodo comprendido entre mayo 2007-mayo 2011, sin que posteriormente se haya pronunciado al respecto este parlamento regional. Puede afirmarse que en ninguno de los informes sobre la subsidiariedad indicó vulneración de dicho principio concluyendo con la siguiente fórmula: "*La Comisión de Asuntos Europeos entiende que: La Propuesta de .... no implica invasión alguna de las competencias asumidas por la Comunidad Autónoma de Castilla-La Mancha, resultando plenamente respetuosa con el principio de subsidiaridad consagrado en el artículo 5 del Tratado de la Unión Europea*". Estos informes se emitieron a través de la Comisión de Asuntos Europeos creada para tal efecto, comisión que no volvió a formarse en la siguiente legislatura ni en posteriores, resolviéndose los asuntos que tuviesen que ver con la Unión Europea a través de

---

bada por las Cortes de Castilla-La Mancha en sesión plenaria de 23 de julio de 1999 (BOCCLM núm. 5 de 23 de julio de 1999).

40 UTRILLA FERNÁNDEZ-BERMEJO, Dolores, *Parlamentos regionales y control de...*, ob. cit., pp. 180-181. La autora describe en estas páginas la actividad desplegada por las Cortes en asuntos de control del principio de subsidiariedad.

la Comisión de Asuntos Generales. Con posterioridad a 2011 no ha sido enviado ningún informe a la Comisión Mixta de Asuntos Europeos de las Cortes Generales[41].

VI. CONCLUSIONES

PRIMERA. El principio de subsidiariedad se introdujo en el Tratado de Maastricht como una forma de compensación exigida por los Estados miembros que veían cómo los poderes de la Unión iban *in crescendo.* Este principio implica que las competencias compartidas entre la Unión y los Estados miembros solamente serán ejercidas por la primera cuando su ejercicio por los Estados miembros no garantice un nivel suficiente de eficacia.

SEGUNDA. La introducción del sistema de alerta temprana de control del cumplimiento del principio de subsidiariedad en el Tratado de Lisboa supuso la participación tanto de los Parlamentos nacionales como de los regionales en el procedimiento legislativo de la normativa comunitaria como medio de democratización de la Unión Europea. Este sistema consiste en el examen a priori de todas las propuestas de actos legislativos europeos por los Parlamentos europeos y regionales de los Estados miembros para verificar si cumplen el principio de subsidiariedad.

TERCERA. Es preciso subrayar la compleja situación a la que deben enfrentarse tanto las Cortes Generales como los Parlamentos autonómicos para dar cumplimento al mecanismo de alerta temprana debiendo examinar todas las propuestas recibidas de las instituciones europeas. Se enfrentan a dos problemas principales: el volumen y el plazo. El volumen por la ingente cantidad de propuestas que deben examinar las Cortes

41 Incluimos en el Anexo número I una enumeración de los dictámenes emitidos por la Comisión de Asuntos Europeos de Castilla-La Mancha (a fecha de 1 de enero de 2023).

Generales y los Parlamentos autonómicos. El plazo por su brevedad; parece ilógico poder cumplir con el control del respeto del principio de subsidiariedad con un plazo máximo de ocho semanas para el supuesto de remisión de dictamen motivado por parte de las Cortes Generales y, de cuatro semanas, para los Parlamentos autonómicos que deseen remitir su dictamen motivado a la Comisión Mixta de las Cortes Generales.

CUARTA. El hecho de que el dictamen motivado deba incluir únicamente una justificación acerca de su conformidad o disconformidad con la propuesta sobre el cumplimiento del principio de subsidiariedad sin que pueda presentar modificaciones sobre la misma, otorga una función meramente consultiva, tanto a las Cortes Generales como a los Parlamentos autonómicos, lo que desincentiva su participación. De hecho, la participación de los Parlamentos autonómicos en cuanto al cumplimiento del sistema de alerta temprana de las propuestas de actos legislativos europeos es muy baja. La mayoría de los Parlamentos autonómicos hizo remisión de informes de subsidiariedad durante la IX Legislatura, que discurrió en el periodo comprendido entre los años 2008 y 2011 (primeros años de entrada en vigor del Tratado de Lisboa y del mecanismo de alerta temprana). La praxis se redujo a los Parlamentos de Cataluña, País Vasco y Extremadura a partir de dicha legislatura. Asimismo, cabe destacar que Parlamentos como el de Castilla y León y las Cortes de Aragón emitieron un buen número de informes de subsidiariedad durante esa misma IX Legislatura para, posteriormente, o no volver a presentar ninguno en siguientes legislaturas, o reducir drásticamente su número.

QUINTA. La normativa estatal sobre el sistema de alerta temprana establece que las Cortes Generales remitirán a los Parlamentos autonómicos todas las iniciativas legislativas europeas sin discriminación previa sobre la existencia en la propuesta remitida de competencias autonómicas que se vean afectadas. Esta normativa ha sido objeto de regulación dispar en el seno de las autonomías. Así, por ejemplo, algunos Estatutos de Autonomía, como el catalán, aragonés o canario, prevén dicha comunicación cuando la propuesta afecta a competencias autonómicas y otros, como el valenciano o el andaluz, prevén dicha participación sin tener en cuenta la afectación o no de la propuesta a las competencias autonómicas. No obstante, debe quedar claro que la normativa estatal exige a la Comisión Mixta de Asuntos de la Unión Europea la remisión de todas las propuestas, aunque en las normas autonómicas se regule de forma distinta.

SEXTA. Respecto a la normativa autonómica de Castilla-La Mancha, no hay ninguna referencia al mecanismo de control *a priori* sobre el principio de subsidiariedad en su Estatuto de Autonomía. Dicho procedimiento se encuentra recogido en la Resolución de carácter general de la Presidencia de las Cortes de Castilla-La Mancha, de 20 de julio de 2010. En cuanto a la concreta participación de las Cortes de Castilla-La Mancha, es inexistente desde 2011.

Bibliografía

ALONSO DE LEÓN, Sergio, "Análisis crítico del papel de los parlamentos regionales en el control del principio de subsidiariedad en la Unión Europea", *Revista de Derecho Constitucional Europeo,* núm. 16, 2011.

CAMISÓN YAGÜE, José Ángel, *La participación directa e indirecta de los parlamentos nacionales en los asuntos de la Unión Europea,* Secretaría General del Senado, Madrid, 2010.

– "La asamblea de Extremadura y el control del principio de subsidiariedad a través del mecanismo de alerta temprana", *Revista de Estudios Autonómicos y Federales,* núm. 14, 2011.

MARTÍNEZ ALARCÓN, María Luz, "El principio de subsidiariedad en el Tratado de Lisboa", Anuario *Parlamento y Constitución,* núm. 13, 2010.

RIPOLLÉS SERRANO, María Rosa, "La intervención de los parlamentos nacionales de los Estados miembros de la UE en el control de subsidiariedad y en el de proporcionalidad. Antecedentes e implementación; de la década de los noventa a la primera década del siglo XXI", *Revista Foro Nueva época,* vol. 21, núm. 2, 2018.

SEVILLA DURO, Miguel Ángel, "La participación ascendente de Länder y Comunidades Autónomas en la Unión Europea", *Revista Jurídica de la Universidad Autónoma de Madrid,* núm. 44, 2021.

UTRILLA FERNÁNDEZ-BERMEJO, Dolores, *Parlamentos regionales y control de subsidiariedad*, Iustel, Madrid, 2018.

ANEXO I. Listado de dictámenes emitidos por las Cortes de Castilla-La Mancha en el marco del SAT

- Dictamen emitido por la Comisión de Asuntos Europeos de las Cortes de Castilla-La Mancha en relación al cumplimiento del principio de subsidiariedad de la propuesta modificada de reglamento (UE) del Parlamento Europeo y del Consejo por el que se crea una Agencia para la gestión operativa de sistemas informáticos de gran magnitud en el espacio de libertad, seguridad y justicia [COM(2010)93 final], expediente 07/UECS-00002.
- Dictamen emitido por la Comisión de Asuntos Europeos de las Cortes de Castilla-La Mancha en relación al cumplimiento del principio de subsidiariedad de la Propuesta de Directiva del Parlamento Europeo y del Consejo relativa a la lucha contra los abusos sexuales, la explotación sexual de los niños y la pornografía infantil, por la que se deroga la Decisión marco 2004/68/JAI. [COM(2010)94 final], expediente 07/UECS-00003.
- Dictamen emitido por la Comisión de Asuntos Europeos de las Cortes de Castilla-La Mancha en relación al cumplimiento del principio de subsidiariedad de la Propuesta de Reglamento (UE) del Parlamento Europeo y del Consejo por el que se modifica el Reglamento (CE) nº 1905/2006 por el que se establece un Instrumento de Financiación de la Cooperación al Desarrollo [COM (2010)102 final], expediente 07/UECS-00004.
- Dictamen emitido por la Comisión de Asuntos Europeos de las Cortes de Castilla-La Mancha en relación al cumplimiento del principio de subsidiariedad de la Propuesta de Reglamento (UE) del Parlamento Europeo y del Consejo relativo a las estadísticas europeas sobre el turismo [COM(2010)117 final], expediente 07/UECS-00005.
- Dictamen emitido por la Comisión de Asuntos Europeos de las Cortes de Castilla-La Mancha en relación al cumplimiento del principio de subsidiariedad de la Propuesta de Reglamento del Parlamento Europeo y del Consejo relativa a las cuentas económicas europeas del medio ambiente [COM(2010)132 final], expediente 07/UECS-00006.
- Dictamen emitido por la Comisión de Asuntos Europeos de las Cortes de Castilla-La Mancha en relación al cumplimiento del principio de subsidiariedad de la Propuesta de Directiva del Parlamento Europeo y del

Consejo relativa a la prevención y la lucha contra la trata de seres humanos y la protección de las víctimas, por la que se deroga la Decisión marco 2002/629/JAI [COM(2010)95 final], expediente 07/UECS-00007.

- Dictamen emitido por la Comisión de Asuntos Europeos de las Cortes de Castilla-La Mancha en relación al cumplimiento del principio de subsidiariedad de la Propuesta de Reglamento del Parlamento Europeo y del Consejo relativo a la libre circulación de los trabajadores dentro de la Unión (texto codificado) [COM (2010)204 final], 07/UECS-00012.
- Dictamen emitido por la Comisión de Asuntos Europeos de las Cortes de Castilla-La Mancha en relación al cumplimiento del principio de subsidiariedad de la Propuesta de Reglamento del Parlamento Europeo y del Consejo relativo a las estadísticas europeas sobre cultivos permanentes [COM(2010)249 final], expediente 07/UECS-00013.
- Dictamen emitido por la Comisión de Asuntos Europeos de las Cortes de Castilla-La Mancha en relación al cumplimiento del principio de subsidiariedad de la Propuesta de Reglamento del Parlamento Europeo y del Consejo de la Unión Europea por el que se modifica el Reglamento (CE) nº 539/2001 por el que se establecen la lista de terceros países cuyos nacionales están sometidos a la obligación de visado para cruzar las fronteras exteriores y la lista de terceros países cuyos nacionales están exentos de esa obligación [COM (2010)256 final], expediente 07/UECS-00014.
- Dictamen emitido por la Comisión de Asuntos Europeos de las Cortes de Castilla-La Mancha en relación al cumplimiento del principio de subsidiariedad de la Propuesta de Decisión del Parlamento Europeo y del Consejo por la que se concede una ayuda macrofinanciera a la República de Moldova {SEC (2010)706} [COM (2010)302 final], expediente 07/UECS-00015
- Dictamen emitido por la Comisión de Asuntos Europeos de las Cortes de Castilla-La Mancha en relación al cumplimiento del principio de subsidiariedad de la Propuesta de Reglamento del Parlamento Europeo y del Consejo por el que se modifica el Reglamento (CE) nº 1060/2009 sobre las agencias de calificación crediticia [COM (2010) 289 FINAL] {SEC (2010) 678}{SEC (2010) 679}], expediente 07/UECS-00016.
- Dictamen emitido por la Comisión de Asuntos Europeos de las Cortes de Castilla-La Mancha en relación al cumplimiento del principio de subsidiariedad de la Propuesta de Reglamento del Parlamento Europeo y del Consejo que modifica el Reglamento (CE) nº 663/2009 por el que se establece un programa de ayuda a la recuperación eco-

nómica mediante la concesión de asistencia financiera comunitaria a proyectos del ámbito de la energía [COM (2010)283 final], expediente 07/UECS-00017.

- Dictamen emitido por la Comisión de Asuntos Europeos de las Cortes de Castilla-La Mancha en relación al cumplimiento del principio de subsidiariedad de la Propuesta de Reglamento del Parlamento Europeo y del Consejo por el que se modifica el Reglamento (CE) nº 1234/2007 del Consejo (Reglamento único para las OCM) por lo que respecta a las ayudas concedidas en virtud del monopolio alemán del alcohol [COM (2010)336 final], expediente 07/UECS-00018.
- Dictamen emitido por la Comisión de Asuntos Europeos de las Cortes de Castilla-La Mancha en relación al cumplimiento del principio de subsidiariedad de la Propuesta de Reglamento del Parlamento Europeo y del Consejo que modifica el Reglamento (CE) nº 2187/2005 del Consejo en lo que atañe a la prohibición de selección cualitativa y a las restricciones en la pesca de platija europea y rodaballo en el mar Báltico, los belts y el sund [COM (2010)325 final], expediente 07/UECS-00019.
- Dictamen emitido por la Comisión de Asuntos Europeos de las Cortes de Castilla-La Mancha en relación al cumplimiento del principio de subsidiariedad de la Propuesta de Reglamento (UE) del Consejo relativo a las disposiciones sobre traducción aplicables a la patente de la Unión Europea {SEC (2010) 796}{SEC (2010) 797}[COM (2010) 350 final], expediente 07/UECS-00021
- Dictamen emitido por la Comisión de Asuntos Europeos de las Cortes de Castilla-La Mancha en relación al cumplimiento del principio de subsidiariedad de la Propuesta de Reglamento del Parlamento Europeo y del Consejo relativo a la homologación de los vehículos agrícolas o forestales (texto pertinente a efectos del EEE) [COM (2010) 395 Final] [Sec (2010) 934] [Sec (2010) 933], expediente 07/UECS-00031
- Dictamen emitido por la Comisión de Asuntos Europeos de las Cortes de Castilla-La Mancha en relación al cumplimiento del principio de subsidiariedad de la propuesta de decisión del Parlamento Europeo y del Consejo por la que se establece un primer programa de política del espectro radioeléctrico [COM (2010) 471 Final] {SEC (2010) 1034} {SEC (2010) 1035}, expediente 07/UECS-00038
- Dictamen emitido por la Comisión de Asuntos Europeos de las Cortes de Castilla-La Mancha sobre la adecuación al principio de subsidiariedad de la propuesta de Reglamento del Parlamento Europeo y del Consejo por el que se modifica el Reglamento (CE) nº 1698/2005

del Consejo, relativo a la ayuda al desarrollo rural a través del Fondo Europeo Agrícola de Desarrollo Rural (FEADER) [COM (2010) 537 final], expediente 07/UECS-00049.

- Dictamen emitido por la Comisión de Asuntos Europeos de Las Cortes de Castilla-La Mancha sobre la adecuación al Principio de Subsidiariedad de la Propuesta de Reglamento del Parlamento Europeo y del Consejo que modifica el Reglamento (CE) Nº 73/2009 del Consejo, por el que se establecen Disposiciones comunes aplicables a los Regímenes de Ayuda Directa a los agricultores en el Marco de la Política Agrícola Común y se instauran determinados regímenes de ayuda a los agricultores [COM(2010) 539 final], expediente 07/UECS-00050.
- Dictamen emitido por la Comisión de Asuntos Europeos de las Cortes de Castilla-La Mancha sobre la adecuación al principio de subsidiariedad de la propuesta de Reglamento del Parlamento Europeo y del Consejo sobre los regímenes de calidad de los productos agrícolas [COM (2010) 733 final] [SEC (2010) 1524 final] [SEC (2010) 1525 final] [2010/0353 (COD)], expediente 07/UECS-00068.
- Dictamen emitido por la Comisión de Asuntos Europeos de las Cortes de Castilla-La Mancha sobre la adecuación al principio de subsidiariedad de la Propuesta de Reglamento (UE) N° .../... del Parlamento Europeo y del Consejo que modifica el Reglamento (CE) nº 1234/2007 en lo que se refiere a las normas de comercialización [COM (2010) 738 final] [2010/0354 (COD)], expediente 07/UECS-00069.

CAPÍTULO NOVENO: La promoción de la participación de las regiones en la Unión Europea a través de sus Asambleas Legislativas. La CALRE y la NORPEC

JESÚS LÓPEZ DE LERMA GALÁN
Profesor Titular de Derecho Constitucional
Universidad Rey Juan Carlos

Sumario: **I. CONSIDERACIONES PREVIAS. II. INSTRUMENTOS DE PROMOCIÓN DE LA PARTICIPACIÓN DE LOS PARLAMENTOS REGIONALES EN LA UNIÓN EUROPEA: 1. La Conferencia de Asambleas Legislativas Regionales Europeas (CALRE). 2. La Red de Comisiones de Asuntos Europeos en los Parlamentos Regionales (NORPEC). III. CONCLUSIONES. Bibliografía.**

I. CONSIDERACIONES PREVIAS

El proceso de integración europeo ha venido caracterizado por la doble tarea de "constituir y constitucionalizar", lo que implica profundizar y extender el alcance del programa de integración y de legitimarlo en función de su carácter constitucional[1]. En relación con la constitución de la Unión, se puede afirmar que el desarrollo del proceso de integración ha impactado en el ámbito de la distribución del poder en los Estados miembros complejos, afectando a las entidades regionales al privarlas de determinados ámbitos competenciales que se han conferido a las instituciones europeas[2]. Así ha sucedido, también, en el caso constitucional español en relación con las competencias que originalmente la Constitución había reservado a las Comunidades Autónomas. Al respecto, se ha señalado que el traspaso de competencias a la Unión provoca una alteración del equilibrio constitucional interno del poder en el Estado que necesita restaurarse si no queremos que pueda producir una mutación que altere los fundamentos sobre los que se asienta la convivencia de una comunidad[3]. A partir de estas premisas, se abre un debate sobre la necesaria participación de los entes autonómicos en la toma de decisiones europeas[4], especialmente

---

1 LÓPEZ CASTILLO, Antonio (dir.), *La Carta de los Derechos Fundamentales de la Unión Europea. Diez años de jurisprudencia,* Tirant Lo Blanch, Valencia, 2019, p. 39.

2 CLOSA, Carlos y HEYWOOD, Paul M., *Spain and the European Unión,* Palgrave-Macmillan, New York, 2004, pp. 85-86. En relación con su constitucionalización, todo cambio en el funcionamiento del sistema institucional y competencial europeo ha venido siempre acompañado de la consiguiente demanda de intervención decisoria y mayor capacidad de fiscalizar la acción ejecutiva por parte del Parlamento Europeo; MARTÍNEZ ALARCÓN, María Luz y SANZ GÓMEZ, María Mercedes, "La política comercial europea desde el prisma constitucional del principio democrático. ¿Qué política comercial común queremos?", *Revista de Estudios Políticos,* núm. 191, 2021, p.88

3 ALBERTÍ ROVIRA, Enoch, "Las regiones en la nueva Unión Europea. El largo camino hacía una presencia directa de las regiones en la Unión Europea", *Autonomíes,* núm. 29, 2003, p. 179. En una línea complementaria véase también la obra de FERNÁNDEZ ALLES, José J., *El sistema interplanetario europeo,* Editorial Dykinson, Madrid, 2016.

4 *Vid.* información referente a la Conferencia para asuntos relacionados con la Unión Europea (CARUE). Documento disponible en:

en aquellos asuntos que les afectan directamente. El problema reside en buscar la fórmula que permita integrar la participación ascendente de los entes regionales en la Unión.

Por otra parte, el proceso de integración europea también ha producido un impacto sobre las relaciones entre el parlamento y el gobierno, que ha afectado, igualmente, a dichas relaciones en el ámbito regional en los casos de entidades regionales con capacidad legislativa[5]. En el ámbito regional, los gobiernos consolidaron su hegemonía frente a los parlamentos regionales en cuestiones de control de los asuntos europeos. También se observó ese monopolio de los ejecutivos regionales con ocasión de la trasposición e implementación de las normas europeas[6]. Los ejecutivos, a su vez, disfrutaron de canales más directos de información sobre cuestiones europeas. No podemos obviar que los cauces institucionales de participación regional en el proceso europeo dan preferencia a los ejecutivos frente al parlamento, lo que se evidencia en órganos como el Comité de las Regiones, así como en el seno de la Comisión Europea o del Consejo de Ministros.

Sensu contrario, la presencia inicial de los parlamentos regionales en la integración fue marginal, muy escasa, inclusive en cuestiones como la de los fondos estructurales o los planes de

---

https://www.mptfp.gob.es/portal/politica-territorial/internacional/ue/ccaa-eell-ue/CARUE.html

5 MORATA, Francesc, "Subsidiariedad y regiones en el Proyecto de Constitución Europea", en LÓPEZ MIRA, Alvar X. y CANCELA OUTEDA, Celso (coords.), *Europa, Europa.* Tórculo, Santiago de Compostela, 2006, pp. 75-76.

6 BILBAO UBILLOS, Juan María, "El control parlamentario de la actuación de los Ejecutivos autonómicos", en BIGLINIO CAMPOS, Paloma (coord.), *La política europea de las Comunidades Autónomas y su control parlamentario,* Tirant lo Blanch, Valencia, 2003, p. 212.

desarrollo[7]. Respecto a la evolución que se produce podemos destacar que a finales de los años ochenta, los órganos legislativos regionales comenzaron con la creación de comisiones parlamentarias europeas con el objeto, fundamentalmente, de fiscalizar la acción de los ejecutivos regionales en asuntos europeos. Países como Alemania, Austria o Bélgica establecieron fórmulas informativas, recogiendo el deber de los ejecutivos regionales de remitir toda la información sobre los proyectos normativos europeos al parlamento regional, quedando abierta la posibilidad de emitir dictámenes[8]. En el caso español, en un primer momento, los parlamentos autonómicos ejercieron una función de control creando "Comisiones permanentes de asuntos europeos de carácter no legislativo" (caso de

---

7 CLOSA, Carlos, y HEYWOOD, Paul M., *Spain and the European Unión...*, ob. cit., p. 88.

8 ARCE JANÁRIZ, Alberto, "La Conferencia de las Asambleas Legislativas de las Regiones de Europa (CALRE) como ejemplo de colaboración interparlamentaria", *Jornadas sobre los Parlamentos y déficit democrático en Europa: El papel de los Parlamentos regionales*, Fundación Manuel Giménez Abad de Estudios Parlamentarios y del Estado Autonómico, Zaragoza, mayo de 2005, pp. 10-12.
Documento disponible en: https://www.fundacionmgimenezabad.es/es/documentacion/la-conferencia-de-asambleas-legislativas-de-las-regiones-de-europa-calre-como-ejemplo.
En Alemania, algunos *Länder* constituyeron Comisiones parlamentarias especializadas (*Europaausschüsse*), que introducían facultades de control sobre el gobierno, haciendo valer el derecho a ser informados. En el caso de los *Länder* occidentales, las facultades parlamentarias fueron más amplias y vinculantes políticamente (por ejemplo, en Baden-Württemberg, el Parlamento regional tenía derecho a ser informado y su participación tendría rango constitucional, y, en Bremen, también la Constitución garantizaba el nombramiento de representantes europeos); véase NAGEL, Klaus-Jürgen, "La actuación de las regiones en la política europea: un análisis comparado", en MORATA, Francesc (ed.), *Gobernanza multinivel en la Unión Europea*, Tirant Lo Blanch, Valencia, 2004, pp. 252-255.

Asturias, Castilla-León, Canarias, Cataluña, Euskadi, Madrid o Valencia)[9]. Todo ello sin prejuicio de las posibles actividades que pudieran realizar otras comisiones o el mismo Pleno.

En la década de los noventa comenzaron a consolidarse los movimientos regionales en el contexto de la Unión Europea con el objeto de paliar la pérdida de capacidad política y normativa regional. En este sentido, empezaron a desarrollarse una serie de canales de promoción de intervención o intervención regional en el proceso europeo de toma de decisiones. La creación del Comité de las Regiones abrió la puerta a la presencia colectiva de las regiones; sin embargo, la participación de los parlamentos regionales en el proceso decisorio de la Unión no se contempló, ni en el Tratado de Maastricht, ni en el de Ámsterdam, es decir, ninguno de ellos contenía referencias sobre el acceso de las asambleas legislativas regionales al proceso decisorio de la Unión. Tampoco lo hacían la *Declaración n.º 23* del Tratado de Niza, ni la *Declaración de Laeken*. Se guardaba así un silencio sobre la presencia de las entidades regionales con poderes legislativos en la Unión que afectaba de forma negativa a su naturaleza democrática. De hecho, tal y como señala Bilbao Ubillos, los parlamentos regionales habían sido relegados, quedando fuera del circuito de elaboración de decisiones comunitarias[10], haciendo de la política europea un monopolio en manos de los gobiernos.

El proyecto de Tratado por el que se instituye una Constitución para Europa, firmado el 29 de octubre de 2004 en Roma, abordaba la participación de los parlamentos nacionales en dos protocolos. El primero de ellos, el *Protocolo sobre la función de los Parlamentos nacionales en la Unión Europea*, pretendía impulsar la participación de los parlamentos nacionales en las ac-

---

9 BILBAO UBILLOS, Juan María, "El control parlamentario de la actuación de los ejecutivos...", ob. cit., p. 215.

10 *Ibídem*, p. 203.

tividades europeas al permitirles manifestar su posición en los proyectos de actos legislativos. El segundo, el *Protocolo referente a la aplicación de los principios de subsidiariedad y proporcionalidad*, concretaba un denominado "sistema de alerta temprana", un mecanismo en virtud del cual la Comisión Europea debía realizar consultas antes de proponer un acto legislativo, teniendo en cuenta la dimensión regional y local de las acciones a realizar[11]. En este segundo protocolo encontramos las primeras menciones a los parlamentos regionales.

Finalmente, para terminar con este breve repaso sobre el proceso de consolidación de la participación de las regiones en Europa, el actual artículo 4, apartado segundo, del Tratado de la Unión Europea reconoce el hecho regional señalando que la Unión respetará la autonomía local y regional de los Estados miembros. A partir de ahí, se recogen dos instrumentos de participación de las regiones en el proceso de conformación de la voluntad de la Unión: el principio de subsidiariedad (artículo 5, apartado tercero, del Tratado de la Unión Europea, desarrollado en el Protocolo correspondiente anejo al Tratado), y el Comité de las Regiones (artículo 300 del Tratado de Funcionamiento de la Unión Europea).

El aumento del proceso de participación ascendente de las Comunidades Autónomas en la Unión Europea ha sido el fruto de diversas pulsiones procedentes de distintos lugares. Al respecto, podemos calificar de importante el impulso procedente de dos órganos que han tenido, entre sus objetivos, la promoción de la participación de las regiones a través de sus Asambleas legislativas: la Conferencia de Asambleas Regionales Europeas (CALRE) y la Red de Comisiones de Asuntos Europeos de los Parlamentos Regionales, en inglés *Network of Regional Parlamentary Comites* (NORPEC).

---

11 Ambos Protocolos se publicaron en el DOUE C 310, de 16 de diciembre de 2004.

II. INSTRUMENTOS DE PROMOCIÓN DE LA PARTICIPACIÓN DE LOS PARLAMENTOS REGIONALES EN LA UNIÓN EUROPEA

En la integración europea, la Conferencia de los Órganos Especializados en Asuntos de la Unión (en adelante, COSAC) es el principal instrumento de relación entre el Parlamento Europeo y los parlamentos nacionales. Su primera reunión se celebró en noviembre de 1989 en París. Posteriormente, en 1990, se celebró la Conferencia de Parlamentos en Roma, en la que se plantearon diversas líneas de colaboración y cooperación que fueron recogidas en el Tratado de la Unión Europea de 1992 al objeto de confeccionar procedimientos específicos de intervención parlamentaria[12]. El Tratado de Ámsterdam incorporó el *Protocolo sobre el papel de los Parlamentos nacionales en la Unión Europea,* incidiendo en la cooperación interparlamentaria. Su apartado I incide en la información que deben remitir los gobiernos nacionales a los órganos parlamentarios[13]. Su apartado II institucionalizó la COSAC, incorporando la cooperación interparlamentaria al Derecho originario y facultando a dicho órgano para remitir contribuciones a las instituciones europeas sobre cualquier cuestión que juzgara conveniente en los ámbitos de libertad, seguridad, justicia, aplicación del principio de subsidiariedad y derechos fundamentales[14].

La COSAC supuso un claro avance frente a la situación anterior en relación con el papel de los parlamentos nacionales en el nivel europeo. Sin embargo, puesto que la misma COSAC

---

[12] Tratado de la Unión Europea de 1992. Declaración N.° 13 sobre el papel de los Parlamentos nacionales en la Unión Europea. Declaración N.° 14 sobre la Conferencia de Parlamentos.

[13] Tratado de Ámsterdam de 2 de octubre de 1997. Apartado I del Protocolo sobre el papel de los Parlamentos nacionales en la Unión Europea.

[14] Tratado de Ámsterdam de 2 de octubre de 1997. Apartado II del Protocolo sobre el papel de los Parlamentos nacionales en la Unión Europea.

no aceptó las peticiones de participación de algunos parlamentos regionales[15], estos últimos buscaron articular otras vías para conseguir una participación más directa. De esta forma, en el año 1997, surgió la Conferencia de Asambleas Legislativas Regionales (en adelante CALRE), cuya naturaleza jurídica fue la propia de una Conferencia de Presidentes (no se integró por delegados de los parlamentos regionales)[16]. Además de la CALRE, debemos citar también la Red de Comisiones de Asuntos Europeos de Asambleas Regionales (en adelante NORPEC). Es decir, las primeras relaciones se produjeron entre el Parlamento Europeo y los parlamentos nacionales a través de la COSAC y, cuando los parlamentos regionales intentaron intervenir a través de la COSAC y encontraron su resistencia, articularon sus propias vías de promoción de su participación.

1. La Conferencia de Asambleas Legislativas Regionales Europeas (CALRE)

La CALRE ha desempeñado un papel fundamental como instrumento de promoción de la participación de los parlamentos regionales en la Unión Europea. La CALRE es una Conferencia de Asambleas Legislativas Regionales Europeas que reúne a los Presidentes de las Asambleas Regionales de Italia, España, Bélgica, Alemania, Reino Unido (Gales, Escocia, Irlanda del Norte), Portugal (Azores y Madeira), Finlandia (Aland). Su misión

---

15 SANTALÓ I BURRUL, Vicenç M., "Parlamentos regionales y Unión Europea", en PAU I VALL, Francesc (coord.), *Parlamento y regiones en la construcción europea. IX Jornadas de la Asociación Española de Letrados de Parlamentos*, Tecnos, Madrid, 2003, p. 193.

16 *Vid.* ARCE JANÁRIZ, Alberto, "La Conferencia de las Asambleas Legislativas de las Regiones...", ob. cit., pp. 10-12. Documento disponible en: https://www.fundacionmgimenezabad.es/es/documentacion/la-conferencia-de-asambleaslegislativas-de-las-regiones-de-europa-calre-como-ejemplo

es defender los valores y principios de la democracia regional y reforzar los lazos entre las Asambleas Legislativas Regionales. En relación con sus orígenes podemos señalar que la Declaración de la Asamblea de Regiones de Europa celebrada en Basilea en 1996, en su artículo 12.1, defendía el establecimiento de vías de contacto entre el Parlamento Europeo y los parlamentos regionales. La Unión Europea reconocía a las regiones de sus Estados miembros y a las asociaciones de carácter regional como sujetos activos de sus políticas. Se afirmó que debía crearse un órgano de composición regional que participara en los procesos decisionales que afectaran a competencias o intereses regionales, debiendo sus miembros, además, ser propuestos por las regiones[17]. Este tipo de acciones experimentaron mayor desarrollo en los siguientes años. En mayo de 1997 se celebró, en Stuttgart, la conferencia organizada por el *Landtag* de Baden-Würtemberg y el Centro Europeo de Investigación sobre el Federalismo de la Universidad de Túbingen. De esta reunión surgieron las *Tesis de Stuttgart18*, un documento que reivindicaba la participación de las asambleas regionales con poderes legislativos en la fase de elaboración de las políticas de la Unión. Entre los aspectos más relevantes de este documento podemos señalar que se indicaba que la participación regional en las cuestiones europeas no podía limitarse a los gobiernos y que los parlamentos regionales debían también colaborar en la elaboración de la política europea. Las *Tesis de Stuttgart* también destacaron la necesidad de crear Comisiones de Asuntos Europeos y secciones especiales europeas dentro de la administración parlamentaria y de los grupos parlamentarios[19]. Posteriormente, en octubre de 1997, se firmó una Declaración por

---

17 Artículo 12.1 de la Declaración de la Asamblea de Regiones de Europa que tuvo lugar en Basilea el 4 de diciembre de 1996.

18 SANTALÓ I BURRUL, Vicenç M., "Parlamentos regionales...", ob. cit., p. 168.

19 *Vid.* Tesis 1 a 10. Tesis de Stuttgart. Documento de 7 mayo de 1997.

Alemania, Austria y Bélgica, que tomó como referencia una de las *Tesis de Stuttgart* sobre el principio de subsidiariedad establecido en el Tratado de Maastricht, predicando la extensión de dicho principio no solo a la relación entre la Unión y algunos Estados miembros, sino también a los *Länder* y otras regiones que tenían potestades legislativas[20].

Como aspectos importantes podemos subrayar que la creación de la CALRE se produjo con el denominado *Documento de Oviedo*, adoptado bajo la presidencia de la Junta del Principado de Asturias en octubre de 1997. Con su definitiva institucionalización se pretendió dotar de continuidad a los encuentros de los parlamentos regionales con competencias legislativas. Entre sus objetivos, el *Documento de Oviedo* pretendía reforzar en cada región los procedimientos de seguimiento y evaluación de los asuntos europeos, tanto en la fase ascendente de formación de la voluntad del Estado, como en la fase descendente de ejecución de las políticas comunitarias. Se establecía que los gobiernos regionales debían informar periódicamente a los parlamentos regionales sobre los asuntos de la Unión que pudieran afectarles[21]. El texto constataba que muchos parlamentos regionales ya habían encomendado tareas de seguimiento y evaluación de las acciones de los gobiernos regionales con proyección europea a sus respectivas comisiones parlamentarias sectoriales[22] y planteaba la posibilidad de completar esas comisiones parlamentarias sectoriales con una comisión parlamentaria específica sobre asuntos europeos, que se encargaría de las cuestiones europeas de dimensión institucional o intersectorial, con una

20 MANCISIDOR ARTARAZ, Eduardo, "Parlamentos autonómicos e integración europea", *Corts. Anuario de Derecho Parlamentario,* núm. 6, 1998, p. 188.

21 Declaración fundacional de la CALRE. Oviedo 1997. Objetivo primero.

22 Declaración fundacional de la CALRE. Oviedo 1997. Objetivo segundo.

cierta facultad de dictaminar[23], aunque sin carácter vinculante (lo que fue motivo de posteriores conflictos).

Respecto a su estructura, la CALRE está formada por setenta y dos presidentes de asambleas legislativas regionales europeas. Reúne a los presidentes de los parlamentos regionales de las Comunidades Autónomas españolas, de los Consejos regionales italianos, de las Asambleas regionales y Comunidades belgas, de los *Länder* austriacos y alemanes, de los Parlamentos de Escocia, el País de Gales e Irlanda del Norte, del Parlamento autónomo de Aland (Finlandia) y de las Asambleas regionales de las islas Azores y Madeira, entre otros[24]. En cuanto a su formación orgánica, consta de una Asamblea Plenaria compuesta por todos los parlamentos que pertenecen a la Conferencia y de una Comisión Permanente.

Asimismo, la CALRE ha desarrollado una importante actividad desde finales de los años noventa. Ha celebrado diferentes encuentros como la Conferencia de Salzburgo sobre la aplicación del principio de subsidiariedad (1998)[25] y la Conferencia de Florencia, en la que se subrayó la importancia de los *Länder* y las regiones, acordándose la creación de una Comisión de Asuntos Europeos en todos los parlamentos regionales (1999)[26]. En el año 2000, en Santiago de Compostela, definió su actuación

---

23 Declaración fundacional de la CALRE. Oviedo 1997. Objetivo tercero.

24 PALOMARES AMAT, Miquel, *Parlaments regionals i procediment d´adpció de decisions a la Unió Europea*, Parlament de Catalunya, Barcelona, 2005, p. 126.

25 Conferencia de las Asambleas legislativas regionales de Europa (CALRE). Declaración de Salzburgo, el 7 de octubre de 1998. Documento disponible en: https://www.calrenet.eu/wp-content/uploads/2015/05/Documents_Declarations_Salzburg_1998_ES.pdf

26 Conferencia de las Asambleas legislativas regionales de Europa (CALRE). Declaración de Florencia de 1999. Documento disponible en: https://www.calrenet.eu/wp-content/uploads/2015/05/Documents_Declarations_Firenze_1999_ES.pdf

respecto a la modificación de tratados adoptando una *Resolución sobre la Carta de los Derechos Fundamentales27.* Posteriormente, en 2001, adoptó la *Declaración de Madeira,* referente a la correcta atribución de títulos a nivel europeo, estatal y regional; también en este momento se aprobó el *Documento del Parlamento de Cataluña sobre la relación entre Parlamentos autonómicos y el Parlamento Europeo28.* En octubre de 2004, en Milán, se debatió el *Proyecto de Tratado por el que se establece una Constitución para Europa,* así como el principio de subsidiariedad; el resultado de estas discusiones se recogió en la *Declaración de Milán,* un documento que incluyó, como anexo, una declaración institucional sobre el nuevo Tratado Constitucional y la cooperación interparlamentaria euro-mediterránea[29]. Al año siguiente, en 2005, se aprobó la *Declaración de Cataluña,* un texto que introdujo cuestiones tan relevantes como el reconocimiento comunitario de las regiones con poder legislativo y sus parlamentos[30]. En 2006, en la

---

27 Lo que se inició como un documento referido a derechos básicos como la igualdad, la libertad y los derechos económicos y sociales, acabó por convertirse en un texto integrado por cincuenta y cuatro artículos precedidos por un preámbulo. Además, el texto está estructurado por seis capítulos dedicados a la dignidad, la libertad, la igualdad, la solidaridad, la ciudadanía y la justicia, a los que se une un séptimo capítulo referente a las disposiciones finales.

28 Conferencia de las Asambleas legislativas regionales de Europa (CALRE). Declaración de Madeira, 30 de octubre de 2001. Documento disponible en: https://www.calrenet.eu/wp-content/uploads/2015/05/Documents_Declarations_Madeira_2001_ES.pdf

29 Conferencia de las Asambleas legislativas regionales de Europa (CALRE). Declaración de Milán, 26 de octubre de 2004. Documento disponible en: https://www.calrenet.eu/wp-content/uploads/2015/05/Documents_Declarations_Milano_2004_ES.pdf

30 Conferencia de las Asambleas legislativas regionales de Europa (CALRE). Declaración de Cataluña, 24 y 25 de octubre de 2005. Documento disponible en: https://www.calrenet.eu/wp-content/uploads/2015/05/Documents_Declarations_Catalunia_2005_ES.pdf

reunión de Venecia, se reconocieron los trabajos realizados por la CALRE y se destacó la integración de un grupo de regiones con facultades legislativas en el Comité de las Regiones[31]. Otro documento importante fue la *Declaración de Berlín* de 2007, que definió las líneas de actuación de la CALRE para futuros años, reforzando la cooperación parlamentaria y realizando importantes avances en relación con el principio de subsidiariedad. En el encuentro se abordó la cuestión de la política regional en la reforma presupuestaria de la Comisión[32], analizando la condición de los parlamentos regionales como legisladores de sus presupuestos regionales. En el año 2008 tuvo lugar la XII Conferencia de las Asambleas legislativas regionales europeas celebradas en Euskadi el 3 y 4 de noviembre, insistiendo en la necesidad de la reforma institucional de la Unión Europea para garantizar la adecuación de los procedimientos de toma de decisiones de los Estados miembros, lo cual exigía profundizar en la transparencia, eficacia y participación[33]. En 2009, la *Declaración de Innsbruck* destacaba que la política regional era un recurso necesario para el fortalecimiento de la cohesión europea, para ello se pedía a los ministros responsables de la democracia local y regional del Consejo de Europa que discutieran una Carta al objeto de crear un marco de referencia de democracia regional. Asimismo, el 3 y 5 de octubre de 2010, en Trento, se organizó la XIII Conferencia de las Asambleas Legislativas Regionales

---

31 Conferencia de las Asambleas legislativas regionales de Europa (CALRE). Declaración de Venecia 30 y 31 de octubre de 2006. Documento disponible en: https://www.calrenet.eu/wp-content/uploads/2015/05/Documents_Declarations_Venice_2006_ES.pdf

32 *Vid.* página oficial de la Conferencia de las Asambleas legislativas regionales (CALRE). Documento disponible en: https://www.calrenet.eu/documentation/history/

33 Conferencia de las Asambleas legislativas regionales de Europa (CALRE). Declaración de Euskadi, 03 y 04 de noviembre de 2008. Documento disponible en: https://www.calrenet.eu/wp-content/uploads/2015/05/Documents_Declarations_Euskadi_2008_ES.pdf

Europeas, destacando el papel de la CALRE en el marco de la constante evolución de la Unión Europea y marcando su línea de actuación en los próximos años. La CALRE reconoció que, en aquel contexto de crisis económica, los recursos locales y regionales se verían sometidos a mayores restricciones[34].

A partir del año 2010 se introducen importantes modificaciones en la línea de actuación de la CALRE. Así, por ejemplo, en la *Declaración de L´Aquila,* en 2011, se enfatizó la importancia de las actividades de los grupos de trabajo de la CALRE sobre subsidiariedad, democracia electrónica y regional, federalismo económico, así como el equilibrio entre las áreas rurales y urbanas[35]. En 2012, en la *Declaración de Mérida,* se produjo un punto de inflexión al establecerse un análisis sobre el tipo de foro en el que se había convertido la CALRE en Europa, identificando su papel y su sello diferencial[36]. Curiosamente, la *Declaración de Bruselas* de la CALRE, en 2013, reconocía que las instituciones europeas tenían la costumbre de dirigirse a los Estados miembros a pesar de que las regiones disponían de competencias legislativas[37]. Por su parte, en la *Declaración de*

---

[34] Conferencia de las Asambleas legislativas regionales de Europa (CALRE). Declaración de Trento, 03 y 05 de octubre de 2010. Documento disponible en: http://www.calrenet.eu/wp-content/uploads/2015/05/Declaration_of_Trento_ES.pdf

[35] Conferencia de las Asambleas legislativas regionales de Europa (CALRE). Declaración de L´Aquila, 25 y 26 de noviembre de 2011. Documento disponible en: https://www.calrenet.eu/wp-content/uploads/2015/05/DichAQ-_ES_def.pdf

[36] Conferencia de las Asambleas legislativas regionales de Europa (CALRE). Declaración de Mérida, 29 y 30 de noviembre de 2012. Documento disponible en: https://www.calrenet.eu/wp-content/uploads/2015/05/DichAQ-_ES_def.pdf

[37] Conferencia de las Asambleas legislativas regionales de Europa (CALRE). Declaración de Bruselas, 20 y 22 de octubre de 2013. Documento disponible en: https://www.calrenet.eu/wp-content/uploads/2015/05/BXL_DECLARATION_ES.pdf

Galicia, en 2014, la CALRE señaló que los parlamentos regionales con potestades legislativas debían participar tanto *ex ante* como *ex post* en los estudios de estabilidad presupuestaria respecto de las medidas económicas que se debían tomar[38]. Asimismo, la *Declaración de Milán* de 2015 reconocía que la CALRE se caracterizaba por representar territorios y comunidades plurales comprometidos en dar un nuevo impulso al proceso de integración política con el objetivo de continuar garantizando un futuro de paz y prosperidad[39].

En el 2016, la CALRE consideró primordial revitalizar la democracia representativa, así como revalorizar el control efectivo de la actividad pública mediante mecanismos e incentivos institucionales dirigidos a las organizaciones políticas. La *Declaración de Varese* incidía en las dificultades que atravesaba Europa, volviendo a la cuestión del "regionalismo europeo" en función de las peculiaridades institucionales de los distintos Estados y regiones de Europa, destacando el reto que suponía para la Unión Europea la salida de Reino Unido[40]. Por su parte, la *Declaración de Sevilla,* en 2017, señaló que se estaba en presencia de un momento decisivo del proyecto europeo, pero

---

38 Conferencia de las Asambleas legislativas regionales de Europa (CALRE). Declaración de Galicia de 2014. Documento disponible en: https://www.parlamentodeandalucia.es/opencms/export/portal-web-parlamento/contenidos/pdf/calre/asambleasplenarias/2014_Declaracion_de_Galicia.pdf

39 Conferencia de las Asambleas legislativas regionales de Europa (CALRE). Declaración de Milán de 2015. Documento disponible en: http://www.calrenet.eu/wp-content/uploads/2015/05/CALRE-Declaration-_ES_VF.pdf

40 Conferencia de las Asambleas legislativas regionales de Europa (CALRE). Declaración de Varese de 2016. Documento disponible en: https://www.parlamentodeandalucia.es/opencms/export/portal-web-parlamento/contenidos/pdf/calre/asambleasplenarias/2016_Declaration-of-Varese_ES.pdf

que se debía seguir actuando para hacer frente a los nuevos desafíos de las crisis económicas al objeto de lograr una mayor integración en los Estados miembros[41]. Complementariamente, el 21 noviembre de 2018, en la Conferencia de Asambleas Legislativas Regionales de la Unión Europea que se celebró en las Azores, se aprobó el Reglamento de la CALRE. El objetivo subyacente en este texto se traducía en trabajar para fortalecer las relaciones con otras organizaciones europeas, en particular, con el Comité Europeo de las Regiones, así como aumentar y mejorar las relaciones con el Parlamento Europeo[42]. Asimismo, en 2019, en Roma, el Comité Europeo de las Regiones y la CALRE lanzaron un proyecto común dirigido a reforzar la participación de los parlamentos regionales con competencias legislativas en el proceso legislativo de la Unión Europea. La aportación de los debates políticos en los parlamentos regionales se inauguró con motivo de la *Conferencia sobre Subsidiariedad* celebrada en el Senado italiano[43] y sirvió para impulsar el desarrollo regional en la integración europea.

En líneas generales podemos sostener que la CALRE ha desempeñado un importante papel como agente activo de la recuperación económica y como instrumento para la participación regional en la Unión Europea, en los procesos de toma de deci-

---

41 Conferencia de las Asambleas legislativas regionales de Europa (CALRE). Declaración de Sevilla de 2017. Documento disponible en: https://www.parlamentodeandalucia.es/opencms/export/portal-web-parlamento/contenidos/pdf/calre/asambleasplenarias/2017_Declaration_of_Seville_EN.pdf

42 Conferencia de las Asambleas legislativas regionales de Europa (CALRE). Declaración de las Azores de 2018. Documento disponible en: https://www.calrenet.eu/wp-content/uploads/2019/02/ReglamentoCALRE_ES.pdf

43 Conferencia de las Asambleas legislativas regionales de Europa (CALRE). Declaración de Roma de 2019. Documento disponible en: https://cor.europa.eu/es/news/Pages/changing-the-way-the-eu-works.aspx

siones de la integración. Esta orientación se mantuvo en la reunión del Comité Permanente de la CALRE de junio de 2020[44], así como en noviembre de 2021, con una nueva reunión en la que intervinieron los presidentes de los parlamentos de La Rioja, Canarias, Madrid, Castilla y León, Principado de Asturias y Extremadura, junto a representantes de Asambleas legislativas de países como Alemania, Italia, Austria, Finlandia, Bélgica y Portugal[45].

---

44 Ese encuentro contó con la presencia de catorce parlamentos y asambleas regionales de países como España, Portugal, Italia, Finlandia, Bélgica, Austria y Alemania. Las instituciones de la Unión Europea afrontaban las consecuencias de la pandemia por el COVID-19 y, de conformidad con el principio de solidaridad, se hacía necesario adoptar una política de cohesión social y económica. También se pretendía una colaboración entre los parlamentos y las instituciones de la Unión Europea, en la que era esencial la contribución de los parlamentos regionales integrados en grupos de trabajo. Información del Parlamento de Canarias. Reunión 15 de junio de 2020. Documento disponible en: https://www.parcan.es/noticias/detalle.py?ID_NOTICIA=2413

45 En esta conferencia se pusieron en común los problemas que la pandemia estaba generando en los diferentes países, así como las posibles vías de solución (se aludió a los fondos *Next Generation*). También se renovó el compromiso de los parlamentos y las asambleas de la Unión Europea en la lucha por la igualdad de género y contra la violencia. Finalmente se adoptó la "Declaración Institucional de la Conferencia" un documento con trece puntos que recoge los compromisos que los parlamentos regionales deben asumir en el seno de las instituciones que representan. Información del Parlamento de la Rioja. Reunión 25 y 26 de noviembre de 2011.
Documento disponible en: https://www.parlamento-larioja.org/comunicacion/noticias/reunion-de-la-conferencia-de-asambleas-legislativas-de-las-regiones-de-europa

2. *La Red de Comisiones de Asuntos Europeos en los Parlamentos Regionales (NORPEC)*

Con la entrada del nuevo siglo, la Comisión de Asuntos Europeos del Parlamento de Escocia[46] realizó una propuesta de la que surgió la Red de Comisiones de Asuntos Europeos de los Parlamentos Regionales, en inglés *Network of Regional Parlamentary Comites* (NORPEC). Una red entre Comisiones de Asuntos Europeos de los Parlamentos Regionales con similar capacidad legislativa, que tenía por objeto compartir experiencias en el ámbito de la Unión Europea. La NORPEC se creó el 7 de noviembre de 2002, constituida formalmente en Edimburgo por los presidentes de las Comisiones de Asuntos Europeos de los parlamentos escocés, flamenco y catalán. Los integrantes proceden de regiones con una vocación especial de autogobierno en sus Estados miembros. Además de los representantes señalados, se invitó a las Comisiones de Asuntos Europeos de otros parlamentos, especialmente de las naciones que firmaron la Declaración de Flandes[47]. Esta iniciativa sirvió para procurar

---

46 *Vid. Scottish Parliament European Committee* 9th Report, 2001 "Report on The Governance of the European Union and the Future of Europe: What Role for Scotland?". La Comisión de Asuntos Europeos del Parlamento escocés desarrolló la estrategia de promover una red de comisiones de asuntos europeos de los parlamentos y asambleas regionales de la Unión Europea, que tuvieran competencias legislativas y responsabilidades en temas comunitarios. Eso significaba una novedad, pues hasta ese momento no se había desarrollado ningún mecanismo de relación entre las asambleas legislativas regionales y las instituciones europeas. La creación de esta red también implicaba aumentar los niveles de transparencia y control de los parlamentos regionales sobre sus propios gobiernos.

47 Declaración política de las regiones constitucionales de Flandes Baviera, Cataluña, Renania del Norte-Westfalia, Salzburgo, Escocia y Valonia sobre el refuerzo del papel de las regiones constitucionales en la Unión Europea.

un acercamiento entre las Comisiones de Asuntos Europeos de diferentes países, planteando una serie de debates interparlamentarios en determinados ámbitos materiales de incidencia europea[48]. El objetivo de la NORPEC consistió en crear un foro cohesionado en el que compartir información y realizar un trabajo común sobre la institucionalización de Europa[49], fomentando la participación de los parlamentos regionales con competencias legislativas en las instituciones europeas.

Esta iniciativa surgió especialmente ante la inexistencia de un mecanismo de relación directa entre las asambleas regionales y las instituciones comunitarias en los ámbitos de competencias legislativas. Además, este órgano, junto con las iniciativas asumidas por la CALRE, pretendía instaurar un foro de cooperación e intercambio de información sobre la Unión Europea entre los parlamentos regionales, parlamentos nacionales y el Parlamento Europeo. También pretendió establecer contactos directos y periódicos entre los parlamentos regionales y los servicios de la Comisión Europea[50] que se ocupaban de temas referentes a los intereses regionales. Por tanto, en NORPEC, confluyeron una serie de iniciativas que pretendían garantizar un mayor involucramiento de los parlamentos regionales dentro de la Unión Europea al objeto de visibilizar muchos de los problemas territoriales de diferentes entidades. Una serie de medidas de articulación de iniciativas europeas que, gracias a la red de información, podían servir para superar el déficit

---

48 SANTALÓ I BURRUL, Vicenç M., "Los Parlamentos regionales en la construcción europea como instancia legislativa más próxima a los ciudadanos", *Jornadas sobre los parlamentos y déficit democrático en Europa. El papel de los parlamentos regionales,* Fundación Manuel Giménez Abad de Estudios Parlamentarios y del Estado Autonómico, Zaragoza, 2005, pp. 32-33.

49 LÓPEZ PORTAS, Begoña, *Galicia y Escocia. Dos modelos federales,* Publicaciones Universidad de Santiago de Compostela, 2009, p. 310.

50 PALOMARES AMAT, Miguel., *Parlaments regionals...*, ob. cit., pp. 127-128.

democrático, que era consecuencia de la falta tradicional de presencia de las regiones en la integración europea.

La NORPEC desarrolló un intenso trabajo especialmente durante los años 2004, 2005 y 2006, celebrando reuniones en Barcelona, Edimburgo, Magdeburgo o País Vasco. En ellas se plantearon nuevas estrategias para garantizar una mayor influencia de los parlamentos regionales con poder legislativo en la Unión Europea. En 2004 se incorporaron las Comisiones de Asuntos Europeos del País Vasco y de la Sajonia-Anhalt. En otoño de 2005 se celebraron reuniones en Magdeburgo, así como en el Parlamento de Sajonia-Anhalt, al objeto de estudiar los progresos realizados en el programa de trabajo de NORPEC. Por otro lado, miembros de la red visitaron París, Dublín, Flandes y Estados Unidos con la finalidad de comprobar la forma en la que estos países y regiones se promocionaban en el escenario mundial. La Comisión permanente de NORPEC también se implicó en el estudio para la creación de una nueva euro-región que contaría con dos regiones francesas (Midi-Pyrenees y Languedoc-Roussillón) y tres Comunidades Autónomas españolas (Cataluña, Aragón e Islas Baleares). El propósito de esta euro-región era la coordinación entre sus miembros para la realización de proyectos de interés público y actividades internacionales, al objeto de promover la economía, fomentar la cooperación e investigación universitaria, así como el desarrollo sostenible[51].

Por otro lado, la NORPEC acordó realizar un estudio sobre los libros verdes de la Comisión Europea[52] a fin de presen-

---

51 *Vid. Boletín de la Red de Comisiones Parlamentarias Regionales de Asuntos Europeos*, Núm. 3, marzo de 2005. Documento disponible en: http://archive.scottish.parliament.uk/business/committees/europe/norpec/NORPEC_3_english.pdf

52 Los libros verdes son documentos publicados por la Comisión Europea para estimular reflexiones sobre asuntos concretos, que pueden dar

tar una respuesta conjunta y aportar una perspectiva regional respecto a determinados problemas socioeconómicos y la legislación que debía implementarse. En relación con la participación de la NORPEC en las negociones para el Proyecto de Constitución Europea, hemos de destacar que la red presionó para que hubiera una mayor participación de los parlamentos regionales. Sin embargo, esas medidas no fueron finalmente acogidas, lo que determinó que el Comité de Relaciones Exteriores y Europeas se retirase de la NORPEC en su reunión de 4 de septiembre de 2007, dejando de estar operativa y de aparecer información sobre la red[53], a pesar de los logros que consiguió desde su creación. De hecho, NORPEC se dejó de reunir desde el año 2005 y algunos de sus miembros, como el Parlamento catalán, decidieron no reunirse o, en el caso del Parlamento escocés, retirarse formalmente[54].

En líneas generales, se considera que se debe trabajar en la línea de establecer una organización permanente similar que tenga personalidad jurídica propia e integre las diferentes voluntades populares de los parlamentos, retomando los objetivos primarios de este tipo de redes. Con ella se lograría incrementar el nivel de transparencia y control de los parlamentos regionales sobre sus propios ejecutivos. Además, como ocurrió en el caso de NORPEC, este tipo de organización serviría para intercambiar experiencias y mejorar los procedimientos y prácticas parlamentarias. Evidentemente, el éxito de una iniciativa de es-

---

lugar a desarrollos legislativos. Información disponible en: https://eur-lex.europa.eu/ES/legal-content/glossary/green-paper.html

53 En este sentido véase CALRE (2011) *Working Group on the Principle of Subsidiarity* – Working Plan 2010. Last update: November 1, 2012. Documento disponible en: http://archive.scottish.parliament.uk/business/committees/europe/norpec.htm

54 PALOMARES AMAT, Miquel, "La participación del Parlamento de Cataluña en la aplicación y control del principio de subsidiariedad", *Revista de Derecho Comunitario Europeo,* núm. 38, 2011, p. 53.

tas características residiría en crear una red en la que se integrasen los representantes de las Comisiones de Asuntos Europeos de todos los parlamentos con potestades legislativas (no solo los de los parlamentos fundadores de NORPEC). Uno de los principales logros de NORPEC fue dar mayor visibilidad a los parlamentos regionales en Europa y consideramos necesario que se vuelva a plantear el restablecimiento de este tipo de redes.

III. CONCLUSIONES

La CALRE y, en su momento, la NORPEC, han funcionado como instrumentos fundamentales de promoción de la participación de las regiones a través de sus instituciones parlamentarias en la Unión Europea.

En particular, ha destacado el impacto que su labor ha producido en relación con la creación, en los correspondientes parlamentos regionales, de una específica Comisión de Asuntos Europeos que pudiera centrarse en las cuestiones europeas de dimensión más institucional o intersectorial, dejando para las comisiones parlamentarias sectoriales el desempeño de las tareas de seguimiento y evaluación de las acciones de los gobiernos regionales con proyección europea en los ámbitos de su competencia. Sin renunciar, en todo caso, a pesar de dicha distinción, a la conveniencia de fomentar vías de intercambio de información entre las comisiones parlamentarias sectoriales y las Comisiones de Asuntos Europeos de las Asambleas legislativas regionales[55]. Es cierto que sus peticiones sobre la creación de dichas comisiones parlamentarias específicas no

---

[55] SORIANO HERNÁNDEZ, Enrique, "Aproximación a una crónica de las Comisiones de Asuntos Europeos en los Parlamentos de las Comunidades Autónomas", *Corts. Anuario de derecho parlamentario,* núm. 6, 1998, p. 331.

fueron atendidas de forma inmediata y que los primeros resultados con respecto a su creación solo se consiguieron muchos años después; ello no es óbice, sin embargo, para reconocer un impulso decisivo por parte de estos dos órganos en la materia.

En España, la existencia de este tipo de comisiones depende de la voluntad de la Asamblea legislativa autonómica correspondiente. Pero merece la pena subrayar que, allí donde existen[56], destaca su intervención en el control al respeto del principio de subsidiariedad por parte de la legislación europea (no solo por la especial atención que se ha prestado a esta tarea en su seno[57], sino porque el ejercicio de dicho control es la vía, por antonomasia, a través de la cual los Parlamentos autonómicos desarrollan su participación ascendente en la Unión Europea). En este sentido, fue la Ley 24/2009, de 22 de diciembre, de modificación de la Ley 8/1994, por la que se regula la Comisión Mixta para asuntos de la Unión Europea para su adaptación al Tratado de Lisboa[58], la que previó la participación de los Parlamentos

---

56 Como veremos en el siguiente capítulo de esta obra, no se ha constituido en Castilla-La Mancha desde el año 2011, entendiendo que asume sus funciones la Comisión de Asuntos Generales.

57 Desde abril de 2010 hasta junio de 2023 los Parlamentos autonómicos registraron un total de setecientos dieciocho informes de subsidiariedad. En la XI Legislatura encontramos un total de trescientos cincuenta y ocho informes; ciento noventa y ocho informes en la X Legislatura; diecisiete en la XI Legislatura; cuarenta y dos en la XII Legislatura; dos en la XIII Legislatura, y; ciento uno en la XIV Legislatura.

58 Ley 24/2009, de 22 de diciembre, de modificación de la Ley 8/1994 por la que se regula la Comisión Mixta para asuntos de la Unión Europea para su adaptación al Tratado de Lisboa (BOE núm. 308, de 23 de septiembre de 2009). La última modificación de la Ley reguladora de la Comisión Mixta para asuntos de la Unión Europea se produjo por Ley 38/2010, de 20 de diciembre y tuvo por objeto reforzar las funciones asignadas a la Comisión Mixta. Se regularon las comparecencias de los miembros del gobierno de España y de los gobiernos de las Comunidades Autónomas (BOE núm. 309, de 21 de diciembre de 2010).

autonómicos en el procedimiento de alerta temprana[59]. De hecho, desde marzo de 2009, antes incluso de la entrada en vigor del Tratado de Lisboa, la Comisión Mixta de la Unión Europea puso en marcha varios ensayos sobre el procedimiento de control del principio de subsidiariedad[60] en los que participaron los Parlamentos autonómicos que lo desearon, y, desde entonces, el alcance y la intensidad del control de subsidiariedad en sede parlamentaria autonómica ha sido muy dispar.

En este punto, como en otros, la cuestión relativa a la participación ascendente de las Comunidades Autónomas en la Unión Europea es claramente perfectible, aunque sea cierto que se ha avanzado mucho, desde aquellos primeros años de "ceguera federal" de la Unión Europea en relación con la presencia regional en el proceso de toma de decisiones europeo. La intervención de los parlamentos regionales a nivel comunitario es necesaria y vital para que las integraciones estén dotadas de una mayor legitimidad democrática y, evidentemente, se deben crear las condiciones para que las Asambleas legislativas regionales puedan desarrollar eficazmente sus funciones y adoptar medidas encaminadas a mejorar el acceso a la información.

---

59 En este sentido véase DE CASTRO RUANO, José L., "El Sistema de Alerta Temprana para el control de subsidiariedad: su aplicación en el Parlamento Vasco", *Revista CIDOB d´afers internacionals*, núm. 99 (septiembre 2012).

60 Acuerdo de la Comisión Mixta para la Unión Europea, de 24 de marzo de 2009, de aprobación de los criterios para la realización de ensayos pilotos relativos al control del principio de subsidiariedad por las iniciativas legislativas europeas (BOCG, Serie A, núm. 127, de 16 de abril de 2009).

Bibliografía

ALBERTI ROVIRA, Enoch, "Las regiones en la nueva Unión Europea. El largo camino hacía una presencia directa de las regiones en la Unión Europea", *Autonomíes,* núm. 29, 2003.

ARCE JANÁRIZ, Alberto, "Unión Europea y Parlamentos regionales", *Parlamento y Constitución Anuario,* núm. 1, 1997.

-"La Conferencia de las Asambleas Legislativas de las Regiones de Europa (CALRE) como ejemplo de colaboración interparlamentaria", *Jornadas sobre los Parlamentos y déficit democrático en Europa: El papel de los Parlamentos regionales,* Fundación Manuel Giménez Abad de Estudios Parlamentarios y del Estado Autonómico, Zaragoza, mayo de 2005.

Disponible en: https://www.fundacionmgimenezabad.es/es/documentacion/la-conferencia-de-asambleas-legislativas-de-las-regiones-de-europa-calre-como-ejemplo

BILBAO UBILLOS, Juan María, "El control parlamentario de la actuación de los ejecutivos autonómicos", en BIGLINO CAMPOS, Paloma (coord.), *La política europea de las Comunidades Autónomas y su control parlamentario,* Tirant lo Blanch, Valencia, 2003.

CLOSA, Carlos y HEYWOOD, Paul M., *Spain and the European Unión,* Palgrave-Macmillan, New York, 2004.

DE CASTRO RUANO, José L., "El Sistema de Alerta Temprana para el control de subsidiariedad: su aplicación en el Parlamento Vasco", *Revista CIDOB d´afers internacionals,* núm. 99 (septiembre 2012).

FERNÁNDEZ ALLES, José J., *El sistema interplanetario europeo,* Editorial Dykinson, Madrid, 2016.

LÓPEZ CASTILLO, Antonio (dir.), *La Carta de los Derechos Fundamentales de la Unión Europea. Diez años de jurisprudencia,* Tirant Lo Blanch, Valencia, 2019.

LÓPEZ PORTAS, Begoña, *Galicia y Escocia. Dos modelos federales,* Publicaciones Universidad de Santiago de Compostela, 2009.

MANCISIDOR ARTARAZ, Eduardo, "Parlamentos autonómicos e integración europea", *Corts. Anuario de Derecho Parlamentario,* núm. 6, 1998.

MORATA, Francesc, "Regiones y gobernanza multinivel en la Unión Europea", en MORATA, Francesc (ed.), *Gobernanza multinivel en la Unión Europea,* Valencia, Tirant Lo Blanch, 2004.

-"Subsidiariedad y regiones en el Proyecto de Constitución Europea", LÓPEZ MIRA, Álvaro X. y CANCELA OUTEDA, Celso (coords.), *Europa, Europa,* Tórculo, Santiago de Compostela, 2006.

NAGEL, Klaus-Jürgen, "La actuación de las regiones en la política europea: un análisis comparado", en MORATA, Francesc (ed.), *Gobernanza multinivel en la Unión Europea,* Tirant Lo Blanch, Valencia, 2004..

PALOMARES AMAT, Miquel, *Parlaments regionals i procediment d´adpció de decisions a la Unió Europea,* Parlament de Catalunya, Barcelona, 2005.

-"La participación del Parlamento de Cataluña en la aplicación y control del principio de subsidiariedad", *Revista de Derecho Comunitario Europeo,* núm. 38, 2011.

SANTALÓ I BURRUL, Vicenç M., "Parlamentos regionales y Unión Europea", en PAU I VALL, Francesc (coord.), *Parlamento y regiones en la construcción europea.* IX Jornadas de la Asociación Española de Letrados de Parlamentos, Tecnos, Madrid, 2003.

SORIANO HERNÁNDEZ, Enrique, "Aproximación a una crónica de las Comisiones de Asuntos Europeos en los parlamentos de las Comunidades Autónomas", *Corts. Anuario de Derecho Parlamentario,* núm. 6, 1998.

CAPÍTULO DÉCIMO: La participación de las Comunidades Autónomas a través de sus gobiernos. (I) Instrumentos estatales de cooperación multilateral: La Conferencia de Presidentes, las Conferencias Sectoriales y la Conferencia de Asuntos Relacionados con la Unión Europea (CARUE)

MARÍA MERCEDES SERRANO PÉREZ
Profesora Contratada-Doctora
Universidad de Castilla-La Mancha

I. INTRODUCCIÓN

El proceso de creación de la integración europea aparece concebido en sus orígenes como un proceso con presencia estatal exclusiva, tanto en los momentos de decisión como de ejecución de Derecho comunitario, con independencia del nivel de descentralización del poder territorial del Estado. Hablamos de presencia estatal en Europa queriendo remarcar con ello el peso, de forma prevalente (o absoluto), del poder territorial central, dejando al margen o en un papel secundario los intereses defendibles a través del poder territorial regional o del poder territorial local, no siempre coincidentes de manera absoluta con la decisión del poder territorial central estatal. Esta circunstancia no representaba una anomalía constituyente de dicho proceso, teniendo en cuenta que la fortaleza de los Estados europeos se concebía como necesaria para la consolidación de Europa. Sin embargo, el momento creacional europeo con ignorancia del papel de los entes territoriales no podía tener un amplio recorrido. Tanto alguno de los Estados fundadores (Alemania, Francia, Italia, Países Bajos, Bélgica y Luxemburgo), como otros que se fueron incorporando en las sucesivas ampliaciones de la Unión Europa, contemplaban constitucionalmente en sus propios Estados una descentralización territorial con diferentes niveles competenciales entre sí, lo que ya albergaba el germen intrínseco de un cambio de paradigma en lo que se refiere a la participación y presencia en Europa de los territorios regionales. Porque todo hay que decirlo, la intervención de las regiones en el marco europeo viene determinada también por el diseño interno de distribución del poder y los principios que informan las relaciones entre los diferentes centros de decisión, entre ellos y en el caso del ordenamiento español, el principio de autonomía y los principios de cooperación y colaboración[1].

Esta implicación absoluta del poder central de los Estados europeos se ve atenuada tanto por las demandas regionales como por la necesidad de implantar y extender la solidaridad a través de instrumentos que paliaran las diferencias regionales o personales. La exigencia de reducir diferencias entre zonas con el fin de favorecer el crecimiento del conjunto a través de actuaciones concretas será el fundamento del surgimiento y la consolidación de una política de cohesión dirigida a financiar acciones que mejoren las condiciones de crecimiento de Europa y la vida de los ciudadanos y de las regiones. Los intentos de consolidar el crecimiento regional en los primeros años de la Comunidad Europea están relacionados con el lanzamiento de zonas desfavorecidas o con necesidad de una atención económica diferenciada. No es hasta la década de los 90 cuando comienza a tomar cuerpo la idea de representación de los en-

---

1 GONZÁLEZ PASCUAL, Maribel, *Las Comunidades Autónomas en la Unión Europea. Condicionantes, evolución y perspectivas de futuro,* Insititut d'Estudis Autonòmics, Barcelona, 2013, p. 30. Como afirma esta autora, "la participación de las regiones en los órganos e instituciones europeas se monta sobre la estructura cooperativa preexistente en cada Estado. Por ello, esta participación depende de las posibilidades de acuerdo y negociación de que gozan las regiones en cuestiones europeas dentro de sus estados". Sobre la diferencia entre la cooperación y la coordinación veáse RIDAURA MARTÍNEZ, Josefa, *Relaciones intergubernamentales. Estado-Comunidades Autónomas,* Tirant lo Blanch, Valencia, 2009, p. 45 y ss.

tes subestatales en las instituciones europeas. La creación del Comité de las Regiones o la previsión de la presencia de las autoridades de las regiones en algunas reuniones del Consejo de Ministros no hacen sino acrecentar la visibilidad de la Europa de las regiones, más allá de la representación estatal-central y favorecer la fuerza interna de las mismas en cuanto a las decisiones a tomar en las cuestiones propias de la integración europea. La denominada Europa de las regiones, expresión acuñada en torno a la década de los 90, con la creación del Comité de las Regiones tras la entrada en vigor del Tratado de la Unión Europea (Maastricht), dibuja ya un acercamiento de los entes sub-estatales a la esfera de decisión europea, sin negar la centralidad de la autoridad del poder central estatal, que sigue dominando *ad extra,* aunque ahora con una voluntad conformada gracias a la gobernanza multinivel. En estos términos se debe presentar la presencia de los entes infraestatales en el escenario europeo, no como una lucha entre el poder central estatal y de los poderes periféricos ante Europa, sino como un proceso natural y activo de institucionalización, "amplio y complejo, que incluye estructuras formales e informales, reglas, prácticas y normas sociales"[2].

Junto a esta presencia institucional, las acciones de solidaridad en los comienzos y las derivadas de la política de cohesión de la Unión Europea han recurrido a la división intraestatal para canalizar de mejor manera las ayudas financieras y facilitar el desarrollo económico de los entes regionales con más desequilibrios. Así pues, el Fondo Europeo de Desarrollo Regional, de forma principal, como instrumento financiero de la política de cohesión, contribuye al crecimiento y despegue de

2 CARMONA CONTRERAS, Ana Mª. y KÖLLING, Mario, "La participación de las CCAA en la negociación de la política de cohesión ¿ambitions beyond capacity?", *Revista de Estudios Políticos,* núm. 161, julio-septiembre 2013, p. 245.

las regiones menos favorecidas dentro de la Unión. La participación de las regiones en el desarrollo de las políticas europeas, como principales beneficiarias de las ayudas financieras, ha generado también una responsabilidad proporcional a la tarea transformadora asumida. Responsabilidad que ha tenido un sentido tanto ascendente como descendente.

La participación infraestatal necesaria para una mayor efectividad de la realización de las políticas europeas no ha trastocado la presencia y fuerza del poder central estatal en los procesos integradores, que continúan siendo plenas, al menos en lo que a la proyección se refiere. En este sentido diversos factores contribuyen a ello, como señala Carmona con claridad y ya hemos apuntado *supra*, "comenzando por el marco constitucional interno, las circunstancias socioeconómicas y/o culturales, así como las características de las políticas públicas y de la toma de decisiones a nivel de la Unión Europea"[3]. Sea como fuere, la presencia activa, efectiva y solvente de los territorios regionales en Europa es una realidad que ha ido encontrando los consensos e instrumentos necesarios para ir consolidándose como una forma jurídica e institucional de proceder irreversible y progresiva.

II. EL DISEÑO INTERNO DE LA PARTICIPACIÓN DE LAS COMUNIDADES AUTÓNOMAS EN LA POLÍTICA EUROPEA

Según el Tribunal Constitucional, "El Estado y las Comunidades Autónomas están sometidas recíprocamente a un deber general de cooperación, que no es preciso justificar en precep-

---

3 CARMONA CONTRERAS, Ana Mª. y KÖLLING, Mario, "La participación de las CCAA...", ob. cit., p. 243.

tos concretos, porque es de esencia al modelo de organización territorial del Estado implantado por la Constitución"[4].

La incorporación de España a la Unión Europea amplía la necesidad de cooperar, en especial en aquellas competencias que perteneciendo a los entes territoriales se han visto afectadas por el proceso de integración, experimentando un trasvase hacia instancias europeas. La falta de presencia de las regiones en Europa no solo ha provocado por tanto una pérdida de competencias inicialmente a ellas atribuidas según el reparto interno, sino además el fortalecimiento de la posición competencial del Estado central al convertirse en el único interlocutor ante Europa. Las reformas institucionales, en especial, las contenidas en el Tratado de Maastricht, potenciaron en su momento la presencia de los interlocutores regionales[5]. Sin embargo, tampoco entonces se consolidó de forma estable y continua la presencial regional en Europa. No solo se trata de capacitar a las Comunidades Autónomas dotándolas de voz en los asuntos en los que de forma inmediata se pueden ver involucradas competencias autonómicas, sino que la propia dinámica europea, cada vez más activa e implicada en más áreas y asuntos, puede incidir en el interés de la Comunidad Autónoma o bien directamente o bien de forma mediata al proyectarse en el interés estatal, del que no cabe excluir el interés de los entes territoriales. Por otro lado, los efectos de algunas de las políticas públicas decididas en Europa han servido para reforzar el crecimiento económico y el desarrollo de las Comunidades Autónomas. La proyección de la expansión de competencias europeas, tanto en el ámbito estatal central como en el autonómico, no parece

4 Sentencia del Tribunal Constitucional 80/1985, de 4 de julio, FJ 2, ECLI:ES:TC:1985:80 (BOE núm. 170, de 17 de julio de 1985).

5 En esta época las Comunidades Autónomas se esforzaron en conseguir una representación diplomática en Bruselas, abriendo oficinas y delegaciones regionales, con la intención de reforzar su presencia en Europa.

que esté repercutiendo con la misma intensidad en el segundo plano como en el primero. En efecto, el Estado central sigue asumiendo un papel dominante en las relaciones ante Europa, lo que resulta indiscutible, pero que es necesario articular con el reconocimiento en dicho proceso de la participación de la voluntad de las Comunidades Autónomas.

La forma de ver y vehicular la participación de los entes territoriales en la formación de la voluntad común europea, en lo que a sus asuntos regionales atañe, ha sido por tanto una preocupación de los Estados desde el comienzo del proceso de integración, tanto de España como de otros Estados descentralizados políticamente, también de la propia Europa, como lo demuestran los intentos de aproximar las regiones a los procesos europeos, no solo en cuanto a su condición de beneficiarias de las ayudas otorgadas sino también como elementos significativos en los métodos decisorios. La conclusión es que la participación de las Comunidades Autónomas en los asuntos europeos ha de gozar de un cauce directo que enlace con las decisiones de las instituciones europeas.

En el ordenamiento constitucional interno nada se dice de la posición institucional y competencial de las Comunidades Autónomas en el proceso de integración europea, en un texto del año 1978 en el que, por otra parte, las referencias explícitas a dicho proceso a nivel estatal no se contemplan tampoco, salvo en lo que atañe a la estabilidad presupuestaria incorporada al artículo 135 de la Constitución española tras la reforma constitucional de 2011. A esta falta de contenido explícito que ordenara la implicación autonómica en la construcción europea, y en lo que se refiere a la posición del Derecho europeo en el espacio competencial, el Tribunal Constitucional dio respuesta de forma temprana a las posibilidades reales de controversias competenciales en el triángulo Europa, España, Comunidades Autónomas, señalando que la integración del Estado en la Unión Europea no modifica el reparto interno de competencias establecido por la Constitución[6], ya que, "en los procesos constitucionales el Derecho comunitario no es *per se*, canon o parámetro directo de contraste y examen de los actos y disposiciones de los poderes públicos". De manera explícita, en las disputas entre el Estado central y los entes autonómicos, el Tribunal Constitucional remarca que, "en los procesos constitucionales a que dan lugar los conflictos positivos de competencia no pueden hacerse valer otros motivos de inconstitucionalidad de los actos o disposiciones que los que atañen a la vulneración de las reglas constitucionales y estatutarias de distribución de competencias" (STC 122/1989, de 6 de julio, FJ 5)"[7]. Por tanto, sin perjuicio de la incidencia que ha supuesto la integración comunitaria, "los criterios constitucionales y estatutarios de reparto de competencias no podrían verse modi-

---

6 Sentencia del Tribunal Constitucional 252/1988, de 20 de diciembre, FJ 2, ECLI:ES:TC:1988: 252 (BOE núm. 297, de 12 de diciembre de 1988). En dicho FJ se insiste en que "son las reglas internas de delimitación competencial las que en todo caso han de fundamentar la respuesta a los conflictos de competencia planteados entre el Estado y las Comunidades Autónomas, las cuales, por esta misma razón tampoco podrán considerar ampliado su propio ámbito competencial en virtud de una conexión internacional".

7 Sentencia del Tribunal Constitucional 45/2001, de 15 de febrero, FJ 7, ECLI:ES:TC:2001:45 (BOE núm. 65, de 16 de marzo de 2001). Aunque de ello no se deduce, como sigue diciendo la sentencia 45/2001, FJ 7, "que este Tribunal no pueda tomar en consideración la normativa comunitaria, ya sea para concluir que la controvertida es una cuestión que "cae dentro de la esfera del Derecho comunitario, y no en la del reparto interno de competencias, objeto del conflicto constitucional" (STC 236/1991, de 12 de diciembre, FJ 10), ya sea "para aplicar correctamente...el esquema interno de distribución de competencias" (STC 128/1999, FJ 9), mediante una más precisa determinación del título competencial en disputa, que ha de realizarse atendiendo al carácter de las normas objeto de la controversia competencial (STC 13/1998, de 22 de enero FJ 4)".

ficados o alterados"[8] sino mediante su expresa reforma[9]. Pero, si bien el reparto competencial no puede verse alterado por reglas y normas extraconstitucionales, también es cierto que el Tribunal Constitucional ha reconocido que "las Comunidades Autónomas en cuanto titulares de una autonomía política para la gestión de sus intereses, se hallan directamente interesadas en la actividad que llevan a cabo las Comunidades Europeas (STC 165/1994, de 26 de mayo, FJ 4)"[10].

El proceso de integración europea y las consecuencias jurídicas de la primacía del Derecho europeo no solo debe ser compatible con el reparto competencial, sino que para su mayor eficacia debería admitir y facilitar la capacidad de las Comunidades Autónomas para participar en los procesos de decisión en los que se ven involucrados intereses autonómicos. Esto resulta a estas alturas indudable.

Aunque la estructura europea en la que se integra España es distinta de la tradicional de las relaciones internacionales, en las que el Tribunal Constitucional ya ha admitido la capacidad de las Comunidades Autónomas para actuar en defensa de sus intereses y competencias siempre que no incidan en el ámbito de las relaciones internacionales reservadas al Estado[11], no existe ningún impedimento material ni formal para entender que las mismas razones -poseer un interés en el desarrollo de la dimensión comunitaria del Estado regional- pueden justificar la intervención de los entes regionales en el espacio europeo y así lo

---

8 Sentencia del Tribunal Constitucional 79/1992, de 28 de mayo, FJ 1, ECLI:ES:TC:1992:79 (BOE, núm. 38, de 13 de febrero de 1992).

9 Sentencia del Tribunal Constitucional 45/2001, de 15 de febrero, FJ 7, ECLI:ES:TC:2001:45 (BOE núm. 65, de 16 de marzo de 2001).

10 Sentencia del Tribunal Constitucional 31/2010, de 28 de junio, FJ 119, ECLI:ES:TC:2010:31 (BOE núm. 172, de 16 de julio de 2010).

11 Sentencia del Tribunal Constitucional 165/1994, de 26 de mayo, FJ 6, ECLI:ES:TC:1994:165 (BOE núm. 151, de 25 de junio de 1994).

ha venido entendiendo el Alto Tribunal, tal y como ha quedado ya reflejado *supra*. Por tanto, la inclusión de las Comunidades Autónomas en los procesos decisorios europeos se ha materializado a través de la construcción de mecanismos e instrumentos -el más importante es la CARUE- que permitan dicha articulación, con un contenido más político que jurídico, -en especial al inicio de su andadura- aunque con una previsión normativa general, lejos de una imposición preceptiva y exigible jurídicamente. Ello no empece para otorgar un alto valor a los acuerdos adoptados en su seno ni impide reconocer la importancia que las propias Comunidades Autónomas han atribuido a su participación en los asuntos europeos a través de dicho foro. Buena prueba de ello es la plasmación que la CARUE ha tenido en la reforma de los diferentes Estatutos de Autonomía[12], en los que

12 Por ejemplo, el artículo 61.3.b) Estatuto de la Comunidad Valenciana (Ley Orgánica 5/1982, de 1 de julio, de Estatuto de Autonomía de la Comunidad Valenciana), señala que La Comunitat Valenciana "b) Tiene derecho a participar en todos los procesos que establezca el Estado para configurar la posición española en el marco de las instituciones europeas, cuando estén referidas a competencias propias de la Comunitat Valenciana". El Estatuto de Autonomía de Andalucía recoge, en el artículo 231.1, que "La Comunidad Autónoma participa en la formación de la posición del Estado ante la Unión Europea en los asuntos relativos a las competencias o a los intereses de Andalucía, en los términos que establezcan el presente Estatuto y la legislación sobre la materia". El de Aragón -artículo 93.1- señala que "La Comunidad Autónoma de Aragón participa en la formación de las posiciones del Estado ante la Unión Europea, especialmente ante el Consejo de Ministros, en los asuntos que incidan en las competencias o intereses de Aragón, en los términos que establecen el presente Estatuto y la legislación estatal sobre la materia". El artículo 62.1 del Estatuto de Castilla-León establece: "La Comunidad de Castilla y León participará en la formación de la voluntad del Estado español en los procesos de elaboración del Derecho de la Unión Europea en los asuntos que afecten a las competencias o a los intereses de la Comunidad a través de los mecanismos que se

se hace hincapié en la participación de las Comunidades Autónomas en la formación de la voluntad estatal en Europa cuando la decisión comunitaria afecte a las competencias o intereses autonómicos. El objetivo de esta cooperación multilateral no deja de ser construir la voluntad estatal para la defensa en Europa de intereses y competencias compartidos.

Tanto la Conferencia de Presidentes, como el resto de las conferencias sectoriales y la CARUE, son estructuras orgánicas que surgen con un sentido político unas o con un sentido funcional claro. Se han convertido en los auténticos órganos a través de los cuales se articula la participación de las Comunidades Autónomas en Europa.

III. LOS INSTRUMENTOS ESTATALES DE COOPERACIÓN MULTILATERAL

1. La Conferencia de Presidentes

La Conferencia de Presidentes es un órgano de cooperación multilateral entre el Estado y las Comunidades Autónomas de indudable naturaleza política, propio de los ordenamientos con diferentes centros de poder que ejercen distintas competencias y que recurren a órganos integrados por representantes de ambos entes para facilitar las relaciones entre todos por la vía del acuerdo y del consenso.

Así pues, se trata de un órgano, llámese conferencia o reunión, característico de Estados compuestos, como el caso de Alemania, Austria o Suiza, aunque en estos tres ejemplos la con-

---

establezcan en el orden interno. La Junta y las Cortes de Castilla y León podrán dirigir al Gobierno de la Nación y a las Cortes Generales, según proceda, las observaciones y propuestas que consideren oportunas sobre los asuntos que sean objeto de negociación".

ferencia funcionó al principio de su constitución como órgano de colaboración horizontal principalmente, con presencia, en ocasiones, del Presidente del Gobierno. En Austria la conferencia ha alcanzado un importante peso político que le ha otorgado "legitimidad moral para plantear un veto de facto a posibles reformas constitucionales de la Federación que afecten al ámbito competencial de los *Länder*"[13]. Por otra parte, en este país, la conferencia asume un gran protagonismo ya que el Senado no está configurado por la representación de los *Länder* como ocurre en Alemania, lo que convierte a la conferencia en el órgano de confluencia por excelencia de los intereses regionales[14]. La conferencia en Alemania no es solo un órgano propio del federalismo cooperativo, sino que se ha convertido en un órgano de "comunicación de problemas parlamentarios y de cauce, también, de resolución de los mismos"[15]. En cuanto a su posición dentro de los órganos de cooperación horizontal y en los *Länder*, asume una función de resolución de recurso en los asuntos en los que no se ha llegado a un acuerdo en las respectivas conferencias sectoriales[16]. Según Carranza, la conferencia en Alemania se caracteriza por su informalidad, tanto

---

13 PINEDA, Rafael, AGUILLÓ, D. Rafael y otros, *Conferencia de presidentes: modelos y prácticas en Derecho comparado,* Ministerio de Administraciones Públicas, septiembre 2004, p. 3. Sobre las conferencias de presidentes en derecho comparado se puede ver también el *Informe sobre la conferencia de presidentes* (Seminario de Barcelona de 21 de julio de 2004, disponible en http://idpbarcelona.net/adjunts/act_aja_informe.pdf.

14 AJA FERNÁNDEZ, Eliseo, "La conferencia de Presidentes del Estado Autonómico", *Informe comunidades autónomas,* Instituto de Derecho Público, Barcelona, 2006, p. 791 y ss.

15 EMBID IRUJO, Antonio, "La conferencia de presidentes de parlamentos de los *Länder*: un ejemplo de federalismo cooperativo y de cooperación interparlamentaria", *Revista de las Cortes Generales,* núm. 11, 1987, p. 31.

16 PINEDA Rafael, AGUILLÓ D. Rafael y otros, *Conferencia de presidentes: modelos…,* ob. cit., p. 4.

desde la perspectiva formal como material[17]. La Conferencia de Presidentes en Suiza es un órgano fuertemente regulado que ha ido adquiriendo relevancia en relación con los asuntos europeos que afectan a los cantones. La característica más compartida entre las versiones de las Conferencias de Presidentes en nuestro entorno jurídico es la periodicidad de sus reuniones, el tratamiento de los asuntos de la Unión Europea y la escasa regulación de estos órganos, junto con, desde el punto de vista doctrinal, el poco interés suscitado por su estudio y análisis. En cuanto a la periodicidad destaca la Conferencia de Presidentes de Italia, que se reúne cada quince días según un calendario aprobado por la propia conferencia.

En el ordenamiento jurídico español, el artículo 146, apartado primero, de la Ley 40/2015, de 1 de octubre, de Régimen Jurídico del Sector Público[18] define la Conferencia de Presidentes como un órgano de cooperación multilateral entre el Gobierno de la nación y los respectivos gobiernos de las Comunidades Autónomas y de las Ciudades de Ceuta y Melilla. Constituye el instrumento que canaliza el principio constitucional de cooperación que ha de sostener las relaciones multilaterales entre el Estado y los entes territoriales. Por tanto, se trata de un mecanismo de cooperación vertical entre los ejecutivos autonómicos y el Gobierno de la nación.

El artículo 146, apartado segundo, de la Ley 40/2015, señala que el objeto de la Conferencia de Presidentes es "la deliberación de asuntos y la adopción de acuerdos de interés para el Estado y las Comunidades Autónomas". La relación entre ambos entes, ordenada a través de este mecanismo, representa un modelo de cooperación directo y quizá más ágil que el desarrollado a través

---

17 CARRANZA, Gonzalo G., "Evolución del régimen jurídico de la Conferencia de Presidente. ¿Hacia una cooperación encorsetada?, *Teoría y Realidad Constitucional*, núm. 51, 2023, p. 485.

18 BOE núm. 236, de 2 de octubre de 2015.

de las cámaras destinadas a la representación de los intereses regionales presentes en los ordenamientos descentralizados territorialmente. Esto podría resultar especialmente cierto en nuestro caso, pensando incluso en el papel constitucional real que debería cumplir el Senado en nuestro ordenamiento[19], rol que alternaría con el resto de las funciones asignadas a la Cámara Alta.

La Conferencia de Presidentes se postula desde sus inicios como una estructura útil para ofrecer una respuesta conjunta y coordinada desde el punto de vista político en aquellos ámbitos que lo precisen. Los acuerdos políticos alcanzados en su seno constituyen el embrión del proceso legislativo para dar efectividad a los contenidos adoptados. Su existencia parece una consecuencia lógica de las relaciones armónicas en un sistema de descentralización del poder. Sin embargo, su nacimiento en 2004, inexplicablemente tardío tras veinticinco años de recorrido autonómico, podría relativizar tanto la importancia de su propia existencia como la relevancia de su papel como centro apropiado para la cooperación autonómica. Hasta ese momento, los encuentros entre el Presidente del Gobierno y los presidentes autonómicos tenían lugar por vía no oficial, en reuniones de alto nivel institucional fuera del marco regional, o bien de forma casual. La realidad mostraba la falta de un contexto institucional específico para proponer, debatir y acordar asuntos de interés común para todas las partes implicadas. En definitiva, carecíamos en el ordenamiento constitucional de un cauce formal para trabajar al nivel señalado, supliendo esta carencia a través de otro tipo de encuentros.

---

19 Sobre la eventual existencia de un foro parlamentario (Senado) para articular la posición de las Comunidades Autónomas en la Unión Europea, MARTÍN PÉREZ DE NANCLARES, José, "Comunidades Autónomas y Unión Europea: hacia una mejora de la participación directa de las Comunidades Autónomas en el proceso decisorio comunitario", *Revista de Derecho Comunitario Europeo,* núm. 22, septiembre-diciembre 2005, p. 775 y ss.

El origen de la Conferencia parte de un compromiso político ante el electorado (por parte del entonces Presidente del Gobierno José Luis Rodríguez Zapatero) y no en la exigencia en dar una respuesta a una necesidad ya constatada, demandada y sin proyección hasta ese momento[20], circunstancias todas ellas que hubieran propiciado la creación del órgano antes de dicho momento. Este singular nacimiento propició su dispar valoración entre los presidentes autonómicos, según su coincidencia política con el Presidente del Gobierno proponente del encuentro. Así pues, los presidentes autonómicos del PSOE alabaron su creación, mientras que los presidentes autonómicos del PP fueron especialmente críticos con este tipo de reuniones, incidiendo en su carácter político y electoralista. Sea como fuere y sin restar credibilidad a sus forzados comienzos por el compromiso electoral, lo cierto es que su existencia constituye un acierto en el plano de las relaciones entre el Estado y las Comunidades Autónomas. No tenía razón de ser la au-

---

20 RIDAURA MARTÍNEZ, Josefa, *Relaciones intergubernamentales...*, ob. cit., p. 82, señala que la Conferencia de Presidentes "nace como resultado del programa electoral de un partido político, y como una apuesta personal de un Presidente de Gobierno". En el mismo sentido, GARCÍA MORALES, Mª Jesús, "La Conferencia de Presidentes surge en España porque está prevista en el punto del programa del partido político que gana las elecciones, un compromiso electoral que se ratifica en el discurso de investidura de Rodríguez Zapatero donde se liga la creación de este órgano a la mejora de los instrumentos de cooperación. Ese origen de la Conferencia constituye un hecho insólito en el panorama comparado -por lo menos en el europeo- donde este tipo de órganos parecen por iniciativa de las propias instancias y como una necesidad sentida y, como tal, reivindicada de las mismas", en "Las Relaciones Intergubernamentales en el Estado Autonómico: estado de la cuestión y problemas pendientes", en GARCÍA MORALES, María Jesús García Morales, MONTILLA MARTOS, José Antonio y ARBÓS MARÍN, Xavier (dirs.), *Las Relaciones Intergubernamentales en el Estado Autonómico, Centro de Estudios Políticos y Constitucionales,* Madrid, 2006, p. 49.

sencia de una estructura de este tipo tratándose de un Estado descentralizado y máxime tras la incorporación de España a la Unión Europea[21], aunque la auténtica valía de estos órganos adquiere más sentido e importancia cuando se crea a petición de alguna de las partes interesadas[22].

De su importancia real en cuanto a la necesidad de su articulación y funcionamiento en las relaciones multilaterales da buena cuenta la periodicidad de su convocatoria y la temática a tratar. En este sentido, la pandemia parece haber provocado un antes y un después en la espacialidad de la Conferencia. Aunque todavía es pronto para afirmarlo con rotundidad, la convocatoria de la última Conferencia de Presidentes en el año 2022 celebrada en La Palma, tras la finalización de la pandemia y la sucesión de catorce reuniones en dos años (en el año 2023 no tuvo lugar este encuentro), puede hacer presagiar de nuevo una falta de regularidad en las convocatorias, necesaria al menos como cumplimiento de lo establecido en el artículo 4, apartado primero, de su Reglamento interno, que prevé la periodicidad de la reunión al menos dos veces al año (periodicidad incumplida en el año 2022 y en 2023).

En relación con la convocatoria de las reuniones, podemos señalar dos periodos claramente diferenciados por el distanciamiento de las mismas en el primero y por la concatenación de convocatorias en el segundo. Desde el 28 de octubre de 2004, fecha de la primera Conferencia de Presidentes, hasta la Con-

---

21 TAJADURA TEJADA, Javier, afirma que apostar por la consolidación de la Conferencia de Presidentes reduciría entre otros el problema de la participación autonómica en temas que les afecten, fundamentalmente política europea, "La Conferencia de Presidentes: origen, evolución y perspectivas de reforma", *Revista de Derecho Político,* núm. 101, 2018, p. 555.

22 Como señala GARCÍA MORALES, María Jesús, "Las Relaciones Intergubernamentales...", ob. cit., p. 49.

ferencia celebrada en el 2017, se celebraron seis conferencias (2004, 2005, 2007, 2009, 2012 y 2017). En un segundo periodo, es decir, el resto de Conferencias de Presidentes, hasta un número final de veinte, se convocaron con motivo de la pandemia ocasionada por la COVID-19 y la necesidad de ofrecer una respuesta coordinada entre las distintas administraciones a la crisis sanitaria. Esto es, seis reuniones en situación de normalidad constitucional e institucional y catorce en un contexto absolutamente excepcional que requería articular mecanismos extraordinarios entre el Estado y las Comunidades Autónomas para garantizar la normalidad rota por la emergencia sanitaria vivida. Esta abrupta sucesión de conferencias y el contexto en el que se convocan permite, hasta el momento, cuestionar su utilidad como medio habitual para vehicular unas relaciones constantes y continuas entre el Estado y las Comunidades Autónomas y, por el contrario, la necesidad de recurrir a ellas como mecanismo articulador válido ante una situación irregular. La falta de secuenciación en el primer periodo no puede entenderse como una ausencia o menoscabo de relaciones y entendimiento entre los sujetos implicados, simplemente su expresión a través de otros cauces, aunque con un claro predominio de las relaciones bilaterales en detrimento, como se puede deducir, de la multilateralidad. Tampoco podemos convenir que la ausencia de encuentros reste importancia a los temas tratados en los mismos. Del examen de las Conferencias de Presidentes de carácter ordinario podemos extraer una variedad en cuanto a los asuntos abordados, siempre con el nexo común de la perspectiva del interés territorial y de la distribución competencial.

De entre las materias estudiadas, y por lo que más nos interesa en estas páginas, la perspectiva europea y la alusión a la necesidad de facilitar la presencia institucional de las regiones ante la Unión Europea, están recogidas desde la primera conferencia del año 2004, donde se adopta el acuerdo sobre la participación de las Comunidades Autónomas en las instituciones europeas y donde se crea, además, la Conferencia para Asuntos

Relacionados con las Comunidades Europeas (CARCE en adelante), bajo la estructura de conferencia sectorial. Este órgano, que veremos con más detalle *infra*, institucionaliza el papel de las Comunidades Autónomas en la Unión Europea.

A partir de 2009[23] se produce la institucionalización de la Conferencia de Presidentes. Es en concreto en ese año, en la IV Conferencia, donde se aprueba el primer reglamento interno del órgano[24], acabando así con esta regulación la discusión doctrinal acerca de la conveniencia de dotarla (o no) de un reglamento interno que pudiera dificultar la flexibilidad que requiere el órgano para su mejor funcionamiento y adopción de acuerdos[25]. En la Conferencia de 2009, las Comunidades Autónomas colaboran en el fortalecimiento de las acciones preparatorias de la presidencia española de la Unión Europea en el primer semestre del 2010. El acuerdo de 2009 recoge expresamente que "El Gobierno español, atendiendo a la solicitud de las Comunidades Autónomas, va a promover la participación de los representantes de las mismas en los Consejos de Ministros informales a celebrar en España durante el primer semestre de 2010 en los mismos términos en los que ya se procede en los Consejos de Ministros formales, en las cuatro formaciones en las que actualmente es posible (Agricultura y Pesca; Medio

---

23 Las conferencias sectoriales de 2005 y 2007 se han centrado en la financiación de la sanidad de las Comunidades Autónomas y financiación en general, así como en diversos asuntos relacionados con políticas con afectación de los intereses regionales. Un repaso de los acuerdos adoptados hasta la III conferencia se puede encontrar en RIDAURA MARTÍNEZ, Josefa, *Relaciones Intergubernamentales…*, ob. cit., p. 180 y ss.

24 Orden Ter/3409/2009, de 18 de diciembre, por la que se dispone la publicación del Reglamento interno de la Conferencia de Presidentes (BOE núm. 305, de 19 de diciembre de 2009).

25 Sobre el debate acerca de la necesidad y el momento de la reglamentación de la Conferencia de Presidentes, vid. CARRANZA, Gonzalo G., "Evolución del régimen jurídico…", ob. cit., pp. 489-491.

Ambiente; Empleo, Política Social, Sanidad y Consumo; y Educación, Juventud y Cultura) así como en los temas de Consumo que se traten en el Consejo de Competitividad"[26] (posibilidad alcanzada tras los acuerdos de la CARCE de 2004).

No es hasta la VI Conferencia de Presidentes, en el año 2017, cuando se incluyen de forma explícita aspectos relativos a la participación de las Comunidades Autónomas en los procesos decisorios de la Unión Europea. Esta previsión constata la voluntad y necesidad de encontrar un mecanismo institucional a través del que encauzar las relaciones tripartitas.

1.1. La VI Conferencia de Presidentes de 2017 y la modificación del Reglamento interno de 2022

La VI Conferencia de Presidentes de enero 2017 acuerda, por una parte, revisar el desarrollo de la participación de las Comunidades Autónomas en los asuntos de la Unión Europea, tras veinte años de la creación de la CARCE; por otra parte, la modificación del reglamento interno de la Conferencia de Presidentes aprobado en el año 2009.

El acuerdo alcanzado en la VI Conferencia subraya el papel fundamental que ha tenido en todo el proceso la Ley 2/1997, de 13 de marzo, por la que se regula la Conferencia para Asuntos Relacionados con las Comunidades Europeas[27], como el órgano de cooperación entre el Estado y las Comunidades Autónomas para articular "adecuadamente la concurrencia de estas en las cuestiones propias de su participación en los asuntos europeos", sobre la

---

[26] Declaración de la Conferencia de Presidentes sobre la Presidencia española del Consejo de la Unión Europea (primer semestre 2009), disponible en https://mpt.gob.es/dam/es/portal/politica-territorial/autonomica/coop_autonomica/Confer_Presidentes/091214_DECLARACION_SOBRE_PRESIDENCIA_UE_2010.pdf.pdf , p. 2.

[27] BOE núm. 64, de 15 de marzo de 1993.

que volveremos más adelante. La CARCE es la conferencia sectorial que ha de garantizar la participación efectiva de las Comunidades Autónomas y ciudades con Estatuto de Ciudad Autónoma en la fase de formación de la voluntad del Estado ante las instituciones comunitarias y en la ejecución del Derecho comunitario.

La modificación del reglamento interno[28], además de convenir la necesidad de la periodicidad anual de la reunión, plazo contenido ya en el reglamento de 2009 y rectificado de nuevo tras la última modificación del reglamento interno en 2022, incluye cambios que refuerzan la posición del comité preparatorio, que aparece de nuevo bajo esta denominación. En concreto, se atribuyen a dicho comité funciones explícitas de impulso, seguimiento, evaluación y ejecución de los acuerdos. Las reuniones de este comité preparatorio, de impulso y seguimiento, se pautan cada seis meses, convirtiéndose en el filtro previo a las conferencias. Este comité podrá adoptar además las medidas necesarias para garantizar el cumplimento de los acuerdos y recomendaciones de la Conferencia de Presidentes, atribución que le dota de una aparente fortaleza, aunque en la práctica poco efectiva. La facultad de control y fiscalización del cumplimiento de lo convenido se completa con la obligación de elevar a la Conferencia un informe anual sobre el estado de observancia de sus acuerdos y recomendaciones (artículo 8.d) reglamento interno). Al comité preparatorio le corresponde la coordinación de las actuaciones de las diferentes conferencias sectoriales, "así como la adopción de las medidas necesarias para la correcta aplicación del título III de la Ley de Régimen Jurídico del Sector Público, referido a las Relaciones interadministrativas"[29]. La VI Conferencia de Presi-

---

28 Orden PARA/265/2017, de 23 de marzo por el que se publica el Acuerdo por el que se modifica el reglamento interno de la Conferencia de Presidentes (BOE núm. 73, de 27 de marzo de 2017) .

29 Al Comité preparatorio le corresponde "a) El examen previo de los asuntos que puedan incluirse en el orden del día de las sesiones de

dentes acuerda, además, revisar el funcionamiento de los mecanismos de participación fijados desde la creación de la CARCE, para examinar su eficacia, transparencia y agilidad en la transmisión de información y toma de decisiones. En este contexto, los acuerdos adoptados para la reactivación de la vida de la CARCE, que no se reunía desde el año 2011, dan como resultado su convocatoria en dos ocasiones (comprobación tras la revisión de los acuerdos en julio del mismo año 2017).

La última reforma del reglamento interno, en el año 2022[30], pretende dotar al órgano de más agilidad, pluralismo y continuidad en la toma de decisiones[31], así como introducir en la Conferencia el formato electrónico para facilitar la participación en las reuniones (artículo 5.1), aunque solamente para las sesiones del comité preparatorio, pues la presencialidad sigue

---

la Conferencia y la preparación de la documentación necesaria. En el caso de que el orden del día de la convocatoria de la Conferencia incluya algún asunto que no haya sido previamente tratado por el Comité, en cualquiera de los supuestos previstos en el apartado 3 del artículo 4, aquél se reunirá con antelación suficiente a la celebración de la correspondiente sesión de la Conferencia. b) La adopción de las medidas necesarias para asegurar el cumplimiento de los acuerdos y recomendaciones adoptados por la Conferencia de Presidentes. c) La coordinación de las actuaciones de las diferentes Conferencias Sectoriales, así como la adopción de las medidas necesarias para la correcta aplicación del título III de la Ley de Régimen Jurídico del Sector Público, referido a las Relaciones interadministrativas. d) La elevación a la Conferencia de un informe anual sobre el estado de cumplimiento de sus acuerdos y recomendaciones".

30 Orden TER/257/2022, de 29 de marzo, por la que se dispone la publicación del Reglamento de la Conferencia de Presidentes (BOE núm. 79, de 2 de abril de 2022).

31 A juicio de CARRANZA, Gonzalo G., la modificación del Reglamento de 2009 en el año 2017 es, en realidad, la sustitución por una norma diferente, que, paradójicamente, no ha derogado la anterior regulación, "Evolución del régimen jurídico…", ob. cit., p. 495.

siendo la forma habitual de reunión de la Conferencia de Presidentes. No obstante, y tras la experiencia de la pandemia, de forma excepcional se puede autorizar la participación telemática, tras la verificación de la identidad de los participantes y la reserva de las deliberaciones. El artículo 4, apartado primero, contempla la celebración de, al menos dos reuniones anuales, intentando con ello reglamentar una periodicidad frecuentemente incumplida (lo que llama la atención teniendo en cuenta que con una Conferencia anual se cumpliría la norma)[32].

La convocatoria de la CARCE planteó la modificación de su reglamento interno (aprobado en 1994) con el fin de asegurar un grado suficiente de agilidad y flexibilidad en la toma de decisiones y actos de ejecución. La revisión del funcionamiento del sistema en cuanto a los cauces de transmisión de información y documentos requeridos perseguía tres objetivos: cumplir el mandato de coordinación entre los entes autonómicos y la Unión Europea; la designación de los representantes autonómicos en el Consejo de Ministros de la Unión Europea según los criterios acordados; y, los mecanismos de coordinación entre las Comunidades Autónomas y las ciudades con Estatuto de Autonomía y el Estado cuando se requiera la adopción y comunicación de una posición común. La propuesta para la CARCE recoge también el estudio de medidas para reforzar la perspectiva europea en el contexto de las discusiones de las diferentes conferencias sectoriales. En atención a la distribución competencial se buscaba facilitar la participación de las conferencias sectoriales en la construcción de la posición española en las instituciones europeas en aquellos asuntos en los que converjan competencias autonómicas. El compromiso por parte de las conferencias sectoriales ha de ser informar de forma regular a

---

32 SEVILLA DURO, Miguel Ángel, *La participación ascendente de las Comunidades Autónomas en la Unión Europea: un análisis desde Castilla-La Mancha*, Tirant lo Blanch y Cortes de Castilla-La Mancha, Valencia, 2023, p. 87.

la CARCE de las decisiones adoptadas en el ámbito correspondiente, manteniendo un sistema de comunicación permanente. Igualmente se propuso el estudio de los mecanismos para reforzar la coordinación entre las Comunidades Autónomas o ciudades con Estatuto de Autonomía y el Estado dentro del Foro de Economía y Política Regional, especialmente en lo que atañe a los procesos de negociación y programación de los Fondos Estructurales y de Inversión Europeos, así como a su gestión y ejecución. No olvidemos que la previsión de los Fondos Estructurales provenientes de la Unión Europea constituyó la inversión más importante dirigida hacia la transformación de las Comunidades Autónomas, con lo que su implicación en el reparto de dichos fondos estaba más que justificada.

La reforma del reglamento del año 2022 refuerza las relaciones entre la Conferencia de Presidentes y las conferencias sectoriales. Tal y como analiza SEVILLA DURO, "se permite a las conferencias sectoriales, por acuerdo unánime de todos los miembros con derecho a voto, que incluyan en el orden del día asuntos solicitados a su instancia (artículo 5.2.d), participación que abre un cauce de colaboración entre las conferencias sectoriales y la Conferencia de Presidentes[33], además de impulsar la actividad de las primeras. Por otro lado, se concede a la Conferencia la facultad de 'impulsar y orientar los trabajos de las conferencias sectoriales y de otros órganos multilaterales de cooperación', así como de 'adoptar, mediante acuerdo, directrices de funcionamiento para las conferencias sectoriales' y encomendar a las citadas conferencias la realización de los acuerdos adoptados (artículo 2.3, 5 y 7)"[34].

---

33 REVIRIEGO PICÓN, Fernando, "El Senado y la Conferencia de Presidentes", *Teoría y Realidad Constitucional*, núm. 17, 2006, p. 212.

34 SEVILLA DURO, Miguel Ángel, *La participación ascendente...*, ob. cit., p. 87-88.

1.2 La Conferencia de Presidentes desde la perspectiva orgánica

La Conferencia de Presidentes es el máximo órgano de cooperación multilateral de ámbito general (por encima de las conferencias sectoriales), que no está prevista constitucionalmente. Hay un sector doctrinal que aboga por incluir este órgano en el texto en una eventual reforma constitucional[35].

Su regulación se contiene en su reglamento interno aprobado en 2009, modificado en 2017 y finalmente en 2022 y en el artículo 146 de la Ley 40/2015.

El artículo 145 de la Ley 40/2015 señala, como misión general de los órganos de cooperación, multilateral o bilateral, general o sectorial, la de "acordar voluntariamente actuaciones que mejoren el ejercicio de las competencias que cada Administración Pública tiene". La Conferencia de Presidentes se somete al régimen general de la ley y al de las disposiciones específicas que le sean de aplicación. Según el artículo 145.3, la participación de la Administración General del Estado obliga a la inscripción del órgano en el Registro estatal de Órganos e Instrumentos de Cooperación para que resulte válida su sesión constitutiva. El reglamento interno alude al principio de lealtad constitucional en su funcionamiento.

La Conferencia de Presidentes está formada por el Presidente del Gobierno, que la preside, y por los presidentes de la Comunidades Autónomas, más los presidentes de las Ciudades Autónomas de Ceuta y Melilla. El artículo 146.2 de la Ley 40/2015 indica que la Conferencia de Presidentes está asistida por un comité preparatorio del que forma parte un Ministro del Gobierno, que lo preside y un Consejero de cada Comunidad Autónoma. El comité prepara las reuniones de la Conferencia.

---

35 TAJADURA TEJADA, Javier, "La Conferencia de Presidentes...", ob. cit., p. 552.

La presencia de los presidentes autonómicos en la Conferencia es indelegable, pues la posibilidad de delegar en otros miembros de los ejecutivos autonómicos rebajaría la consideración del órgano de cooperación al máximo nivel. Además, siendo un órgano político, no cabe atribuir la responsabilidad política a otra persona que no sea el Presidente autonómico. En cuanto a la posibilidad de convocar una reunión por parte de un Presidente del Gobierno en funciones, no sería pertinente aunque expresamente no esté prohibido; mientras que en situaciones de gobiernos autonómicos en funciones debería posponerse el encuentro hasta la elección de un nuevo presidente y gobierno regional, como norma general, aunque en situaciones excepcionales y para preservar el interés del conjunto, tanto del Estado como de las Comunidades Autónomas, estaría justificada la convocatoria de la Conferencia de Presidentes.

La asistencia a la Conferencia no puede ser obligatoria, pero no tiene lógica faltar ni es conveniente hacerlo. Aun así, el *Lehendakari* no acudió a la IV Conferencia en 2009 ni a la VI Conferencia en 2017, al igual que el *President* catalán, aunque este último no acudió en otras dos ocasiones más al menos. Y, como norma general, el *Lehendakari* no asiste a las Conferencias de Presidentes horizontales, aunque dado su irrelevante papel, esta inasistencia no tiene ninguna trascendencia. La ausencia de alguna Comunidad Autónoma en la Conferencia de Presidentes podría entenderse como una falta de respeto al principio de lealtad, aunque cuando así ha ocurrido se ha justificado por motivos de discrepancia política, básicamente con el Ejecutivo nacional. Lo que no cabría aceptar es el aplazamiento de la Conferencia ante las anunciadas ausencias de algunos presidentes autonómicos, pues, en ese caso, reconoceríamos la posibilidad de bloqueo permanente[36] y de fuerza

---

[36] CARRANZA, Gonzalo G., "Evolución del régimen jurídico…", ob. cit., p. 500.

por su parte, lo que impediría el funcionamiento regular de la Conferencia y constataría su descrédito.

La Conferencia de Presidentes tiene por objeto la deliberación de asuntos y la adopción de acuerdos de interés para el Estado y las Comunidades Autónomas (artículo 146.2 de la Ley 40/2015). Mucho más preciso es el artículo 2 del reglamento interno que añade, a las ya señaladas como propias de este tipo de órganos multilaterales, la de debatir sobre las grandes directrices de las políticas públicas, potenciar las relaciones de cooperación del Estado con las Comunidades Autónomas e impulsar y orientar los trabajos de la conferencias sectoriales y de otros órganos multilaterales de cooperación. Así se puede desprender de la atribución de funciones como "5. Adoptar, mediante acuerdo, directrices de funcionamiento para las conferencias sectoriales y 7. Encomendar a las conferencias sectoriales la realización de los Acuerdos adoptados en la conferencia, así como evaluar el grado de cumplimiento de las encomiendas anteriores". De esta redacción se puede discernir que la Conferencia de Presidentes, al menos sobre el papel, ejerce una función de liderazgo y guía respecto de las conferencias sectoriales, reforzado dicho papel si se tiene en cuenta que se encomienda al comité preparatorio "la coordinación de las actuaciones de las diferentes conferencias sectoriales" (artículo. 9.3 c) reglamento).

En principio no parece que pueda existir límite material respecto de los asuntos que pueden ser tratados en la Conferencia de Presidentes, salvo el de revestir interés para ambos entes, lo que alcanza las competencias estatales y autonómicas. Aunque la flexibilidad debe ser la característica de su regulación, dado que la Conferencia adoptará acuerdos no vinculantes ni exigibles jurídicamente.

Los asuntos que se tratan constan en un orden del día elaborado por el comité preparatorio, aunque se puede incluir algún otro asunto no previsto, bien a criterio del Presidente del Gobierno o a petición del Senado, la mayoría de los representantes del conjunto de las Comunidades Autónomas y ciudades con Estatuto de Autonomía, y las conferencias sectoriales, por acuerdo unánime de todos sus miembros con derecho a voto (artículo 5.2), estos tres últimos incorporados tras la modificación del reglamento interno en 2022.

La Conferencia puede adoptar acuerdos o recomendaciones (artículo 6 reglamento). Los acuerdos y las recomendaciones alcanzados por la Conferencia tienen carácter político. Los acuerdos se adoptarán por consenso siempre que asistan dos tercios de los presidentes autonómicos (artículo 7). Por su parte, las recomendaciones se adoptan entre el Presidente del Gobierno y dos tercios de los presidentes autonómicos y comprometen a quienes las hayan adoptado. Tanto los acuerdos como las recomendaciones son públicos y los miembros de la Conferencia los comunican a sus respectivas instituciones.

El comité preparatorio, de impulso y seguimiento, está formado por el Ministro competente según la materia y un Consejero de cada Gobierno autonómico. Se reúne al menos cada seis meses y realiza funciones propias de un órgano de colaboración y apoyo a la Conferencia[37].

---

[37] El artículo 9.3 del Reglamento atribuye al comité preparatorio las siguientes funciones: "a) Elaborar el Orden del Día de las sesiones en los términos establecidos por el presente Reglamento. b) El examen previo de los asuntos que puedan incluirse en el orden del día de las sesiones de la Conferencia y la preparación de la documentación necesaria. c) La adopción de las medidas necesarias para asegurar el cumplimiento de los acuerdos y recomendaciones adoptados por la Conferencia de Presidentes. d) La coordinación de las actuaciones de las diferentes Conferencias Sectoriales. e) La elevación a la Conferencia de un informe anual sobre el estado de cumplimiento de sus acuerdos y recomendaciones. f) Adoptar cuantas decisiones y medidas requieran la organización interna del trabajo y el régimen administrativo y presupuestario de la Conferencia. g) El nombramiento, en los términos previstos en el artículo siguiente, de la persona que

2. *Las Conferencias de Presidentes de Comunidades Autónomas*

Las Comunidades Autónomas han impulsado reuniones autonómicas, bajo la denominación de "Conferencia de los Gobiernos de las Comunidades Autónomas", con el fin de iniciar un sistema de colaboración autonómico donde enmarcar, tanto iniciativas de desarrollo de competencias autonómicas como facilitar un espacio de reflexión y debate de políticas en asuntos de interés común, tal y como señala PÉREZ VELASCO[38]. Son, por tanto, un órgano que reuniría o bien a los Presidentes de las Comunidades Autónomas o bien a Consejeros de sus respectivos Gobiernos autonómicos para abordar cuestiones de interés autonómico, en razón de sus competencias o debido al interés general.

Las Conferencias de Gobiernos de Comunidades Autónomas u horizontales, por contraposición a la verticalidad existente en la Conferencia de Presidentes, se iniciaron con los encuentros de las seis Comunidades Autónomas cuyos Estatutos ya habían sido reformados (Baleares, Cataluña, Andalucía, Castilla y León, Comunidad Valenciana y Aragón[39]). Estas Comunidades Autónomas comenzaron a reunirse en 2008, bajo la denominación de "Encuentros entre Comunidades Autónomas para el desarrollo de los Estatutos de Autonomía" y, desde sus inicios,

---

ostente la Secretaría General de la Conferencia de Presidentes. h) Cuantas le encomiende la Conferencia o el Reglamento de la misma".

38 PÉREZ VELASCO, María del Mar, "La nueva conferencia de gobiernos autonómicos", *Observatorio de Derecho Público,* 8 de noviembre de 2010. Disponible en https://idpbarcelona.net/la-nueva-conferencia-de-gobiernos-autonomicos-maria-del-mar-perez-velasco/

39 Sobre las diferencias y la necesidad de articular una Conferencia vertical y una Conferencia horizontal se puede ver *Informe sobre la conferencia de presidentes (Seminario de Barcelona de 21 de julio de 2004,* ob. cit., p. 16. En el Informe se aboga por la necesidad de una Conferencia de Presidentes vertical, pero sin rechazar por ello la posibilidad de reunión de los Presidentes de las Comunidades Autónomas por separado.

pusieron de relieve la necesidad de reforzar los instrumentos de participación de las Comunidades Autónomas en Europa. De hecho, abogaban por la incorporación de representantes autonómicos en las formaciones del Consejo de la Unión Europea, cuestión abordada en el Acuerdo de la CARUE de 2004. En el VII encuentro de 2010, en Santiago de Compostela, acordaron sus normas de funcionamiento interno y organización y la creación de la "Conferencia de los Gobiernos de las Comunidades Autónomas". La reunión constitutiva de estos encuentros tuvo lugar en 2011 en Santander, donde los catorce gobiernos asistentes pactaron un contenido común en la Política Común de Pesca, elaborado a través de un Grupo de Trabajo[40]. En Santiago de Compostela, en 2021, con la asistencia de los Presidentes Autonómicos de ocho Comunidades Autónomas, se abordaron cuestiones relativas a la financiación autonómica, la despoblación y los gastos sanitarios. Además, contemplaron entre sus objetivos "facilitar la celebración de la Conferencia de Presidentes Autonómicos"[41]. Es muy poco probable que la conferencia horizontal pueda reactivarse ante la cobertura por otras vías de los eventuales acuerdos y decisiones a alcanzar en este foro.

En cuanto a posibilidad de formalizar la Conferencia de Presidentes Autonómicos para articular la participación de las Comunidades Autónomas en los asuntos europeos, pues hasta ahora el único modelo de Conferencia que se ha institucionalizado es el modelo de conferencia vertical, no parece que este instrumento puede ser realmente eficaz. La reunión de los Presidentes Autonómicos por separado resultaría poco operativa si de lo que se trata es intentar ocupar un espacio en Europa,

---

40 GÁLVEZ MUÑOZ, Luis A. y RUIZ GONZÁLEZ, José Gabriel, "Estado autonómico, cooperación intergubernamental y conferencia de presidentes", *Revista de Derecho Político,* núm. 86, enero-abril 2013, p. 245.

41 PÉREZ VELASCO, María del Mar, "La nueva conferencia de gobiernos…", ob. cit.

aunque sí podría servir para sentar una postura común al margen de la probable presencia incómoda del Presidente del Gobierno. Sin embargo, reduciría la inmediatez en el debate entre el Estado central y las Comunidades Autónomas y prolongaría la posibilidad de acercar posiciones entre ambos, teniendo además presente que el interlocutor final son los órganos del Estado central. Lo cierto es que, aunque las Conferencias de Presidentes Autonómicos también se celebran, tienen menor repercusión y son menos frecuentes.

3. Las conferencias sectoriales

El artículo 147.1 de la Ley 40/2015 define la conferencia sectorial como "un órgano de cooperación, de composición multilateral y ámbito sectorial determinado, que reúne, como presidente, al miembro del Gobierno que, en representación de la Administración General del Estado, resulte competente por razón de la materia, y a los correspondientes miembros de los Consejos de Gobierno, en representación de las Comunidades Autónomas y de las Ciudades de Ceuta y Melilla"[42]. Según el art. 147.3 de la Ley 40/2015, cada conferencia sectorial dispondrá de un reglamento de organización y funcionamiento interno aprobado por sus miembros[43]. De nuevo nos

---

42 La configuración como órgano de cooperación se contenía ya en el artículo 5 de la Ley 30/1992, de 26 de noviembre, de Régimen Jurídico de las Administraciones Públicas y del Procedimiento Administrativo Común (BOE, núm. 285, de 27 de noviembre de 1992, disposición derogada).

43 La conferencia sectorial es, tal y como señala SEVILLA DURO, Miguel Ángel, un órgano de segundo grado. Los órganos de segundo grado se refieren a "a los encuentros entre los máximos representantes sectoriales de una unidad territorial: en el caso de España, el ministro y los consejeros competentes en una determinada materia", *La participación ascendente de las Comunidades Autónomas…*, ob. cit., p. 58.

encontramos en el derecho comparado con un elemento presente en los Estados intergubernamentales e interterritoriales. A diferencia de la Conferencia de Presidentes, las conferencias sectoriales nacen como consecuencia de la necesidad constatada durante el proceso autonómico de encontrar espacios para uniformar criterios de forma sectorial entre todos los entes implicados[44]. El Tribunal Constitucional se pronunció sobre el carácter de las conferencias sectoriales configurándolas como "órganos de encuentro para el examen de problemas comunes y para la discusión de las oportunas líneas de acción"[45].

El acuerdo de la CARCE de 30 de noviembre de 1994[46] establecía la participación interna de las Comunidades Autónomas en los asuntos comunitarios a través precisamente de las conferencias sectoriales. El acuerdo pretendía fijar el "procedimiento marco de cooperación que cada Conferencia Sectorial ha de aplicar tanto en lo que respecta a la fase ascendente, de formación de la voluntad del Estado en la Unión Europea, como en la descendente, de aplicación del Derecho comunitario europeo y de los actos de las instituciones".

A los efectos de dicha participación, el acuerdo de 1994 señalaba también que se entiende por conferencia sectorial "tanto el Pleno del órgano de esa naturaleza como el conjunto de órganos de cooperación multilateral de nivel inferior que, encuadrados directa o indirectamente en la Conferencia, puedan

---

44 RIDAURA MARTÍNEZ, Josefa, *Relaciones intergubernamentales...*, ob. cit., p. 82.

45 Sentencia del Tribunal Constitucional 76/1983, de 5 de agosto, FJ 13, ECLI:ES:TC:1983:76 (BOE núm. 197, de 18 de agosto de 1983).

46 Resolución de 10 de marzo de 1995, de la Secretaría de Estado para las Administraciones Territoriales, por la que se dispone la publicación del Acuerdo de la Conferencia para asuntos relacionados con las Comunidades Europeas sobre la participación interna de las Comunidades Autónomas en los asuntos comunitarios europeos a través de las Conferencias Sectoriales (BOE núm. 69, de 22 de marzo de 1995).

desarrollar en la práctica el contenido del procedimiento marco". Cada conferencia sectorial desarrollará el procedimiento marco de acuerdo con su ámbito material, teniendo en cuenta la distribución competencial y las exigencias de la respectiva política comunitaria. En cuanto a los órganos de cooperación multilateral de nivel inferior que pueden desarrollar el contenido del procedimiento marco, hay que estar a los órganos ejecutivos previstos en el reglamento interno de cada conferencia sectorial para determinarlos. Por tanto, las conferencias sectoriales constituyen un eslabón fundamental para la articulación de la participación de las Comunidades Autónomas en una materia concreta relacionada con la Unión Europea[47]. Cada conferencia sectorial determina qué Comunidad Autónoma asume la representación autonómica en los distintos Consejos Europeos (en aquellas formaciones que han quedado abiertas).

Las funciones de las conferencias sectoriales están recogidas con carácter general en el artículo 148.1 de la Ley 40/2015. En concreto, pueden ejercer funciones consultivas, decisorias o de coordinación orientadas a alcanzar acuerdos sobre materias comunes. De modo particular, el artículo 148.2 de la Ley 40/2015 enumera de forma detallada funciones concretas[48].

---

[47] Todas las Conferencias Sectoriales.... Disponible en https://www.mptfp.gob.es/dam/es/portal/politica-territorial/autonomica/coop_autonomica/Conf_Sectoriales/Documentacion/Conf_Sect_exist/parrafo/0/CONFERENCIAS-SECTORIALES_REGIMEN_JURIDICO_ACTUALIZADO

[48] El artículo 148.2 de la Ley 40/2015 señala como funciones de las conferencias sectoriales: "a) Ser informadas sobre los anteproyectos de leyes y los proyectos de reglamentos del Gobierno de la Nación o de los Consejos de Gobierno de las Comunidades Autónomas cuando afecten de manera directa al ámbito competencial de las otras Administraciones Públicas o cuando así esté previsto en la normativa sectorial aplicable, bien a través de su pleno o bien a través de la comisión o el grupo de trabajo mandatado al efecto; b) Establecer planes específicos de cooperación entre Comunidades

La convocatoria de la conferencia sectorial corresponde al ministro que la preside (artículo 149.1 de la Ley 40/2015) bien por iniciativa propia, al menos una vez al año, o a solicitud de la tercera parte de los miembros de la conferencia, lo que da un claro papel principal a los órganos del poder central[49]. En el caso de la iniciativa autonómica de la convocatoria se debe aportar el orden del día de la reunión.

El orden del día lo propone el presidente de la conferencia y debe especificar el carácter consultivo, decisorio o de coordinación de cada uno de los asuntos a tratar (artículo 149.2 de la Ley 40/2015). La convocatoria debe incluir todos los documentos necesarios para pronunciarse sobre el contenido de la conferencia. No se pueden debatir asuntos no incluidos en el orden del día, salvo que sea por acuerdo de todos los miembros, circunstancia que facilita la flexibilidad y adaptación de la conferencia a cuestiones de última hora que puedan resultar relevantes y

---

Autónomas en la materia sectorial correspondiente, procurando la supresión de duplicidades, y la consecución de una mejor eficiencia de los servicios públicos; c) Intercambiar información sobre las actuaciones programadas por las distintas Administraciones Públicas, en ejercicio de sus competencias, y que puedan afectar a las otras Administraciones; d) Establecer mecanismos de intercambio de información, especialmente de contenido estadístico; e) Acordar la organización interna de la Conferencia Sectorial y de su método de trabajo; f) Fijar los criterios objetivos que sirvan de base para la distribución territorial de los créditos presupuestarios, así como su distribución al comienzo del ejercicio económico, de acuerdo con lo previsto en la Ley 47/2003, de 26 de noviembre".

49 PÉREZ MEDINA, José Maria, "Dinámica de las conferencias sectoriales, Entre la intergubernamentalidad y la cooperación administrativa", *Revista d'Estudis Autonòmics i Federals, Journal of Self-Government* 31, junio 2020, p. 39. Para este autor, "el efecto es una apropiación del órgano por parte del Estado y un cierto desinterés de las comunidades, que pueden ver sus convocatorias como las de unas reuniones ajenas a sus urgencias y actividad diaria".

requieran una posición desde la conferencia sectorial. Tanto en lo que respecta a la convocatoria como en materias relativas al carácter de los asuntos a tratar, se advierte la prevalencia de los órganos del Gobierno central por encima de los órganos autonómicos. En este sentido, las conferencias sectoriales son el espacio idóneo para informar sobre un proyecto normativo[50].

Las conferencias sectoriales tienen, como regla general, órganos de apoyo encargados de preparar las reuniones y realizar un seguimiento de los acuerdos adoptados en su seno. Además, cuentan entre su organización con un secretario que será designado por el presidente de la conferencia sectorial[51].

Las decisiones se adoptan por votación de sus miembros, según la representación que corresponde a cada Administración

---

50 El artículo 149.3 de la Ley 40/2015 señala que "Cuando la conferencia sectorial hubiera de reunirse con el objeto exclusivo de informar un proyecto normativo, la convocatoria, la constitución y adopción de acuerdos podrá efectuarse por medios electrónicos, telefónicos o audiovisuales, que garanticen la intercomunicación entre ellos y la unidad de acto, tales como la videoconferencia o el correo electrónico, entendiéndose los acuerdos adoptados en el lugar donde esté la presidencia, de acuerdo con el procedimiento que se establezca en el reglamento de funcionamiento interno de la conferencia sectorial. De conformidad con lo previsto en este apartado la elaboración y remisión de actas podrá realizarse a través de medios electrónicos".

51 Según el artículo 150.2 de la Ley 40/2015, "2. Corresponde al secretario de la Conferencia Sectorial, al menos, las siguientes funciones: a) Preparar las reuniones y asistir a ellas con voz pero sin voto. b) Efectuar la convocatoria de las sesiones de la Conferencia Sectorial por orden del Presidente. c) Recibir los actos de comunicación de los miembros de la Conferencia Sectorial y, por tanto, las notificaciones, peticiones de datos, rectificaciones o cualquiera otra clase de escritos de los que deba tener conocimiento. d) redactar y autorizar las actas de las sesiones. e) Expedir certificaciones de las consultas, recomendaciones y acuerdos aprobados y custodiar la documentación generada con motivo de la celebración de sus reuniones. f) Cuantas otras funciones sean inherentes a su condición de secretario."

Pública. Las disposiciones que adopte la conferencia sectorial pueden revestir la forma de acuerdos o recomendaciones (artículo 151 de la Ley 40/2015). Las recomendaciones expresan la opinión de la conferencia sectorial sobre un asunto que se somete a su consulta. El contenido de la recomendación obliga a los miembros de la conferencia a orientar su actuación en esa materia de conformidad con lo previsto en la recomendación, salvo quienes hayan votado en contra, mientras no decidan suscribirla con posterioridad. Si algún miembro se aparta del contenido de la recomendación, deberá motivarlo e incorporar dicha justificación en el correspondiente expediente.

Los acuerdos representan un compromiso activo en el ejercicio de las respectivas competencias. Son de obligado cumplimiento y exigibles ante la Jurisdicción Contencioso-administrativa, excepto para los miembros que hayan votado en contra, salvo que decidan sumarse al acuerdo con posterioridad.

En el caso de que la Administración General del Estado ejerza funciones de coordinación, según la distribución constitucional de competencias del ámbito material correspondiente, el acuerdo que se adopte en la respectiva conferencia sectorial será de obligado cumplimiento para todos los miembros con independencia del sentido del voto emitido. Al igual que en el caso anterior, el acuerdo será exigible según la Ley 29/1998, de 13 de julio, reguladora de la Jurisdicción Contencioso-administrativa[52]. En ambos casos los acuerdos serán certificados en acta.

Las conferencias sectoriales pueden también adoptar planes conjuntos, de carácter multilateral, entre la Administración General del Estado y la de las Comunidades Autónomas. La finalidad de estos planes es comprometerse a realizar acciones conjuntas para conseguir objetivos comunes, bajo la naturaleza

---

[52] Ley 29/1983, de 13 de julio, reguladora de la Jurisdicción Contencioso-administrativa (BOE núm. 167, de 14 de julio de 1998).

de acuerdo de la conferencia sectorial. Este tipo de acuerdos se publicará en el "Boletín Oficial del Estado"[53].

Para el desarrollo del trabajo de cada conferencia sectorial, el artículo 152 de la Ley 40/2015 prevé la existencia de la comisión sectorial y de los grupos de trabajo. La comisión sectorial es el órgano de trabajo y apoyo de carácter general de la conferencia sectorial[54]. La comisión sectorial está constituida por el Secretario de Estado u órgano superior de la Administración General del Estado designado para ello por el Ministro correspondiente, que la presidirá, y un representante de cada Comunidad Autónoma, además de un representante de la Ciudad de Ceuta y de la Ciudad Melilla. El ejercicio de las funciones propias de la secretaría de la comisión sectorial corresponderá a un funcionario del Ministerio correspondiente.

Si el reglamento interno de la conferencia sectorial lo prevé, las comisiones sectoriales y grupos de trabajo podrán funcionar de forma electrónica o por medios telefónicos o audiovisuales, siempre que dichos medios garanticen la intercomunicación

---

53 Según el artículo 151.2 de la Ley 40/2015, "El acuerdo aprobatorio de los planes deberá especificar, según su naturaleza, los siguientes elementos, de acuerdo con lo previsto en la legislación presupuestaria:
1.º Los objetivos de interés común a cumplir.
2.º Las actuaciones a desarrollar por cada Administración.
3.º Las aportaciones de medios personales y materiales de cada Administración.
4.º Los compromisos de aportación de recursos financieros.
5.º La duración, así como los mecanismos de seguimiento, evaluación y modificación."

54 Artículo 152.2 de la Ley 40/2015: "La Comisión Sectorial ejercerá las siguientes funciones: a) La preparación de las reuniones de la Conferencia Sectorial, para lo que tratará los asuntos incluidos en el orden del día de la convocatoria. b) El seguimiento de los acuerdos adoptados por la Conferencia Sectorial. c) El seguimiento y evaluación de los Grupos de trabajo constituidos. d) Cualquier otra que le encomiende la Conferencia Sectorial".

entre ellos y la unidad de acto, tales como la videoconferencia o el correo electrónico, entendiendo los acuerdos adoptados en el lugar donde esté la presidencia, según el procedimiento que se establezca en el reglamento de funcionamiento interno de la conferencia sectorial.

Los grupos de trabajo pueden tener carácter permanente o temporal (artículo 152.3 de la Ley 40/2015). Están formados por directores generales, subdirectores generales o equivalentes de las diferentes Administraciones Públicas que formen parte de dicha conferencia y su función es llevar a cabo las tareas técnicas que les asigne la conferencia sectorial o la comisión sectorial. A estos grupos de trabajo podrán ser invitados expertos de reconocido prestigio en la materia a tratar.

El director del grupo de trabajo, que será un representante de la Administración General del Estado, podrá solicitar, con el voto favorable de la mayoría de sus miembros, la participación en el mismo de las organizaciones representativas de intereses afectados, con el fin de recabar propuestas o formular consultas.

4. La Conferencia para Asuntos Relacionados con la Unión Europea

La CARUE es una de las 46 conferencias sectoriales que existen en nuestro ordenamiento constitucional.

La CARUE es la denominación que adopta la originaria Conferencia para Asuntos Relacionados con las Comunidades Europeas a partir de 2004, cuyas siglas responden a la Conferencia para Asuntos Relacionados con las Unión Europea. La primera reunión de la conferencia tiene lugar con motivo de la presidencia española del Consejo en 1989. La preparación de algunos de los asuntos a tratar durante dicha presidencia originó la reunión, un año antes, del Ministro de Asuntos Exteriores con los Consejeros de las Comunidades Autónomas, constituyendo dicho encuentro el germen de la CARUE. En los años sucesivos, hasta 1992, la todavía CARCE mantiene nueve encuentros y consigue alcanzar el consenso para la firma de dos acuerdos. El primero de ellos es el acuerdo para regular la intervención de las Comunidades Autónomas en las actuaciones del Estado en procedimientos precontenciosos de la Comisión de las Comunidades Europeas y los asuntos relacionados con el Tribunal de Justicia de las Comunidades Europeas que afecten a sus competencias y el segundo, el acuerdo en materia de ayudas públicas[55].

La CARCE surge en sus inicios como el espacio de diálogo y cooperación idóneo para abordar la solución gradual a las cuestiones que van surgiendo relativas a la participación de las Comunidades Autónomas en la elaboración y aplicación de las actuaciones políticas entre el Estado central y las Comunidades Autónomas, así como estas cuestiones en proyección europea. En sus comienzos era un foro básicamente de información, pero la intensidad de la participación de las Comunidades Autónomas en las cuestiones europeas se ha ido incrementando gradualmente hasta alcanzar la participación de estas tanto en la fase ascendente de formación de la voluntad estatal como en la descendente de aplicación del Derecho europeo, lo que ha potenciado la importancia del órgano, aunque no su impulso definitivo[56].

El acuerdo de la CARCE, de 29 de octubre de 1992, institucionaliza la conferencia y, aunque sin la incorporación del País Vasco, consigue representar, bajo el principio de cooperación, el foro idóneo para abordar las cuestiones relativas a la participación de las Comunidades Autónomas en la Unión Europea, perdiendo en dicha fecha la configuración de conferencia sectorial. El acuerdo de 1992 atribuía a la CARCE el impulso y seguimien-

---

55 Resolución de 7 de septiembre de 1992, de la Subsecretaría, por la que se dispone la publicación de los Acuerdos adoptados en la reunión de 29 de noviembre de 1990, de la Conferencia Sectorial para asuntos relacionados con las Comunidades Europeas (BOE, núm. 216, de 8 de septiembre de 1992).

56 SEVILLA DURO, Miguel Ángel, *La participación ascendente…*, ob. cit., p. 85

to de la progresiva participación de las Comunidades Autónomas, a través de la respectiva conferencia sectorial o equivalente, en las políticas comunitarias que afecten a sus competencias. El acuerdo fijaba el esquema de participación de las Comunidades Autónomas que incluía los procedimientos de cooperación para articular la intervención y participación de los entes regionales "tanto en la fase de definición de la posición española en los procesos de adopción de decisiones por las instituciones comunitarias, como en la fase de aplicación en nuestro país del Derecho comunitario y del contenido de las políticas comunitarias". La participación de las Comunidades Autónomas en estos procesos se proyecta tanto a nivel interno como a nivel externo y queda justificada "no solo en virtud de las competencias autonómicas que tras la integración europea y de modo paulatino se pudieron ver afectadas por las políticas comunitarias, sino por el interés económico y social que los entes autonómicos tienen en dichas políticas, sin que quede afectado de modo directo una competencia territorial, pero sí el propio desarrollo regional"[57]. Y dentro de la dimensión interna, tanto en una fase ascendente como descendente. Por otro lado, la presencia cada vez con más peso de los entes subestatales en la Unión Europea tiene como consecuencia lógica la generación de mayores expectativas por parte de estos, expectativas más amplias y de mayor envergadura, en un proceso de participación ya consolidado.

4.1. El acuerdo sobre participación interna de las Comunidades Autónomas en los asuntos comunitarios europeos a través de las Conferencias Sectoriales de 1994

En 1994 la CARCE adopta el "Acuerdo sobre Participación interna de las Comunidades Autónomas en los asuntos comu-

---

57 CARMONA CONTRERAS, Ana Mª. y KÖLLING, Mario, "La participación de las CCAA...", ob. cit., p. 246.

nitarios europeos a través de las Conferencias Sectoriales"[58]. El acuerdo señala que las Comunidades Autónomas participarán a través de la respectiva conferencia sectorial u órgano equivalente en las políticas comunitarias que afecten a las competencias de aquellas. La participación se hará efectiva "tanto en la fase de definición de la posición española en los procesos de adopción de decisiones por las instituciones comunitarias como en la fase de aplicación en nuestro país del Derecho comunitario y del contenido de las políticas comunitarias". El acuerdo fija un procedimiento marco que determina cómo se articula esa participación tanto en la fase ascendente como descendente. Por lo que a la dimensión externa se refiere, el acuerdo señala como objetivo «el hacer factible que a partir de la práctica de la participación de las Comunidades Autónomas en cada Conferencia Sectorial, se genere la experiencia necesaria para articular, como elemento complementario de esa participación, la inclusión, cuando se considere procedente, de representantes de las Comunidades Autónomas o de expertos en la delegación española que acuda a debatir ante los organismos comunitarios sobre temas que incidan en competencias autonómicas».

Desde el punto de vista interno, el acuerdo determina el procedimiento marco de cooperación que cada conferencia sectorial debe desarrollar y aplicar tanto en la formación de la voluntad del Estado, con la participación de las Comunidades Autónomas ante las instituciones europeas (ascendente), como en la fase de aplicación del Derecho comunitario y de los actos de las instituciones. El desarrollo del procedimiento marco a cargo de cada conferencia sectorial tendrá en cuenta su respectivo ámbito

---

58 Resolución de 10 de marzo de 1995, de la Secretaría de Estado para las Administraciones Territoriales, por la que se dispone la publicación del Acuerdo de la Conferencia para asuntos relacionados con las Comunidades Europeas sobre la participación interna de las comunidades Autónomas a través de las Conferencias Sectoriales (BOE núm. 69, de 10 de marzo de 1995).

material y podrá modularse atendiendo a las exigencias derivadas de la distribución de competencias y de la particular política comunitaria. A falta de dicho desarrollo, el procedimiento a seguir será el establecido en el acuerdo de 1994. Así pues, la CARCE asume el papel de garante del sistema de participación multilateral de las Comunidades Autónomas en las políticas europeas y, con carácter residual, dicha participación en aquellas áreas en las que no es posible hacerla efectiva a través de la respectiva conferencia sectorial, así como las competencias propias de información, seguimiento y discusión del proceso de integración europea.

El acuerdo define, a los efectos de la participación de las Comunidades Autónomas en la conformación de la decisión europea, lo que ha de entenderse por conferencia sectorial, tal y como ya hemos referido en páginas anteriores, denominación que se extiende a los órganos de cooperación multilateral de nivel inferior con capacidad para desarrollar el acuerdo.

El procedimiento a seguir en cada conferencia sectorial para adoptar una posición común valora tanto la titularidad de las competencias afectadas por la decisión europea como el interés invocado. Si el asunto afecta a las competencias exclusivas del Estado y las Comunidades Autónomas invocan su interés, el Estado ha de informar en el contexto de la conferencia sectorial. Si los aspectos de la negociación afectan a las competencias legislativas exclusivas de las Comunidades Autónomas, y estas han llegado a un acuerdo interno previo a la reunión del Consejo, dicho acuerdo deberá ser tenido en cuenta de manera determinante a efectos de fijar la posición común del Estado. De la misma manera se procede si los temas comunitarios inciden en competencias compartidas o concurrentes del Estado y de las Comunidades Autónomas. Si la posición del Estado varía y hay tiempo para ello, la autoridad estatal debe informar a las Comunidades Autónomas de la modificación de su postura. Por posición común se entiende “el resultado alcanzado, tras agregar y concertar sus respectivas posturas, por aquellas Comunidades Autónomas cuyas competencias estén afectadas por el asunto comunitario en cuestión y que se hubieran pronunciado de forma expresa sobre su contenido" (principio general cuarto).

Se exige consenso entre el Estado y la posición común de las Comunidades Autónomas cuando las decisiones sean susceptibles de originar aumento o disminución de los ingresos de las Administración Públicas. El acuerdo especifica también que, en caso de no alcanzar una posición común por parte de las Comunidades Autónomas, la Administración del Estado "tomará conocimiento de los argumentos expresados por las Comunidades Autónomas", solución que, a mi modo de ver, se abre a la indeterminación, con clara posición prevalente del Estado para la fijación de una postura final. En todo caso, según el apartado octavo, "la aplicación en cada Conferencia Sectorial del procedimiento de participación deberá garantizar el mantenimiento de la capacidad de acción del Reino de España y de una gestión flexible de las negociaciones".

Como ya hemos afirmado *supra*, con carácter general se dispone que las conferencias deben incluir entre sus actividades los asuntos comunitarios que, en sus respectivas materias, tengan relación con la elaboración y ejecución de las políticas comunitarias, estableciéndose una tabla de correspondencias entre las políticas comunitarias, el Consejo de Ministros especializado y las distintas conferencias sectoriales, con el fin de atribuir a cada una de estas los asuntos comunitarios que ha de conocer (apartado quinto). De igual modo, se prevé que el pleno de cada conferencia se reúna al comienzo de cada semestre para analizar el programa expuesto por el representante del Estado miembro al que le corresponde la Presidencia del Consejo.

El acuerdo recoge también la participación de la Comunidad Autónoma en el proceso de formación de la voluntad de Estado basado en un sistema de comunicación fluido entre todos los órganos implicados. La conferencia sectorial remite a la Comunidad Autónoma la propuesta de la Comisión y fija, en función de los plazos del Consejo, un término para expresar su posición. La conferencia sectorial informará a las Comunidades Autónomas de la evolución de la propuesta de la Comisión en el seno del Consejo.

Por lo que respecta a la participación de las Comunidades Autónomas en el proceso descendente de aplicación del Derecho comunitario y en lo referente a aspectos normativos, la conferencia sectorial se configura como el eje central del proceso (Apartado III. Duodécimo)[59], al igual que en lo relativo a la ejecución de actuaciones administrativas.

---

59 Por lo que se refiere a la fase descendente, la Administración General del Estado y las Administraciones de las Comunidades Autónomas se comprometen a residenciar en la correspondiente conferencia sectorial el tratamiento de todos aquellos asuntos de mutuo interés relacionados con la aplicación del derecho comunitario europeo y los actos de las instituciones. En el acuerdo se distinguen tres supuestos. En primer lugar, aquéllos en los que la aplicación consista en la aprobación de normas, respecto a los que se prevé que las Administraciones que proyecten la aprobación de una norma pondrán en conocimiento de la conferencia sectorial el texto del proyecto, así como también la posibilidad de que las Administraciones del Estado y de las Comunidades Autónomas coincidan en la conferencia en la necesidad de dar un contenido semejante o equivalente al proceso normativo interno, debiendo entonces el órgano especializado de la conferencia elaborar una propuesta de acuerdo que se elevará al Pleno. En segundo lugar, los supuestos en los que la aplicación del derecho comunitario consista en la ejecución de actuaciones administrativas, en los que las Administraciones del Estado y de las Comunidades Autónomas deben informarse regularmente a través de la conferencia sectorial de las actuaciones administrativas en proyecto o en curso, pudiendo también proponer en el seno de la conferencia la necesidad de dar un contenido semejante o equivalente al proceso de ejecución administrativa, en cuyo caso el órgano especializado de la conferencia debe elaborar una propuesta de acuerdo que se elevará al Pleno. Y, en fin, los supuestos en los que la aplicación del derecho comunitario consista en el desarrollo de programas comunitarios, en los que la Administración General del Estado ha de informar regularmente a las Administraciones de las Comunidades Autónomas a través de la conferencia sectorial com-

En el camino de la participación de las Comunidades Autónomas en los procesos decisorios europeos ha tenido especial relevancia la creación en 1996 de la Consejería para Asuntos Económicos en el seno de la Representación Permanente de España ante la Unión Europea (REPER), pues permitió establecer un sistema de relaciones fluidas entre las oficinas de las Comunidades Autónomas abiertas en Bruselas y el órgano acreditado por el Estado español ante la Unión Europea. Esta Consejería para Asuntos Económicos asumía el papel de asegurar la presencia de España en las instituciones y órganos de la Unión Europea.

La CARCE de 1994 es informal y primaba la finalidad informativa. La información es la gran favorecida por los acuerdos de 1994, así como la elaboración de una propuesta común. El Gobierno asume la obligación de trasladar a las Comunidades Autónomas toda la información que pueda afectar a las competencias autonómicas; se consulta sobre las políticas comunitarias, se abre un cauce de información mutua en relación con la implementación de las políticas y se fija una posición común coordinada con el Estado respecto de la propuesta europea, pero no vinculante[60]. En junio de 1994 se elabora el reglamento interno de la CARCE.

---

petente de aquellos programas comunitarios que gestione, abiertos o no a la participación de las Comunidades Autónomas, y las Administraciones de estas han de informar también regularmente a la Administración General del Estado de su participación en aquellos programas comunitarios que no sean coordinados por ella.

60 Para GONZÁLEZ PASCUAL, Maribel, "El cauce informativo de la CARCE de 1994 era limitado e indirecto, lento e irregular, siendo la participación así difícil de articular", *Las Comunidades Autónoma...*, ob. cit., p. 45.

4.2. La regulación legal de la CARCE a través de la Ley 2/1997, de 13 de marzo, por la que se regula la Conferencia de Asuntos relacionados con las Comunidades Europeas

La Ley 2/1997, de 13 de marzo, por la que se regula la Conferencia de Asuntos relacionados con las Comunidades Europeas[61], dota de rango legal y una mayor precisión normativa a la CARCE.

El artículo 1 de la Ley 2/1997 define la CARCE como "un órgano de cooperación entre el Estado y las Comunidades Autónomas para articular adecuadamente la concurrencia de éstas en las cuestiones propias de su participación en los asuntos comunitarios europeos", ya sea en la fase de formación de la voluntad del Estado como en la ejecución del Derecho comunitario.

La CARCE con rango legal está constituida "por el Ministro de Administraciones Públicas, que la presidirá, y por el Consejero que, como responsable de los asuntos que integran el ámbito de materias de la misma, sea designado por cada Comunidad Autónoma, de acuerdo a sus normas de organización interna" (artículo 2 de la Ley 2/1997).

La CARCE se articula a través del pleno[62], la comisión de coordinadores de asuntos con la Unión Europea y los grupos

---

61 BOE núm. 64, de 15 de marzo de 1997.

62 Articulo 4.1 Reglamento interno: La Conferencia en Pleno está integrada por "la Vicepresidenta del Gobierno y Ministra de la Presidencia y para las Administraciones Territoriales, el Secretario de Estado para la Unión Europea, el Secretario de Estado para las Administraciones Territoriales y los Consejeros que, como responsables de los asuntos que integran el ámbito de materias de la misma, sean designados por cada Comunidad Autónoma". Según el art. 5.2 Reglamento interno: "A propuesta de los miembros de la Conferencia, corresponde a la Presidencia convocar la asistencia a las reuniones del Pleno de altos cargos de las Administraciones Públicas o de expertos que, en función de los temas a tratar, se considere que pueden contribuir al mejor cumplimiento de las funciones que tiene encomendadas la Conferencia".

de trabajo que dentro de la comisión se constituyan para la preparación de distintos trabajos (artículo 1 Reglamento interno).

El artículo 3 de la Ley 2/1997, de 13 de marzo, recoge las funciones de la CARCE y comienza perfilando sus grandes competencias que son, la cooperación, la consulta y la deliberación entre el Estado y las Comunidades Autónomas, sin perjuicio de sus respectivas facultades de actuación en el marco de sus competencias, lo que excluye la toma de decisiones por parte del órgano, pues la votación o el acuerdo está ausente de la finalidad genérica del mismo[63].

---

63 La CARCE entenderá de las siguientes materias: "1. La información a las Comunidades Autónomas y la discusión en común sobre el desarrollo del proceso de construcción europea. 2.La articulación de mecanismos para hacer efectiva la participación de las Comunidades Autónomas en la formación de la voluntad del Estado en el seno de las Comunidades Autónomas. 3 El tratamiento y la resolución con arreglo al principio de cooperación de aquellas cuestiones de alcance general o contenido institucional relacionadas con las Comunidades Europeas como las siguientes: -Procedimientos técnicos para asegurar la recepción de la información comunitaria de carácter general por parte de las Comunidades Autónomas; -Técnica normativa para incorporar las directivas al Derecho interno como para aplicar, desarrollar y ejecutar reglamentos y decisiones; -Fórmulas de participación en los procedimientos internos para el cumplimiento de obligaciones ante las instituciones comunitarias; -Problemas planteados en la ejecución del Derecho comunitario por implicar a varias políticas comunitarias o exigir medidas internas con un cierto grado de coordinación temporal o material; -Cuestiones relativas a la participación de las Comunidades Autónomas en los asuntos relacionados con las Comunidades Europeas que carezcan de una Conferencia Sectorial o instrumento equivalente donde ser tratadas; 4. El impulso y seguimiento del procedimiento de participación de las Comunidades Autónomas, a través de las respectivas Conferencias Sectoriales u organismo equivalente, en las políticas o acciones comunitarias que afectan a las competencias de aquellas. 5. Garantizar el cumplimiento en las Conferencias Sectoriales de los procedimien-

De la misma fecha de la Ley son el acuerdo de 11 de diciembre de 1997, sobre Seguridad Social y asistencia sanitaria de las personas que prestan sus servicios en las Delegaciones y Oficinas de las Comunidades Autónomas en Bruselas, así como el acuerdo de 11 de diciembre de 1997, sobre la participación de las Comunidades Autónomas en los procedimientos ante el Tribunal de Justicia de las Comunidades Autónomas (firmados ambos por todas las Comunidades Autónomas menos la del País Vasco)[64]. El acuerdo de 11 de diciembre completa el acuerdo anterior de 1990, que regulaba la intervención de las Comunidades Autónomas en los asuntos precontenciosos y en los relacionados con el Tribunal de Justicia. En este caso, se arbitra un procedimiento que facilite la colaboración entre la Administración General del Estado y la Administración de las Comunidades Autónomas en la interposición y tramitación tanto del recurso de anulación como del recurso de inacción. A su vez deja sin efecto el acuerdo de 29 de noviembre de 1990, en lo que respecta a la cuestión prejudicial y al procedimiento de incumplimiento del art. 169 TCE[65].

4.3 Un avance significativo: los acuerdos de 2004

En diciembre de 2004 se adoptan dos acuerdos. Por un lado, el acuerdo sobre la Consejería para Asuntos Autonómicos en la Representación Permanente de España ante la Unión Europea

---

tos y fórmulas de participación de las Comunidades Autónomas previstos en las materias 3.ª c) y 4ª, disponiendo la adecuada aplicación de los mismos. 6.El tratamiento de aquellas otras cuestiones de la participación de las Comunidades Autónomas en los asuntos relacionados con las Comunidades Europeas que estimen oportuno."

64 Resoluciones ambas de 24 de marzo de 1998 (BOE núm. 79, de 2 de abril de 1998).

65 SEVILLA DURO, Miguel Ángel, *La participación ascendente de...*, ob. cit., p. 83-84.

y el acuerdo sobre la participación de las Comunidades Autónomas en los grupos de trabajo del Consejo de la Unión Europea y por otro, el acuerdo sobre el sistema de representación autonómica en las formaciones del Consejo de la Unión Europea[66].

El segundo de los acuerdos de 2004 contempla la participación autonómica en el Consejo de la Unión Europea en los asuntos que afecten a las competencias autonómicas. La participación se extiende tanto a las reuniones ministeriales del Consejo como a los grupos de trabajo y a los órganos preparatorios de las reuniones. En este contexto, la REPER desempeña un papel especial en el proceso decisorio comunitario, mediante la participación directa del personal que presta servicios en las reuniones de los grupos de trabajo y demás instancias preparatorias del Consejo, en cuanto órganos especializados de trabajo en los que se debaten las propuestas normativas formuladas por la Comisión.

Este último acuerdo, en el que se atribuye un importante papel a las conferencias sectoriales, establece las reglas aplicables a la representación autonómica directa en las formaciones ministeriales del Consejo de la Unión Europea, entendiendo por tal representación la incorporación a la delegación española en las reuniones de determinadas formaciones del Consejo de un miembro con rango de Consejero o miembro de un Consejo de Gobierno autonómico que represente a las Comunidades Autónomas en los ámbitos que afectan a sus competencias.

Como hemos resaltado, la participación de las Comunidades Autónomas en los asuntos europeos se lleva a cabo a través de dos vías. En primer lugar, a través de la participación de las Comunidades Autónomas en los grupos de trabajo del Consejo y de la participación, en segundo lugar, en las formaciones del Consejo de la Unión Europea.

---

66 Resolución de 28 de febrero de 2005 (BOE núm. 64, de 16 de marzo de 2005).

A. *Acuerdo sobre la Consejería para Asuntos Autonómicos en la Representación Permanente de España ante la Unión Europea y sobre la participación de la Comunidades Autónomas en los grupos de trabajo del Consejo de la Unión Europea*

La primera parte del acuerdo se refiere a la configuración de la Consejería para Asuntos Autonómicos dentro de la REPER. Para garantizar una mayor presencia e implicación autonómica en los asuntos de la Unión Europea propone tres cuestiones. En primer lugar, la conversión a funcionarios de los miembros presentes en la Consejería de Asuntos Autonómicos de la REPER (de 1996) propuestos por las propias Comunidades Autónomas (tanto los dos puestos existentes a la firma del acuerdo como los puestos futuros en los que se concrete la ampliación en 2005). En segundo lugar, amplía los cometidos a desempeñar por dichos consejeros autonómicos en relación con las Comunidades Autónomas al seguimiento de los asuntos europeos y transmisión de información, según el interés de la respectiva Comunidad Autónoma y, por último, refuerza la comunicación entre la Consejería, el Ministerio y la CARUE.

El nombramiento de los consejeros se limita a tres años, aunque la designación puede ser prorrogada. Los consejeros presentes en la REPER informarán a través de la CARUE del desarrollo de sus funciones, debiendo presentar un informe anual a las Comunidades Autónomas sobre las mismas. Las funciones de estos consejeros se centran en dos ámbitos: en las Comunidades Autónomas y en relación con el Ministerio de Administraciones Públicas. En el primer ámbito, las funciones que han de desempeñar los consejeros son básicamente de transmisión de información de la actividad comunitaria en la que resulten implicados los intereses autonómicos, así como el seguimiento de la participación de las Comunidades Autónomas en las conferencias sectoriales y apoyo a la presencia de las Comunidades Autónomas en Bruselas a través de sus oficinas. En relación con el Ministerio de Administraciones Públicas su labor es fundamentalmente informativa.

En lo que respecta a la participación autonómica en los grupos de trabajo del Consejo de la Unión Europea, la otra parte del acuerdo de 2004, el texto prevé su articulación a través de dos vías. Por una parte, a través de los consejeros agregados a la REPER, mediante la incorporación a la delegación española de los diferentes grupos de trabajo. Por otra parte, cuando en la respectiva conferencia sectorial se haya acordado la representación autonómica directa en las formaciones del Consejo de la Unión Europea, se incorporará al grupo de trabajo correspondiente el responsable técnico designado por quien vaya a ejercer la representación autonómica. Dicha representación se ha de comunicar al Ministerio implicado y a la Consejería de Asuntos Económicos de la REPER.

Los grupos de trabajo en los que se integrará el representante técnico son aquellos grupos preparatorios de las reuniones de las cuatro formaciones del Consejo de la Unión Europea en las que se prevé la participación de la representación directa de las Comunidades Autónomas y que aparecen dentro del listado periódicamente elaborado por la Secretaría General del Consejo. No obstante, tanto el Embajador Representante Permanente como el Representante Permanente Adjunto pueden designar otros grupos de trabajo en los que se considere procedente que asista un representante de la Consejería para Asuntos Económicos.

La participación autonómica en los grupos de trabajo se circunscribe a recibir información sobre el calendario de trabajo de los grupos y asistir y participar en sus reuniones.

Desde el acuerdo de 2004, y tras su actualización por parte del acuerdo de 7 de febrero de 2011, por el que se modifica el acuerdo sobre la Consejería para Asuntos Autonómicos en la Representación Permanente de España ante la Unión Europea y sobre la participación de las Comunidades Autónomas en los grupos de trabajo del Consejo de la Unión Europea, se ha establecido la indicación de los grupos de trabajo en los que se hará efectiva la participación de las Comunidades Autónomas y son: Empleo, Política social, Sanidad y Consumidores; Agricultura y Pesca; Medio Ambiente; Educación, Juventud, Cultura y Deporte; Competitividad-Consumo y Competitividad-Juego[67].

B. Acuerdo sobre el sistema de representación autonómica en las formaciones del Consejo de la Unión Europea

Dicha participación se concreta en la representación autonómica de forma directa mediante la incorporación a la delegación española de un representante designado por las Comunidades Autónomas, con el fin de participar en las deliberaciones del Consejo. El sistema se contrapone a la participación indirecta que suponía la intervención a nivel interno contemplada desde 1994. El representante autonómico ha de ser un consejero o un miembro de un Consejo de Gobierno autonómico.

La representación autonómica se circunscribe inicialmente a cuatro formaciones, que son las que tratan los asuntos concurrentes con las competencias autonómicas. En dichas formaciones europeas la existencia de la conexión entre los asuntos a tratar y las competencias autonómicas será el elemento legitimador de la participación autonómica, en cuanto a la presen-

---

[67] Resolución de 22 de julio de 2011, de la Secretaría de Estado de Cooperación Territorial, por la que se publican las modificaciones de los Acuerdos de 9 de diciembre de 2004, de la Conferencia para Asuntos Relacionados con la Unión Europea para ampliar la participación autonómica en el Consejo de la Unión Europea, y/o en sus grupos de trabajo, en materia de competitividad-consumo, ordenación del juego y deporte (BOE núm. 192, de 11 de agosto de 2011). Las modificaciones de introducidas por los acuerdos de 2 de julio de 2009 contemplaban la participación de las Comunidades Autónomas en los Grupos de Trabajo de las siguientes formaciones del Consejo: Empleo, Política social, Sanidad y Consumidores; Agricultura y Pesca; Medio Ambiente; Educación, Juventud y Cultura; Competitividad-Consumo; Competitividad-Juego (BOE núm. 192, de 11 de agosto de 2011).

cia de intereses autonómicos en las decisiones a adoptar. Las Comunidades Autónomas han de haber manifestado su interés en los asuntos a estudiar que afecten a sus competencias. Ahora bien, determinada la justificación de la intervención de las Comunidades Autónomas queda por decidir "un procedimiento que asegure la información necesaria sobre su evolución, la formación de una posición autonómica común y su integración en la posición española inicial", para lo cual se recupera el procedimiento marco establecido en los acuerdos de 1994 para la participación autonómica en el plano interno. La participación del representante de las Comunidades Autónomas se concreta en la implicación en las reuniones de diez conferencias sectoriales, por lo que el acuerdo remite a las propias conferencias para determinar el esquema general y modular la participación del representante autonómico.

Las formaciones del Consejo donde el acuerdo prevé la representación autonómica son: Empleo, Política social, Sanidad y Consumidores; Agricultura y Pesca; Medio Ambiente y Educación, Juventud y Cultura. Por otro lado, las conferencias sectoriales implicadas, según la tabla de correspondencia contenida en el acuerdo son:

- Formación del Consejo en materia de Empleo, Política Social, Sanidad y Consumidores: la Conferencia Sectorial para Asuntos Laborales, en relación con temas de empleo y política social, la Conferencia Sectorial de Asuntos Sociales, en relación con temas de asuntos sociales, el Consejo Interterritorial del Sistema Nacional de Salud, en relación con temas de sanidad, y la Conferencia Sectorial de Consumo, en relación con temas de consumo.
- Formación del Consejo en materia de Agricultura y Pesca, las Conferencias Sectoriales de Agricultura y Desarrollo Rural, en relación, respectivamente, con los temas de agricultura; Conferencia Sectorial de Pesca Marítima en los asuntos pesqueros.

- Formación del Consejo en materia de Medio Ambiente, con la Conferencia Sectorial del mismo nombre.

Por último, en la formación del Consejo en materia de Educación, Juventud y Cultura, la Conferencia Sectorial de Educación, la Conferencia Sectorial de Asuntos Sociales y la Conferencia Sectorial de Cultura.

En la modificación del acuerdo en el 2009 se acordó ampliar la participación de las Comunidades Autónomas a las formaciones del Consejo relacionadas con consumo, a través de la Conferencia Sectorial de Consumo, así como el juego y las apuestas, mientras que la modificación del año 2011 añade la materia Deporte a la formación en materia de Educación, Juventud y Cultura, así como la materia consumo a través de la Conferencia Sectorial de Consumo en la específica formación de Competitividad-Consumo[68].

La designación del representante autonómico corresponde al pleno de cada una de las conferencias sectoriales concernidas, debiendo recaer en un miembro de la conferencia con rango de consejero del Gobierno de una Comunidad Autónoma, según el procedimiento previamente fijado por el pleno. El pleno de las conferencias sectoriales asegura la participación de los interlocutores idóneos para que las Comunidades Autónomas puedan elegir un miembro del Consejo que los represente en su conjunto, por lo que la representación es común. Se prevé una elección con carácter sucesivo, de manera que la implicación de las Comunidades Autónomas no se vea disminuida ante la improbabilidad de no alcanzar nunca el rol representativo y comprometer de este modo la corresponsabilidad. En todo caso, el procedimiento ha de asegurar una estabilidad en la designación que, como regla general, se vincula al menos al semestre de la presidencia del Consejo de

---

68 BOE núm. 192, de 11 de agosto de 2011.

la Unión Europea. El representante designado por las Comunidades Autónomas ha de llevar el peso y la coordinación del proceso previo a su incorporación a la delegación española y la concertación de lo acordado con la Administración del Estado. El sistema "precisa por encima de todo un adecuado entendimiento del principio de lealtad y mutua confianza entre las instancias autonómica y estatal"[69].

La manifestación del interés de las Comunidades Autónomas en los temas a tratar se determina al inicio de cada presidencia semestral, tras el conocimiento del programa de la presidencia europea. A la vista de los asuntos incluidos en el orden del día, las Comunidades Autónomas establecerán los temas en los que existirá una representación autonómica directa. El representante designado se encargará de concertar con la Administración del Estado los asuntos afectados y la forma de tratarlos, según el punto tercero del acuerdo de 1994. Si fuera preciso se procederá a la adaptación necesaria de los reglamentos de las conferencias sectoriales implicadas para permitir la aplicación del acuerdo y facilitar la participación de las Comunidades Autónomas en el procedimiento. A estos efectos, las Comunidades Autónomas deberán disponer de toda la documentación completa sobre el asunto para poder desarrollar una posición común, así como ser informadas de la evolución de las negociaciones. Mientras que lo segundo es una responsabilidad que recae en los órganos estatales, la adopción de una posición común, al menos de mínimos, ha de recaer en las Comunidades Autónomas, como ejercicio de los principios de lealtad y corresponsabilidad.

Por último, aunque el jefe de la delegación española es el último responsable de las negociaciones y del resultado final, el representante autonómico asiste a las reuniones del Consejo a

---

69 MARTÍN Y PÉREZ DE NANCLARES, José, "Comunidades Autónomas y Unión Europea: hacia...", ob. cit., p. 784.

través de su plena integración en la delegación española, con el asesoramiento al resto de la delegación, la facultad de intervenir en las deliberaciones de acuerdo con el jefe de la delegación y los efectos de la existencia de una posición autonómica común.

C. La revisión de los acuerdos de la CARUE en 2018

La necesidad de continuar mejorando en eficacia la representación de las Comunidades Autónomas en la Unión Europea justifica la revisión de los acuerdos de 2004, con el fin, a su vez, de aclarar las dudas interpretativas surgidas y eliminar las deficiencias detectadas. Entre tanto, la Ley 2/2014, de 25 de marzo, de Acción y del Servicio Exterior del Estado[70], dio un empuje a la actividad de la CARUE "en la elaboración y ejecución de la Acción Exterior en el ámbito de la Unión" (artículo 14.4), puesto que encomienda la participación y ejecución de las Comunidades Autónomas en la Acción Exterior en el ámbito de la Unión Europea "a través de los mecanismos de cooperación existentes, en particular, a través de la Conferencia para asuntos relacionados con la Unión Europea".

El acuerdo de 2018 establece la plena integración del representante en la delegación española, la prestación de asesoramiento a la delegación, la posibilidad de intervenir en las deliberaciones correspondientes de acuerdo con el jefe de la delegación, salvo motivo justificado y los efectos de la existencia de una posición común. Todo ello sin olvidar que la responsabilidad de las negociaciones recae en manos del jefe de la delegación española.

En lo que respecta a la determinación de la representación autonómica directa -en las formaciones del Consejo de la Unión Europea-, la modificación de 2018 fija un sistema de

---

[70] Ley 2/2014, de 25 de marzo, de Acción y del Servicio Exterior del Estado (BOE núm. 74, de 26 de marzo de 2014).

rotación de las Comunidades Autónomas basado en la fecha de aprobación de los Estatutos de Autonomía que se ha puesto en práctica a partir del 1 de enero de 2020. La salvedad en este sistema rotatorio, en el que la designación del representante de las Comunidades Autónomas corresponde a todas ellas, se contempla en la formación de Pesca, en la que las Comunidades Autónomas sin litoral, cuya participación está asegurada, pueden, no obstante, ceder su participación a la siguiente costera que corresponda en el turno de rotación. Como las Comunidades Autónomas son un número par y para asegurar la rotación de los semestres, al comienzo de cada ciclo, el orden de representación se invertirá. Así pues, en el caso de la representación de Castilla-La Mancha su participación de forma directa se ha concretado en el primer semestre del año 2023 en la formación del Consejo de la Juventud, en el año 2024, en Medio Ambiente, en 2025 en Consumo, en 2026 en Educación y Cultura, en 2027 en Deporte, en 2028 en Agricultura y en 2029 en Juego, todas ellas en el primer semestre del año. Respecto de la representación en la formación de Pesca, la participación de Castilla-La Mancha, que según criterio de rotación correspondería al primer semestre del año 2025, tiene prevista la cesión de dicha participación a la Comunidad Autónoma costera siguiente, que en este caso es Cataluña[71].

Por lo que respecta a la participación en sentido material del representante de las Comunidades Autónomas, el acuerdo de 10 de diciembre de 2018 contempla la posibilidad de solicitar el uso de la palabra al jefe de la delegación si el debate versa sobre cuestiones que afecten a las competencias autonómicas

---

[71] Disponible en https://mpt.gob.es/dam/es/portal/politica-territorial/internacional/ue/ccaa-eell-ue/CARUE/2018_12_10_ACUERDO_POR_EL_QUE_SE_MODIFICA_EL_ACUERDO_SOBRE_EL_SISTEMA_DE_REPRESENTACION_AUTONOMICA_EN_LAS_FORMACIONES_DEL_CONSEJO_UE.pdf.pdf

y exista al respecto una posición común desde las Comunidades Autónomas. La cesión del uso de la palabra corresponde al jefe de la delegación, siempre que lo estime oportuno para la mejor defensa de sus intereses, salvo causa suficientemente motivada (artículo 5.3 acuerdo).

En Castilla-La Mancha, la Dirección General de Asuntos Europeos con competencia para coordinar los asuntos europeos en el Gobierno regional es la que asiste a las Consejerías competentes en el desarrollo de sus funciones de participación, cuando tengan que intervenir en el Consejo o en sus grupos de trabajo.

5. La Conferencia Sectorial del Plan de Recuperación, Transformación y Resiliencia

Creada en enero de 2021[72] para la coordinación con las Comunidades Autónomas de la gestión de los fondos europeos aprobados por la Unión Europea para impulsar la transformación económica y social de España. La Conferencia está presidida por la Ministra de Hacienda. El objetivo es canalizar la gobernanza multinivel con implicación de todos los entes interesados, en especial las Comunidades Autónomas, a quienes compete la presentación de planes y acciones de desarrollo para ser beneficiarias de los fondos.

La distribución de los fondos europeos *Next Generation UE*[73] se lleva a cabo a través del Plan de Recuperación, Transformación y Resiliencia (en adelante el Plan) que contempla la elaboración

---

[72] Real Decreto 36/2020, de 30 de diciembre, por el que se aprueban medidas urgentes para la modernización de la Administración Pública y para la ejecución del Plan de Recuperación, Transformación y Resiliencia (BOE núm. 341, de 31 de diciembre de 2020).

[73] *Plan para la recuperación de Europa cuyo instrumento principal es el Mecanismo Europeo de Recuperación y Resiliencia (MRR),* disponible en https://commission.europa.eu/strategy-and-policy/recovery-plan-europe_

de planes a corto plazo para comenzar la recuperación económica tras la pandemia, a medio plazo para iniciar un plan de transformación estructural y a largo plazo para asegurar el crecimiento sostenible y resiliente desde el punto de vista social, económico, financiero, territorial y medioambiental. La conferencia sectorial actúa como órgano de seguimiento y cooperación multinivel para evaluar la implementación de los fondos europeos.

Además de la conferencia sectorial del Plan, el resto de las conferencias sectoriales[74] asumen un papel principal tanto en la propuesta de planes de actuación como en la ejecución de los fondos. En concreto juegan un papel esencial en el desarrollo del Plan pues, en el ámbito de las conferencias sectoriales, se debate, acuerda y asigna la distribución de recursos atribuidos a España entre todas las Comunidades Autónomas.

El Plan prevé la creación de la Secretaría General de Fondos Europeos en el Ministerio de Hacienda, como autoridad responsable del Plan ante la Comisión Europea, que actuará como punto de contacto ante ella (será el órgano coordinador). Esta unidad impulsará el desarrollo del Plan y la coordinación con los Ministerios, Organismos públicos, Comunidades Autónomas y entidades locales y el resto de entidades nacionales y comunitarias implicadas en el Plan con el fin de una mayor eficacia.

---

es#principales-elementos-del-paquete. España recibirá 140.000 millones de euros de estos fondos europeos en el periodo 2021-2026.

74 En concreto las conferencias sectoriales de Educación, Empleo y Asuntos Laborales, Nacional de Transportes, Administración Pública, Agricultura y desarrollo rural, del sistema de cualificaciones y formación profesional para el empleo, de Cultura, del Deporte, de Igualdad, de Justicia, de Medio Ambiente, de Turismo, de Vivienda, urbanismo y suelo de la distribución territorial, Transformación Digital, Consejo Interterritorial del Sistema Nacional de Salud, de Servicios Sociales y del Sistema para la Autonomía y de Atención a la Dependencia, disponible en https://planderecuperacion.gob.es/sites/default/files/2022-02/criterios_distribucion_fondos_ccaa.pdf.

Se constituirá además una Unidad de Seguimiento del Plan en el Departamento de Asuntos Económicos y G20 del Gabinete de la Presidencia del Gobierno para realizar un seguimiento del Plan, al objeto de mantener informado de modo directo y continuo al Presidente del Gobierno y blindar en torno a su núcleo más próximo el control del desarrollo del Plan.

La inversión asignada a Castilla-La Mancha[75] se canaliza a través de diez vectores que recogen 53 líneas de actuación que, a su vez, articulan 134 proyectos, actuaciones e inversiones para la región. Los diez vectores son: infraestructuras verdes y sus ecosistemas, energías renovables e hidrógeno verde, cadena de valor agroalimentaria, economía circular, cohesión verde y vertebración del territorio, rehabilitación energética, modernización y digitalización de la Administración, Cohesión social, igualdad y fomento del empleo, Desarrollo empresarial y emprendimiento y Sanidad y dependencia[76].

IV. CONCLUSIONES

La participación de las Comunidades Autónomas en la formación de la voluntad nacional en la Unión Europea es una consecuencia racional del principio de autonomía que la Constitución española reconoce en el artículo 2 y del principio de cooperación. La cooperación multilateral necesita órganos y espacios de encuentro para la discusión de asuntos que implican tanto a las competencias autonómicas como al interés general. La colaboración entre el Estado y las Comunidades Autónomas tiene lugar a través de la existencia de órganos gubernamentales cuyos resultados han ido oscilando.

---

75 https://www.castillalamancha.es/node/337158

76 https://clmavanza.castillalamancha.es/index.php/plan-clm-avanza/vectores-lineas

La Conferencia de Presidentes, con un convocatoria más que intermitente, no acaba de consolidarse como el órgano de encuentro que debería ser y como la "clave de bóveda" de un sistema fuerte de cooperación entre Administraciones Públicas, a la que aspira a convertirse, inexplicablemente todavía, más de veinte años después de su creación. Por otro lado, la CARUE, desde unos comienzos poco prometedores hasta el punto de inflexión de los acuerdos de 2004, momento en el que parece que sus reuniones cobran un nuevo impulso, instrumenta el debate interno de las cuestiones que comprometen a las partes en el triángulo decisional existente en nuestro ordenamiento jurídico. Las modificaciones posteriores de los acuerdos de 2004 continúan mejorando la posición de las Comunidades Autónomas ante las instituciones de la Unión, con la introducción de procedimientos que optimizan la información y los mecanismos de participación. Por último, las conferencias sectoriales vehiculan la participación interna de las Comunidades Autónomas en los asuntos europeos de modo sectorial y han ido reforzando su papel dentro del esquema europeo de integración de la representación autonómica.

Con todo ello, con las deficiencias advertidas y con la perspectiva futura de mejorarlas, no podemos desdeñar los intentos y los avances respecto de la consolidación del papel de las Comunidades Autónomas en el proceso europeo, teniendo en cuenta el inexistente punto de partida constitucional explícito. A destacar la necesidad de mantener la continuidad temporal de los foros de encuentros Estado-Comunidades Autónomas, en especial la Conferencia de Presidentes, sin cerrarnos a la consolidación de la Conferencia de Presidentes de Comunidades Autónomas, y no dejarlos a la imprevisión y ocurrencia política.

Bibliografía

AJA FERNÁNDEZ, Eliseo, "La conferencia de Presidentes del Estado Autonómico", *Informe comunidades autónomas,* Instituto de Derecho Público, Barcelona, 2006.

CARMONA CONTRERAS, Ana Mª. y KÖLLING, Mario, "La participación de las CCAA en la negociación de la política de cohesión ¿ambitions beyond capacity?", *Revista de Estudios Políticos,* núm. 161, Madrid, julio-septiembre 2013.

CARRANZA, Gonzalo G., "Evolución del régimen jurídico de la Conferencia de Presidente: ¿Hacia una cooperación encorsetada?", *Teoría y Realidad Constitucional,* núm. 51, 2023.

DUQUE VILLANUEVA, Juan Carlos, "Las conferencias sectoriales", *Revista Española de Derecho Constitucional,* núm. 79, enero-abril 2007.

EMBID IRUJO, Antonio, "La conferencia de presidentes de parlamentos de los Länder: un ejemplo de federalismo cooperativo y de cooperación interparlamentaria", *Revista de las Cortes Generales,* núm. 11, 1987.

GÁLVEZ MUÑOZ, Luis A. y RUIZ GONZÁLEZ, José Gabriel, "Estado autonómico, cooperación intergubernamental y conferencia de presidentes", *Revista de derecho político,* núm. 86, enero-abril 2013.

GARCÍA MORALES, María Jesús, "Las Relaciones Intergubernamentales en el Estado Autonómico: estado de la cuestión y problemas pendientes", en GARCÍA MORALES, María Jesús, MONTILLA MARTOS, José Antonio, ARBÓS MARÍN, Xavier (dirs.), *Las Relaciones Intergubernamentales en el Estado Autonómico,* Centro de Estudios Políticos y Constitucionales, Madrid, 2006.

GONZÁLEZ PASCUAL, Maribel, *Las Comunidades Autónomas en la Unión Europea. Condiciones, evolución y perspectivas de futuro,* Institut d'Estudis, Barcelona, 2013.

Informe sobre la conferencia de presidentes, Seminario de Barcelona, 2004, disponible en http://idpbarcelona.net/adjunts/act_aja_informe.pdf

MARTÍN Y PÉREZ DE NANCLARES, José, "Comunidades Autónomas y Unión Europea: hacia una mejora de la participación directa de las Comunidades Autónomas en el proceso decisorio comunitario", *Revista de Derecho Comunitario Europeo,* núm. 22, septiembre-diciembre, 2005.

- "La participación de las Comunidades Autónomas en la Unión europea: a vueltas con una cuestión recurrente a la espera de una adecuada regulación (constitucional)", *Informe comunidades autónomas,* Observatorio de Derecho Público, 2017.

PÉREZ MEDINA, José María, "Dinámica de las conferencias sectoriales, Entre la intergubernamentalidad y la cooperación administrativa", *Revista d'Estudis Autonòmics i Federals, Journal of Self-Government,* 31, junio 2020.

PÉREZ I SEGUÍ, Zulima, "La cooperación horizontal en el Estado Autonómico: situación actual y propuestas de futuro", en GARRIDO MAYOL, Vicente (dir.), *La solidaridad en el Estado Autonómico,* Valencia, 2012.

PÉREZ VELASCO, María del Mar, "La nueva conferencia de gobiernos autonómicos", *Observatorio de Derecho Público,* 2010, disponible en https://idpbarcelona.net/la-nueva-conferencia-de-gobiernos-autonomicos-maria-del-mar-perez-velasco/

PINEDA, Rafael, AGUILLÓ, D. Rafael y otros, *Conferencia de presidentes: modelos y prácticas en Derecho comparado,* Ministerio de Administraciones Públicas, septiembre 2004.

-*Plan para la recuperación de Europa cuyo instrumento principal es el Mecanismo Europeo de Recuperación y Resiliencia (MRR),* disponible en https://commission.europa.eu/strategy-and-policy/recovery-plan-europe_es#principales-elementos-del-paquete

REVIRIEGO PICÓN, Fernando, "El Senado y la Conferencia de Presidentes", *Teoría y Realidad Constitucional,* núm. 17, 2006

RIDAURA MARTÍNEZ, Josefa, *Relaciones intergubernamentales: Estado-Comunidades Autónomas,* Tirant lo Blanch, Valencia, 2009.

SEVILLA DURO, Miguel Ángel, *La participación ascendente de las Comunidades Autónomas en la Unión Europea: un análisis desde Castilla-La Mancha,* Tirant lo Blanch y Cortes de Castilla-La Mancha, Valencia, 2023.

TAJADURA TEJADA, Javier, "La Conferencia de Presidentes: origen, evolución y perspectivas de reforma", *Revista de Derecho Político,* núm. 101, 2018.

CAPÍTULO UNDÉCIMO: La participación de las Comunidades Autónomas a través de sus gobiernos. (II) Las Comisiones Bilaterales de Cooperación Estado-Comunidad Autónoma

JUAN FRANCISCO BARROSO MÁRQUEZ
Profesor Ayudante de Derecho Constitucional
Universidad de Extremadura

I. INTRODUCCIÓN

Las formas en las que se puede concretar el principio de cooperación en el Estado autonómico son muchas, tal y como se puede desprender de la lectura de los distintos capítulos de esta obra. El presente trabajo versará, con carácter general, sobre la forma en la que se ha articulado su vertiente vertical de carácter bilateral y, tras ello, se estudiará el papel que esta concreta configuración de la cooperación desempeña en relación con la formación de la voluntad del Estado que este va a expresar y defender en el marco de los procedimientos decisorios de la Unión Europea.

Este tipo de cooperación ha sido institucionalizada a través de las *Comisiones Bilaterales de Cooperación*, las cuales actúan como un instrumento de diálogo entre el ejecutivo estatal y los de cada una de las Comunidades Autónomas.

El análisis de sus características generales y su encuadre constitucional se abordará en el segundo de los epígrafes de este trabajo. A continuación, nos referiremos a la problemática de la influencia de las Comisiones Bilaterales de Cooperación en la formación de la voluntad del Estado ante la Unión Europea en su configuración de tipo mediata y propia y prestaremos atención a la experiencia concreta de aquellas Comunidades Autónomas que han previsto de manera expresa la participación de su correspondiente Comisión Bilateral de Cooperación en asuntos relacionados con la Unión Europea. En el apartado cuarto estudiaremos, de forma detallada, la configuración específica de la *Comisión Bilateral de Cooperación Administración General del Estado-Comunidad Autónoma de Castilla-La Mancha*; nos referiremos también a su actividad e incluiremos una tabla que nos permitirá comprender visualmente la dinámica que se esconde tras los acuerdos que han sido adoptados en su seno desde el momento en el que fue constituida. Por último, recogeremos las conclusiones que hemos alcanzado a raíz de nuestra investigación.

Adelantamos ahora que se ha detectado una infrautilización de este mecanismo pese a su institucionalización mediante, lo que consideramos, una técnica jurídica bastante correcta. Ha faltado la voluntad política de impulso y, como consecuencia, no se han alcanzado unos resultados acordes a su configuración.

II. LAS COMISIONES BILATERALES DE COOPERACIÓN

1. Evolución normativa

Las Comisiones Bilaterales de Cooperación son una construcción endémica del Estado autonómico, en el sentido de que se trata de una *construcción original y exclusiva del sistema autonómico español*[1]. Estas han adoptado denominaciones diferentes en función de la Comunidad Autónoma, de modo que cuando hablemos con carácter general de las *Comisiones Bilaterales de Cooperación* estaremos conectando con la institución general en un plano teórico, mientras que cuando hagamos referencia a la forma en que dicha institución se ha materializado en cada una de las Comunidades Autónomas utilizaremos la concreta denominación que haya recibido.

La constitución de la primera Comisión Bilateral de Cooperación se produjo en 1983 en el ámbito de la Comunidad Foral de Navarra y recibió la denominación de *Junta de Cooperación con la Comunidad Foral de Navarra.* El proceso de importación de esta institución al resto de Comunidades Autónomas se produjo de manera gradual y se extendió durante casi dos décadas[2].

---

1 SEVILLA DURO, Miguel Ángel, "La participación ascendente de Länder y Comunidades Autónomas en la Unión Europea", *Revista Jurídica Universidad Autónoma de Madrid*, núm. 44, 2021, p. 79.

2 RIDAURA MARTÍNEZ, María Josefa, "Las comisiones bilaterales de cooperación en el sistema autonómico español", *Cuadernos Constitucionales de la Cátedra Fadrique Furió Ceriol*, núm. 60/61, 2007, p. 67. El

Sin embargo, la figura de las *Comisiones Bilaterales de Cooperación* no fue incluida en una norma con rango de ley hasta la promulgación de la Ley 30/1992, de 26 de noviembre, de Régimen Jurídico de las Administraciones Públicas y del Procedimiento Administrativo Común, cuyo artículo 5.2 determinaba que esta denominación se correspondía con los *órganos de cooperación de composición bilateral y de ámbito general que reúnan a miembros del Gobierno, en representación de la Administración General del Estado, y a miembros del Consejo de Gobierno, en representación de la Administración de la respectiva Comunidad Autónoma*; y señalaba que la creación y determinación de los elementos esenciales de su régimen debería ser efectuada a través de un *acuerdo*[3].

Después de un lustro, la Ley 2/1997, de 13 de marzo, por la que se regula la Conferencia para Asuntos Relacionados con las Comunidades Europeas -la CARCE, actualmente denominada CARUE- estableció, en su Disposición adicional primera, que los *instrumentos de cooperación bilateral* serían utilizados para canalizar la participación en los asuntos europeos que *afecten en exclusiva a una Comunidad Autónoma o que tengan para esta una vertiente singular en función de su especificidad autonómica.*

Siguiendo un orden cronológico, la continuación de la evolución normativa de las Comisiones Bilaterales de Cooperación se

---

orden cronológico de constitución fue el siguiente: Cataluña, Galicia, País Vasco y Andalucía (1987); Murcia y La Rioja (1988); Islas Baleares (1989); Canarias y Aragón (1990); Cantabria (1991); Castilla y León y Extremadura (1992); Principado de Asturias (1993); Ceuta y Melilla (1995); Castilla-La Mancha (1996), y; Comunidad Valenciana y Madrid (2000).

3 La consecuencia de esta última apreciación se corresponde con la existencia de una miríada de normas de funcionamiento propias de cada una de las Comunidades Autónomas. Sin embargo, como podremos ver con más detenimiento en el apartado III.2, estas normas han acabado adoptando una configuración similar y únicamente se diferencian en aspectos muy concretos.

produjo con la reforma de la Ley Orgánica 1/2000, de 7 de enero, que añadió dos apartados al artículo 33 de la Ley Orgánica 2/1979, de 3 de octubre, del Tribunal Constitucional. Su objetivo era introducir la posibilidad de que los gobiernos -estatal y autonómico- pudieran resolver mediante un acuerdo los conflictos de inconstitucionalidad antes de acudir al Tribunal Constitucional, utilizando como foro de encuentro las Comisiones Bilaterales de Cooperación[4]. Para ello, el nuevo apartado segundo del artículo 33 establece varios requisitos: que la reunión de la Comisión podrá ser solicitada por *cualquiera de las dos Administraciones*; que se *haya adoptado un acuerdo sobre iniciación de negociaciones*; y que dicho acuerdo *sea puesto en conocimiento del Tribunal Constitucional por los órganos anteriormente mencionados dentro de los tres meses siguientes a la publicación* de la norma legal en cuestión.

Sin embargo, esta posibilidad de acuerdo no es siempre fructífera, como podemos ejemplificar con las sentencias del Tribunal Constitucional 182/2013, de 23 de octubre, 136/2015, de 11 de junio, 65/2018, de 7 de junio, 79/2019, de 5 de junio, 10/2020, de 22 de julio, o 17/2022, de 8 de febrero[5]. Esto será analizado con mayor detenimiento en el apartado IV.2, al hilo de los acuerdos adoptados por la Comisión Bilateral de Cooperación Administración General del Estado-Comunidad Autónoma de Castilla-La Mancha, teniendo en cuenta que las sentencias

---

4 LATORRE VILA, Luis, "La Comisión Bilateral de Cooperación Aragón-Estado", *Revista Aragonesa de Administración Pública*, núm. 39-40, 2012, p. 326.

5 Respectivamente, BOE núm. 278, de 20 de noviembre de 2013, ECLI:ES:TC:2013:182; BOE núm. 160, de 06 de julio de 2015, ECLI:ES:TC:2015:136; BOE núm. 164, de 7 de julio de 2018, ECLI:ES:TC:2018:65; BOE núm. 162, de 8 de julio de 2019, ECLI:ES:TC:2019:79; BOE núm. 52, de 29 de febrero de 2020, ECLI:ES:TC:2020:10; y BOE núm. 59, de 10 de marzo de 2022, ECLI:ES:TC:2022:17.

del Tribunal Constitucional 65/2018 y 79/2019 están precedidas por acuerdos adoptados por la comisión castellanomanchega.

La siguiente reforma en la materia tuvo lugar con la aprobación de la Ley 40/2015, de 1 de octubre, de Régimen Jurídico del Sector Público. La nueva norma -que sustituyó a parte de la anterior Ley 30/1992- incorpora ya un precepto dedicado exclusiva y expresamente a las Comisiones Bilaterales de Cooperación. Los cinco apartados de los que se compone el artículo 153 regulan distintos aspectos de esta institución: en el primer apartado se establece la composición paritaria en cuanto a la representación del Estado, por un lado, y de las Comunidades Autónomas y Ciudades Autónomas, por otro; el segundo señala que las Comisiones ejercen *funciones de consulta y adopción de acuerdos que tengan por objeto la mejora de la coordinación entre las respectivas Administraciones* y que su ámbito de actuación se circunscribe a los asuntos que *afecten de forma singular* a una de las Comunidades Autónomas o Ciudades Autónomas; el tercero prevé la posibilidad de crear Grupos de trabajo; el cuarto apartado concreta la forma que adoptan las decisiones adoptadas por las Comisiones Bilaterales de Cooperación, señalando que serán *acuerdos* y que, si está previsto de forma expresa, serán de obligado cumplimiento para las dos Administraciones que componen la Comisión, y; finalmente, el apartado quinto prevé la posibilidad de que los Estatutos de Autonomía establezcan peculiaridades al respecto, pero siempre *de acuerdo con las finalidades básicas previstas.*

De la normativa expuesta hasta ahora podemos extraer la naturaleza exclusivamente ejecutiva de las Comisiones Bilaterales de Cooperación, entendido esto en el sentido de que únicamente se prevé la participación de los Gobiernos -estatal y autonómico- y que, en ningún caso, será admisible que participen en ella las Cortes Generales o alguna de las asambleas legislativas autonómicas[6].

---

[6] LATORRE VILA, Luis, "¿Competencia legislativa de las Comisiones Bilaterales de Cooperación?: el Acuerdo de la Comisión Bilateral de

A continuación, hemos de referirnos a los Estatutos de Autonomía. Como señala el artículo 147.1 de la Constitución española, se configuran como la *norma institucional básica de cada Comunidad Autónoma* -y de cada Ciudad con Estatuto de Autonomía-; y esta afirmación ha sido concretada por nuestro Tribunal Constitucional al señalar que este *relevante papel* que la Constitución les ha atribuido se debe a que *son las normas a través de las cuales opera el principio dispositivo*[7].

Como resultado de la libertad de configuración que ha caracterizado la construcción del Estado autonómico, encontramos una disparidad en cuanto a la regulación de las Comisiones Bilaterales de Cooperación en los distintos Estatutos de Autonomía: trece de los Estatutos no contienen ninguna previsión expresa acerca de la cooperación bilateral[8]; de modo que únicamente prevén disposiciones expresas sobre esta institución los Estatutos de Autonomía de Cataluña, Andalucía, Aragón, Comunidad Foral de Navarra, Extremadura y Castilla y León; teniendo en cuenta, además, que la regulación más prolija es la de los Estatutos de Autonomía de Cataluña y Andalucía.

Este proceso de institucionalización de las Comisiones Bilaterales de Cooperación denota una clara voluntad por parte de las correspondientes Comunidades Autónomas de estable-

---

Cooperación Aragón-Estado en relación con la Ley 5/2012, de 7 de junio, de estabilidad presupuestaria de Aragón", *Cuadernos Manuel Giménez Abad*, núm. 6, 2013, p. 89.

7 Sentencia del Tribunal Constitucional 247/2007, de 12 de diciembre, FJ 5, ECLI:ES:TC:2007:247 (BOE núm. 13, de 15 de enero de 2008).

8 Los Estatutos de Autonomía correspondientes a las siguientes Comunidades Autónomas: País Vasco, Galicia, Asturias, Cantabria, La Rioja, Región de Murcia, Comunidad Valenciana, Castilla-La Mancha, Canarias, Islas Baleares, Comunidad de Madrid. Esto mismo sucede con los Estatutos de Autonomía de Ceuta y Melilla.

cer una vía de diálogo con el Estado[9]. Sin embargo, debemos tener en cuenta que esto puede deberse a la tendencia mimética del proceso de reforma estatutaria, esto es, que se trata de reformas sucesivas durante un periodo temporal en el que esta materia resultaba atractiva desde el punto de vista político. Como podemos observar si tenemos en cuenta la fecha de reforma de los Estatutos de Autonomía que contienen preceptos expresos sobre las Comisiones Bilaterales de Cooperación, todos ellos fueron reformados entre el 2006 y el 2011; mientras que las reformas que se produjeron con posterioridad -sería el caso de Castilla-La Mancha, cuya última reforma se produjo en 2014, o el de Canarias, en el año 2018- no han incluido este tipo de previsiones. Parece razonable señalar que una de las razones de este freno en el marco de la cooperación bilateral trae causa de la sentencia del Tribunal Constitucional 31/2010[10], sobre la que profundizaremos en el siguiente punto.

2. Encaje constitucional de los instrumentos de cooperación bilateral

La institución que analizamos está inserta en el principio de cooperación, un principio *que no es menester justificar en preceptos concretos,* sino que *se encuentra implícito en la propia esencia de la forma de organización territorial del Estado que se implanta en la Constitución*[11]. En este contexto, debemos tener presente que la cooperación está relacionada con la noción de voluntariedad, pues

---

[9] RUIZ GONZÁLEZ, José Gabriel, "La cooperación intergubernamental en el Estado autonómico: situación y perspectivas", *Revista d'estudis autonòmics i federals*, núm. 15, 2012, p. 319.

[10] En este sentido se pronuncia, por ejemplo, ALBERTON, Mariachiara, "La praxis de las relaciones intergubernamentales en España: un examen cuantitativo y cualitativo de la cooperación en materia ambiental", *Revista Catalana de Dret Ambiental*, Vol. XI, núm. 2, 2020, p. 25.

[11] Sentencia del Tribunal Constitucional 18/1982, de 4 de mayo, FJ 14, ECLI:ES:TC:1982:18 (BOE núm. 118, de 18 de mayo de 1982).

depende de la predisposición política de sus componentes; a diferencia de lo que ocurre con el principio de coordinación, que se relaciona con la idea de obligatoriedad[12], ya que es el Estado el que impone una serie de condiciones básicas para garantizar la *mínima homogeneidad* en todo el territorio a la que se ha referido en varias ocasiones el Tribunal Constitucional[13]. Debido a la voluntariedad que -como acabamos de indicar- resulta inherente a los instrumentos de cooperación, sumada al principio dispositivo, resultan comprensibles las divergencias que la articulación de las Comisiones Bilaterales de Cooperación presenta en función de la Comunidad Autónoma que analicemos[14].

Además de estas dos notas fundamentales que acabamos de señalar, como son las de su carácter implícito y su *voluntariedad*, MONTILLA MARTOS señala otras dos ideas para acabar de caracterizar las relaciones entre el Estado y las Comunidades Autónomas: primero, que el objetivo último de las relaciones de cooperación es el beneficio recíproco de ambas partes (sentencia del Tribunal Constitucional 64/1982); y, en segundo lugar, que estas no pueden suponer, en ningún caso, una extensión de las competencias del Estado (sentencia del Tribunal Constitucional 18/1982)[15].

---

12 Sentencia del Tribunal Constitucional 86/2014, de 29 de mayo, FJ 5, ECLI:ES:TC:2014:86 (BOE núm. 153, de 24 de junio de 2014).

13 Sentencias del Tribunal Constitucional 43/2017, de 27 de abril, FJ 5, ECLI:ES:TC:2017:43 (BOE núm. 126, de 27 de mayo de 2017); y 53/2017, de 11 de mayo, FJ 6, ECLI:ES:TC:2017:53 (BOE núm. 142, de 15 de junio de 2017).

14 LATORRE VILA, Luis, "La Comisión Bilateral de Cooperación Aragón-Estado", *Revista Aragonesa de Administración Pública,* núm. 39-40, 2012, p. 321.

15 MONTILLA MARTOS, José Antonio, "Las relaciones de colaboración en el nuevo marco estatutario: bilateralidad y participación", *Revista de Estudios Políticos,* núm. 151, 2011, p. 158. BOE núm. 296, de 10 de diciembre de 1982, ECLI:ES:TC:1982:64, y BOE núm. 118, de 18 de mayo de 1982, ECLI:ES:TC:1982:18.

En un primer momento puede parecer que el principio dispositivo proyecta cierta indeterminación sobre la configuración del principio de cooperación, pero hemos de tener en cuenta el papel que juega el principio de lealtad constitucional[16]. Desde sus orígenes, el Tribunal Constitucional ha señalado que *todos los poderes públicos deben observar en el sistema autonómico [...] un comportamiento leal en uso de sus atribuciones*, también denominado *deber de auxilio recíproco*[17]; pero esto fue concretado unos años después, cuando señaló de manera expresa que *aunque, en los supuestos en que así ha tenido ocasión de hacerlo, lo haya identificado como regla a la que debe acomodarse el proceder entre autoridades estatales y autonómicas, igualmente está vigente y ha de ser atendido entre los poderes de las diversas Comunidades Autónomas*[18]. En consecuencia, debe garantizarse que la bilateralidad -esto es, las relaciones verticales entre el Estado y una Comunidad Autónoma- no ponga en peligro los intereses del Estado, pero a su vez tampoco puede poner en peligro los intereses del resto de las Comunidades Autónomas[19].

---

16 Debemos tener en cuenta que la lealtad federal es un concepto que tuvo acogida no solo en Alemania, sino también en Italia, Austria o Suiza; y, tras ello, el Tribunal Constitucional español lo ha importado de plano, ÁLVAREZ ÁLVAREZ, Leonardo, *La lealtad constitucional en la Constitución Española de 1978*, tesis doctoral de la Universidad de Oviedo, 2005, p. 16. A través de esta operación surgió el concepto de *lealtad constitucional*, que con carácter más reciente ha sido analizado en CARRANZA, Gonzalo Gabriel, *La lealtad federal en el sistema autonómico español*, Fundación Manuel Giménez Abad, Zaragoza, 2022.

17 Sentencia del Tribunal Constitucional 18/1982, de 4 de mayo, FJ 4. ECLI:ES:TC:1982:18. BOE núm. 118, de 18 de mayo de 1982.

18 Sentencia del Tribunal Constitucional 64/1990, de 5 de abril, FJ 7. ECLI:ES:TC:1990:64. BOE núm. 109, de 7 de mayo de 1990.

19 Por ejemplo, respecto del ámbito competencial, como señala DE LA FUENTE CABERO, Inmaculada, "La participación de las Comunidades Autónomas en la Unión Europea", *Revista Jurídica de Castilla y León*, núm. 7, 2005, p. 103.

La doctrina del Tribunal Constitucional sobre esta materia fue desarrollada en gran medida como consecuencia de la aprobación de la Ley Orgánica 6/2006, de 19 de julio, de reforma del Estatuto de Autonomía de Cataluña, que contiene numerosas referencias a la bilateralidad a lo largo de su articulado, así como recoge una prolija regulación de la que en su artículo 183 ha denominado *Comisión Bilateral Generalitat-Estado*; ya que varios de estos preceptos fueron impugnados mediante la interposición del recurso de inconstitucionalidad núm. 8045-2006, que fue resuelto por el Tribunal Constitucional en la sentencia 31/2010, de 28 de junio[20].

La sentencia del Tribunal Constitucional 31/2010 nos ha proporcionado algunas de las claves más importantes para entender el verdadero encaje de las Comisiones Bilaterales de Cooperación en el marco de la arquitectura constitucional del Estado de las autonomías.

En primer lugar, hemos de analizar la denominación que ha adoptado este tipo de instrumentos en el ámbito institucional catalán. La Comisión Bilateral Generalitat-Estado a la que hace referencia el Estatuto de Autonomía de Cataluña hizo surgir suspicacias en los recurrentes respecto de la significación del *Estado* en dicha nomenclatura, pero estas dudas fueron despejadas cuando el Tribunal Constitucional señaló (FJ 115), de manera expresa, que esta Comisión Bilateral sirve como punto de encuentro *entre el Gobierno de la Generalitat y el Gobierno del Estado, en ningún caso entre el Estado español y la Generalitat de Cataluña,* determinando -de acuerdo con el principio de conservación de las normas- que resultarían inconstitucionales aquellas interpretaciones del precepto que se pronunciaran en este último sentido[21]. La principal consecuencia que se deriva de

---

20 Sentencia 31/2010, de 28 de junio, ECLI:ES:TC:2010:31 (BOE núm. 172, de 16 de julio de 2010).

21 Como prueba de la inocuidad de esta disquisición, podemos ver que la utilización del término *Estado* en la denominación de las Comisio-

esta afirmación se circunscribe al ámbito competencial, pues la exclusiva naturaleza ejecutiva que la sentencia del Tribunal Constitucional 31/2010 atribuye a los mecanismos de cooperación bilateral lamina en este sentido cualquier tipo de competencia que resulte ajena al ámbito ejecutivo, como serían, por ejemplo, las funciones legislativas[22].

En segundo lugar, resulta imprescindible atender a las reglas del juego que existen entre los principios de bilateralidad y multilateralidad. Esta disyuntiva -que hunde sus raíces en la tensión que existe entre las tendencias simétricas y asimétricas a la hora de configurar el Estado autonómico[23]- ha sido resuelta por el Tribunal Constitucional -de nuevo- mediante la técnica de la interpretación conforme, señalando que dicho precepto *no resulta inconstitucional siempre que se interprete en el sentido de que no excluye ni limita la capacidad de los mecanismos multilaterales* (FJ 135).

La bilateralidad tampoco podrá condicionar el funcionamiento general del Estado, por lo que las Comisiones no podrán actuar como un límite para el funcionamiento del marco multilateral general[24]. Conforme a esta doctrina, el Tribunal Constitucional ha determinado que la Disposición Adicional

---

nes Bilaterales de Cooperación se encuentra también en las Comunidades Autónomas de Andalucía, Comunidad Valenciana, Aragón, Canarias, Extremadura y Castilla y León.

22 SOLOZÁBAL ECHAVARRÍA, Juan José, "La sentencia sobre el Estatuto de Cataluña: una visión de conjunto", *Revista de Estudios Políticos,* núm. 151, 2011, p. 224.

23 GONZÁLEZ AYALA, M.ª Dolores, "Las relaciones intergubernamentales en el nuevo marco de las reformas estatutarias: La diferente conciliación de la bilateralidad-multilateralidad en las relaciones Estado-Comunidad Autónoma", *InDret Revista para el Análisis del Derecho,* núm. 1, 2009, p. 12.

24 MONTILLA MARTOS, José Antonio, "Las relaciones de colaboración en el nuevo marco estatutario: bilateralidad y participación", ob. cit., p. 177.

Segunda del Estatuto de Autonomía catalán, cuando señala que en determinados supuestos el Estado debe motivar su decisión si decide no acoger la *posición determinante* de la Comisión Bilateral Generalitat-Estado[25], no resulta inconstitucional porque esta puede interpretarse como un *mecanismo de colaboración en supuestos en los que resultan o pueden resultar especialmente afectados los intereses de la Comunidad Autónoma, sin que en modo alguno el Estado resulte vinculado en la decisión que deba adoptar en el ejercicio de sus competencias* (FJ 117).

En tercer y último lugar debemos referirnos al ámbito en el que es posible utilizar los mecanismos de cooperación con carácter general y, más concretamente, aquellos en los que resulta adecuado recurrir a la cooperación bilateral.

El Tribunal Constitucional ha construido este marco general a través de varias de sus sentencias, todas ellas recogidas en el FJ 7 de la sentencia del Tribunal Constitucional 13/2007, de 18 de enero, donde ha señalado que el principio de cooperación *debe presidir el ejercicio respectivo de competencias compartidas por el Estado y las Comunidades Autónomas*[26]; que este tipo de mecanismos han surgido para conseguir *un objetivo común que ninguno de ellos podría satisfacer, con igual eficacia, actuando por separado*[27]; y que *el principio de cooperación tiende a garantizar la participación de todos los entes involucrados en la toma de decisiones*

---

25 La DA 2ª EAC establece que: "Si el Estatuto establece que la posición del Gobierno de la Generalitat es determinante para conformar un acuerdo con el Gobierno del Estado y este no la acoge, el Gobierno del Estado debe motivarlo ante la Comisión bilateral Generalitat-Estado".

26 Sentencias del Tribunal Constitucional 13/1988, de 4 de febrero, FJ 2, ECLI:ES:TC:1988:13 (BOE núm. 52, de 1 de marzo de 1988), y; 102/1995, de 26 de junio, ECLI:ES:TC:1995:102 (BOE núm. 181, de 31 de julio de 1995).

27 Sentencia del Tribunal Constitucional 68/1996, de 4 de abril, FJ 10, ECLI:ES:TC:1996:68 (BOE núm. 123, de 21 de mayo de 1996).

cuando el sistema de distribución competencial conduce a una actuación conjunta del Estado y de las Comunidades Autónomas[28].

En el supuesto concreto de las Comisiones Bilaterales de Cooperación, existe una diferencia fundamental, cual es la inexistencia del carácter competencial compartido. Nos encontramos ante competencias cuya titularidad pertenece en exclusiva a uno de los extremos de la cooperación -Gobierno del Estado- pero que admiten la participación del otro extremo -Gobierno de la Comunidad Autónoma- por el especial interés que el asunto representa para este último; ello sin perjuicio de la indemnidad que en este sentido debe ser garantizada respecto de la titularidad competencial del Estado[29].

A modo de resumen, podemos decir que el margen de maniobra para la bilateralidad encuentra como límite el adecuado funcionamiento de los mecanismos multilaterales de cooperación y de las competencias estatales de coordinación en las distintas materias; todo ello enmarcado por los principios de solidaridad territorial y lealtad constitucional, como garantes de la armonía entre la unidad del Estado y la autonomía de las diferentes Comunidades Autónomas[30].

---

28 Sentencia del Tribunal Constitucional 68/1996, de 4 de abril, FJ 10. ECLI:ES:TC:1996:68 (BOE núm. 123, de 21 de mayo de 1996).

29 MONTILLA MARTOS, José Antonio, "Las relaciones de colaboración en el nuevo marco estatutario: bilateralidad y participación", ob. cit., p. 185.

30 Esta postura respecto del principio de solidaridad ha sido sostenida por la mayor parte de la doctrina, como podemos ver en la obra de GARCÍA ROCA, Francisco Javier, "Asimetrías autonómicas y principio constitucional de solidaridad", *Revista Vasca de Administración Pública,* núm. 47, 1997, p. 94

III. LA PARTICIPACIÓN BILATERAL, INDIRECTA Y ASCENDENTE EN LA FORMACIÓN DE LA VOLUNTAD DEL ESTADO ANTE LA UNIÓN EUROPEA

Una vez hemos expuesto las características generales, la evolución normativa y el encaje constitucional de las Comisiones Bilaterales de Cooperación, podemos ahora embarcarnos en el análisis concreto de la influencia que han tenido los instrumentos de cooperación bilateral en la formación de la voluntad del Estado en la Unión Europea.

Comenzaremos realizando un análisis teórico y general de las posibilidades que tiene la institución, para luego estudiar de manera más precisa la normativa de las cinco Comunidades Autónomas que han incluido -ya sea en el Estatuto de Autonomía o en las normas de funcionamiento de la correspondiente Comisión Bilateral de Cooperación- previsiones concretas sobre la influencia de este instrumento en asuntos europeos, junto con los acuerdos adoptados en este sentido. Esta metodología nos permitirá contrastar las posibilidades teóricas de la institución con la aplicación práctica, lo que hará posible que extraigamos conclusiones sobre el modo en el que ha sido utilizada.

1. Cuestiones generales

Para comenzar este apartado debemos precisar que el Tribunal Constitucional ha entendido razonable que las Comunidades Autónomas participen en la toma de decisiones respecto de aquellos supuestos en los que están en juego sus intereses particulares; señalando que *basta reparar en [...] el hecho de que las normas [de la Unión Europea] y los actos realizados por estas instituciones puedan producir efectos directos en el orden jurídico de los Estados miembros, para comprender que las Comunidades Autónomas, en cuanto titulares de una autonomía de naturaleza política para la «gestión de sus propios intereses», se hallan directamente interesadas en la actividad que llev[a] a cabo [la Unión Europea]*[31].

Tradicionalmente, se habla de dos vertientes principales de la participación de las Comunidades Autónomas en la Unión: la vertiente externa o directa, cuando los representantes de las Comunidades Autónomas se insertan *directamente* en los organismos de la Unión Europea correspondientes; y la vertiente interna o indirecta, referida a los supuestos en los que las propias Comunidades Autónomas no participan, sino que se limitan a entablar relación con los órganos del Estado para que estos sean los que posteriormente transmitan su voluntad -de ahí que se hable de participación indirecta- a los organismos de la Unión Europea[32].

Entendemos, sin embargo, que realizar esta distinción -entre la vertiente externa o directa y la vertiente interna o indirecta- no resulta del todo coherente con la naturaleza de la participación de las Comunidades Autónomas en la formación

---

[31] Sentencia del Tribunal Constitucional 165/1994, de 26 de mayo, FJ 4, ECLI:ES:TC:1994:165 (BOE núm. 151, de 25 de junio de 1994). Por el momento temporal en que fue dictada, esta sentencia hacía referencia a las Comunidades Europeas, por lo que hemos actualizado este aspecto en aquellos elementos que se encuentran entre corchetes. Esta doctrina del Tribunal Constitucional ha sido recordada más adelante por la sentencia 31/2010, de 28 de junio, FJ 119, cuando ha analizado la posible acción exterior de las Comunidades Autónomas, señalando que la competencia exclusiva del Estado en materia de relaciones internacionales no puede vaciar completamente la competencia de las Comunidades Autónomas en materia de acción exterior, como señala RIDAO MARTÍN, Joan, "El rol de las Regiones Europeas en el marco de las relaciones internacionales de los Estados compuestos. En particular, el Caso Español", *Revista IUS VERITAS*, núm. 54, 2017, p. 135.

[32] Este tipo de distinción ha sido sostenida, entre otros, por DE LA FUENTE CABERO, Inmaculada, "La participación de las Comunidades Autónomas en la Unión Europea", *Revista Jurídica de Castilla y León*, núm. 7, 2005, p. 87.

de la voluntad de la Unión Europea. A nuestro entender, sería más adecuado distinguir entre formas de participación mediata e inmediata, debido a que en el caso de la participación *mediata*[33] el Estado sería el sujeto que actúa como *separación* entre la manifestación de la voluntad de la Comunidad Autónoma y la traducción de dicha voluntad en la sede que corresponda en el ámbito de la Unión Europea.

Tomando en consideración el encaje constitucional que antes expusimos, debemos tener en cuenta que la participación *mediata* de las Comunidades Autónomas en la formación de la voluntad del Estado ante la Unión Europea, materializada a través de las Comisiones Bilaterales de Cooperación, no puede ser definida con carácter general en un Estatuto de Autonomía, sino que le corresponde al Estado a través de la determinación de los cauces de participación multilateral y, sobre esa base, podrán ser determinadas en los distintos Estatutos de Autonomía aquellas especialidades que se correspondan con la participación de tipo bilateral, que en todo caso habrán de tener en cuenta la integridad del sistema[34].

Algunos autores señalan que las fórmulas de cooperación bilateral, respecto de la participación *mediata* en la Unión Europea, han sido utilizadas en aquellos momentos en los que el Estado no se encontraba lo suficientemente receptivo como para mantener un diálogo fluido con las Comunidades Autónomas en materias relacionadas con la Unión, de modo que aquellas con un mayor interés en este ámbito intentaban colmar esta carencia del plano multilateral con un diálogo bilate-

---

33 Según la Real Academia Española, el adjetivo *mediato* se dice de aquello *que en tiempo, lugar o grado está próximo a una cosa, mediando otra entre las dos, como el nieto respecto del abuelo.*

34 MONTILLA MARTOS, José Antonio, "Las relaciones de colaboración en el nuevo marco estatutario: bilateralidad y participación", ob. cit., p. 166.

ral con el Estado[35]. También se ha apuntado que la viabilidad de los acuerdos en sede de las Comisiones Bilaterales de Cooperación se encuentra íntimamente relacionada con la necesidad de pactos de gobernabilidad por parte del Estado[36].

2. Articulación de las distintas Comunidades Autónomas

En esta sección analizaremos la normativa de las cinco Comunidades Autónomas que han incluido -en el Estatuto de Autonomía o en las normas de funcionamiento- previsiones concretas sobre la influencia de las Comisiones Bilaterales de Cooperación en asuntos europeos. Para ello, recogeremos también aquellos supuestos en los que dichos instrumentos han sido efectivamente utilizados para tratar debatir cuestiones que guarden relación con la Unión Europea.

2.1. Andalucía

La Ley Orgánica 2/2007, de 19 de marzo, de reforma del Estatuto de Autonomía para Andalucía, prevé la creación de una Comisión Bilateral Junta de Andalucía-Estado como *marco general*

---

35 A esta conclusión llega, con cita a otros autores, GONZÁLEZ PASCUAL, Maribel, *Las Comunidades autónomas en la Unión Europea: condicionantes, evolución y perspectivas de futuro,* Generalitat de Catalunya Institut d'Estudis Autonòmics, 1ª edición, 2013, p. 98. De manera similar, SEVILLA DURO, Miguel Ángel, "La participación ascendente de las Comunidades Autónomas en la Unión Europea: propuestas de *constitutione ferenda*", en SEVILLA DURO, Miguel Ángel, *La participación ascendente de las comunidades autónomas en la Unión Europea. Un análisis desde Castilla La Mancha,* Cap. III, Ap. 2.1., Tirant lo Blanch, Valencia, 2023, p. 32.

36 GARCÍA GARCÍA, María Jesús, "La integración institucional de las regiones en los procesos decisorios comunitarios", *Revista Jurídica de Castilla y León,* núm. 55, 2021, p. 177.

y permanente de relación entre ambos niveles de gobierno. El artículo 220.1, cuya letra g) señala que una de las materias sobre las que podrá establecerse este tipo de relación será *el seguimiento de la política europea para garantizar la efectividad de la participación de la Comunidad Autónoma de Andalucía en los asuntos de la Unión Europea.*

Esta previsión del Estatuto de Autonomía de Andalucía se ha visto acompañada por la inclusión de una previsión al respecto en las normas de funcionamiento de la Comisión Bilateral de Cooperación Junta de Andalucía-Estado[37]. El artículo 10 de estas normas de funcionamiento prevé, en su apartado primero, la posibilidad de crear *órganos de apoyo*, a los que denomina *Subcomisiones y Grupos de Trabajo.* Su apartado segundo determina la creación *con carácter permanente* de varias de estas subcomisiones, entre las que se encuentra la *Subcomisión de Asuntos Europeos y Acción Exterior.*

A pesar de esta regulación normativa aparentemente adecuada para la participación mediata de la Comunidad Autónoma de Andalucía en asuntos europeos, la práctica nos demuestra que realmente no ha servido a estos fines. De las seis reuniones celebradas por la Comisión andaluza desde su constitución, teniendo en cuenta que la última fue en 2011, ninguna ha tratado en su orden del día problemáticas relacionadas con la Unión Europea.

2.2. Aragón

La Ley Orgánica 5/2007, de 20 de abril, de reforma del Estatuto de Autonomía de Aragón, aunque determina de manera

---

[37] La constitución de la Comisión tuvo lugar el 9 de abril de 2007, mientras que la aprobación de sus normas de funcionamiento se produjo mediante Acuerdo de 12 de noviembre de 2007 (https://mpt.gob.es/dam/es/portal/politica-territorial/autonomica/coop_autonomica/comisiones_bilaterales/Andalucia/Normas-Comisiones-Bilaterales-ANDALUCIA-febrero-2023.pdf0.pdf).

expresa la creación de la Comisión Bilateral de Cooperación Aragón-Estado, no le atribuye competencia alguna en relación con los asuntos europeos. Sin embargo, debemos tener presente que el artículo 10 de sus normas de funcionamiento sí prevé -en términos casi idénticos al caso de Andalucía- la creación de una Subcomisión de Asuntos Europeos y Acción Exterior[38].

Aunque el Estatuto de Autonomía de Aragón no ha recogido de forma expresa la participación de la Comisión Bilateral de Cooperación en asuntos europeos, en la práctica, la Comisión aragonesa ha mantenido dos reuniones -de un total de ocho- en las que se han incluido en el orden del día un punto relacionado con la Unión Europea: la tercera, celebrada el 24 de noviembre de 2009, incluía en el orden del día un punto titulado *Acuerdo en materia de Unión Europea: presidencia española en 2010*; mientras que la octava reunión, celebrada el 19 de noviembre de 2018, incluía un punto titulado *Informe de la Comunidad Autónoma de Aragón en relación con la incidencia de la despoblación, la dispersión y el envejecimiento de la población aragonesa en su financiación, con especial consideración a la atención a la dependencia, y la oportunidad de impulsar la creación de fondos europeos, distribuidos en bases a los anteriores parámetros objetivos, para luchar contra la despoblación.*

2.3. Castilla y León

El supuesto castellanoleonés coincide en el plano teórico con el aragonés. Aunque la Ley Orgánica 14/2007, de 30 de

---

[38] La constitución de la Comisión tuvo lugar el 9 de enero de 2008. La aprobación de las primeras normas de funcionamiento se produjo el 8 de enero de 2009, pero estas normas fueron sustituidas por la adopción de un nuevo reglamento el 18 de julio de 2012, que a su vez fue reformado el 27 de junio de 2017 (https://mpt.gob.es/dam/es/portal/politica-territorial/autonomica/coop_autonomica/comisiones_bilaterales/Aragon/10_Aragon.pdf.pdf).

noviembre, de reforma del Estatuto de Autonomía de Castilla y León, recoge de forma expresa la creación de la Comisión de Cooperación entre la Comunidad de Castilla y León y el Estado, no hay mención alguna a su participación en asuntos europeos. Es el artículo 10 de sus normas de funcionamiento el que se refiere, de nuevo en términos casi idénticos a los dos anteriores, a la creación de una Subcomisión de Asuntos Europeos y Acción Exterior[39]. Sin embargo, a diferencia de lo que ocurría en el caso aragonés, el funcionamiento de la Comisión castellanoleonesa en la práctica es muy distinta, pues ninguna de las tres reuniones que ha celebrado desde su constitución ha incluido en su orden del día asuntos relacionados con la Unión Europea.

2.4. Cataluña

El ejemplo más perfeccionado en este ámbito lo encontramos en el caso catalán. La Ley Orgánica 6/2006, de 19 de julio, de reforma del Estatuto de Autonomía de Cataluña, recoge en su artículo 183 -de forma similar a lo que disponía el artículo 220 del Estatuto de Autonomía de Andalucía- *el seguimiento de la política europea para garantizar la efectividad de la participación de la Generalitat en los asuntos de la Unión Europea*; como uno de los aspectos susceptibles de que la Generalitat establezca con el Estado un diálogo a través de la Comisión Bilateral Generalitat-Estado. Por su parte, el artículo 10 de sus normas de funcionamiento se refiere -al igual que los anteriores- a la creación de una Subcomisión de Asuntos Europeos y Acción Exterior[40].

---

39 La constitución de la Comisión tuvo lugar el 10 de julio de 2008, mientras que la aprobación de sus normas de funcionamiento se produjo el 24 de noviembre de 2010 (https://mpt.gob.es/dam/es/portal/politica-territorial/autonomica/coop_autonomica/comisiones_bilaterales/Castilla-y-Leon/17_Castilla_y_Leon.pdf.pdf).

40 La constitución de la Comisión tuvo lugar el 26 de febrero de 2007. La aprobación de sus normas de funcionamiento se produjo el 16 de abril

En cuanto al aspecto práctico del caso catalán, este también ha resultado fructífero, aunque no en exceso. De las nueve reuniones que ha mantenido la Comisión Bilateral Generalitat-Estado, únicamente la tercera -celebrada el 17 de julio de 2007- incluía en su orden del día un punto relacionado con la Unión Europea: *Informe sobre el proceso de negociaciones de las iniciativas de revisión del Tratado de la Unión Europea y procesos de suscripción y ratificación subsiguientes, a los efectos previstos en el artículo 185 del Estatuto de Autonomía de Cataluña.*

2.5. Madrid

Por último, el supuesto de mención más escueta en este ámbito corresponde al caso madrileño. La Ley Orgánica 3/1983, de 25 de febrero, del Estatuto de Autonomía de la Comunidad de Madrid, como es entendible por su momento de creación, no recoge referencias a la cooperación bilateral y, por tanto, menos aún a la influencia de esta en los asuntos europeos.

Sus normas de funcionamiento, a diferencia de lo que veíamos respecto del resto de Comunidades Autónomas, no prevén la creación de una subcomisión dedicada a los asuntos europeos, sino que, por el contrario, al establecer la composición de la Comisión Bilateral de Cooperación Administración General del Estado-Comunidad de Madrid, establece que uno de los miembros permanentes por parte de la Comunidad de Madrid será la Directora general de Cooperación con el Estado y Asuntos Europeos.

---

de 2007, pero estas fueron modificadas el 19 de julio de 2011, como podemos ver en la Resolución de 29 de julio de 2011, de la Secretaría de Estado de Cooperación Territorial, por la que se publica el nuevo Reglamento de la comisión Bilateral Generalitat-Estado (https://mpt.gob.es/dam/es/portal/politica-territorial/autonomica/coop_autonomica/comisiones_bilaterales/Catalunya/02_Catalunya.pdf.pdf).

IV. LA COMISIÓN BILATERAL DE COOPERACIÓN ADMINISTRACIÓN GENERAL DEL ESTADO-COMUNIDAD AUTÓNOMA DE CASTILLA-LA MANCHA

La Comunidad Autónoma de Castilla-La Mancha ha sido excluida del análisis contenido en la sección III.2 debido a que su normativa no recoge de manera expresa la participación en asuntos europeos por parte de la Comisión Bilateral de Cooperación Administración General del Estado-Comunidad Autónoma de Castilla-La Mancha.

Por este motivo, dedicaremos este apartado al estudio pormenorizado de las reglas de funcionamiento de los instrumentos de cooperación bilateral de Castilla-La Mancha; tras ello, analizaremos los acuerdos adoptados por la Comisión Bilateral de Cooperación castellanomanchega; y, finalmente, consideraremos las posibles causas de la inexistencia de acuerdos de dicha Comisión en asuntos relacionados con la Unión Europea.

1. Constitución y normas de funcionamiento

La Comisión castellanomanchega fue constituida el 8 de febrero de 1996, mientras que la correspondiente normativa está contenida en la Orden de 19 de octubre de 2000, de la Consejería de Presidencia, por la que se dispone la publicación del Acuerdo de aprobación de las normas de funcionamiento de la Comisión Bilateral de Cooperación Administración General del Estado-Comunidad Autónoma de Castilla-La Mancha[41].

[41] Como podemos ver en el DOCM de 3 de noviembre de 2000 (https://docm.jccm.es/docm/verDisposicionAntigua.do?ruta=2000/11/03&idDisposicion=123062448754530481).

Las funciones que dichas normas de funcionamiento le atribuyen a la Comisión son las siguientes: el impulso y concreción bilateral de planes, programas y actuaciones conjuntas para el desarrollo de las políticas comunes en los distintos ámbitos sectoriales; el impulso de la celebración de convenios de colaboración cuando sea necesario un plan o programa conjunto; el diseño de mecanismos de colaboración mutua en aquellas áreas en las que confluyan ambas Administraciones; su utilización como cauce preventivo de solución de conflictos; el arbitrio de propuestas de solución a asuntos que interesen a las dos Administraciones, respetando el límite competencial; el examen de los asuntos que afecten a las dos partes, con especial importancia respecto de la resolución extraprocesal de conflictos de competencia, y; el análisis de las normas con rango de ley que puedan ser susceptibles de planteamiento de un recurso de inconstitucionalidad, para alcanzar un acuerdo entre ambas partes que evite su eventual interposición conforme a lo establecido en el artículo 33 de la Ley Orgánica 2/1979, de 3 de octubre, del Tribunal Constitucional.

La composición de esta Comisión Bilateral de Cooperación será variable en función de los asuntos a tratar, pero contará con una serie de miembros permanentes. Por parte de la Administración General del Estado contará con el Presidente, que será el Ministro de Administraciones Públicas; el Secretario de Estado de Organización Territorial del Estado; el Delegado del Gobierno en dicha Comunidad Autónoma; el Director General de Política Autonómica del Ministerio de Administraciones Públicas, y; un funcionario o cargo público del Ministerio de Administraciones Públicas que actuará como Secretario. Por parte del gobierno de la Comunidad Autónoma de Castilla-La Mancha contará con el Vicepresidente de la Comisión, que será el Vicepresidente de la Junta de Comunidades de Castilla-La Mancha; el Consejero de Presidencia; la Consejera de Administraciones Públicas; la

Consejera de Economía y Hacienda, y; el Secretario de la Comisión Mixta de Transferencias, que actuará como Secretario[42].

En cuanto a su funcionamiento, debe ser lo más flexible y funcional dentro de las posibilidades existentes. Su convocatoria puede ser solicitada por cualquiera de las dos partes, pero en todo caso le corresponderá al Presidente, que salvo urgencia deberá notificarla en el plazo de cuarenta y ocho horas. El quórum necesario para su constitución únicamente requiere la presencia del Presidente, el Vicepresidente y los dos Secretarios. De mutuo acuerdo entre ambas partes se elegirá el lugar de celebración, se elaborará el orden del día y se adoptarán los acuerdos. Se debe levantar acta sucinta del contenido de las reuniones. No existe obligación de publicación de estos acuerdos, pero sí se prevé dicha posibilidad. La secretaría será conjunta.

Acto seguido, recoge la posibilidad de que las partes, cuando consideren que existen motivos fundados para la interposición de un recurso de inconstitucionalidad contra una norma con rango de ley, insten la convocatoria de la reunión de la Comisión Bilateral en el plazo de tres meses desde la publicación de dicha norma, conforme a lo dispuesto en el artículo 33 de la Ley Orgánica del Tribunal Constitucional. Como resultado del trámite, la Comisión Bilateral de Cooperación *podrá adoptar el acuerdo de iniciar negociaciones para resolver las discrepancias, pudiendo instarse, en su caso, la modificación del texto normativo.*

Finalmente, prevé la posibilidad de crear grupos de trabajo de carácter permanente o de naturaleza coyuntural cuando se

---

42 Debemos tener en cuenta que, tanto en el ámbito estatal como en el autonómico, estas referencias deben ser interpretadas en función de la concreta configuración que adopten los distintos ministerios y consejerías, por ejemplo, o de la persona que ocupe los cargos, como podemos ver con la asignación de género femenino o masculino en el caso de algunas denominaciones.

requiera el estudio de cuestiones concretas; pero no establece ninguno de manera específica.

2. Estudio de los acuerdos adoptados

Para comprender los datos que hemos recogido en la tabla sobre los acuerdos adoptados por la Comisión Bilateral de Cooperación Administración General del Estado-Comunidad Autónoma de Castilla-La Mancha (anexo 1), debemos tener en cuenta las siguientes precisiones.

Cuando la fecha del acuerdo no esté especificada en la publicación del Boletín Oficial del Estado (BOE), tomaremos la fecha de la resolución que se publica, en cuyo caso estará acompañado de un asterisco (*); cuando la fecha del acuerdo no esté especificada en la publicación del BOE, pero haya sido especificada posteriormente en la publicación de la correspondiente resolución, estará acompañado por dos asteriscos (**), y, por último; respecto de la fecha acompañada de tres asteriscos (***), debemos tener en cuenta que, aunque la resolución de 11 de julio de 2017 se refiera al acuerdo de 11 de marzo de 2017, esto sería imposible, pues la resolución de este acuerdo se corresponde con la fecha del 17 de enero de 2017, por lo que entendemos que se trata de un error y le asignamos al acuerdo la fecha de 11 de enero de 2017[43].

Los acuerdos de negociación a los que con posterioridad les ha sucedido un acuerdo de resolución están acompañados de un nú-

---

[43] Para profundizar sobre la falta de transparencia en relación con el proceso de publicación de los acuerdos de las Comisiones Bilaterales de Cooperación, podemos recuperar las palabras de MONTILLA MARTOS, José Antonio, "Las relaciones de colaboración en el nuevo marco estatutario: bilateralidad y participación", ob. cit., p. 163, cuando señala *la publicación de los acuerdos se suele producir hasta un año después de su suscripción o, simplemente, nunca.*

mero entre paréntesis. Esta técnica nos permite identificar el acuerdo de negociación correspondiente a cada acuerdo de resolución y visualizar con mayor facilidad cuántos casos de este tipo existen.

De los cuarenta y dos acuerdos que han sido adoptados por la Comisión Bilateral de Cooperación Administración General del Estado-Comunidad Autónoma de Castilla-La Mancha, únicamente el primero tiene como objetivo la elaboración de las normas de funcionamiento de dicha Comisión, mientras que los cuarenta y un acuerdos posteriores son relativos a la posibilidad prevista en el artículo 33 de la Ley Orgánica del Tribunal Constitucional.

Por último, debemos tener en cuenta que únicamente en dos de los asuntos que han sido negociados o resueltos en sede de dicha Comisión Bilateral de Cooperación se han interpuesto con posterioridad sendos recursos de inconstitucionalidad, resueltos por las sentencias del Tribunal Constitucional 65/2018, de 7 de junio, y 69/2019, de 5 de junio. Esto se debe a que los acuerdos adoptados, normalmente, se circunscriben a aspectos muy concretos de una norma con rango de ley, por lo que es posible que se interponga el recurso de inconstitucionalidad contra otros preceptos, pero también es posible que otra Comunidad Autónoma interponga este recurso[44].

Pero también existe otra posibilidad, consistente en la traducción de dicho acuerdo en una norma que posteriormente sea considerada inconstitucional. Esto es precisamente lo que sucedió en el asunto analizado por la sentencia del Tribunal Constitucional 69/2019, que establece lo siguiente: *Entre las modificaciones introducidas por la Ley 2/2018, se encuentra la del régimen relativo a la responsabilidad por los daños causados por especies cinegéticas. Esta regulación de-*

---

44 ALBERTON, Mariachiara, "La praxis de las relaciones intergubernamentales en España: un examen cuantitativo y cualitativo de la cooperación en materia ambiental", *Revista Catalana de Dret Ambiental*, Vol. XI, núm. 2, 2020, p. 28.

riva, de una parte, y según la exposición de motivos de la ley, de un acuerdo de la Comisión Bilateral de Cooperación entre la Administración General del Estado y la Comunidad Autónoma de Castilla-La Mancha, y de otra, como resulta de la tramitación parlamentaria del proyecto de ley («Boletín Oficial de las Cortes de Castilla- La Mancha», de 7 de febrero de 2018), de una enmienda de adición que, precisamente, introdujo el párrafo objeto del presente recurso de inconstitucionalidad.

3. La falta de participación en asuntos europeos

Teniendo en cuenta la época en que fue constituida y en que se aprobaron sus normas de funcionamiento, resulta completamente lógico que no existan referencias a los asuntos relacionados con la Unión Europea en la normativa correspondiente a la Comisión Bilateral de Cooperación Administración General del Estado-Comunidad Autónoma de Castilla-La Mancha.

Sin embargo, es inexcusable que las dos últimas reformas que ha experimentado la Ley Orgánica 9/1982, de 10 de agosto, de Estatuto de Autonomía de Castilla-La Mancha, en los años 2010 y 2014, respectivamente, no hayan tratado de solventar esta carencia. Asimismo, hemos podido comprobar cómo la falta de institucionalización en el Estatuto de Autonomía no ha sido un obstáculo para que la Comisión Bilateral de Cooperación Aragón-Estado celebre dos reuniones en las que ha tratado asuntos europeos.

Como consecuencia, en esta contribución podemos señalar que sí es posible que las Comisiones Bilaterales de Cooperación influyan -aunque sea imposible calcular en qué grado se ha producido- en la formación de la voluntad del Estado ante la Unión Europea. Pero, a su vez, debemos ser conscientes de que, tanto en el plano de construcción normativa, como en el plano de la voluntad política -en el sentido de una cooperación bilateral de corte europeísta-, la Comunidad Autónoma de Castilla-La Mancha es una de las menos desarrolladas en este ámbito.

V. CONCLUSIONES

Lo que demuestra el contraste entre normativa y realidad práctica es que la mayor o menor efectividad de los instrumentos de cooperación bilateral en la influencia de las Comunidades Autónomas a la hora de conformar la voluntad del Estado no depende tanto de la perfección técnica de las normas que prevean estos instrumentos, sino de la voluntad de cooperación política de ambas partes. Aunque coincidimos en la conclusión formulada por GONZÁLEZ VARAS, no estamos de acuerdo con los motivos que esgrime, pues nos parece inadecuada su afirmación de que *no resulta lógico* que la cooperación se desarrolle en sede de las Comisiones Bilaterales de Cooperación[45].

La concurrencia del principio dispositivo y la naturaleza voluntaria propia de los mecanismos de cooperación -señalados con frecuencia por el Tribunal Constitucional como elementos inherentes a la construcción del Estado autonómico- provoca como resultado la creación de un instrumento que se encuentra totalmente a merced de la voluntad política de ambas partes. Si esto ocurre respecto de la cooperación bilateral con carácter general, más complicado aún resulta que la voluntad política concurra en un ámbito determinado como los asuntos relacionados con la Unión Europea.

Una de las posibles soluciones, más allá de su institucionalización en el sentido de la creación de las Comisiones Bilaterales de Cooperación, se encontraría en la fijación de una reunión anual mínima -entendemos que la flexibilidad de estos mecanismos no sería contrariada con esta regulación- o con la expresa inclusión de que dichas Comisiones están obligadas a elaborar un informe de resultados con carácter anual o

---

[45] GONZÁLEZ-VARAS IBÁÑEZ, Santiago, “La participación de las Comunidades Autónomas en la Unión Europea”, *Revista de Estudios de la Administración Local y Autonómica*, núm. 294-295, 2004, p. 115.

bianual, para así garantizar la transparencia y servir como acicate para su efectivo funcionamiento. Asimismo, sería aconsejable que la decisión final de convocatoria de estas Comisiones, que ahora corresponde al Presidente, se convirtiera en una vía de convocatoria directa, esto es, sin la *autorización* del Presidente, para que ambas partes pudieran convocar.

Recuperando nuestra preocupación sobre la falta de transparencia en cuanto a la publicación de los acuerdos adoptados por las Comisiones Bilaterales de Cooperación, que hemos podido comprobar por la dificultad que ha supuesto encontrar dichos acuerdos en el caso de determinadas Comunidades Autónomas, así como en los defectos que estos presentan cuando son publicados, es nuestra obligación conjurar una mejora en este sentido, institucionalizando también dicha obligación de manera menos laxa.

Sin embargo, debemos finalizar señalando que la materialización de estas mejoras no depende de las Comunidades Autónomas, ya que hemos señalado con anterioridad la *inidoneidad* de los Estatutos de Autonomía para determinar los aspectos generales de la cooperación bilateral. Por tanto, recae en el Estado la responsabilidad de mejorar estos aspectos para convertir a las Comisiones Bilaterales de Cooperación en una vía efectiva para canalizar los intereses particulares de las Comunidades Autónomas. Para alcanzar este objetivo no sería necesaria una reforma constitucional, sino que bastaría con realizar una modificación en este sentido del artículo 153 de la Ley 40/2015, de 1 de octubre, de Régimen Jurídico del Sector Público.

Bibliografía

ALBERTON, Mariachiara, "La praxis de las relaciones intergubernamentales en España: un examen cuantitativo y cualitativo de la cooperación en materia ambiental", *Revista Catalana de Dret Ambiental,* Vol. XI, núm. 2, 2020, pp. 1-44.

ÁLVAREZ ÁLVAREZ, Leonardo, *La lealtad constitucional en la Constitución Española de 1978,* tesis doctoral, Universidad de Oviedo, 2005.

CARRANZA, Gonzalo Gabriel, *La lealtad federal en el sistema autonómico español*, Fundación Manuel Giménez Abad, Zaragoza, 2022.

DE LA FUENTE CABERO, Inmaculada, "La participación de las Comunidades Autónomas en la Unión Europea", *Revista Jurídica de Castilla y León*, núm. 7, 2005, pp. 81-127.

GARCÍA GARCÍA, María Jesús, "La integración institucional de las regiones en los procesos decisorios comunitarios", *Revista Jurídica de Castilla y León*, núm. 55, 2021, pp. 165-196.

GARCÍA ROCA, Francisco Javier, "Asimetrías autonómicas y principio constitucional de solidaridad", *Revista Vasca de Administración Pública*, núm. 47, 1997, pp. 45-96.

GONZÁLEZ AYALA, M.ª Dolores, "Las relaciones intergubernamentales en el nuevo marco de las reformas estatutarias: La diferente conciliación de la bilateralidad-multilateralidad en las relaciones Estado-Comunidad Autónoma", *InDret Revista para el Análisis del Derecho*, núm. 1, 2009, pp. 1-26.

GONZÁLEZ PASCUAL, Maribel, *Las Comunidades autónomas en la Unión Europea: condicionantes, evolución y perspectivas de futuro*, Generalitat de Catalunya Institut d'Estudis Autonòmics, 1ª edición, 2013.

GONZÁLEZ-VARAS IBÁÑEZ, Santiago, "La participación de las Comunidades Autónomas en la Unión Europea", *Revista de estudios de la administración local y autonómica*, núm. 294-295, 2004, pp. 105-120

LATORRE VILA, Luis, "La Comisión Bilateral de Cooperación Aragón-Estado", *Revista Aragonesa de Administración Pública*, núm. 39-40, 2012, pp. 317-355.

– "¿Competencia legislativa de las Comisiones Bilaterales de Cooperación?: el Acuerdo de la Comisión Bilateral de Cooperación Aragón-Estado en relación con la Ley 5/2012, de 7 de junio, de estabilidad presupuestaria de Aragón", *Cuadernos Manuel Giménez Abad*, núm. 6, 2013, pp. 80-100.

MONTILLA MARTOS, José Antonio, "Las relaciones de colaboración en el nuevo marco estatutario: bilateralidad y participación", *Revista de Estudios Políticos*, núm. 151, 2011, pp. 153-199.

RIDAO MARTÍN, Joan, "El rol de las Regiones Europeas en el marco de las relaciones internacionales de los Estados compuestos. En particular, el Caso Español", *Revista IUS VERITAS*, núm. 54, 2017, pp. 124-149.

RIDAURA MARTÍNEZ, María Josefa, "Las comisiones bilaterales de cooperación en el sistema autonómico español", *Cuadernos Constitucionales de la Cátedra Fadrique Furió Ceriol*, núm. 60/61, 2007, pp. 65-84.

RUIZ GONZÁLEZ, José Gabriel, "La cooperación intergubernamental en el Estado autonómico: situación y perspectivas", *Revista d'estudis autonòmics i federals*, núm. 15, 2012, pp. 287-328.

SEVILLA DURO, Miguel Ángel, "La participación ascendente de Länder y Comunidades Autónomas en la Unión Europea", *Revista Jurídica Universidad Autónoma de Madrid*, núm. 44, 2021, pp. 69-93.

– "La participación ascendente de las Comunidades Autónomas en la Unión Europea: propuestas de *constitutione ferenda*", en SEVILLA DURO, Miguel Ángel, *La participación ascendente de las comunidades autónomas en la Unión Europea. Un análisis desde Castilla La Mancha*, Cap. III, Ap. 2.1., Tirant lo Blanch, Valencia, 2023.

SOLOZÁBAL ECHAVARRÍA, Juan José, "La sentencia sobre el Estatuto de Cataluña: una visión de conjunto", *Revista de Estudios Políticos*, núm. 151, 2011, pp. 203-229.

FECHA	RESULTADO	FECHA	RESULTADO
20/09/2000	APROBACIÓN DE LAS NORMAS DE FUNCIONAMIENTO	03/11/2015	33.2 LOTC RESOLUCIÓN (8) INTERPOSICIÓN RECURSO INCONSTITUCIONALIDAD STC 69/2019
04/10/2001	33.2 LOTC NEGOCIACIÓN	11/03/2016 *	33.2 LOTC NEGOCIACIÓN
01/10/2003	33.2 LOTC NEGOCIACIÓN	10/02/2017 *	33.2 LOTC RESOLUCIÓN
28/02/2006	33.2 LOTC NEGOCIACIÓN	01/06/2017 *	33.2 LOTC NEGOCIACIÓN INTERPOSICIÓN RECURSO INCONSTITUCIONALIDAD STC 65/2018
31/07/2009	33.2 LOTC NEGOCIACIÓN (1)	14/11/2017 **	33.2 LOTC NEGOCIACIÓN (9)
02/02/2010	33.2 LOTC RESOLUCIÓN (1)	12/09/2018 *	33.2 LOTC RESOLUCIÓN (9)
11/02/2011	33.2 LOTC NEGOCIACIÓN (2)	12/09/2018 *	33.2 LOTC NEGOCIACIÓN
15/02/2011	33.2 LOTC NEGOCIACIÓN (3)	11/01/2019 ***	33.2 LOTC NEGOCIACIÓN (10)
20/05/2011	33.2 LOTC RESOLUCIÓN (2)	11/07/2019 *	33.2 LOTC RESOLUCIÓN (10)
20/05/2011	33.2 LOTC RESOLUCIÓN (3)	13/05/2020 **	33.2 LOTC NEGOCIACIÓN (11)
16/06/2011	33.2 LOTC NEGOCIACIÓN	22/06/2020 *	33.2 LOTC NEGOCIACIÓN (12)
16/06/2011	33.2 LOTC NEGOCIACIÓN	24/07/2020 *	33.2 LOTC NEGOCIACIÓN (13)
20/03/2013 **	33.2 LOTC NEGOCIACIÓN (4)	11/09/2020 *	33.2 LOTC RESOLUCIÓN (11)
21/10/2013 *	33.2 LOTC RESOLUCIÓN (4)	11/09/2020 *	33.2 LOTC RESOLUCIÓN (12)
14/01/2014 **	33.2 LOTC NEGOCIACIÓN (5)	28/10/2020 **	33.2 LOTC NEGOCIACIÓN (14)
24/02/2014 **	33.2 LOTC NEGOCIACIÓN (6)	03/12/2020 *	33.2 LOTC RESOLUCIÓN (13)
30/05/2014 *	33.2 LOTC RESOLUCIÓN (6)	05/03/2021 *	33.2 LOTC RESOLUCIÓN (14)
07/07/2014 *	33.2 LOTC RESOLUCIÓN (5)	11/05/2021 *	33.2 LOTC NEGOCIACIÓN (15)
25/02/2015 **	33.2 LOTC NEGOCIACIÓN (7)	08/07/2021 *	33.2 LOTC NEGOCIACIÓN (16)
02/06/2015 *	33.2 LOTC RESOLUCIÓN (7)	09/12/2021 *	33.2 LOTC RESOLUCIÓN (15)
14/05/2015 **	33.2 LOTC NEGOCIACIÓN (8)	02/02/2022 *	33.2 LOTC RESOLUCIÓN (16)

CUARTA PARTE

PROPUESTAS DE REFORMA

CAPÍTULO DUODÉCIMO: Reformas normativas para la mejora de la participación ascendente de las Comunidades Autónomas en la Unión Europea: Análisis y propuestas

MIGUEL ÁNGEL SEVILLA DURO[1]
Investigador posdoctoral FPU en Derecho Constitucional,
Universidad de Castilla-La Mancha

Sumario: I. INTRODUCCIÓN. II. PROPUESTAS DE REFORMA DEL DERECHO PRIMARIO DE LA UNIÓN EUROPEA: 1. Pasado y presente de las regiones en la Unión Europea. 2. ¿Hacia una reformulación del rol de las regiones en la integración? III. PROPUESTAS DE REFORMA DE LA CONSTITUCIÓN ESPAÑOLA: 1. Primera vía: La mera inclusión del principio de participación. 2. Segunda vía: La inclusión de una "cláusula europea". IV. PROPUESTAS DE REFORMA DE LOS ESTATUTOS DE AUTONOMÍA: 1. Vías adoptadas en los Estatutos de Autonomía de segunda generación. 2. Una propuesta específica para el Estatuto de Autonomía de Castilla-La Mancha. V. A MODO DE CONCLUSIÓN: IDEAS *PRO FUTURO*. Bibliografía.

---

1 Identificador ORCID: orcid.org/0000-0002-6759-0020. Este capítulo se ha elaborado con la financiación del Ministerio de Universidades a través del programa de Formación del Profesorado Universitario (FPU19/00310).

I. INTRODUCCIÓN

La participación de los entes subestatales en la Unión Europea (UE) es positiva y potencia los beneficios propios de la distribución territorial del poder. Desde una concepción utilitarista, la intervención de las Comunidades Autónomas (CCAA) en la creación del Derecho de la Unión Europea (DUE) facilita la maximización de las preferencias de los habitantes por medio de su representación regional, conocedora de las concretas necesidades territoriales y poblacionales. En paralelo, contribuye al desarrollo de los bienes públicos por la competitividad interregional, y también mejora el reparto de los fondos europeos de solidaridad. Además, en línea con las tesis de Mill, la participación de las regiones en la creación de políticas públicas permitiría expresar sus particularidades ante las instancias supraestatales; razón, en parte, del surgimiento y auge de los partidos regionalistas y nacionalistas en España. Sin embargo, y siendo cierto lo anterior, no debe creerse que la participación subestatal en la conformación del DUE responde exclusivamente al anhelo por mejorar la transferencia de sus intereses y necesidades a la instancia supraestatal; más bien responde, simple y sencillamente, al deseo de no ver reducido su margen de actuación garantizado constitucionalmente, especialmente en lo relativo a la distribución de competencias. Entendida así, su actuación contribuye de forma esencial a la preservación y vigencia de los textos constitucionales de los diferentes Estados miembros (EEMM) de la UE[2].

Las vías clásicas de intervención subestatal en la UE son dos: externas e internas. No es menester reiterar lo ya expuesto al respecto en los capítulos que preceden al presente, pero sí conviene advertir en este punto, como se desarrollará en el último epí-

---

2 RUBIO LLORENTE, Francisco, *La forma del poder*, CEPC, Madrid, vol. II, 2012, pp. 785-786.

grafe, que ningún mecanismo o alternativa es necesariamente mejor que otro, pues su conveniencia, utilidad e impacto depende, eminentemente, de los específicos intereses y las particulares pretensiones que cada región ostente. Así, en un Estado con una Cámara Alta como el *Bundesrat* puede parecer conveniente el fomento de las vías internas, mientras que en contextos opuestos o de mayor asimetría, como en el supuesto de las Regiones con estatuto especial de Italia, las vías externas pueden vislumbrarse como una buena oportunidad de actuación; siempre bajo la máxima del respeto a la unidad exterior de la posición nacional.

La situación de las CCAA en España responde a las complejidades inherentes al modelo territorial español, por lo que, a partir de su configuración, en este capítulo se pretenden formular propuestas de reforma del derecho primario de la UE, de la Constitución española y de los Estatutos de Autonomía (EEAA) -y, en particular, del castellanomanchego- a los efectos de reducir las disfunciones y los problemas que han sido señalados en otros trabajos de esta obra colectiva. Se aspira, por tanto, a evaluar y reconsiderar los mecanismos existentes en el ordenamiento jurídico multinivel actual, formulando propuestas de *lege ferenda* según corresponda.

II. PROPUESTAS DE REFORMA DEL DERECHO PRIMARIO DE LA UNIÓN EUROPEA

1. Pasado y presente de las regiones en la Unión Europea[3]

En 2023 el 91% de los ciudadanos de la UE (y el 96% de los españoles) consideraban que las regiones y los municipios debían tener más influencia en la elaboración de las políticas

---

3 Una panorámica al respecto con mayor profundidad en SEVILLA DURO, Miguel Ángel, *La participación de las comunidades autónomas*

de la Unión y en el debate sobre su futuro; en particular, en materia de economía, justicia social y trabajo, en lo referente a la crisis climática y el medioambiente y en cuestiones relativas a la educación, la cultura, la juventud y los deportes[4]. No siempre ha sido así. Como muestra, las Comunidades Europeas obviaron a las regiones como actores esenciales del proceso de integración durante sus primeros 25 años, al punto de que una parte sustancial de la doctrina estimó que el "impacto dramático" sobre su autonomía reconocida suponía una suerte "provincialización"[5], pues ni intervenían en la fase ascendente de creación del derecho ni podían recurrir al Tribunal de Justicia de ningún modo (antiguo artículo 173.1 del Tratado de Roma); y, además, estaban perdiendo buena parte de sus competencias, especialmente en lo relativo al sector primario. Desde Alemania se vino a llamar a este proceso *Landesblindheit* ("ceguera federal"), aludiendo a que la integración europea únicamente "veía" a los Estados y obviaba las particularidades, necesidades e intereses de las regiones[6].

---

en la Unión Europea. Un análisis desde Castilla-La Mancha, Tirant Lo Blanch, Valencia, 2023, pp. 25-31.

4 COMITÉ DE LAS REGIONES, *Regional and local barometer "Influence of regions and cities"*, 25 de mayo a 31 de julio de 2023. Disponible *online* en: https://cor.europa.eu/en/our-work/Pages/EURegional-Barometer-Survey-2023.aspx.

5 Por todos, D'ATENA, Antonio, "Regionalismo e integración supranacional desde una perspectiva europea y comparada", *Revista de Derecho Constitucional Europeo,* núm. 7, 2007, p. 277, y la bibliografía por él citada.

6 En paralelo, en el continente se estaba presenciando un impulso al regionalismo en los derechos internos: en Italia, la transferencia de competencias a las regiones ordinarias; en el Reino Unido, los proyectos de descentralización para Escocia y Gales (aunque ambos fueron revocados tras los referendos poslegislativos de 1979); en Bélgica, el inicio de, hasta ahora, seis reformas estatales consecutivas; en España, la adopción en 1978 del Estado de las autonomías; e incluso en Francia, el proceso gradual de transformación de las

El aumento de la atención prestada por la integración a los entes subestatales se plasmó en la Declaración conjunta de la Comisión, el Consejo y el Parlamento de 19 de junio de 1984, que dispuso que las instituciones comunitarias concordaban sobre la oportunidad de estrechar la colaboración con "las autoridades regionales y eventualmente locales", pues esto permitiría "tener más en cuenta los intereses regionales en la elaboración de programas de desarrollo regional". En consecuencia, se trató de incentivar su participación tanto por medio de la creación del Consejo consultivo de los entes regionales y locales como a través de un aumento sustancial de los fondos estructurales. Casi un lustro más tarde, en 1988, se promulgó la Carta comunitaria de la regionalización[7], contenida en una resolución cuasiprogramática del Parlamento Europeo que incentivó a los EEMM a "regionalizar sus estructuras internas". Esta Carta sentó las bases terminológicas sobre qué se entiende por "región" –fijando un concepto amplio–, y, aunque no supuso un reconocimiento de la autonomía jurídica de los entes subestatales, trató de clarificar la distribución competencial de la integración.

Sin embargo, no sería hasta 1993, con la entrada en vigor del Tratado de Maastricht, cuando el condicionante regional sería

---

regiones, establecidas para el desarrollo en entidades territoriales de pleno derecho con legitimidad democrática directa (*collectivités territoriales*), lo que culminó con la reforma de la descentralización de 1982. Todo ello derivó en una creciente interconexión de los entes territoriales subestatales en toda Europa, como muestran la sustitución en 1975 de la Conferencia de Autoridades Locales del Consejo de Europa por el Congreso de Poderes Locales y Regionales de Europa y las declaraciones de Galway (1975) y Burdeos (1978) de la misma organización internacional, en las que se abordaba la cuestión cada vez más actual del regionalismo (PALERMO, Francesco y KÖSSLER, Karl, *Comparative Federalism. Constitutional Arrangements and Case Law*, Hart, Oxford, 2017, pp. 22-23).

7 Aprobada por el Parlamento Europeo el 18 de noviembre de 1988 (Diario Oficial C 326, de 19 de diciembre de 1988, pp. 289-301).

oficialmente tomado en consideración en el derecho primario; primero, por la creación del Comité Europeo de las Regiones (CDR); segundo, por la proclamación del principio de subsidiariedad (artículo 3B del tratado, aunque con una redacción ciertamente estatalista, si bien el principio ya se había plasmado en el artículo 4.3 de la Carta Europea de la Autonomía Local de 1985); tercero, por la búsqueda de la participación regional ascendente –sobre todo por vías internas, pero permitiendo, incluso, la participación de representantes regionales en el Consejo–; y cuarto, por la redacción de la Declaración aneja al tratado relativa a las regiones ultraperiféricas de la Comunidad. Los tratados de Ámsterdam (1999) y Niza (2003) supusieron, si no un freno, al menos sí una ralentización en el avance del proceso de regionalización europeo, pues son muestra de la limitadísima influencia que tuvieron las regiones –individualmente y como conjunto– en los procesos de negociación; especialmente en lo relativo a los fondos estructurales, materia de singular trascendencia para sus intereses, lo que no impide negar la trascendencia que tuvo el desarrollo del principio de subsidiariedad en un Protocolo anexo al tratado de Ámsterdam[8].

---

8 "La Comisión deberá (...) entablar un diálogo más sistemático con las asociaciones europeas y nacionales de las Administraciones regionales y locales en una fase temprana del proceso de elaboración de las políticas (...)". El CDR debería "asumir un papel más activo en la evaluación de la acción comunitaria (...) [y] organizar el intercambio de las mejores prácticas de participación de las autoridades regionales y locales en la fase preparatoria del proceso de decisión europeo a nivel nacional (...)". "Los Estados Miembros deberían analizar las posibilidades de una mayor participación de los agentes locales y regionales en la definición de las políticas comunitarias [y] promover la utilización de acuerdos contractuales con sus regiones y organismos locales".
Entre ambos tratados es también destacable la publicación del Libro Blanco sobre la gobernanza europea en 2001, que supuso un nuevo punto de inflexión que incluso tras Lisboa permanece inmanente. En el mismo se afirmó la necesidad de "reforzar la interacción con

Tras el fracaso del Tratado por el que se establecía una Constitución para Europa (2004)[9], el Tratado de Lisboa (2009) plasma el respeto a las estructuras internas del Estado del modo actualmente vigente, haciendo del regionalismo un instrumento de contrapeso y reequilibrio funcional en la coyuntura actual de la UE[10]. En este sentido, el artículo 4.2 del Tratado de la Unión Europea (TUE) impone a la UE el respeto a la "identidad nacional, inherente a las estructuras fundamentales políticas y constitucionales de éstos, también en lo referente a

---

los organismos regionales y locales" a través de acciones concretas que tanto la Comisión como el CDR y/o los EEMM debían llevar a cabo. En este punto se pone de manifiesto que, como señala Mangas Martín, el fenómeno regional no es incompatible ni contradictorio con el proceso de integración; y ello es así porque el federalismo europeo se forja con dos grandes aspiraciones que se equilibran entre sí a modo de contrapesos: la organización de un conjunto continental y la diversificación de los centros de decisión internos (MANGAS MARTÍN, Araceli "La participación de las comunidades autónomas en la Unión Europea", en MANGAS MARTÍN, Araceli y LIÑÁN NOGUERAS, Diego J., *Instituciones y Derecho de la Unión Europea,* 13ª ed., Tecnos, Madrid, versión digital, 2020, pp. 836-837).

9 El Tratado por el que se establecía una Constitución para Europa (2004) aportó luz en el proceso regionalizador de la integración. Más allá de la quizá excesivamente entusiasta fórmula del "modelo federalista regional" que se proclamaba en la Exposición de motivos, su artículo I-5.1 reiteró el respeto de la Unión por las estructuras internas de los Estados "también en lo referente a la autonomía local y regional", y dicho respeto se enuncia en relación con materias concretas a lo largo de todo el proyecto de Constitución. Asimismo, el tratado pretendió potenciar el CDR y la articulación del principio de subsidiariedad, permitiendo, entre otras acciones, que el Comité recurriese al Tribunal de Justicia de la Unión Europea (TJUE) para denunciar la violación del mismo.

10 Con profundidad, FROSINA, Laura "Regiones y Unión Europea tras el tratado de Lisboa. El Comité de las Regiones, los parlamentos regionales y el desafío de la '*multilevel governance*'", *Revista de derecho constitucional europeo,* núm. 22, 2014, especialmente pp. 179-186 y p. 210.

la autonomía local y regional", en línea con el preámbulo de la Carta de Derechos Fundamentales de la UE, que estipula que la UE contribuye a la preservación y fomenta sus valores dentro del respeto a "la organización de sus poderes públicos a escala nacional, regional y local". A ello se suma el Protocolo de cooperación entre el CDR y la Comisión Europea de 2012.

2. *¿Hacia una reformulación del rol de las regiones en la integración?*

La reforma del derecho primario de la UE es un tema tan recurrente como sensible y complejo, si bien la participación regional en la integración dista de ser el objeto central de las discusiones[11]. Las propuestas al respecto son de fuentes tan diversas como actores existen; e incluso provienen, en buena medida, de la ciudadanía civil organizada. En particular, son tres los puntos sobre los que doctrina e instituciones han trazado propuestas de reforma: la configuración del principio de subsidiariedad, el rol y las competencias del CDR, y el diálogo entre los actores del procedimiento legislativo ordinario y las asambleas legislativas regionales con competencias en cualesquiera materias que más tarde hubiesen de desarrollar normativamente, ejecutar o supervisar.

En este sentido, la que quizá constituya la aportación de mayor relieve por su formulación, apoyo e impacto es la articulada en el informe de la Conferencia sobre el Futuro de Europa, pre-

---

[11] Como muestra, nada se dice al respecto en el reciente informe independiente encargado por los gobiernos francés y alemán en materia de reformas institucionales en la UE. *Vid.* FRANCO-GERMAN WORKING GROUP, *Report on EU Institutional Reform "Sailing on High Seas: Reforming and enlarging the EU for the 21st century"*, 18 de septiembre de 2023. Disponible *online* en: https://www.auswaertiges-amt.de/blob/2617322/4d0e0010ffcd8c0079e21329bbbb3332/230919-rfaa-deu-fra-bericht-data.pdf.

sentado a los presidentes de las tres instituciones[12]. Por un lado, se alude a la necesidad de que el proceso de toma de decisiones en la integración siga desarrollándose para que los órganos e instituciones subestatales, entre otros, se involucren más. En este aspecto se apunta al fomento de la cooperación y el diálogo interparlamentarios. Por otro lado, y con mayor concreción, se enfatiza que la UE debe revisar el actual mecanismo de subsidiariedad ampliándolo "a todos los parlamentos regionales de la Unión que tengan competencias legislativas" (propuesta 39.2). A ello se añade la importancia de unificar la definición de la subsidiariedad y de reformar el derecho primario para que el CDR incluya "canales de diálogo adecuados para las regiones, así como para las ciudades y los municipios, dándole un papel más importante en la arquitectura institucional si están en juego cuestiones con un impacto territorial" (propuesta 40.2, 3 y 4).

Ahondando y precisando el anterior informe, la reciente Resolución del Parlamento Europeo, de 22 de noviembre de 2023, sobre los proyectos del Parlamento Europeo de revisión de los Tratados, aboga sin titubeos por el refuerzo del examen de la subsidiariedad por parte del TJUE, lo que le lleva a revindicar que "se tenga en cuenta la opinión de los Parlamentos regionales con competencias legislativas" (§16) y que "se introduzca un mecanismo de 'tarjeta verde' para las propuestas legislativas de los Parlamentos nacionales o Parlamentos regionales con competencias legislativas con el fin de que el Derecho de la Unión responda mejor a las necesidades [regionales y] locales" (§17). Asimismo, el Parlamento propone reformas concretas para el respeto a la autonomía y diversidad regionales, tanto en materia de lenguas (en-

---

[12] CONFERENCE ON THE FUTURE OF EUROPE, *Report on the Final Outcome*, mayo de 2022; en lo aquí concerniente, pp. 83 y 84. Disponible *online* en: https://www.europarl.europa.eu/resources/library/media/20220509RES29121/20220509RES29121.pdf.

mienda 92) y educación (enmienda 144), como en relación con el precitado principio de subsidiariedad (enmiendas 224 y 225).

Mayor impacto tiene a los efectos de este trabajo el conjunto de sus sugerencias en materia de procedimiento legislativo, entre las que se prevé, en un primer momento, la dimensión regional en las propuestas de actos legislativos de la Comisión (enmienda 217)[13], amén de la obligatoriedad de que Comisión, Parlamento y Consejo transmitan "sus proyectos de actos legislativos" "a los Parlamentos nacionales y a los Parlamentos regionales con competencias legislativas" (enmienda 219 sobre la introducción de un nuevo artículo 299 *quinquies* en el TFUE). También se recoge en este punto la necesidad de que todo proyecto de Directiva contenga "una ficha de pormenores" que permita evaluar los "efectos en la normativa que han de desarrollar los Estados miembros, incluida, cuando proceda, la legislación regional" (enmienda 220 sobre la introducción de un nuevo artículo 299 *sexies* en el TFUE). Finalmente, se prevé que cuando en el procedimiento legislativo "puedan verse afectadas competencias regionales exclusivas, los Parlamentos nacionales o cámaras de dichos Parlamentos [incluyan] en su dictamen motivado el dictamen de los Parlamentos regionales con competencias legislativas" (enmienda 221 sobre la introducción de un nuevo artículo 299 *septies* en el TFUE).

Con la mira puesta en el CDR, el informe del Grupo de Alto Nivel sobre Democracia Europea de dicho órgano parte de que la división de poder entre el centro y los niveles regionales es "una fuente de ahorro de escala", "al tiempo que permite una

---

13 Propuesta de nuevo artículo 299 *ter* del TFUE: "Antes de proponer un acto legislativo, la Comisión procederá a amplias consultas. Estas consultas deberán tener en cuenta, cuando proceda, la dimensión regional y local de las acciones previstas. En casos de urgencia excepcional, la Comisión no procederá a estas consultas. Motivará su decisión en su propuesta".

mejor adaptación de la legislación a las necesidades de las autoridades subnacionales", por lo que promulga reforzar y organizar mejor "el sistema europeo de gobernanza multinivel [y] la interacción ascendente y descendente entre los diferentes niveles", además de fomentar y apoyar las Agrupaciones Europeas de Cooperación Territorial (AECT), que abordan problemas de interés común[14]. En este sentido, el informe contiene propuestas concretas de reforma del rol del CDR, tanto en la fase preparatoria del DUE, como en el procedimiento legislativo mismo, en la fase de implementación y en la ulterior fase de evaluación de su impacto. A ello se suma una pretendida transición hacia un modelo de "subsidiariedad activa" en el que los legislativos internos, en sus diferentes niveles, y el CDR se hallen más coordinados para reforzar la implementación en el nivel subestatal, lo que debe estar acompañado de un constante diálogo interparlamentario. Todo lo anterior, como es evidente, favorece la participación externa o directa de cualesquiera entes subestatales[15].

En una línea parecida a dicho informe se encuentra el Manifiesto de Marsella de los líderes regionales y locales, publicado el 4 de marzo de 2022 por los miembros de la Cumbre Europea de Regiones y Ciudades, que es organizada bianualmente por el CDR. En dicho Manifiesto, junto a una serie de proclamas principialistas bien fundadas, se solicita que el CDR "pase gradualmente de desempeñar una función consultiva como es el caso en la actualidad a tener un papel vinculante en un número limitado de ámbitos políticos con una clara dimensión territorial, evitando al mismo tiempo añadir mayor complejidad a

---

14 COMITÉ DE LAS REGIONES, *Report of the High Level Group on European Democracy,* 2022. Disponible *online* en: https://cor.europa.eu/en/engage/brochures/Documents/Report%20of%20the%20High%20Level%20Group%20on%20European%20Democracy/HLG%20Final%20report.pdf.

15 *Ibídem,* pp. 39-42.

la UE". A estos efectos, se sugiere asimismo reforzar el principio de subsidiariedad y otorgar "a los parlamentos regionales, en circunstancias debidamente definidas, un papel formal a la hora de proponer legislación de la UE"[16]. Propuestas similares, pero menos explícitas, se contienen también en el informe final del CDR tras la Conferencia sobre el Futuro de Europa[17].

Algunos autores[18] incluso van un paso más allá al sostener la conveniencia de que una eventual reforma del derecho primario introduzca una segunda cámara elegida mediante un sistema de circunscripciones regionales que tuviese o bien la competencia exclusiva en aquellas materias de índole subestatatal o bien un poder de veto en el caso de que el proceso de toma de decisiones fuese compartido. Alternativamente, se ha llegado a proponer también la modificación del proceso de ratificación de los Tratados para implicar al CDR en las futuras Convenciones para la reforma o para incluirlo formalmente en el procedimiento de ratificación. Con menor ambición, un escenario de modificaciones menores de los tratados, que parece mucho más realista, pasaría por el reconocimiento de los principios de representación y democracia regional y de impacto territorial de las políticas europeas, acompañados de la ampliación de competencias del CDR en línea con lo anunciado *supra* so-

---

16 EUROPEAN SUMMIT OF REGIONS AND CITIES, *The Marseille Manifesto of local and regional leaders: "Europe starts in its regions, cities and villages"*, 4 de marzo de 2022, punto 5.

17 COMITÉ DE LAS REGIONES, *Citizens, local politicians and the future of Europe. Final Report*, 2022, especialmente, p. 12.

18 BRUTER, Michael, HARRISON, Sarah, SORACE, Miriam y VIVES, Elisabet, *The Conference on the Future of Europe: Putting Local and Regional Authorities at the Heart of European Democratic Renewal*, Informe para la Comisión de Ciudadanía, Gobernanza y Asuntos Institucionales y Exteriores, 2021, pp. 49-53. Disponible *online* en: https://www.lse.ac.uk/business/consulting/reports/the-conference-on-the-future-of-europe.

bre el principio de subsidiariedad, la "tarjeta verde", la puntual obligatoriedad de su pronunciamiento en la fase de propuesta de la Comisión o el aumento de las materias sobre las que debe pronunciarse y el carácter vinculante de sus opiniones[19].

Con todo, y sin perjuicio de la toma en consideración de estas ideas, poca duda cabe de que es también posible y conveniente avanzar en la mejora de la participación de las regiones en la integración a través del derecho derivado, e incluso del *Soft Law*, objetos para los que, por razones de acotación, conviene remitirse a la bibliografía más especializada[20].

III. PROPUESTAS DE REFORMA DE LA CONSTITUCIÓN ESPAÑOLA

El proceso autonómico y el proceso de integración europeo son dos vectores del sistema constitucional español llamados a interrelacionarse cada vez más. En este sentido, el modelo territorial de España, como el modelo territorial de cualesquiera de los Estados compuestos de nuestro entorno, afronta en la actualidad el complicado reto de conjugar un deseo de descentralización cada vez mayor –ejemplificado en el auge de partidos de corte regionalista y nacionalista, según ya se ha apuntado– con un modelo de integración supraestatal europeo que además de asumir una multitud de competencias como exclusivas condiciona otras tantas ejercidas por el poder central o las CCAA. Como gráficamente señaló García de Enterría, España "está siendo objeto de un doble proceso simultáneo de erosión de su vieja soberanía central": por un lado, por la "transferencia hacia arriba [la UE] de poderes relevantes"; y por otro, por la "transferencia hacia abajo", en favor de las CCAA (o de los

---

19 *Ibídem*, pp. 41-48.

20 Con profundidad, *vid. Ibídem*, pp. 19-40 y la bibliografía allí citada.

Länder, las Regiones, o cualesquiera otros entes subestatales en los EEMM políticamente descentralizados)[21].

Las propuestas de reforma de la constitución española en este concreto ámbito han sido múltiples y variadas a lo largo de las últimas décadas, y su compendio y análisis sistemático ya se ha abordado en publicaciones anteriores[22]. No se analizan aquí propuestas específicas, desde el ámbito doctrinal y/o político, con un enfoque sectorial, ni tampoco aquellas que afectan tangencialmente a la participación autonómica ascendente a colación de la regulación de materias tales como la distribución competencial, la constitucionalización y reforma de las relaciones intergubernamentales o la siempre discutida reforma del Senado, solo por citar algunas. También se omiten los pronunciamientos en contra de la reforma constitucional a este respecto, así como las propuestas trazadas por partidos políticos y fundaciones[23]. En consecuencia, el objeto de análisis en este apartado se limita a las dos grandes vías articuladas por la doctrina española con el foco puesto, en exclusiva, en el tema que aquí atañe: La primera de ellas consiste en la mera introducción del principio de participación (ascendente) junto a la remisión a su desarrollo mediante Ley Orgánica; y la segunda está referida a la consagración de una "cláusula europea" con mayor especificidad que eleve a

---

21 Aunque el autor enfoca la cuestión en la clave intergubernamental que el momento de desarrollo de la integración propiciaba (año 1988) para afirmar el reforzamiento –y no debilitamiento– de los Estados integrados, sus reflexiones siguen siendo ilustrativas en el momento (supraestatal) presente. Vid. GARCÍA DE ENTERRÍA, Eduardo, *La revisión del sistema de Autonomías Territoriales: Reforma de Estatutos, leyes de transferencia y delegación, federalismo*, Civitas, Madrid, 1988, p. 88.

22 Con profundidad, SEVILLA DURO, Miguel Ángel, *La participación de las comunidades autónomas en la Unión Europea...*, ob. cit., cap. III, apartado 2.1.

23 Para el análisis pormenorizado de todas estas ideas se hace una remisión a la monografía citada en la cita anterior.

rango constitucional los sujetos, ámbitos y procedimientos plausibles para elevar la voz de las CCAA en la Unión.

1. Primera vía: La mera inclusión del principio de participación

La primera de las vías encuentra su mayor exponente en el informe del Consejo de Estado de 2006 sobre la reforma constitucional. En él se afirma que "la incorporación a la Constitución de un artículo que recogiese la participación de las comunidades autónomas en los asuntos comunitarios y el papel del Senado a tales efectos podría hacerse en el Capítulo III del Título III, si se procede a la modificación del artículo 93, o en el Capítulo III del Título VIII, como podría ser en el artículo 144"[24]. Esta fórmula consistiría, como bien ha ilustrado Tudela Aranda, en "establecer los principios esenciales llamados a regir las relaciones de las comunidades autónomas con la Unión Europea bien directamente bien a través del Estado"[25], pero sin especificar o acotar los específicos mecanismos en que se concretarían. Se trataría, en definitiva, de introducir un principio general de participación ascendente (y descendente) al que se debe añadir una referencia "a la necesidad de regular por ley los supuestos y la manera de incorporar a las comunidades autónomas en la delegación española en los consejos de la Unión Europea" en los asuntos que se traten en el marco de sus competencias[26]. Como es natural, esto no es óbice para

---

24 CONSEJO DE ESTADO, *Informe sobre modificaciones de la Constitución española*, Informe núm. E 1/2005, 2006, p. 328.

25 TUDELA ARANDA, José, "¿Reforma constitucional en clave federal? (Sistematización de problemas generados por las reformas y posibles soluciones)", *Revista de Estudios Políticos*, núm. 151, 2011, p. 271.

26 En este sentido, véanse las declaraciones de Almunia Amann, exvicepresidente de la Comisión Europea, en la Comisión del Congreso para la evaluación y la modernización del Estado autonómico (*Diario de Sesiones del Congreso de los Diputados*, núm. 612, 3 de octubre de 2018, pp. 5-7).

incluir otras referencias pertinentes al proceso participativo, como, por ejemplo, en una eventual modificación del Preámbulo, en materia de distribución competencial o a la hora de aludir a instituciones como el Senado o a fórmulas de coordinación como las relaciones intergubernamentales.

Algunos autores incluso han llegado a redactar una propuesta de artículo en el que se impone un mandato de desarrollo y concreción de la participación ascendente al legislador orgánico, como sucede en el caso de Mangas Martín[27], López Castillo[28] o Escobar

---

27 "Las comunidades autónomas participan en la formación y aplicación del Derecho de la Unión con arreglo a sus competencias. Una ley orgánica regulará las distintas modalidades de participación, incluida su presencia directa, cuando sea posible en las instituciones de la Unión". *Vid.* MANGAS MARTÍN, Araceli, "La reforma del artículo 93 de la Constitución española", en RUBIO LLORENTE, Francisco y ÁLVAREZ JUNCO, José (dirs.), *El informe del Consejo de Estado sobre la reforma constitucional. Texto del informe y debates académicos,* Centro de Estudios Políticos y Constitucionales, Madrid, 2006, p. 556.

28 En el marco de un nuevo artículo 93 *bis* propone la siguiente inclusión: "En particular, las CCAA participan en la formación de la posición negociadora de España, en su caso, integrando las delegaciones españolas, e intervienen en la aplicación y ejecución del Derecho y las políticas de la UE, en atención al régimen competencial de las materias concernidas, en los términos regulados mediante ley orgánica (y según modalidades perfiladas mediante convenios y acuerdos de cooperación institucionalizada, en el Senado y en otros foros)". *Vid.* LÓPEZ CASTILLO, Antonio, "A propósito de la proyectada articulación de una *cláusula europea* en la CE (Propuesta y apuntes para el debate)", en RUBIO LLORENTE, Francisco y ÁLVAREZ JUNCO, José (dirs.), *El informe del Consejo de Estado sobre la reforma constitucional. Texto del informe y debates académicos,* Centro de Estudios Políticos y Constitucionales, Madrid, 2006, p. 532.

Calero[29]. También parece encuadrarse aquí la propuesta de reforma de la Constitución del Consell de la Generalitat Valenciana[30].

2. Segunda vía: La inclusión de una "cláusula europea"

La segunda de las vías propuestas pasa, esencialmente, por reformar la Constitución española en línea con el artículo 23 de la Constitución alemana o con el Título V de la italiana tras la reforma del año 2001; esto es, elaborando un nuevo "artículo UE". Los autores que se adhieren a esta fórmula sugieren la creación de un nuevo precepto en el que se indique el fundamento de la participación autonómica en la Unión, la atribución a un órga-

---

29 Sugiere su inclusión en el párrafo cuarto de un renovado artículo 4, que dispondría lo siguiente: "Mediante ley orgánica se establecerá el procedimiento que asegure la correcta participación de los poderes y órganos del Estado y de las comunidades autónomas, en su caso, en el proceso de formación de los actos jurídicos [de la Unión Europea], de conformidad con el sistema de distribución de competencias previsto en la Constitución, así como lo previsto en los tratados constitutivos de las organizaciones o instituciones internacionales afectadas. De modo especial, se regulará el sistema de participación de las Cortes Generales y de las comunidades autónomas en el proceso de formación del Derecho [europeo] derivado". *Vid.* ESCOBAR HERNÁNDEZ, Concepción, "La cláusula europea en la reforma de la Constitución española", en RUBIO LLORENTE, Francisco y ÁLVAREZ JUNCO, José (dirs.), *El informe del Consejo de Estado sobre la reforma constitucional. Texto del informe y debates académicos*, Centro de Estudios Políticos y Constitucionales, Madrid, 2006, p. 498.

30 En ella se propone incluir el "reconocimiento de la potestad de las CCAA de participar en el Consejo de la Unión Europea y otras instituciones europeas a través de las conferencias sectoriales y la Conferencia de Presidentes, y la articulación de mecanismos para facilitar y dar apoyo a la participación directa en aquellas instituciones de la Unión Europea que lo permitan" (CONSELL DE LA GENERALITAT VALENCIANA, *Acord del Consell sobre la reforma constitucional*, aprobado en la reunión del Consejo de 9 de febrero de 2018, p. 18).

no constitucional de la función de relación entre el Estado y las CCAA en el proceso aplicativo, el "esquema básico del modelo de participación" de las comunidades y los instrumentos para garantizar el cumplimiento de las obligaciones europeas por parte de estas[31]. La mayor completitud de esta vía exige, entre otras cuestiones, aludir a las instancias europeas en las que la participación autonómica es posible, como los comités de la Comisión y el Consejo, así como a "las líneas fundamentales del proceso de concertación interna previo a esa expresión externa"[32].

El voto separado coadyuvante de Díez de Velasco y Vallejo con la mayoría en el Informe del Consejo de Estado sobre la reforma de la Constitución refleja con claridad esta postura. A su juicio, la opción técnicamente preferible para abordar la participación de las CCAA en la UE es tanto una mención al proceso de construcción europea en el Título Preliminar como "incluir en un nuevo Título los temas vinculados a la participación de España" en la Unión. En este Título habrían de recogerse, entre otras cuestiones, "los sistemas de participación de las comunidades autónomas en el proceso de creación, aplicación y ejecución del Derecho comunitario", y se deberían dedicar "dos nuevos párrafos" al principio de participación de las CCAA en

---

31 *Vid.* MONTILLA MARTOS, José Antonio, *Derecho de la Unión Europea y Comunidades Autónomas*, Centro de Estudios Políticos y Constitucionales, Madrid, 2005, pp. 152-153.

32 MONTILLA MARTOS, José Antonio, "Las comunidades autónomas en la Unión Europea: una evolución posible", en VV.AA., *Las comunidades autónomas en la Unión Europea*, Centro de Estudios Políticos y Constitucionales, Madrid, 2005, p. 92. En otros trabajos más recientes (análisis de los artículos 143, 144, 148 y 149 de la Constitución española en GÓMEZ SÁNCHEZ, Yolanda (coord.), *Estudios sobre la reforma de la Constitución de 1978 en su cuarenta aniversario*, Aranzadi, Pamplona, 2018) este autor ha llegado a proponer, con literalidad, nuevos artículos de la Constitución –o reformas de los ya existentes– para recoger las citadas cuestiones.

la UE en el marco de sus competencias: uno a la vía ascendente y otro a la descendente. Otros autores, como Martín y Pérez de Nanclares, son aún más específicos, ejemplificando todavía más las características de esta vía. A su juicio, la "cláusula europea" debe incluir cinco elementos: la previsión del principio general de participación de las CCAA en la conformación de la voluntad del Estado en asuntos europeos, la presencia de representantes de los gobiernos autonómicos en las delegaciones españolas en la UE, la participación de los parlamentos autonómicos en el control de la aplicación de los principios de proporcionalidad y subsidiariedad, la posibilidad de que las CCAA soliciten al Gobierno el ejercicio de acciones judiciales ante el TJUE y, finalmente, la previsión constitucional sobre la forma de regular las condiciones establecidas en los apartados anteriores[33].

Con todo, no debe creerse que una más profusa y específica constitucionalización de las facultades a ejercer garantiza un mejor funcionamiento del sistema participativo, pues, en última instancia, una óptima ejecución depende, en buena medida, de las actuaciones políticas oportunas. En este sentido, la eventual inclusión de una cláusula europea –y, en menor medida dada su menor especificidad, también de la primera vía– no generará un cambio sustancial de paradigma, pero sí permitirá hacer expresa

---

[33] Esta hipotética reforma, desde su perspectiva, debería acompañarse de un intento por solucionar el conflicto competencial entre el Estado y las CCAA, una mejora en el rol del Senado para articular la posición regional en materia europea, un aumento de los foros horizontales para concertar posiciones autonómicas comunes frente al Estado y, sobre todo, una constitucionalización del principio de lealtad federal y el absoluto respeto al mismo, así como de numerosísimas propuestas de nivel legal y reglamentario que, por acotación de este estudio, no pueden ser mencionadas (Por todas sus publicaciones, *vid.* MARTÍN Y PÉREZ DE NANCLARES, José, "La participación de las comunidades autónomas en la Unión Europea: a vueltas con una cuestión recurrente a la espera de una adecuada regulación (constitucional)", *Informe Comunidades Autónomas 2017,* 2018, pp. 75-77).

la conexión entre la "constitución visible" –entendida como la literalidad del texto– y la "constitución invisible", –entendida como la conjunción del texto escrito y los contenidos añadidos como consecuencia de la constitución material de la Unión–[34].

Esta segunda vía es compatible con la primera, de modo que es frecuente observar la defensa de la consagración conjunta de ambas vías, pese a su reiteración. Esta línea doctrinal, encabezada quizá por Alberti Rovira, suele enriquecerse a partir de la idea de que una reforma constitucional por medio de una "cláusula europea" no puede limitarse "a mejorar simplemente el fundamento interno habilitante de la integración europea de España", sino que también debe "intentar recomponer alguno de los equilibrios básicos que se han visto alterados por la integración europea"; y concretamente dos: el equilibrio Parlamento-Gobierno y el equilibrio Estado-CCAA, para lo que puede resultar conveniente constitucionalizar la consolidada doctrina del TC sobre el respeto al orden constitucional interno de distribución de competencias en la ejecución del derecho y las políticas de la Unión[35].

---

34 BUSTOS GISBERT, Rafael, "Integración europea y Constitución española: ¿Tancredismo, desnudez o invisibilidad?", en GARCÍA ROCA, Javier y ALBERTÍ ROVIRA, Enoch (coords.), *Treinta años de Constitución. Congreso extraordinario de la Asociación de Constitucionalistas de España,* Tirant Lo Blanch, Valencia, 2010, pp. 412-414.

35 ALBERTI ROVIRA, Enoch, "La cláusula europea en la reforma de la Constitución española", en RUBIO LLORENTE, Francisco y ÁLVAREZ JUNCO, José (dirs.), *El informe del Consejo de Estado sobre la reforma constitucional. Texto del informe y debates académicos,* Centro de Estudios Políticos y Constitucionales, Madrid, 2006, pp. 457-482.

IV. PROPUESTAS DE REFORMA DE LOS ESTATUTOS DE AUTONOMÍA

1. Vías adoptadas en los Estatutos de Autonomía de segunda generación

Como ocurre con las propuestas de reforma de la Constitución, las vías y alternativas para aludir a la participación ascendente en la UE de los EEAA son variadas tanto en su nivel de detalle y especificidad como, en términos generales, en su encaje y configuración jurídica. Todas ellas parten de la cláusula de atribución competencial en favor de las CCAA del artículo 149.3 CE, que, como es sabido, posibilita que las CCAA se atribuyan en sus EEAA las materias no otorgadas expresamente al Estado *ex* artículo 149.1 CE.

Un sucinto repaso de derecho autonómico comparado en España –en concreto, de todos los EEAA que regulan esta cuestión: los de segunda generación– deja entrever que hay dos grandes modelos de regulación de la participación ascendente. Ambos tienen un alto grado de similitud en la medida en que consisten en enumerar, detallar y especificar profusamente los distintos mecanismos de participación, pero se diferencian en la técnica legislativa; en concreto, en el modo en que exponer y agrupar las distintas vías de participación. Así, tenemos un primer modelo (seguido por los EEAA de Cataluña, Andalucía, Islas Baleares, Aragón y Castilla y León) que consiste en dedicar un Capítulo específico dentro de un Título más amplio a las relaciones de la comunidad con la UE, disponiendo un artículo por mecanismo de participación o, al menos, un artículo por cada conjunto de mecanismos de participación con características homogéneas. El segundo modelo (seguido por los EEAA de la Comunidad Valenciana, Navarra y Extremadura) consiste en dedicar un único artículo a todos los mecanismos de participación ascendente; e incluso, como en el Estatuto navarro, englobando también en el mismo precepto las vías de participación descendente.

En relación con el primer modelo, el Estatuto de Autonomía de Cataluña (LO 6/2006, de 19 de junio) dedica el Capítulo II del Título V (artículos 184-192) a las relaciones de la Generalitat con la UE. En estos 9 preceptos incluye una disposición general y los diferentes mecanismos internos y externos de participación ascendente reseñados a lo largo de este libro, así como otras previsiones relativas a la participación descendente y a la gestión de fondos europeos. Amén de lo anterior, el Estatuto también recoge la participación ascendente entre las competencias de la Generalitat y la incluye como una competencia de la Comisión Bilateral Generalitat-Estado[36].

El Estatuto de Autonomía de Andalucía (LO 2/2007, de 19 de marzo) sigue la misma senda que el catalán, dedicando el Capítulo III del Título IX (artículos 230-239) a las relaciones de la comunidad con la UE. Como en Cataluña, recoge tanto la participación ascendente como la descendente, sin perjuicio de otras muchas referencias a esta cuestión a lo largo de la norma institucional básica (en la enumeración de competencias, al citar los objetivos y funciones de los distintos órganos, a colación de las relaciones con el Estado, etc.).

Análogo posicionamiento plantea el Estatuto de Autonomía de las Islas Baleares (LO 1/2007, de 28 de febrero), cuyo Capítulo II del Título VII (artículos 106-113) se centra en exclusiva en las relaciones de la comunidad con la Unión. Más allá de estas disposiciones, se menciona de nuevo el ámbito supraestatal al tratar sobre las relaciones de la comunidad con el poder central.

El Estatuto de Autonomía de Aragón (LO 5/2007, de 20 de abril) también sigue esta vía en su Capítulo III del Título VII

---

36 Es importante no confundir la Generalitat con el Ejecutivo, pues esta engloba tanto a la Presidencia como al Parlamento, el Gobierno y las demás instituciones que establece el Capítulo V del Título II del Estatuto. De este modo, no toda la participación ascendente de la comunidad se produce, necesariamente, por vía del Ejecutivo.

(artículos 92-95), aunque dedicando un artículo, el 93, a la participación ascendente y descendente, y artículos diferentes a la participación en instituciones y organismos de la Unión. Con menos referencias a la UE que los EEAA previamente citados, también la menciona en el marco de las competencias y potestades de la comunidad.

El último de los ejemplos de este modelo es el Estatuto de Autonomía de Castilla y León (LO 14/2007, de 30 de noviembre), que dedica el Capítulo II del Título IV (artículos 61-66) a las "relaciones con la Unión Europea y participación en la política europea del Estado". Similar al aragonés, disocia la participación ascendente y la descendente de la participación en instituciones de la Unión, y dota de relevancia a las relaciones de la comunidad con otras regiones europeas. No se refiere a la UE ni al enumerar las competencias de la comunidad ni al citar las funciones de los diferentes órganos autonómicos.

Con relación al segundo modelo, el Estatuto de Autonomía de la Comunidad Valenciana (LO 1/2006, de 10 de abril) ilustra a la perfección la diferente técnica legislativa consistente en compendiar todos los mecanismos en un único precepto. Así, no dedica un Capítulo dentro de un Título a las relaciones de la comunidad con la UE, sino un Título entero, el VI, pero que se compone de un único artículo, el 61. Este se centra en exclusiva en la participación ascendente, relegando la descendente a un segundo plano, que se cita como una competencia más en el artículo 49.4. En el artículo 61 se enuncian las instituciones de la comunidad dedicadas a los asuntos europeos (delegación en Bruselas y Comité Valenciano para los Asuntos Europeos) y se citan sus facultades en la formación de la voluntad española y de la Unión.

El Estatuto de Autonomía de Navarra (LO 7/2010, de 27 de octubre) también dedica un único artículo a las relaciones de la comunidad con la UE: el 68. Este precepto se inserta dentro del Capítulo IV del Título II, dedicado a las relaciones de la comunidad con la AGE. Con 7 apartados, el artículo desarrolla profusamente las vías ascendente y descendente de participación, y alude también a las funciones del Gobierno y el Parlamento en relación con ambas. No se hace ninguna otra alusión más a la UE en el resto del articulado.

Por último, el Estatuto de Autonomía de Extremadura (LO 1/2011, de 28 de enero), además de mencionar la relación de la comunidad con los órganos de la UE como uno de los principios rectores de los poderes públicos extremeños, y como un elemento a tratar en la Comisión Mixta de Asuntos Económicos y Fiscales Estado-Comunidad Autónoma, dedica artículos independientes para la participación ascendente y la descendente. En el caso de la ascendente, se trata del artículo 70, dentro del Capítulo III del Título V, y en él se mencionan las vías directas e indirectas de este tipo de intervención.

2. *Una propuesta específica para el Estatuto de Autonomía de Castilla-La Mancha*

De esta revisión comparada de los EEAA, de las propuestas de la doctrina en la materia y, *a contrario*, de las propuestas de reforma constitucional esbozadas en el apartado III de este capítulo, parece posible extraer tres fórmulas diferentes que podrían seguirse para incluir la participación ascendente de Castilla-La Mancha (CLM) en la UE en su Estatuto de Autonomía (EACLM), hecho aplicable a cualesquiera otros EEAA no reformados en este punto: La primera, a modo de reforma sectorial, una relación detallada de todos los modos de participación a incluir en las competencias asumidas por la comunidad y/o en las funciones de los órganos de la comunidad; la segunda, la introducción de una "cláusula europea", al estilo expuesto en el apartado anterior, en la que se recoja de forma específica y compacta todo lo relativo a la participación de la comunidad en la UE; y la tercera, la mera enunciación del principio de participación ascendente en el Estatuto, haciendo una remisión al legislador autonómico para que sea este quien concrete y especifique los mecanismos a seguir en consonancia con el derecho estatal. Hay que tener en cuenta, sin embargo, que estos modelos, como ya se ha advertido en clave de la constitución nacional, no son puros o ideales, sino que se entremezclan con frecuencia, de tal modo que es posible incluir, por ejemplo, una enunciación general del principio de participación en un determinado artículo que vaya acompañada por una enumeración detallada de las competencias que tiene al respecto cada órgano de la comunidad en su Capítulo pertinente. De igual modo, sería posible redactar una "cláusula europea" en un único precepto que englobe toda la participación ascendente –como en el Estatuto de Autonomía de la Comunidad Valenciana– sin que ello sea óbice para introducir la participación ascendente también como competencia asumida por la comunidad autónoma. En un plano ideal, todo ello habría de complementarse, además, con la reforma constitucional pertinente y el desarrollo legal que de esta se desprendiera.

De forma más detallada, la primera de las fórmulas consiste en incluir todos los mecanismos de participación ascendente de la UE en el Estatuto de Autonomía. Ello puede hacerse o bien al mencionar la relación de competencias asumidas por la comunidad autónoma o bien, si en el cuadro competencial solamente se recoge la posibilidad de participar en la formación de la voluntad española ante la UE, de modo indirecto al enumerar las funciones y facultades de los diferentes órganos de la comunidad autónoma. La gran ventaja de esta fórmula es su pretensión de garantizar el efectivo uso de cada una de las vías, pues la fuerza vinculante del Estatuto de Autonomía y su posición en el sistema de fuentes impedirían –formalmente y en términos estrictamente jurídicos, no políticos– que se obviase lo dispuesto en él. La gran desventaja es que el exceso de detalle parece impropio de una norma con el rango de Estatuto de Autonomía, pues la sustitución de los mecanismos estatutizados que pudiesen resultar disfuncionales pasaría necesariamente por el complejo procedimiento de reforma del Estatuto, con el riesgo de permanecer enunciados en él sin existir en la práctica, lo que sería muestra de mala técnica legislativa. Asimismo, podría suceder que una mínima innovación en el DUE –no necesariamente en el derecho primario, sino también en el derivado– obligase a reformar el Estatuto so pena de transformar la enumeración de las competencias en una lista desfasada y disconforme con la realidad. De igual forma, si el ejercicio de ciertos mecanismos se atribuye como función específica a un determinado órgano de la comunidad, la moderada rigidez del Estatuto podría dar lugar al impedimento formal de algo que sucede a menudo en la práctica: la delegación o cesión de funciones de unos órganos autonómicos en otros (particularmente, del Legislativo al Ejecutivo) a la hora de participar en la formación de la voluntad de España ante la UE.

La segunda fórmula pasa por introducir un único artículo a modo de "cláusula europea" –que puede ir en un Capítulo o Título exclusivo o inmerso en uno que englobe otras cuestiones– en la que se detallen cada uno de los mecanismos de participación autonómica. La lógica, la cohesión y la buena técnica legislativa sugieren que esta "cláusula" incluyese no solo lo concerniente a la vía ascendente, sino también lo relativo a la descendente, así como a otros elementos conexos, de tal modo que el resultado sería un precepto que englobase cualquier cuestión relativa a la relación de CLM con la UE. El gran punto a favor de esta alternativa, que es la seguida en la práctica totalidad de los EEAA de segunda generación, es la cohesión normativa. Con una "cláusula europea" se compilaría en un mismo precepto todo lo relativo a la UE y el DUE para CLM. Además, en esa misma cláusula se podría hacer cierta atribución funcional a los órganos que se estimasen pertinentes. Por contrapartida, los riesgos o problemas que podría acarrear una formulación como esta son algunos de los planteados en relación con la fórmula anterior; principalmente, la estatutización y el excesivo nivel de detalle de cuestiones que, probablemente, habrían de regularse por normas de rango legal, dada su mayor contingencia, transitoriedad y flexibilidad. Así como no parece pertinente incluir una detallada lista de fórmulas participativas en la UE en la CE, sino un principio general que se desarrolle por vía de Ley Orgánica, tampoco se vislumbra esta alternativa como ideal a nivel de Estatuto de Autonomía.

Esta afirmación lleva directamente a la última de las fórmulas: una simple enunciación del principio de participación autonómica ascendente que remita sus concretos términos y especificidades al desarrollo legislativo –estatal y autonómico–. Esta es la vía defendida por el autor de este trabajo, y se complementaría con un segundo artículo (o un segundo apartado en el caso de tratarse de un artículo único) que aludiese también a la participación descendente y al principio de subsidiariedad. Este precepto podría incluirse o bien a modo de atribución competencial, quizá aprovechando y reelaborando el actual artículo 34 EACLM, o bien en un futuro capítulo relativo a la cooperación interinstitucional y exterior de la comunidad, lo que parece la opción más óptima.

Por lo tanto, en lo que aquí interesa, bastaría con consagrar en el EACLM que *CLM participa en la formación de las posiciones de España ante la UE en los asuntos que incidan en sus competencias o intereses, en los términos que establezcan el DUE, la Constitución, el Estatuto y las legislaciones estatal y autonómica.* Al precepto que enuncie lo referido habrían de sumarse las referencias y alusiones que fuesen necesarias por concordancia y seguridad jurídica en los capítulos relativos a las competencias de la comunidad y a las funciones de los diferentes órganos e instituciones.

Podría argumentarse en contra de esta fórmula que una regulación de este tipo es simple y principialista, y que corre el riesgo de ser una proclama vacía de contenido y eficacia real por falta de un desarrollo legislativo óptimo. Podría decirse también que es una regulación insuficiente y, en términos políticos, una oportunidad desaprovechada para incluir tanto los elementos y mecanismos de participación como los órganos, instituciones y representantes de CLM que se ven involucrados en su ejercicio. También podría advertirse del riesgo de que un Legislativo poco voluntarioso, receloso del papel de la UE, o directamente euroescéptico, decidiese hacer un desarrollo normativo inadecuado del precepto de cara a no participar en la integración. Sin embargo, la realidad es que en la actualidad solo 8 CCAA recogen una regulación de la participación ascendente en la UE en sus EEAA –haciéndolo todas ellas de forma muy específica– y, no obstante lo anterior, las 17 CCAA participan de un modo más o menos análogo en términos cuantitativos (es decir, todas utilizan prácticamente los mismos mecanismos), más allá de que cualitativamente (el uso más o menos intensivo o eficaz que se hace de estos) difieran. Además, no debe ignorarse que el carácter abierto de una norma como la aquí propuesta no implica carencia de contenido obligatorio y directamente vinculante, como a continuación se profundizará; de forma que consagrar la participación ascendente sin concretar sus mecanismos no abriría la puerta a "cualquier lectura" de lo dispuesto, pues la negativa a participar en la UE quedaría claramente descartada o rechazada por los propios enunciados constitucionales y por los del Estatuto de Autonomía[37], amén de por los mandatos del DUE.

De lo anterior parece desprenderse que no hay una relación de causalidad –y ni tan siquiera una correlación– entre una regulación con un alto grado de detalle en los EEAA y el funcionamiento adecuado y la eficacia real de los mecanismos participativos. Además, una propuesta como la aquí defendida permitiría que fuesen los legisladores europeo, estatal y autonómico quienes configurasen los extremos y términos de la participación, y, a diferencia de lo que ocurre con las otras dos

---

37 Se extrapola en este punto lo dispuesto sobre el carácter abierto de las normas constitucionales en DÍAZ REVORIO, Francisco Javier, *Valores superiores e interpretación constitucional*, Tribunal Estatal Electoral de Chihuaha, Chihuahua, 2009, p. 222.

fórmulas, no se estaría ante el procedimiento de reforma del EACLM como la única alternativa en caso de querer modificar los mecanismos consagrados en este. De no hacerse así, si se pretendiesen crear nuevas alternativas de participación por vía legal, se estaría produciendo no solo un agravio comparativo en términos de protección y garantías de los futuros mecanismos respecto de los previamente estatutizados, sino también una ruptura de toda cohesión y lógica al establecer vías de participación para un mismo fin y con similares medios en normas de rango jurídico diferente. No es este el espíritu que parece desprenderse de lo dispuesto en el artículo 147 CE.

No parece imprescindible, en definitiva, consagrar en un Estatuto de Autonomía la participación en las formaciones del Consejo, o la existencia de una oficina de representación de la comunidad en Bruselas, por citar dos ejemplos; mecanismos volátiles, muy específicos y dependientes de una gran cantidad de variables: desde la disponibilidad presupuestaria y el interés cambiante de la comunidad hasta una hipotética reforma del DUE o del Derecho interno que, en caso de suprimir alguna vía de participación o de crear otras nuevas y mejores (piénsese, por ejemplo, en una futurible reforma del Senado, una potenciación de la CARUE, el refuerzo del papel del CDR o la creación de una nueva instancia estatal o europea), podría conllevar que otras vías quedasen inutilizadas (recuérdese la rigidez de los procesos de reforma de los EEAA y lo dispuesto en los artículos 93 y 94.1.e) CE) y que las entonces efectivas no estuviesen estatutizadas. Estas cuestiones parecen ser objeto, más bien, de regulación con rango legal y desarrollo reglamentario. En este punto ha de tenerse presente el carácter más o menos rígido de los EEAA (o especialmente rígido si se atiende a la STC 56/1990, de 29 de marzo); y no debe obviarse la máxima de que un mayor número de principios, reglas o derechos establecidos en una Constitución o un Estatuto de Autonomía no garantizan una mayor protección de estos ni un mejor funcionamiento del conjunto del sistema jurídico y democrático.

Todos los argumentos hasta aquí dispuestos se terminan de reforzar si, por último, se atiende a la esencia misma de los EEAA. Como recuerda Solozabal Echavarria, los EEAA son normas "cuasiconstitucionales"[38]. Desde una perspectiva jurídica, como es natural, son concreción del marco constitucional que se aplica en sus respectivas CCAA; y en tanto leyes orgánicas (artículo 81.1 CE), aunque sean especialmente cualificadas, no pueden equipararse a la Constitución de un Estado federado. Sin embargo, desde una perspectiva político-funcional, conviene recordar la clásica postura de Javier Ruipérez –recogiendo la construcción de Portero Molina– sobre que de los EEAA se debe predicar "siempre con la salvedad de la Constitución, lo que a propósito de su posición en el ordenamiento jurídico estatal se predica de la Constitución", pues, "en el marco de la comunidad [autónoma], son el fundamento del ordenamiento jurídico [autonómico], y gozan de los atributos propios de *Lex superior*"[39]. De esta forma, los EEAA desempeñan en las CCAA un papel equivalente al que tiene atribuida la Constitución de cualquier Estado de un expresamente denominado Estado Federal[40]. En consecuencia, y en la cuestión objeto de este estudio, su rol es servir de premisa, base y estímulo a las normas legales y reglamentarias, no llevar a cabo un desarrollo exhaustivo de la participación ascendente, como debiera ser propio de una norma con rango inferior a la "cuasiconstitucionalidad" de los EEAA.

---

38 SOLOZABAL ECHAVARRIA, Juan José, *Las bases constitucionales del estado autonómico,* McGraw-Hill, Madrid, 1998, p. 138.

39 RUIPÉREZ ALAMILLO, Javier, "Algunas cuestiones sobre el régimen constitucional de los Estatutos de Autonomía. Naturaleza jurídica y peculiaridades de la norma institucional básica de las comunidades autónomas. Especial consideración a su carácter consensual", *Anuario da Facultade de Dereito da Universidade da Coruña,* núm. 5, 2001, p. 784.

40 En este sentido, PÉREZ ROYO, Javier, *Las fuentes del Derecho,* Tecnos, Madrid, 1984, p. 128.

Sin más limitación en su contenido que el mínimo indispensable que explicita el artículo 147.2 CE, parece consecuencia necesaria de lo expuesto en el párrafo anterior que los EEAA deban tener un grado de concreción variable en algunas de sus normas (o, si se prefiere, un cierto carácter abierto), aunque en menor medida que la Constitución a la que complementan. Esto mismo sucede también con la rigidez estatutaria, que funciona "a imagen de la constitucional" (STC 225/1998, de 25 de noviembre, FJ 3). Por las razones ya expuestas, entre estas normas no cerradas debería encontrarse la que consagre la participación en la UE. Es evidente que en pro de la seguridad jurídica las normas en materia de derechos fundamentales y libertades públicas, o las de rango legal, deben ser lo más cerradas posibles. Sin embargo, parece razonable que en una norma institucional básica como los EEAA exista un cierto margen de desarrollo normativo para el legislador en ámbitos como el aquí discutido. Esto se encuentra en la línea de la STC 11/1981, de 8 de abril, FJ 7, cuya consideración sobre la CE parece extrapolable a los EEAA cuando afirma que es "un marco de coincidencias suficientemente amplio como para que dentro de él quepan opciones políticas de muy diferente signo". Como claramente ha argumentado Aguiló Regla, esta apertura implica que se permitan, "en términos regulativos", una serie de desarrollos "muy diferentes entre sí que son la plasmación de opciones políticas e ideológicas muy diversas sin que sea necesario para ello proceder a la modificación o reforma"[41]. Si se comparte lo mencionado *supra* acerca de que los atributos propios de *Lex Superior* de la Constitución también se predican en buena medida de los EEAA por su naturaleza "cuasiconstitucional", se coincidirá en que estos también deben contener un mínimo de pluralismo político propio del principio demo-

---

41 AGUILÓ REGLA, Josep, "Sobre el constitucionalismo y la resistencia constitucional", *DOXA: Cuadernos de Filosofía del Derecho*, núm. 26, 2003, p. 304.

crático. Si se está de acuerdo con esto, se debe compartir asimismo que el carácter abierto de las normas constitucionales se da también, en parte, aunque en menor grado, en las normas de los EEAA. Y si ello es así, no parece viable defender una regulación exhaustiva de la participación ascendente en la UE en los EEAA, enumerando, por ejemplo, cada una de las fórmulas por las que esta ocurre, en tanto con ello se limita gravemente –cuando no se suprime– el margen de discrecionalidad del legislador. La alternativa, por tanto, es la enunciación de la participación ascendente y descendente en los EEAA y la remisión de su desarrollo a normas de rango legal.

V. A MODO DE CONCLUSIÓN: IDEAS *PRO FUTURO*

Aunque la UE ha ido superando su "ceguera federal", la participación de los entes territoriales periféricos todavía debe perfeccionarse. Así, pese a que en las últimas décadas se han mejorado los procedimientos de participación regional de España y, concretamente, de CLM, no puede obviarse la difícil articulación y la ocasional falta de eficiencia de muchos de los mecanismos existentes. Los avances y reformas en el DUE han permitido canalizar en cierto modo las necesidades regionales, si bien la actual configuración del principio de subsidiariedad y el rol desempeñado por el CDR no están exentos de propuestas de mejora.

En cualquier caso, y entrando en clave nacional, la participación subestatal en la UE debe realizarse en el marco de la imprescindible coordinación entre el poder central y las CCAA, y siempre en respeto a la unidad de la posición española en el exterior, pues un Estado no puede verse debilitado por la actuación de sus regiones, que han de reivindicar sus intereses en conciliación con el interés general, nunca de forma unilateral y/o perniciosa para aquel.

A estas consideraciones se deben añadir dos apuntes determinantes de constatación empírica: Primero, las CCAA son heterogéneas y –dentro del respeto a las bases constitucionales de igualdad de los artículos 138.2 y 139.1 CE–, no todas ostentan las mismas aptitudes de actuación y coordinación, por lo que las posibilidades de participación en asuntos europeos difieren en función de sus capacidades técnicas, económicas y organizativas. Segundo, a lo anterior se añade la clásica disociación entre *high politics* y *low politics*, y cómo el encaje que las CCAA hacen de determinadas cuestiones en una u otra categoría difiere en función de sus intereses y particularidades territoriales. Llevando a la práctica la primera reflexión, parece evidente que el potencial participativo de nuestra comunidad, con poco más de 2 millones de habitantes, es menor que el de Cataluña, con más de 7,5 millones, y mayor que el de Ceuta o Melilla, con menos de 90.000. Dotando de pragmatismo a la segunda idea, hay elementos económicos –como el régimen foral– o geográficos –como la insularidad– que influyen en los intereses y pretensiones particulares y diferentes de las CCAA, y los mismos deben entenderse como una ventaja u oportunidad para reivindicar las necesidades propias sin perder de vista la ya citada necesaria unidad de actuación del Estado. En todo caso, debe traerse a colación el hecho de que la participación de las CCAA en la formación de la voluntad estatal ante la UE debe ser "determinante" cuando se afecten competencias exclusivas de la comunidad, mientras que en el supuesto de materias compartidas simplemente debe ser tomada en consideración (STC 31/2010, de 28 de junio, FJ 120).

Como se anticipaba en la introducción, a la luz de las investigaciones planteadas en capítulos anteriores de esta obra colectiva es pertinente afirmar que ninguna forma de participación ascendente (interna o externa) es necesariamente mejor que la otra; y el uso de cada una de ellas dependerá de las concretas necesidades existentes, el reparto competencial vigente y el sistema institucional nacional; y, en nuestro caso, también de lo dispuesto en nuestro Estatuto de Autonomía. Esto nos faculta a formular dos reglas de doble condicionalidad sobre la participación de los entes territoriales periféricos en la UE:

Primero: A mayor perfeccionamiento en la regulación de la participación, más efectiva es esta; y a mayor efectividad de la participación, mejor y menos problemática es la ejecución e implementación del DUE a nivel subestatal.

Segundo: A mejor articulación de las vías internas de participación, menor uso de las vías externas; y a menor uso de las vías externas, menos complejidad y confusión se añade al sistema jurídico-institucional de la UE y de los EEMM.

Con todo, la práctica muestra que, en muchas ocasiones, las regiones consideran más útiles las vías informales de influencia en la creación del DUE, como las reuniones o la elaboración de documentos de posicionamiento, que las vías formales, como las aquí enunciadas[42].

En línea con lo defendido en trabajos anteriores[43], y expuestas estas reglas, en España, en general –y en CLM, en particular–, parece necesario evaluar la ausencia de vías internas de participación efectiva a la luz de una cámara alta disfuncional y de la ausencia de reformas constitucionales en la materia, así como en atención a nuestra tradición constitucional e institucional.

---

42 Un reciente estudio empírico sobre las vías externas evidencia que la preferida por las regiones para influir en la creación del DUE es la asistencia a reuniones informales en Bruselas; tras ella, la presentación y circulación de documentos de posicionamiento; después, los eventos, reuniones y consultas abiertas organizadas; y solo tras todo esto, a partir de la séptima opción elegida, los grupos de expertos de la Comisión, el CDR, los intergrupos del Parlamento Europeo, las formaciones del Consejo y la comitología. Vid. TROBBIANI, Riccardo, "European Regions and Their Interests", en DIALER, Doris y RICHTER, Margarethe (eds.), *Lobbying in the European Union. Strategies, Dynamics and Trends*, Springer, Basilea, 2019, p. 191.

43 SEVILLA DURO, Miguel Ángel, *La participación de las comunidades autónomas en la Unión Europea…*, ob. cit., pp. 219-223.

En relación con las propuestas tanto centrípetas como centrífugas de reforma, la mejora participativa de CLM no parece requerir de un fortalecimiento de los mecanismos externos, sino que se dilucida como más adecuado el refuerzo de las vías internas del sistema autonómico, como ya se ha señalado en anteriores capítulos de esta obra: impulsar la Conferencia de Gobiernos de las CCAA, fortalecer el rol de la CARUE, fomentar las vías multilaterales y, particularmente, reforzar las comisiones pertinentes en las Cortes Generales, entre otras alternativas. Todo ello resultaría coherente con la ya compleja arquitectura institucional de la UE y con las restricciones fácticas que se vienen imponiendo a la capacidad de influencia política directa de nuestra región en la UE, que, por su tamaño, población y capacidad económica, es frecuentemente desoída, infravalorada y en no pocas ocasiones directamente obviada. Con todo, el fortalecimiento de las vías internas, que se dilucida más práctico y eficaz en atención a las reglas ya expuestas, requiere, de modo imprescindible, generar una cultura federal española basada en la confianza, la solidaridad y la cooperación; lo que a su vez exige de una distribución territorial del poder más clara y verdadera lealtad constitucional por parte de todos los actores.

En directa conexión, uno de los principales motivos que justifican la menor participación interna de nuestras regiones respecto de otras –como, por ejemplo, las alemanas– es el deficiente rol del Senado español. Mientras que en Alemania la participación ascendente de los *Länder* se canaliza eminentemente por vía del Legislativo, en España, de forma parecida a Italia, se vehicula en su mayoría mediante el Ejecutivo. A este respecto, resultaría de interés corregir las carencias de la cámara (también en lo relativo a la Comisión General de las comunidades autónomas y a la Comisión Mixta para la UE), una discutida circunstancia que, sin ser objeto de este estudio, no puede omitirse por la citada evidencia empírica de disfuncionalidad del bicameralismo imperfecto español. Podría resultar propicio reforzar el rol territorial de la cámara con una ampliación de sus funciones y modificando el modo de designación de los senadores, pasando del actual sistema mixto –que simbiotiza los modelos austriaco y norteamericano con un procedimiento doble– a un sistema como el germano.

Igualmente, cabría introducir mecanismos que permitieran la interconexión vertical y horizontal de las CCAA, no solo mediante la creación de organismos en la línea del Comité para cuestiones de la UE y la Cámara sobre Asuntos Europeos del *Bundesrat*, sino también haciendo verdaderamente efectivos el procedimiento para el control de la subsidiariedad y la toma en consideración de las posiciones autonómicas en la formación de la voluntad estatal, tal y como recogen los EEAA de segunda generación e infructuosamente pretende la Comisión Mixta para la UE. Para ello, se habrían de impulsar todas las conferencias sectoriales –no solo la CARUE–, los convenios horizontales entre CCAA –sin control estatal, pero con comunicación a las Cortes Generales, reduciendo la primacía del poder central– y, de estimarse procedente, la participación de las CCAA en los órganos del Estado que tengan trascendencia en la UE[44].

En paralelo, puede resultar provechoso fomentar las vías multilaterales –horizontales y verticales– para evitar asimetrías, restringiendo la bilateralidad a lo imprescindible (por ejemplo, para atender a las particularidades del régimen foral en el Consejo de Asuntos Económicos y Financieros –ECOFIN–). A este respecto, la flexibilidad e informalidad de la conferencia de presidentes previa a la reforma de marzo de 2022 no parecen necesariamente peores que la actuación reglada actual sobre la base del consenso, que podría constreñir el modo de actuar de un órgano que adopta decisiones estrictamente políticas. Sí parece positivo, por su parte, el establecimiento de un mínimo de dos reuniones periódicas al año, aunque está por ver la eficacia

---

44 *Vid.* AJA FERNÁNDEZ, Eliseo, *et al.*, "Reflexiones sobre una posible reforma constitucional del sistema autonómico", *Informe Comunidades Autónomas 2015*, 2016, especialmente, pp. 78-79.

y respeto de dicha obligatoriedad. Con todo, el uso de la conferencia de presidentes a raíz de la crisis sanitaria por COVID-19 debe servir de impulso para una mayor preminencia de este órgano en el futuro. Además, parece oportuno impulsar política y jurídicamente la conferencia de los Gobiernos de las CCAA como medio de coordinación horizontal y reforzar el rol de la Comisión General del Senado, como se ha anticipado. Asimismo, y en línea con la citada reforma del reglamento de la conferencia, también parece oportuno fijar encuentros anuales en el reglamento de la CARUE, pues la cambiante voluntad política de los últimos años ha causado impases considerablemente perjudiciales y de difícil justificación en términos institucionales.

En todo caso, lo aquí expuesto está sujeto en buena medida a tres condiciones que trascienden de lo jurídico y distan de ser de fácil alcance: lealtad constitucional de todas las CCAA, una reconfiguración de los partidos nacionalistas-independentistas y concebir la representación en clave territorial y no partidista, para lo que resulta esencial la cultura de la coalición y el acuerdo en y entre los parlamentos autonómicos y las Cortes Generales[45].

Todas estas propuestas podrían coronarse elevando a rango constitucional las líneas básicas de la participación autonómica en la UE, remitiendo su concreto desarrollo a una o varias normas de rango orgánico. No es pertinente, en definitiva, una alambicada, compleja y detallada enumeración en la Constitución de las vías de participación, sino que se atisba como preferible una enunciación del principio, tanto en su vertiente ascendente como descendente, que posteriormente se desarrolle legalmente. En este sentido, se estima la primera de las vías enunciadas *supra* como la más pertinente.

---

[45] ARAGÓN REYES, Manuel, "La reforma del Estado Autonómico: mejora y no sustitución del modelo", *Fundamentos: Cuadernos monográficos de teoría del estado, derecho público e historia constitucional*, núm. 10, 2019, pp. 201 y 206-207.

CLM tiene también el reto de incorporar su participación en la UE al EACLM, pues la inexistencia de menciones en el Estatuto sobre esta materia –fruto de la ausencia de reformas al respecto– hace que muchos de los mecanismos actualmente utilizados tengan base legal pero no estatutaria. Para ello, se debería seguir la senda de los EEAA de segunda generación y plasmar, y con ello garantizar, en nuestra norma institucional la participación ascendente como competencia de la región, *ex* artículo 149.3 CE. Se podría, incluso, mencionar la existencia de las diversas instancias creadas en materia de participación en la UE –como la oficina de Bruselas– y la concreta facultad de la JCCM y las Cortes para participar en ámbitos supraestatales, enumerando sus distintos marcos de actuación y los mecanismos existentes (formación de la posición negociadora española, intervención en organismos europeos como el CDR, control de los principios de subsidiariedad y proporcionalidad, aplicación y ejecución del DUE...), tal y como han hecho la práctica totalidad de las CCAA cuyos EEAA han sido reformados en las últimas dos décadas. Sin embargo, parece más pertinente y acorde al principio de legalidad, a la seguridad jurídica y, sobre todo, al sistema de fuentes establecer en el EACLM simplemente las líneas maestras de la participación ascendente y descendente, y remitir la concreción de los específicos mecanismos al legislador autonómico y estatal, así como al DUE.

La experiencia adquirida con la evolución del Estado autonómico trae como enseñanza que la distribución territorial del poder en España, lejos de ser inmutable, está sometida tanto a las rearticulaciones jurídicas propias de la descentralización como al influjo de los vaivenes sociopolíticos. El proceso autonómico y el proceso de integración europeo están llamados a interrelacionarse cada vez más y, en consecuencia, el papel de las CCAA en su participación ascendente en la UE ha ido cobrando una mayor importancia con el paso de las décadas. Nada hace prever que esto vaya a revertirse. CLM tiene un potencial participativo transformador tanto en su relación directa con los órganos e instituciones de la Unión como por medio de las vías internas del Estado. Sin embargo, solo con una reconfiguración constitucional, estatutaria y normativa que maximice el reclamo y la traslación de los intereses y las necesidades de la región, con respeto a la unidad de la posición española en perspectiva supraestatal, será posible perfeccionar el ejercicio de los mecanismos existentes y de aquellos aún por desarrollar.

Bibliografía

AGUILÓ REGLA, Josep, "Sobre el constitucionalismo y la resistencia constitucional", *DOXA: Cuadernos de Filosofía del Derecho*, núm. 26, 2003, pp. 289-317.

ALBERTI ROVIRA, Enoch, "La cláusula europea en la reforma de la Constitución española", en RUBIO LLORENTE, Francisco y ÁLVAREZ JUNCO, José (dirs.), *El informe del Consejo de Estado sobre la reforma constitucional. Texto del informe y debates académicos*, Centro de Estudios Políticos y Constitucionales, Madrid, 2006, pp. 457-482.

AJA FERNÁNDEZ, Eliseo, *et al.*, "Reflexiones sobre una posible reforma constitucional del sistema autonómico", *Informe Comunidades Autónomas 2015*, 2016, pp. 71-83.

ARAGÓN REYES, Manuel, "La reforma del Estado Autonómico: mejora y no sustitución del modelo", *Fundamentos: Cuadernos monográficos de teoría del estado, derecho público e historia constitucional*, núm. 10, 2019, pp. 183-213.

BRUTER, Michael, HARRISON, Sarah, SORACE, Miriam y VIVES, Elisabet, *The Conference on the Future of Europe: Putting Local and Regional Authorities at the Heart of European Democratic Renewal*, Informe para la Comisión de Ciudadanía, Gobernanza y Asuntos Institucionales y Exteriores, 2021. Disponible *online* en: https://www.lse.ac.uk/business/consulting/reports/the-conference-on-the-future-of-europe.

BUSTOS GISBERT, Rafael, "Integración europea y Constitución española: ¿Tancredismo, desnudez o invisibilidad?", en GARCÍA ROCA, Javier y ALBERTÍ ROVIRA, Enoch (coords.), *Treinta años de Constitución. Congreso extraordinario de la Asociación de Constitucionalistas de España*, Tirant Lo Blanch, Valencia, 2010, pp. 401-428.

COMITÉ DE LAS REGIONES, *Report of the High Level Group on European Democracy*, 2022. Disponible *online* en: https://cor.europa.eu/en/engage/brochures/Documents/Report%20of%20the%20High%20

Level%20Group%20on%20European%20Democracy/HLG%20 Final%20report.pdf.

– *Citizens, local politicians and the future of Europe. Final Report*, 2022.
– *Regional and local barometer "Influence of regions and cities"*, 25 de mayo a 31 de julio de 2023. Disponible *online* en: https://cor.europa.eu/en/our-work/Pages/EURegionalBarometer-Survey-2023.aspx.

CONFERENCE ON THE FUTURE OF EUROPE, *Report on the Final Outcome*, mayo de 2022. Disponible *online* en: https://www.europarl.europa.eu/resources/library/media/20220509RES29121/20220509RES29121.pdf.

CONSEJO DE ESTADO, *Informe sobre modificaciones de la Constitución española*, Informe núm. E 1/2005, 2006.

CONSELL DE LA GENERALITAT VALENCIANA, *Acord del Consell sobre la reforma constitucional*, aprobado en la reunión del Consejo de 9 de febrero de 2018.

D'ATENA, Antonio, "Regionalismo e integración supranacional desde una perspectiva europea y comparada", *Revista de derecho constitucional europeo*, núm. 7, 2007, pp. 277-294.

DÍAZ REVORIO, Francisco Javier, *Valores superiores e interpretación constitucional*, Tribunal Estatal Electoral de Chihuaha, Chihuahua, 2009.

ESCOBAR HERNÁNDEZ, Concepción, "La cláusula europea en la reforma de la Constitución española", en RUBIO LLORENTE, Francisco y ÁLVAREZ JUNCO, José (dirs.), *El informe del Consejo de Estado sobre la reforma constitucional. Texto del informe y debates académicos*, Centro de Estudios Políticos y Constitucionales, Madrid, 2006, pp. 483-499.

EUROPEAN SUMMIT OF REGIONS AND CITIES, *The Marseille Manifesto of local and regional leaders: "Europe starts in its regions, cities and villages"*, 4 de marzo de 2022.

FRANCO-GERMAN WORKING GROUP, *Report on EU Institutional Reform "Sailing on High Seas: Reforming and enlarging the EU for the 21st century"*, 18 de septiembre de 2023. Disponible *online* en: https://www.auswaertiges-amt.de/blob/2617322/4d0e0010ffcd8c0079e21329bbbb3332/230919-rfaa-deu-fra-bericht-data.pdf.

FROSINA, Laura "Regiones y Unión Europea tras el tratado de Lisboa. El Comité de las Regiones, los parlamentos regionales y el desafío de la '*multilevel governance*'", *Revista de derecho constitucional europeo*, núm. 22, 2014, pp. 175-212.

GARCÍA DE ENTERRÍA, Eduardo, *La revisión del sistema de Autonomías Territoriales: Reforma de Estatutos, leyes de transferencia y delegación, federalismo*, Civitas, Madrid, 1988.

LÓPEZ CASTILLO, Antonio, "A propósito de la proyectada articulación de una *cláusula europea* en la CE (Propuesta y apuntes para el debate)", en RUBIO LLORENTE, Francisco y ÁLVAREZ JUNCO, José (dirs.), *El informe del Consejo de Estado sobre la reforma constitucional. Texto del informe y debates académicos*, Centro de Estudios Políticos y Constitucionales, Madrid, 2006, pp. 501-532.

MANGAS MARTÍN, Araceli "La reforma del artículo 93 de la Constitución española", en RUBIO LLORENTE, Francisco y ÁLVAREZ JUNCO, José (dirs.), *El informe del Consejo de Estado sobre la reforma constitucional. Texto del informe y debates académicos*, Centro de Estudios Políticos y Constitucionales, Madrid, 2006, pp. 533-556.

- "La participación de las comunidades autónomas en la Unión Europea", en MANGAS MARTÍN, Araceli y LIÑÁN NOGUERAS, Diego J., *Instituciones y Derecho de la Unión Europea*, 13ª ed., Tecnos, Madrid, versión digital, 2020, pp. 835-844.

MARTÍN Y PÉREZ DE NANCLARES, José, "La participación de las comunidades autónomas en la Unión Europea: a vueltas con una cuestión recurrente a la espera de una adecuada regulación (constitucional)", *Informe Comunidades Autónomas 2017*, 2018, pp. 41-81.

MONTILLA MARTOS, José Antonio, *Derecho de la Unión Europea y Comunidades Autónomas*, Centro de Estudios Políticos y Constitucionales, Madrid, 2005.

- "Las comunidades autónomas en la Unión Europea: una evolución posible", en VV.AA., *Las comunidades autónomas en la Unión Europea*, Centro de Estudios Políticos y Constitucionales, Madrid, 2005, pp. 69-100.
- Artículos 143, 144, 148 y 149, en GÓMEZ SÁNCHEZ, Yolanda (coord.), *Estudios sobre la reforma de la Constitución de 1978 en su cuarenta aniversario*, Aranzadi, Pamplona, 2018, pp. 359-361, 362-364, 371-372 y 373-383.

PALERMO, Francesco y KÖSSLER, Karl, *Comparative Federalism. Constitutional Arrangements and Case Law*, Hart, Oxford, 2017.

PÉREZ ROYO, Javier, *Las fuentes del Derecho*, Tecnos, Madrid, 1984.

RUBIO LLORENTE, Francisco, *La forma del poder*, Centro de Estudios Políticos y Constitucionales, Madrid, vol. II, 2012.

RUIPÉREZ ALAMILLO, Javier, "Algunas cuestiones sobre el régimen constitucional de los Estatutos de Autonomía. Naturaleza jurídica y peculiaridades de la norma institucional básica de las comunidades autónomas. Especial consideración a su carácter consensual", *Anuario da Facultade de Dereito da Universidade da Coruña*, núm. 5, 2001, pp. 777-820.

SEVILLA DURO, Miguel Ángel, *La participación de las comunidades autónomas en la Unión Europea. Un análisis desde Castilla-La Mancha*, Tirant Lo Blanch, Valencia, 2023.

SOLOZABAL ECHAVARRIA, Juan José, *Las bases constitucionales del estado autonómico*, McGraw-Hill, Madrid, 1998.

TROBBIANI, Riccardo, "European Regions and Their Interests", en DIALER, Doris y RICHTER, Margarethe (eds.), *Lobbying in the European Union. Strategies, Dynamics and Trends*, Springer, Basilea, 2019, pp. 185-203.

TUDELA ARANDA, José, "¿Reforma constitucional en clave federal? (Sistematización de problemas generados por las reformas y posibles soluciones)", *Revista de Estudios Políticos*, núm. 151, 2011, pp. 231-279.